新时代 营销 新理念

亚马逊跨境电商运营与广告实战

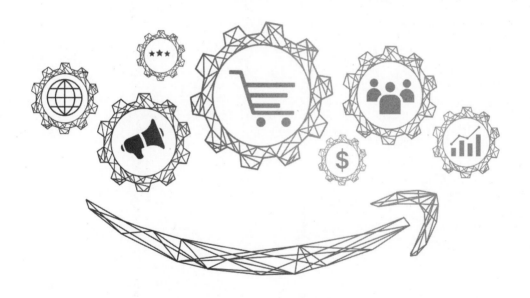

AMAZON
CROSS-BORDER E-COMMERCE OPERATION
AND ADVERTISING PRACTICE

Kris浩 —— 编著

清华大学出版社
北京

内 容 简 介

本书从亚马逊跨境电商运营最基础的底层逻辑讲起，逐步深入到运营思维，让读者对整个亚马逊电商框架有更深的认识。本书重点介绍了亚马逊电商平台各个工具和页面的细节优化技巧，以及广告的各项理论和操作技巧。

本书主要有两部分内容："基础理论和实操篇"和"广告篇"。

基础理论和实操篇，介绍亚马逊电商平台的基础知识和底层逻辑，包括：亚马逊电商平台的搜索推荐机制、搜索结果逻辑、飞轮理论、Listing基础模型、产品上架等。

当然，还有进一步提升的运营技巧，包括：Listing详情页面的最详细的技巧解读，各种运营工具思维工具和促销方式的运用。

广告篇是本书的重点篇，占了很大的篇幅，涉及广告运营的方方面面，包括广告投放逻辑、基本操作，以及各个广告产品—商品推广、品牌推广和展示型推广等的运营技巧和策略建议。

本书内容通俗易懂，逻辑性强，实用性强，特别适合亚马逊电商平台的初学者、运营遇到瓶颈的人员、希望对广告有新认识的人以及运营管理者或者创业者。另外，本书也适合作为相关培训机构的教材使用。

本书封面贴有清华大学出版社防伪标签，无标签者不得销售。

版权所有，侵权必究。举报：010-62782989，beiqinquan@tup.tsinghua.edu.cn。

图书在版编目(CIP)数据

亚马逊跨境电商运营与广告实战 / Kris 浩编著 . —北京：清华大学出版社，2022.12（2025.5 重印）
（新时代·营销新理念）
ISBN 978-7-302-60434-1

Ⅰ.①亚… Ⅱ.①K… Ⅲ.①电子商务—商业企业管理—美国 Ⅳ.①F737.124.6

中国版本图书馆 CIP 数据核字 (2022) 第 056215 号

责任编辑：刘　洋
封面设计：徐　超
版式设计：方加青
责任校对：宋玉莲
责任印制：沈　露

出版发行：清华大学出版社
　　　　　网　　址：https://www.tup.com.cn, https://www.wqxuetang.com
　　　　　地　　址：北京清华大学学研大厦A座　　　邮　编：100084
　　　　　社 总 机：010-83470000　　　　　　　　　邮　购：010-62786544
　　　　　投稿与读者服务：010-62776969, c-service@tup.tsinghua.edu.cn
　　　　　质 量 反 馈：010-62772015, zhiliang@tup.tsinghua.edu.cn
印 装 者：三河市龙大印装有限公司
经　　销：全国新华书店
开　　本：187mm×235mm　　　印　张：30.75　　　字　数：705 千字
版　　次：2022 年 12 月第 1 版　　　印　次：2025 年 5 月第 7 次印刷
定　　价：168.00 元

产品编号：094669-01

前言

如果你是一个很有经验的亚马逊运营者，那么你在看这本书的时候就会发现，书中有不少内容都是很基础的内容。但是 Kris 发现，网上的文章或者同类的书籍中，并没有把这些简单的基础内容串联起来。

Kris 是喜欢钻研知识的人，在这个跨境电商运营领域里，Kris 阅读了大量文章，包括公众号，发现这个领域里非常缺乏系统化、专业化同时又易于理解的内容。

于是，Kris 就想写出这样一本书。

什么是正确的运营技巧

我们在学习亚马逊运营技巧时，都会遇到以下两个问题：

1. 大部分运营知识建议没有逻辑，缺乏理论依据；
2. 分享的运营技巧混乱，教授正规运营方式的很少。

例如你的亚马逊广告遇到了困难，在搜索一些广告建议时，你通常会看到很多类似这样的建议：

- ACOS 低于 10% 是优秀的，高于 37% 就是差的
- 竞价是基础的竞价的 1.5 倍
- 广告数据看 20 天左右的比较好
- 竞价 0.4～0.6 美元算是比较正常的
- 关键词点击 20 次不出单就要否定

……

这些建议对于喜欢拿来就用人来说，是很讨喜的。

但是对于作者个人来说，并不敢直接拿来就用，因为作者并不知道这些结果是基于什么理论依据，或者基于什么逻辑。

认真分析网上很多广告知识分享文章，你就会发现，他们只讲方法和技巧，没有任何依据或者理论支持，有人会钻平台政策空子搞所谓的"黑科技"，甚至还有人会分享背离广告的基本逻辑的信息，例如他们会相信，一开始大量烧钱，等订单出多了，后面广告的效果就会好了。

参差不齐的知识，对于新手卖家来说，是很难分辨的。

所以，这就是我们目前遇到的问题：建议很多，但是不知哪些才合适自己；感觉学习了很多知识，一到实践，就不知如何去用。

我们并不能清楚判定哪些运营策略更合适自己。

而能帮助我们做出正确判断和决策的，其实就是基本知识/逻辑——也是我们这本书的核心内容。

另外，亚马逊虽然竞争很激烈，但是还处在野蛮生长的阶段，这就导致了很多运营乱象，对很多想正规运营的卖家很不利，如：

- 合并多个子产品评价
- 合并僵尸链接
- 刷单刷评
- 刷排名
- ASIN 翻新
- 给对手差评

……

很多原先做淘宝、天猫、京东的卖家，也开始做起了跨境电商，但是他们还在用淘宝、天猫的思维来运营亚马逊。

希望通过本书，读者能真正了解亚马逊的正确运营技巧，摈弃那些无章法的技巧，那些所谓的"黑科技"。

本书的主要结构

基础理论和实操，介绍亚马逊的基础知识和底层逻辑，包括：亚马逊的搜索推荐机制、搜索结果逻辑、飞轮理论、Listing 基础模型、产品上架等。

还有进一步提升运营的技巧，包括：Listing（商品详情页面）的最详细的技巧解读，各种运营工具思维工具和促销方式介绍和运用。

广告篇是本书的重点，占了很大的篇幅，涉及广告运营的方方面面，包括广告投放逻辑、基本操作，以及各个广告产品—商品推广、品牌推广和展示型推广等的运营技巧和策略建议。

这本书不会涉及什么内容

这是一本纯分享运营技巧的书，书中：

不会有封号了怎么申诉、侵权了怎么办等内容。因为如果你正规运营，肯定不会被封号，本书只涉及一切正规运行的技巧。当然也会有"误杀"的，但是这个问题靠简单申诉就能解决，不需要什么技巧。

也不会教你如何注册账号，只要你是正规公司，就有所有亚马逊需要的资料，提交就可以了。

本书特点

本书是从零开始讲，即从最基础讲起，照顾部分新手，但是对老手来说也会有新的理解和思路方面的启发。

内容尽量简洁易懂，每篇都尽可能做到可以作为独立的文章阅读，以方便那些平时很忙碌，需要碎片化学习的读者。

电灯的发明，让我们的工作时间大大延长，而互联网和生活质量的提高，又侵占了我们大量的消遣时光，当然也延长了工作时间。

因此碎片化的学习对我们很重要。碎片化的时间，既可以用来进行碎片化的学习，也可以用来进行系统化的学习。

而本书的内容是经过长期规划和系统化设计的。读者不需要一次性读完一本书，只要每天花十分钟，循序渐进，甚至可以跳读章节，也不会感到会缺失内容。

应该如何学习本书

每天坚持阅读一小节，就可以让你提升自己的运营知识，不知不觉中提升自己，超越对手。

关于本书的说明

1. 书中的各种知识都是基于 Kris 在过去 10 年中管理亚马逊运营和广告的经验得出的。亚马逊没有透露其内部使用的确切算法逻辑等内容。

2. 书中介绍的很多功能工具是 2021 年 7 月之前的，亚马逊随时可能予以变更，请知悉。

3. 因为中文和英文在翻译方面有些偏差，中文有些会出现误解，所以截图介绍大都用英文版的。

01 / 第 1 章 亚马逊核心基本理论

1.1 亚马逊的流量来源 / 2
    1.1.1 站外流量 / 2
    1.1.2 站内流量 / 4

1.2 广告流量 / 8

1.3 超级转化率 / 9
    1.3.1 "流量为王" / 9
    1.3.2 "转化为王" / 11
    1.3.3 "流量为王"还是"转化为王" / 12
    1.3.4 超级转化率 / 13

1.4 亚马逊搜索机制 / 15
    1.4.1 亚马逊 A9 算法的秘密 / 16
    1.4.2 亚马逊产品在 Google 的搜索表现 / 17

1.5 相关性——亚马逊的 SEO 核心 / 18
    1.5.1 亚马逊的相关性 / 18
    1.5.2 相关性影响自然排名 / 19
    1.5.3 相关性在广告中逻辑 / 20
    1.5.4 影响相关性的其他因素 / 20

1.6 人群画像——高转化的底层逻辑 / 21

1.7 客户购买商品的底层原因是什么 / 23

1.8 亚马逊飞轮理论——最出名的理念术语 / 24

1.9 运营金字塔模型理论 / 26

1.10 总结：了解了亚马逊基本逻辑，就懂得一半的运营 / 28

1.11 常见问题解答 / 29

目录

02 / 第 2 章 亚马逊相关操作

2.1 产品上架 / 31
    2.1.1 上架前需要审核的品类 / 31
    2.1.2 后台上传产品 / 32
    2.1.3 表格批量上架 / 37
    2.1.4 产品详情列表属性介绍 / 40

2.2 UPC 是什么——上架必须提供的唯一代码 / 53
2.2.1 为什么必须要有 UPC 编码 / 53
2.2.2 什么是 UPC、EAN、ISBN 和 ASIN / 54
2.2.3 获得及填写 UPC / 56

2.3 在亚马逊上备案自己的品牌 / 59
2.3.1 先要获得属于自己的品牌 / 59
2.3.2 备案品牌的好处 / 60
2.3.3 备案品牌的操作步骤 / 61
2.3.4 申请豁免 UPC / 66
2.3.5 申请成功后如何上传无 UPC 产品 / 70
2.3.6 什么是 FNSKU / 73

2.4 FBA 配送模式操作篇 / 75
2.4.1 使用 FBA 的优缺点 / 75
2.4.2 建立 FBA 发货计划的步骤和必要发货细节 / 78
2.4.3 FBA 备货注意事项 / 87
2.4.4 新功能——最简易的 FBA 操作方式 / 87
2.4.5 什么是龙舟计划 / 93

2.5 总结：基本操作是一切运营的基础 / 94

2.6 常见问题解答 / 94

03 第 3 章 商品详情页面的优化

3.1 商品详情页面就是产品的包装 / 99
3.2 写出差异化的页面描述——用户视角 / 101
3.3 商品详情页面优化详细解读 / 103
3.3.1 亚马逊商品详情页面的介绍 / 103
3.3.2 产品标题 / 106
3.3.3 商品五要点描述 / 109
3.3.4 产品图片 / 113
3.3.5 跟设计师沟通制作高质量图片 / 122
3.3.6 Listing 最佳优化比例 / 126
3.3.7 价格——优化定价 / 130
3.3.8 亚马逊定价 / 131
3.3.9 客户问答 / 134

3.3.10 评价系统——客户最关注的部分之一 / 137
3.3.11 商品描述和 A+ 页面 / 153
3.3.12 360 度旋转图片 / 164
3.3.13 产品视频 / 167

3.4 总结：商品详情页面优化是运营金字塔的基石 / 170

3.5 常见问题解答 / 171

04 / 第 4 章　亚马逊思维工具

4.1 买家之声——避免产品下架的第一道屏障 / 173

4.2 商品信息质量控制面板 / 177
  4.2.1 商品信息质量控制面板的作用 / 178
  4.2.2 利用商品信息质量控制面板提升 Listing 质量 / 181

4.3 库存规划——避免缺货的关键 / 183
  4.3.1 库存绩效分数过低会限制发货数量 / 184
  4.3.2 补充库存——避免断货的关键 / 192
  4.3.3 管理冗余库存——增加现金流 / 194
  4.3.4 库龄——了解每个 SKU 库存状态 / 199
  4.3.5 修复无在售信息的亚马逊库存——查看下架或不可售产品 / 200
  4.3.6 管理亚马逊退货——提升利润的另外一种方式 / 204
  4.3.7 利用库存规划工具改善亚马逊库存管理的 5 个技巧 / 206

4.4 亚马逊物流远程配送——有效减少多国仓库存储的库存压力 / 208

4.5 品牌工具——让销售提升一个等级 / 213
  4.5.1 亚马逊品牌分析——最被低估的工具 / 214
  4.5.2 虚拟捆绑商品——强强结合 / 222
  4.5.3 管理实验——一个 ASIN 两个版本的 Listing / 227
  4.5.4 品牌控制面板——管理好你的品牌工具 / 233
  4.5.5 Vine 计划——合规且免费获得评论的最好方式 / 239
  4.5.6 视频——亚马逊的未来 / 242
  4.5.7 防止跟卖的三大法宝 / 247

4.6 促销工具——加速销售的最好方式 / 256
  4.6.1 促销代码 / 257
  4.6.2 优惠券代码 / 267
  4.6.3 秒杀 / 273

4.6.4 Prime 独家折扣 / 277
4.6.5 使用促销活动的贴士 / 282

4.7 总结 / 283

4.8 常见问题 / 284

05 / 第 5 章 广告篇：亚马逊广告的核心理论

5.1 什么是亚马逊广告——你未必都知道 / 288

5.2 亚马逊广告的竞价逻辑 / 290
5.2.1 理解广告的拍卖系统原理 / 291
5.2.2 如何算出关键词的最佳竞价 / 293

5.3 亚马逊广告排名原理 / 294
5.3.1 为什么要争取排名靠前？ / 294
5.3.2 广告排名基础原理 / 296

5.4 亚马逊广告结果指标详解 / 298

5.5 必须理解的两个指标：ACOS 和 TACOS / 303
5.5.1 理解了 ACOS，就完成了一半广告知识 / 303
5.5.2 ACOS 多少合适？越低越好吗？ / 306
5.5.3 ROAS，硬币的另一面 / 309
5.5.4 TACOS，不仅仅是广告指标，也是公司业绩指标 / 310

5.6 总结：核心理论是指导广告操作的依据 / 312

5.7 常见问题 / 314

06 / 第 6 章 广告篇：亚马逊广告的准备和投放理论

6.1 亚马逊广告条件和准备——开启广告前必须要了解 / 316
6.1.1 启动广告必须要符合的条件 / 316
6.1.2 启动广告需要做的准备 / 318

6.2 亚马逊广告竞价策略 / 319
6.2.1 赢得拍卖的竞价实际是多少 / 320
6.2.2 动态竞价和固定竞价策略 / 322
6.2.3 按展示位置竞价策略 / 325
6.2.4 按匹配方式竞价策略：自动广告和手动广告匹配方式 / 328

6.3 广告预算——我们应该在广告上花多少钱？／333
    6.3.1 亚马逊如何花费广告预算？／334
    6.3.2 三种设置亚马逊 PPC 预算的方式／334
    6.3.3 如何合理分配预算／338

6.4 亚马逊广告的投放方式：关键词投放和商品投放／341
    6.4.1 什么是关键词投放／342
    6.4.2 如何获得产品关键词？／343
    6.4.3 什么是商品投放？／347
    6.4.4 关键词投放和商品投放的区别／348
    6.4.5 关键词投放和商品投放的策略／349
    6.4.6 否定投放策略／352

6.5 总结：进一步加深对投放基础理论的认识／355

6.6 常见问题／356

07 / 第7章 广告篇：亚马逊广告工具介绍

7.1 商品推广（SP）——所有亚马逊卖家的首选／358
    7.1.1 商品推广广告概述／358
    7.1.2 自动投放和手动投放的区别／360
    7.1.3 什么是优选商品／361
    7.1.4 商品推广策略／362
    7.1.5 商品推广报告／363

7.2 品牌推广（SB）——品牌卖家专属广告／366
    7.2.1 品牌推广概述／366
    7.2.2 品牌推广的三种广告形式／368
    7.2.3 品牌推广使用策略／374
    7.2.4 品牌推广报告／374

7.3 展示型推广（SD）——站内站外广告双管齐下／377
    7.3.1 展示型推广概况／377
    7.3.2 展示型推广的优缺点／383
    7.3.3 展示型推广的竞价方式和投放方式／383
    7.3.4 展示型推广策略／385
    7.3.5 展示型推广报告／388

7.4 品牌旗舰店——免费的独立站／388

7.4.1　品牌旗舰店概述 / 388

7.4.2　品牌旗舰店的好处 / 390

7.4.3　品牌旗舰店建站指南 / 391

7.4.4　品牌旗舰店有效功能介绍 / 396

7.4.5　设计商店的最佳方式 / 398

7.4.6　品牌旗舰店报告分析 / 399

7.5　帖子——简易版的 Facebook / 401

7.5.1　帖子概述 / 401

7.5.2　帖子的优缺点 / 403

7.5.3　上传帖子指南 / 404

7.5.4　帖子的使用策略 / 408

7.5.5　帖子的数据分析 / 408

7.5.6　总结：帖子能省多少钱 / 409

7.6　其他广告 / 410

7.6.1　亚马逊 DSP 广告 / 410

7.6.2　亚马逊直播 / 414

7.6.3　亚马逊引流洞察 / 420

7.7　亚马逊广告工具的区别 / 425

7.8　总结 / 428

7.9　常见问题解答 / 428

08 / 第 8 章　广告篇：亚马逊广告解决方案

8.1　关键词点击的真相：是扩展关键词还是主攻某些词 / 432

8.2　关键词分组策略：如何合理利用关键词 / 434

8.3　关于同样关键词的广告是否会相互竞争的争论 / 436

8.4　如何给广告系列的命名——貌似无关紧要的事情 / 438

8.5　自动投放广告的匹配结构 / 440

8.6　利用 ACOS 公式分析法——让广告盈利 / 445

8.7　8 个广告建议让你提高销量 / 447

8.8　视频广告使用指南 / 452

8.8.1　什么是视频广告 / 453

8.8.2　视频广告有什么好处 / 454

8.8.3 视频为什么重要 / 454
8.8.4 如何制作高质量的视频 / 455
8.8.5 如何验证视频广告的效果 / 457
8.8.6 视频广告的内容政策要求 / 458

8.9 总结：解决方案只是冰山一角 / 459

第 9 章 运营心得分享

9.1 运营的 90 个贴士 / 462
9.2 与大卖家竞争的最佳方式是什么 / 469
9.3 阿米巴模式合适亚马逊团队吗 / 470
9.4 最合适中小电商的分钱制度 / 472
9.5 全书收尾 / 474

参考文献 / 477

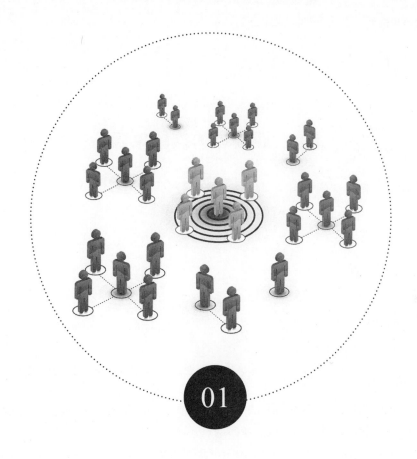

第1章 亚马逊核心基本理论

这是全书第1章,也是很重要的一章。我们会从最简单和最基础的理论出发,让新手更容易接受,本章还有更多细节方面的内容,能让老运营者也有一定收获。

1.1 亚马逊的流量来源

亚马逊流量的来源主要有两种：
- 站外流量
- 站内流量

1.1.1 站外流量

1. 常见的站外流量

（1）电子邮件：就是邮件营销；

（2）商业媒体：一些新闻文章、公关文章等，甚至可以通过一些专门的商业页面发到相关的群组中；

（3）社交媒体，包括其广告：Facebook（脸书）、Instagram（照片墙）、YouTube（俗称油管）、Pinterest（俗称兴趣图钉）、Reddit（社交新闻站点）等；

（4）搜索引擎，包括搜索广告：Google AdWords（谷歌广告关键字）、Bing（必应）、Yahoo!（雅虎）等；

（5）博客：国外这种形式很常见；

（6）红人营销：与一些现成的网站红人合作推广产品；

（7）促销平台：Dealnews、Slickdeals、Techbargain、Dealsplus等各种促销平台网站；

（8）自建站/独立站；

（9）短视频平台：时下最热门的TikTok（抖音海外版）等；

（10）亚马逊联盟项目（Amazon Affiliate Program）。

这里主要介绍亚马逊联盟项目（Amazon Affiliate Program），因为这是亚马逊一个重要的站外流量来源。国外稍微有点流量的测评或促销平台，包括YouTube及一些博客、促销平台和个人网站等，都加入了亚马逊联盟。

2. 亚马逊联盟是什么

八个字简单概括：推荐产品，赚取佣金。

亚马逊联盟是帮助个人网站、个人博客等盈利和赚钱的平台，合作者通过链接等广告形势推广在亚马逊上出售的产品，只要客户通过这些链接购买商品，他们便能够得到相当丰厚的佣金。

其实就相当于国内的网站联盟或者广告联盟，比如百度联盟、淘宝联盟、京东联盟等。

3. 从亚马逊联盟能获得多少佣金

可以参考亚马逊联盟的官网的佣金分成表：

佣金最高10%，大多数主流产品集中在5%～8%之间，如果你的网站有流量，或者你能带货，可以从亚马逊卖家转型加入亚马逊联盟，也会获得丰厚的报酬，相比做亚马逊卖家需要备货、拍照、上架、打广告等一系列操作，简单方便多了。当然前提是你有足够的流量。

4. 站外流量的主要好处

尽管本书不会讲到站外引流的方式和技巧，但是要知道，随着亚马逊内部竞争越来越激烈，站外流量和站内广告已经是亚马逊搜索进行优化的一种必不可少的策略，用好它可以扩大你的客户群，并提高你的产品的自然搜索排名。

5. 站外流量有以下几个好处

（1）加快销售速度

站外流量的渠道可以让你接触到全新的受众，比如可能没有积极搜索你的产品类型的客户，可能会在搜索结果中点击其他产品的人们，甚至是以前从未在亚马逊上购物的人们。

这些人都代表了你仅依靠自然搜索获得的销售收入，更多的销售不仅意味着你的口袋里有更多的钱，还意味着更短的库存周转时间，避免了昂贵的长期仓储费，并且向亚马逊发出了有关产品受欢迎程度的积极信号——这可以带来更多好处。

（2）提升自然排名

从上一点开始，站外流量是获得更多自然销售的好方法，除评论和转化率，销售速度是最重要的排名因素之一。购买产品的人多，表明它一定很受欢迎。亚马逊将通过提供更多可见性来对此做出响应。

这就是站外流量非常适合产品发布的原因。在自然搜索排名中，新产品很难产生足够的吸引力，因此，需要通过站外引流提高销量，从而获得提高排名所需的销售数量，有数据统计：通过站外销售，提升排名的能力提高了3倍。这已经是在亚马逊上快速提高排名的最佳方法之一。

（3）保持竞争优势

当你不断努力争取在关键词搜索引擎结果页面上取得更高的排名时，当你开始努力打广告时，你的竞争对手也会做这些事，同时他们可能为广告出更高的价，以确保其产品排名更高。

也就是说，你在站内做的事情，你的竞争对手也会做。所以，要使你的产品被潜在客户看到和认可的有效方法之一是获得站外流量，例如博客、社交媒体、短视频平台等。

这能很好地绕过那些试图窃取和模仿你在亚马逊的运营技巧的对手，从而在竞争里依然取得优势。

（4）提高品牌知名度

如果卖家想在亚马逊上取得长期的发展，那么有一种有效方法是拥有强大而独特的品牌，使你的产品与其他的产品区分开。

虽然现在亚马逊提供了更多的机会来帮助卖家建立品牌，但是目前来看是远远不够的。受制于亚马逊严格的平台政策，客户能了解的亚马逊商品信息是有限制的。如果你想突破这些界限可能很危险，严重的会被封号。所以，当你在亚马逊之外做广告时，你就会有更大的发挥空间，更容易打造你的品牌知名度。

（5）亚马逊可能会奖励你

大多数做站外引流的卖家都表示，如果你能为亚马逊吸引大量流量，那么亚马逊就会给予你奖励。你会获得更多的曝光机会，获得更多的流量支持（后面的章节会讲到：亚马逊会奖励销售速度快的卖家）。

另一方面，站外引流还可以帮助你的公司获得更多客户，从而帮助你的公司发展以及提升公司的收入。特别是在你的产品已经获得 Best Seller 标识（只有在某品类销售排名第一，才会有 Best Seller 标识）之后，更需要站外引流来获得更多的销售。

（6）跳过内部竞争

事实证明，竞争激烈的品类，如 3C 类产品，在亚马逊市场上竞争已经白热化，新产品在站内很难获得流量。而当你有能力从站外引流时，你肯定比竞争对手具有更大优势，那么你就可以完美避开激烈的站内竞争。

（7）建立客户清单

要知道，在亚马逊站内，你是无法获得客户的任何信息的。在亚马逊上购买的每个人都被视为亚马逊的客户，而不是你的客户，你无法与这些客户联系，获取他们的联系方式。这也是站外流量如此被某些卖家重视的原因之一，它使你可以建立客户信息，以方便后期的营销活动。

其实，建立客户清单对任何企业都至关重要，因为它是你维护客户群的直接渠道。而大多数亚马逊卖家都没有客户清单。如果你没有客户清单，则会有随时失去所有客户的风险。因为，一旦亚马逊认为你违反规则，平台有故障，甚至只是其对算法进行很小的更改，亚马逊就可能随时关闭对你的服务，也就是下架产品或者封店。所以建立客户清单非常重要。

1.1.2 站内流量

如果你是新手，或者没有站外流量，想做好亚马逊运营，其实只要研究好站内流量就足够了，因为亚马逊本身的流量就非常大。亚马逊站内流量主要来自以下几方面：关键词搜索流量、品类排名流量、关联流量、节日活动流量、特定促销页面流量和筛选流量。

1. 关键词搜索流量

《2018 年亚马逊用户研究：了解你的顾客》的研究报告中提到，在亚马逊，超过 75% 的消费者是通过搜索关键词来获得他们想要的产品。

所以关键词搜索的流量是站内流量中占比最大的。

因此我们认为：

亚马逊运营的基础就是关键词优化。

2. 品类排名流量

如图 1.1 所示。

图 1.1　分类排名页面

亚马逊上面有非常多的品类，而不同的品类之间的流量差异很大。一般对产品有要求的人，或者一些老客户，会从品类排名里面找产品，因为他们认为排名靠前的产品一般都是好产品。特别是客户没有头绪时，例如他们不知道给孩子买什么样的玩具时，就会从这里看。因此在上架产品时，要选择合适的品类。

3. 关联流量

如图 1.2～图 1.4 所示。

图 1.2　关联流量 1：购买产品的客户也会购买以下产品

图1.3 关联流量2：客户常一起购买的产品

图1.4 关联流量3：与此产品相关的产品（广告位置）

亚马逊系统会根据客户的人群画像、产品的相关性（这两个内容后面章节会讲到）和购物习惯，向客户推荐几款产品，关联流量是就是这样生成的。

关联流量是仅次于关键词搜索流量的第二大流量（没有重大节日和促销时），所以这个功能对于提升产品的销量很有帮助，可以提高产品的曝光率。

4. 节日活动流量

节日活动，一般指父亲节、母亲节、情人节、感恩节、圣诞节、黑色星期五等，当然还有亚马逊引以为傲的大节日——Prime会员日促销活动。甚至还有游戏节、户外节、装修节等为了提升销量而搞的"节日"。

每到这些节日活动期间，流量会有明显增长，而一些对应节日的产品（如圣诞装饰在圣诞节前）的销量就会迅猛增长。又因为在旺季期间消费者的购物欲望更加强烈，产品打折促销会让大家产生一种"买到就是赚到"的心理，所以这段时间的转化率都会比较好，如图1.5所示。

5. 特定促销页面流量

特定促销页面流量也是流量的一个重要来源。亚马逊常见的促销页面有以下7种：Today's Deals（今日促销），Coupons（优惠券），Renewed Deals（翻新促销），Outlet（奥特莱斯促销），

Warehouse Deals（库存促销），Digital Deals（电子数字优惠），Woot! Deals（Woot! 优惠）。

对于喜欢优惠价格的客户来说，这些是他们常常打开的页面，如图 1.6 所示。

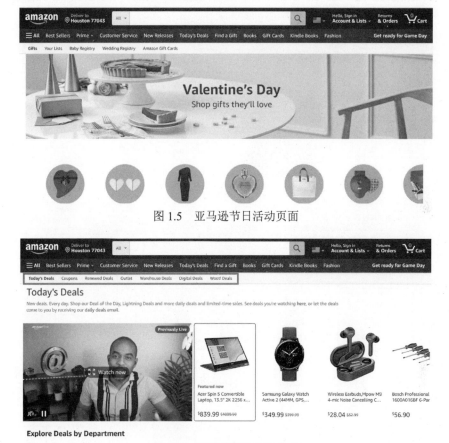

图 1.5　亚马逊节日活动页面

图 1.6　促销页面的查询方式

6. 筛选流量

这个严格来说也属于关键词搜索流量。当客户搜索想要的产品时，左侧和右侧都会出现筛选框，可以根据评价星级，价格顺序，上架时间，是否包邮，是否 Prime（Prime 是会员的意思，有此标识意味着会员可以享受此产品的相关服务，如快速配送），品牌和品类等更多细节来分类。不过其实不会有太多人用这些功能。

客户也会选择带"徽章"的产品，例如 Best Seller，Amazon's choice（亚马逊选择，系统自动根据各种指标的结果添加推荐标识），New Release（最新发布，只有卖得比较好的新品，才会有此标识）等，如图 1.7 和图 1.8 所示。

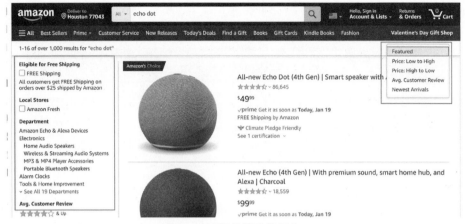

图 1.7 可提供筛选的部分

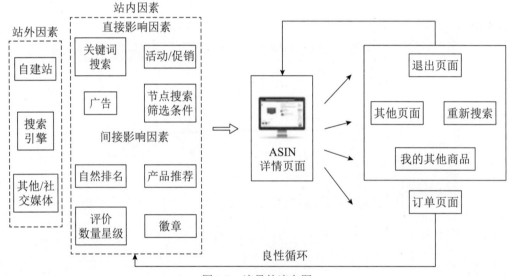

图 1.8 流量的流向图

1.2 广告流量

很多卖家都愿意把广告流量当作单独流量来研究，因为竞争越来越激烈，广告不得不做，而广告做得好，确实对销量有很大的帮助。所以我们也对广告流量进行单独讲解。

广告流量分为：站外广告流量和站内广告流量。

站外广告有多种方式，Facebook，Instagram，YouTube，Pinterest，Google AdWords，Bing，Yahoo!，这些地方都可以打广告，甚至公关新闻、博客、视频等都可以打广告。

而站内广告,就基本上是商品推广、品牌推广和展示型推广这三个方式了。

上一节我们介绍了站内流量的六种方式:关键词搜索流量、品类排名流量、关联流量、节日活动流量、促销页面流量和筛选流量。在这几个页面中都有广告位置,也就是说,你看任何一个页面,几乎都能看到广告,如图1.9所示。

图1.9 广告位置展示位置

现在广告在亚马逊已经无所不在,而在未来,亚马逊会推出更多的广告功能,因为他们的广告收入越来越丰厚了。随着竞争越来越激烈,卖家不得不花大量时间和精力去获得广告流量,同时卖家也希望减少花费,以获得更多利润。

本书后半部分将会详细梳理广告的每个细节,分享广告的每个策略,让各位都可以从广告活动中获益。

1.3 超级转化率

在了解超级转化率之前,得先了解一下,究竟是"流量为王"还是"转化为王"。

1.3.1 "流量为王"

过去的很多年,甚至到现在,很多卖家,特别是做淘宝、天猫、京东等起家的国内卖家,都信奉"流量为王"。因为中国人口太多了,网络触及的人相对来说比较少,所以流量还有很大的开发潜力。

举个例子：

假设有100个访问者进入你的产品页面，只有5%的客户购买价格为10美元的商品，而你的商品成本为5美元。

那么总销售额：100×5%×10美元＝50美元

成本：25美元

利润：25美元

我们再做两种假设：

（1）你可以将转化率从5%提高到10%。现在的利润如下：

总销售额：100×10%×10美元＝100美元

成本：50美元

利润：50美元

（2）你也可以将来访人员从100提高到200人。现在的利润如下：

总销售额：200×5%×10美元＝100美元

成本：50美元

利润：50美元

利润都是一样的。那么你会选择哪种方法？

在中国，估计大部分人都会选择第二种方法——增加流量。

因为在中国，人口红利还在，而且很容易就能获得流量，也就是获得流量比提升转化率的成本还低，而绝大部分卖家都是通过获得更多流量提升销售，最终获得成功的，所以他们都愿意相信"流量为王"。

拼多多就是一个很好的例子，利润就是三四线城市的人口红利。

那么流量能带给我们什么好处呢？

1. 增加了订单

正如上面的例子一样，就算转化率不变，增加了流量，订单也会增加，利润也当然会增加。

要知道，如果你想提高转化率，达到与提高销量一样的利润，你就要让转化率翻倍，从5%提升到10%。你觉得容易吗？哪怕你所有一切都优化好了，也未必可以翻倍，还要通过长时间的测试验证。这样多么耗时间啊，时间也是成本啊。

所以要快速增加订单，最好的办法就是增加流量，而要增加流量，用增加预算购买广告等方式就可以快速达到，回报也会更为丰厚。

更多成功卖家已经证明，与专注于转化优化相比，增加流量可以更快地赚钱。但是这是有前提的：你的转化率不能低于品类平均值。

这样通过吸引更多点击量，你的收益就会大大提高。

2. 建立品牌知名度

对于想建立品牌的卖家来说，必须要明白这个基本规律：了解你的业务的人越多，愿意向你购买产品的人就越多。如果你致力于流量生成，那么就会有更多的人了解你的产品和服务。

以内容营销为例：

你为目标受众提供有用的博客文章，他们看到了你的品牌 Logo，阅读了你的文章，甚至还会关注你。也就是说，他们先要知道你是谁，然后才可能喜欢上你的产品。

流量可以帮你建立品牌知名度，因为客户会看到你，如果你策略做得对，他们甚至会喜欢你。反之，如果他们从未进入你的网站，他们将永远没有机会了解你的产品。这就是流量的好处。

3. 增加了发掘长期客户的潜力

这里指的是持续的流量，就是说，要让客户一直看到你。

如上一点所说，先得让客户了解你的业务，虽然客户并没有购买，他们自己也不知道什么时候会需要你的产品，但是他们成了你的潜在客户。

实践证明，长期的流量策略将来会给你带来更多收益。

以邮件营销为例：

前几次邮件几乎是没有任何反馈的，直到第六次跟进，电子邮件回复的机会才激增至27%。而销售额的80%，发生在第五到第十二次接触之间。

因为，建立信任需要时间。

4. 为你提供了需要产品迭代的信息

亚马逊已经提供了 A+ 页面和标题的 A/B 测试功能。但是并不是所有产品都可以得到这个服务，因为有些产品流量不足。

是的，在没有足够流量的情况下，A/B 测试可以帮助你对某些 Listing 进行优化。Optimizely（数据网站）报告称，通过定期的 A/B 测试和迭代，你的转化率可能会提高 228%。但是前提是你有足够的流量。

流量可以提高你的整体转化次数，提高品牌知名度，提高你的长期业务潜力，并为你提供运行可靠测试以迭代当前策略所需的信息。

这就是为什么直至今日，依然有大量卖家并没有将精力放在转化优化上，而在吸引流量方面却投入了太多精力的原因。

因为有这样一个商业规律：如果人们不知道你是谁，就无法购买你的产品。

1.3.2 "转化为王"

有人说"内容为王""产品为王"，因为内容好、产品好，带来的直接好处就是高转化，而我们认为使用"转化为王"比较合适。

为什么有人开始提及"转化为王"了，难道流量不香了吗？

一切都是因为竞争，竞争已经让卖家开始挖掘各种可能带来订单的方式，除了流量，转化率就是他们的目标。而现今，人口红利已经到达峰值，已经难以开发更多新流量，流量增量变成存量，那么这就是存量时代了。所以，卖家们不得不设法把流量慢慢变得精准，精准意味着高转化，因此精准流量稀缺又宝贵。

所以谁掌握获得精准流量的方式，谁就是"王"。

那么高转化能给我们带来什么好处呢？

1. 降低运营成本

事实证明，提升转化率成本比获得流量的成本低。

优化产品或者页面需要的初期金钱和时间投入可能比较多，但是随着运营时间延长，边际成本会越来越低，但是相比需要长期持续地花费资金去获得的流量来说，提升转化率成本更低。你能给客户的体验越好，在相同流量中获得的客户就越多，也就可以节省更多金钱。

2. 降低客户的获取成本

高转化意味着你的产品或者服务都很不错。一旦客户对你的产品评价很高，他们就很难对你的产品产生反感，甚至愿意为你写推荐，那么你的新客户获取成本也将降低。

3. 会获得额外的奖励

如果你能提供给客户想要的东西，而且表现优异，那么亚马逊一定会奖励你更多流量，甚至 Google 也一定会给你更多流量（当然这个费用也是算在亚马逊身上）。这就是你很容易在 Google 上搜到亚马逊的产品的原因。

4. 提升客户对品牌的信心

大部分运营人员都试图提高客户保留率和忠诚度，这也是最好的提升转化率的方式。

就像一看到有人排长队购买某些产品时，你也会对这个产品产生信心。虽然客户无法看到转化率，但是当他们看到较多数量的评价时，他们就已经看到很多人购买了。

5. 可以指导运营策略

转化率是卖家日常运营中的一个最重要指标，它可以完成以下信息指导：

- 告诉你，你的业务策略是失败还是成功。
- 向你表明你的策略是否有效，帮助你计算出你还有多少预算或现金去尝试其他营销策略。
- 通过单个产品的转化率情况可以改善详情页面、广告系列和销售流程。

1.3.3 "流量为王"还是"转化为王"

那究竟流量重要还是转化重要？你可能会说都重要。但是你能同时做好这两个方面吗？在你没有成为某品类的领导者之前，几乎不可能。

也就是说，对于绝大多数卖家来说，预算和能力有限的情况下，必须二选一。或者说，你必须要先完成其中一个，再完成另一个。

那么卖家应该重点关注流量还是转化？

首先，了解一下流量和转化有什么关系：

其实很容易明白，它们是有相互促进作用的关系。更具体地说，更多的流量可以带来更多转化——更多订单。而如果你提高流量质量，你就有更多机会获得更多新客户——更高的转化。而有了更高的转化，你就会获得流量奖励，也就是获得更多流量。如滚雪球一样。

那么究竟哪个更应该被看重？

以 Kris 自己的经验，结合亚马逊平台性质来说，卖家应该更注重转化率。因为平台本身就有巨大的流量。在美国，只要想购买产品，有超过 50% 的客户都选择在亚马逊上搜索。对于绝大部分卖家来说，就不需要额外去引流了。

我的观点是：

"我们应该关注流量的质量（即转化率），而不是流量的数量。"

因为亚马逊平台看重的是销售，只要你有销售，转化率高，亚马逊就会给你增加流量。所以，转化率对亚马逊运营来说会更加关键。卖家应该把精力更多地集中在目标受众上，而不是盲目地将流量带到自己的产品页面。

同时，专注于提高转化率，意味着你将有运用更多针对性的广告策略来获得更大的销售机会。例如针对不同年龄或者性别进行针对性文案创作等。

如果你想要一个快速提升销量的方案，那么获取更多流量会很方便，也会有立竿见影的效果，但是你花费的预算会比较高。如果转化率无法提升，可以肯定的是：你必须持续购买流量，如站外引流，必须要持续投入广告。

尽管流量很重要，但转化率提高可以提高页面的效率。通过提高定向到你的产品页面的流量的转化率，你可以使现有的运营支出更加有效，而无须增加在每个领域的投入（如在 Google、Facebook 等不同渠道投入），长期来说是节省成本的。特别是在预算有限的情况下，Kris 会建议转化率优先于流量。提升转化率可以改善你的页面的质量，而且能产生持久良好的影响。

因此，我们甚至可以直接毫不客气地说：

"流量只是一种虚荣指标，而转化率才可以给你带来最优结果。"

1.3.4 超级转化率

假设你也赞同转化率是应该被优先重视的，那么这个"超级转化率"你就得好好了解下。

这个概念来自陈勇的书《超级转化率》。Kris 认为这个理论非常重要，所以有必要在这里跟各位讲一下，如果大家有兴趣，可以看看这本书。

这里只讲一个核心概念：

"谁掌握了提高转化率的方法，谁就掌握了存量时代的主动权。"

前两节提到，流量已经越来越贵，其主要原因是流量从增量时代进入存量时代，提高转化率是一种把流量精耕细作的方式。

为什么说已经进入存量时代？

所有增长的基础是人口红利，人口红利决定了所有的红利，中国人口尤其是人口年龄中位数在老化，而亚马逊虽然做的是国外市场，但是那些国家的人口比中国少得多，其出生率也没有比中国高多少，所以客观事实是，人口红利其实在国外并不明显，甚至在消退，同时因为他们的互联网覆盖率已经很高了，也无法开发太多新增网民数量带来红利。

超级转化率是什么？

一般人理解的转化率＝订单量÷访问量，而广告转化率＝订单量÷点击量。

但是超级转化率是从最开始客户接触到产品就开始计算的，即从看到产品到订购订单，每个环节的转化率的乘积。

也就是说：超级转化率＝转化率1×转化率2×转化率3×……

以下面这个成交漏斗为例（如图1.10所示）。

超级转化率就是=73%×21%×87%×80%×70%×65%=4.85%

超级转化率理论有助于我们优化每一个环节。而我们一般只是优化最后的付款环节，这样对于我们的提高转化率帮助并不大。我们应该把任何一个环节的流量都深耕细作，让每个环节的转化都提高。

图1.10 转化率漏斗模型

还是以上面的例子来说：

很多人只是提高最后的付款环节的转化率，哪怕将付款转化率提高到100%，超级转化率只有：

73%×21%×87%×80%×70%×100%=7.5%

而如果我们把每个环节都提升一点点，哪怕只是5%，那么超级转化率就是：

78%×26%×92%×85%×75%×70%=8.3%

很明显：8.3%>7.5%

每个环节都优化，好像比较复杂，但是你细想一下，把某个环节提升到100%容易，还是某个环节提升5%容易？

而且每个环节都提升，超级转化率的潜力才会更大。

如果每个环节都提升10%，超级转化率就是：

83%×31%×97%×90%×80%×75%=13.5%

提升效果是非常明显的！

这就是超级转化率的优势，也是我们做亚马逊运营要学习的地方（具体如何优化，后面章节会讲到）。

提高转化率的核心方法：

只有颗粒度精细化到过程的每一步，转化率才能发挥到极致。

将所有的流量变成精准流量，从普通转化率变成超级转化率，才是跨境电商运营的运营法宝。

1.4 亚马逊搜索机制

对于美国的消费者来说，直接在零售站点（通常是亚马逊）上搜索产品并不是一种新方式，而已经是一种习惯。大多数在亚马逊购物的人都对自己想要的商品有足够的了解，然后从那里开始产品搜索。只有对于某些类型的产品不了解，需要通过更多渠道研究时，才会考虑谷歌。

亚马逊搜索流量的来源分两部分，一部分来自自己平台的搜索算法，另外一部分来自谷歌等搜索平台的算法。

要了解亚马逊搜索机制，先要了解它和谷歌搜索有什么不同？

在搜索引擎优化方面，这两家公司截然不同的商业模式导致其搜索引擎设置了截然不同的逻辑，以便向用户提供正确的结果。

谷歌搜索是比较复杂的系统，因为它需要猜测用户的意图，而亚马逊不需要猜测搜索者意图。

简单地说，谷歌的基础逻辑是："什么结果最准确地回答了搜索者的查询？"亚马逊的基础逻辑是："搜索者最有可能购买哪种产品？"

因此，谷歌一直在更新算法，旨在理解人类语言的细微差别，以了解用户的意图，达到精准展示；而亚马逊的搜索引擎却只要达到一个目的：理解并分析产品的销售倾向进行排名展示。在亚马逊上，用户不会问问题，他们直接搜索产品，而且，他们很可能已经准备好购买了。

相比之下，亚马逊基于产品排名的搜索更简单点。这个算法，亚马逊称为"A9"，如图1.11所示。

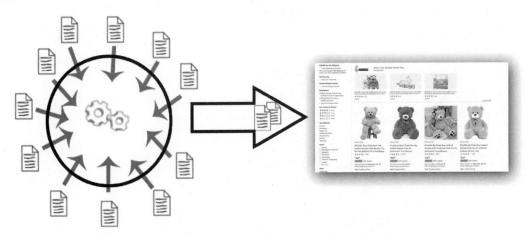

图1.11　根据客户的购买行为进行计算，展示出客户最想要的产品

1.4.1 亚马逊 A9 算法的秘密

只要是在亚马逊平台销售产品的卖家，几乎每个人都听说过 A9 算法。

亚马逊的商业模式是一个运转良好的内循环收入驱动飞轮（后面章节会讲到飞轮理论），其首要目的是通过其在线平台销售尽可能多的产品。

因为，亚马逊对卖家最基础的收费就是店铺月租（例如北美站是一个月 39 美元）和销售金额的抽佣（5% ～ 15%），所以亚马逊希望卖家销售更多的产品。

尽管亚马逊的平台内广告收入上升迅猛，AWS（Amazon Web Services）云计算服务也是其增长最快的收入来源，但销售佣金依然占亚马逊收入的很大一部分。因此，亚马逊 A9 算法背后的秘密因素只有一个：销售速度。

什么是销售速度？就是单位时间内产品在亚马逊平台上销售的数量。

以下几种因素，都以某种方式影响着产品销售速度。

- 描述相关程度（Text Match）
- 页面质量（Listing Quality）
- 价格（Price）
- 库存（Available）
- 选择（Selection）
- 销售历史记录（Sales History）
- 其他因素

哪个因素才是最重要的呢？答案是转化速度。

我们知道，亚马逊的目的就是使人们快速地购买他们想要的产品。那么亚马逊如何知道消费者的需求？它其实也仅仅是检测关键词的转化而已，转化高，就是销售快。所以销售速度是最核心的。销售速度越快，证明消费者对这个产品的需求越大。你可以直接控制商品描述、价格和库存等因素，而销售成果最终都取决于转化速度，即销售速度。

上面提到的各种因素，包括广告、配送方式、评分和评论，都可以提高销售速度，最终让你的产品获得更多的曝光。

显然，谷歌的排名支柱都是基于优化网站以提高点击率；而亚马逊的核心排名支柱则基于转化率。这就是我们上一节专门讲超级转化率的原因。

"转化率直接影响销售速度，销售速度直接影响你产品的排名，就是亚马逊的 A9 算法。"

一旦产品排名到达首页顶部位置，它就有可能迅速成为爆款。

所以 Kris 建议：作为亚马逊运营人员，在所有需要跟踪监视的变量数据中，应该把转化率放在首位，努力提升转化率是获得更高自然排名的金牌手段。

1.4.2 亚马逊产品在 Google 的搜索表现

我们知道，亚马逊关心的就两个字：销售。销售量越多、速度越快，产品的排名就越高。

我们也知道亚马逊搜索流量的来源主要有两部分：一个是亚马逊本身的搜索，另一个是搜索引擎搜索，后者绝大部分来源于谷歌。

那么亚马逊上的产品在谷歌的搜索表现如何？销售跟搜索结果有什么关系呢？

搜索一个产品名称，例如"Book Stand（书本支架）"，会得出以下页面，如图 1.12 所示。

图 1.12　谷歌展示亚马逊链接位置

加框的位置，展示的是亚马逊的链接，虽然亚马逊每年都会花一大笔钱在 Google 购买搜索广告（亚马逊是 Google 几个大客户之一），但实际上亚马逊的自然搜索排名表现也很好。

为什么？

这个就涉及网站优化。作为世界第一的电商平台，它的 SEO 优化能力基本算顶层了。Google 看重的是点击率，如果网站多次被点击，就证明这个网站提供的信息就是用户需要的，是他们感兴趣的,也是持续性,如果一直都保持高点击率,那么这个网站就被认为是活跃、优秀的。而对于一个购物网站,Google 也会跟踪成交率,即转化率。一个高点击、高转化的网站,自然而然就会来到搜索结果的首页。

这就是亚马逊欢迎卖家销售各种新品吸引点击,提供各种图片视频评论 A+ 功能等提升转化率的原因了。

也就是说,除了技术优化网站,亚马逊最重要的工作就是提升点击率和转化率,获得更高的销售量,这样它就能轻松获得更多的 Google 搜索展示。

1.5 相关性——亚马逊的 SEO 核心

相关性,也有人称为匹配度。

上一节讲到,A9 算法仍然严重依赖关键词匹配来确定产品与搜索者查询的相关性,这也是亚马逊 SEO 的核心技术。

虽然标题和描述对于订单转化至关重要,但如果这些里面不包含相关关键词,那么带来流量转化的机会就很小。也就是说,相关性带来的是曝光和点击。

必须要获得关键词的相关性,才能有曝光和点击,否则再好的产品也不会被客户搜索到。

亚马逊产品页面中包含的每个关键词都会影响产品的排名,因此其嵌入位置的部署很重要。

不过首先要详细了解什么是相关性。

1.5.1 亚马逊的相关性

相关性,基本分类有两种:一是广告相关性,二是自然搜索相关性。

1. 广告相关性

广告相关性,就是亚马逊用来判定广告排名的重要因素。如果你的产品有较高的相关性,则意味着当你和竞争对手在关键词竞价中出价相同时,你的广告更有可能赢得展示机会。

2. 自然搜索相关性

亚马逊用来对自然搜索进行排名的因素。如果你的产品有较高的相关性,则意味着当客户搜索关键词时,你的产品就会更有可能赢得展示机会。

另一种分类是:关键词相关性、品类相关性、属性相关性和产品关联。

1. 关键词相关性

就是系统根据标题描述的词语认定页面与某些词相关,如果你产品的页面标题有"iPhone case",那么系统就认为这个词与这个页面相关。

2. 品类相关性

系统认为同一个品类的产品都具有相关性，所以设置正确的品类至关重要。

3. 属性相关性

系统也会根据产品的材质，如不锈钢还是塑料；产品的做工，如抛光还是涂层；产品的作用，如厨房还是客厅等属性进行相关。

4. 产品相关性，或者说产品关联

有客户点击了你的产品A，又点击了产品B，如果数据足够多，系统也会把A和B关联起来。

这些分类只是用于我们做策略分析，亚马逊并没有具体公式可以计算相关性的关联度。但是如果我们深入研究，就可以知道：点击率是用于计算相关性的一个重要指标。

因为当我们搜索某产品时，只有我们感兴趣了才会点击，而点击多了，这个关键词就被系统认为是跟该产品相关的。

同时，亚马逊广告也以点击率（CTR）作为确定广告系列相关性的重要指标。据说这也是亚马逊会自动停止点击率过低（有人说低于0.07%）的关键词展示的原因。但是Kris没有去验证这一点，你们可以查一下，两周前和两周后的数据，一些点击率很低的词是否会自动消失。

理解了这个，我们就很容易让我们的产品和某个词相关，而利用广告，是建立相关性最快的方式，特别是手动精准广告。前提是能获得足够的点击率。让你的广告系列运行几天，持续一到两周，就可以建立相关性（后面广告的章节会讲到）。

1.5.2　相关性影响自然排名

为什么大量修改产品标题和描述，或者在广告页否定了某些关联ASIN，自然排名会下降，订单也下降了？

如果理解上面的相关性基础，就很容易明白了。

我们用广告关联做假设，若你的产品是ASIN #A，广告被关联到产品ASIN #B和ASIN #C。

这三个产品的主关键词都是"iPhone case"，当你做广告时，系统认为你的产品ASIN #A和别人的产品ASIN #B和ASIN #C一样，就会投放到那两个产品的商品详情页面上。这样你的产品就获得了100%的相关性，因为只要搜索"iPhone case"，怎么都可以找到并点击你的产品。但是你把ASIN #B否定了，主动放弃了关联，就少了曝光，少了点击，你的产品与"iPhone case"的相关性就掉到了67%，即损失了三分之一。

那么，当客户搜索关键词"iPhone case"时，你的产品的自然排名当然就下降了，因为相关性高于67%的产品都会排在你的产品前面。

所以，相关性低了，广告排名和自然排名都会下降，曝光量会下降，点击率会下降，然后你的订单当然也下降。订单少了，当然曝光量会更加少……这是一个死循环。

1.5.3 相关性在广告中逻辑

先看下图,如图 1.13 所示。

浅灰色代表关键词相关性,深灰色代表出价。

问各位一个问题,三个卖家分别出价 0.5 美元、1.0 美元、1.2 美元,谁会获得广告展示位?答案是第二个卖家,出价 1.0 美元的。

相关性是亚马逊赋予你的广告系列和自然搜索排名关联的一个重要因素。如果没有相关性,则你的广告可能不会根据你所出价的关键词展示。

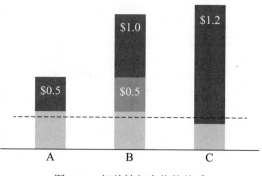

图 1.13 相关性与竞价的关系

即,只要不相关,无论你出价多少,都不会有展示。

如果你的广告没有曝光,优先考虑两个问题:(1)出价是否太低;(2)是否具有相关性。所以,你出价都很高了,还没有曝光,那就是没有相关性了。

1.5.4 影响相关性的其他因素

点击率是相关性的一个重要指标(即权重最大),不过其他因素也会影响系统对于相关性的计算。

关于相关性,亚马逊官方是这样描述:

"To ensure a good customer experience, we try to show ads that are most relevant to customers' search and browse activities.(为了确保良好的客户体验,我们尝试显示与客户的搜索和浏览活动相关性最大的广告。)"

就是说,相关性是根据客户的搜索和浏览活动来决定的。

搜索和浏览活动是什么呢?

1. 五个步骤

(1)搜索

(2)浏览商品

(3)点击产品

(4)浏览商品详情页面

(5)购买或者离开

那么,它们的相关性的分数/权重,是如何精确计算出来的呢?不知道,亚马逊并没有公开计算公式。但是从以上那句话,我们可以推理出来。

2. 提升广告系列相关性的几个因素

（1）点击率

（2）转化率

（3）商品详情页面上的内容（标题、五要点描述、视频、A+ 等）

（4）广告的素材（例如，你在标题搜索或产品展示广告中使用的广告素材和 POST 帖子）

（5）评论（即评论中使用的词）

（6）星级评分

总之，需要记住的是：相关性 / 相关性得分并不涉及单个度量或因素，它是基于关键词 / 定位和 ASIN（着陆页）效果的综合状况，而不是基于总体广告系列的效果。

3. 提高相关性可以考虑以下几个方式

（1）在商品详情页面嵌入关键词

（2）利用广告获得更多点击

（3）提升 Listing 转化率

相关性与标签化有什么不同？

需要提醒是，现在关于亚马逊运营技巧开始出现一个新名词，叫"标签化"，就是对一个产品给出标签。例如一个苹果手机壳，标签为"iPhone case"。一个产品标签越多，曝光越多。

其实这仍是相关性理论，换个词而已。如果这个产品与其他关键词相关性越高，曝光也就越多，一样的道理。

但是相关性这个词，在亚马逊后台页面是明确提到的——"Relevant"和"Relevance"，却没有标签化——"Tag"这个词，Tag 在淘宝或者 Facebook 出现比较多。所以 Kris 还是倾向于用相关性来解释一些亚马逊运营的问题。

1.6 人群画像——高转化的底层逻辑

我们常常在电视里看到这样场景：嫌疑人犯罪逃离后，警察会找目击证人，请他们描述嫌疑人样貌，描述越仔细越清晰，越容易找到嫌疑人。

但是，如果只知道身高、体重、穿什么衣服，这样只是一个大概的画像，那么警察还会找到更多的目击者，搜集更具体的信息。终于，有目击者看到这个嫌疑人左脸的嘴唇下面有个大大的痣，穿着无袖篮球湖人 24 号球服，粗壮的手臂上有个 hello kitty 的纹身。OK！那么这个嫌疑人基本跑不了了。

这就是画像。通过了解嫌疑人的各种特征，画出这个人，甚至可以了解这个人。

亚马逊也一样！它就是"警察"，它也通过更多信息来找到自己客户的人群画像。通过对人群画像归类来推荐关联产品给他们，提高购买转化率。也就是说，亚马逊通过分析具体的某一类人会喜欢某一个产品，然后展示给他们，让他们更快地做出购买决策。你看看卖家后台"品牌分析"页面里，有一项"人数统计"，其作用就是统计出到你店铺购买的客户都是什么样的。如图1.14所示。

图1.14 品牌分析页面展示人数统计

这里包括年龄、家庭收入、教育、性别、婚姻状况等。

但是这只是你的店铺的客户信息。亚马逊拥有的是所有客户的信息，它掌握的信息就要精细得多，这样系统就可以给每个客户画像、归类。同一个画像的人归为一类，如果某个产品合适这一类的人，就会推荐给同类的其他人。

有了人群画像，就可以关联流量了，站内流量可以分为三个大类：

- 搜索流量
- 关联流量
- 广告流量

严格地说，其实它们都是关联流量，这就是同一个搜索词，不同人搜出来内容不一样的原因。不同人看到的广告不一样，这就是国内常说的"千人千面"。

因为亚马逊已经把客户的像画好了，归类好了，就会给客户展示出最大概率需要购买的产品。

产品销售好了，客户就慢慢涨起来，滚雪球一样，飞轮一样，销售越来越快。因为卖得越多，亚马逊得到的数据就越多，画像就越精准，推荐的人购买率也就越高。这也是爆款转化率很高的原因。

那亚马逊是怎么画像的呢？

举个例子，你是卖汽配的。

- 第一个客户购买，亚马逊通过数据知道，男，23岁，高中学历，拥有二手卡罗拉。
- 第二个客户购买，亚马逊通过数据知道，男，27岁，高中学历，拥有二手卡罗拉。
- 第三个客户购买，亚马逊通过数据知道，男，25岁，本科学历，拥有二手卡罗拉。

那么要获得第四个客户，亚马逊在帮助你做关联流量时，会推荐给谁呢？

系统会推荐给20～30岁，男，拥有二手卡罗拉的人。这样，购买率是不是高了很多？

我们可以理解到：

- 亚马逊内部流量的高转化的逻辑是人群画像，搜索流量/关联流量/广告流量都受人群画像的影响。
- 亚马逊大力打击刷单，就是因为刷单影响其精准画像，影响客户体验。

1.7 客户购买商品的底层原因是什么

做卖家的有没有仔细想过，客户为什么会买你的产品？是因为产品便宜，因为质量好，有创意？

是，也不是。

是因为客户购买的时候，不知道还有比你的产品更便宜、质量更好、更有创意的产品。这就是不完全信息博弈。

不完全信息，就是你知道的他不知道，他知道的你不知道。信息不是对称的。博弈，就是策略。而客户在购买商品时，都是在信息不对称的情况下做出比较合理的选择。如果客户非要在完全信息对称的情况下购买一件商品，会出现什么情况呢？成本太高了。

例如，如果买车，就要知道整个生产流程，知道每个配件的价格和性能，知道发动机，了解变速箱，会分辨音响质量，看出轮胎规格和性能，才能买到最合适的车。但对于普通消费者，这几乎是不可能的。

成本高到什么程度？高到几乎等同于要购买商品的价格。

如果车子20万，你要在信息完全对称的情况下购买，你就要去参加各种培训和学习，花的成本估计也差不多20万，甚至会更高。

假如你和朋友在一个房间里，突然跳进来了一只老虎，怎么办？赶紧跑啊，老虎会吃人的啊。但是你朋友说：不用跑，它不一样，不吃人的，很善良。

你跑不跑？

肯定先跑啊，万一老虎不是善良的呢？

难道我还要坐下来问你为什么不咬人，是不是你养？是不是牙齿拔掉了？

不敢坐下来啊，因为这样代价太高了！

如果什么都要信息完全对称，那真的太难了。

人们经常以偏概全做判断，那是不得已，因为获得信息的成本很高。以偏概全做判断当然会发生错误，但是跟他要付出的成本相比，还是值得的。

我们应该如何利用信息不对称优化卖点？

就是让客户获得你的产品的卖点信息的难度上升！

假如你要卖一个不粘锅，你应该用什么做你最大的卖点呢？不粘锅肯定是以不粘做卖点啦。但是你仔细想想，要客户获得这个信息难吗？不难，买回来，煎个蛋就什么都知道了。你可以说你的锅很坚固，可以承受3只大象同时站立，那客户就几乎无法证明这个卖点了。当然不粘锅用这个做卖点确实牵强，这里只是举例子。

再举几个最常见的例子：

高级手表，你说多么精准，可以夜光，有什么功能的，这些都是很容易获得的信息。但是如果说这个手表可以承受水下50米深的压力，且不会进水。用这个做卖点，客户几乎无法验证。

一个啤酒商宣传：每一瓶啤酒都经过高温纯氧的吹制，才能保证良好的口感。其实这是所有啤酒生产的流程，而消费者不知道，他们就会相信这种啤酒质量有保证。

因此售卖产品的时候，要明白以下几点：

（1）购物行为，是人们在信息不对称的情况下做出比较合理选择。

（2）要获得信息完全对称，成本非常高，不值得。

（3）想让客户购买你的产品，要让客户获得你产品的卖点信息的难度上升！

最后请注意，卖点一定是真实的，不要为了制造卖点而故意虚假宣传。

1.8 亚马逊飞轮理论——最出名的理念术语

亚马逊飞轮理论（The Amazon Flywheel），是亚马逊战略顾问杰夫·柯林斯（Jeff Collins）为重新设计亚马逊的商业模式而创造的一个理念术语，再由CEO杰夫·贝佐斯（Jeff Bezos）进行丰富，从而成为一个理论。

这种理论是帮助亚马逊企业获得巨大成功的原因。亚马逊飞轮理论战略是电子商务世界的传奇。

飞轮理论着眼于飞轮启动时产生复合能量效应的一种有趣现象。即当飞轮开始旋转时，它会产生自己的动力，使其更容易加速（这就解释了为什么有些卖家容易突然爆单）。

那如何通过使用"自己的动力"来保持飞轮旋转？
如图1.15所示。

- 圆圈部分（Growth）：业务增长核心
- 选择（Selection）：包括选择管理系统和亚马逊的产品品类
- 客户体验（Customer Experience）：包括产品体验、配送体验等
- 流量
- 卖家数量：第三方卖家数量
- 低成本结构（Lower Cost Structure）
- 更低的价格（Lower Price）

图1.15 亚马逊飞轮理论模型

如果还要深入研究，单客户体验这一项就够研究一段时间了。简单地说，亚马逊的飞轮理论模型就是使用较低的价格吸引更多的客户，吸引更多的第三方卖家，从而推动更多的选择和

达到更低的成本。更多的选择当然也就吸引了更多的客户，这样就会产生"良性循环"。

最重要的是，当你优化亚马逊飞轮的任何一个部分时，它会向前推动其他组件，从而加速整个循环。那为什么开始做亚马逊运营的时候那么难？

想象一下：

你需要让一个巨大的轮子运动。你充满热情并且看到了你的目标，你试着推动这个轮子，它很重，所以你很容易累。与此同时，你可以看到你并没有更接近你的目标，因为轮子本身并没有移动，所以你继续推动，尝试并出汗。

而当你持续付出努力，轮子开始移动。只要轮子移动了，即克服了摩擦力（物理知识），那么后面就轻松了，但是依然需要继续推动，继续努力。

几天/几周过去了，你注意到轮子开始慢慢加快移动。你会开始看到工作成果！经过很长一段时间，轮子再转动并加速，而加速是更加显而易见的，你可以享受工作成果了。轮子在旋转，运动正在加速，最终达到你的目的地。

所以这个不叫飞鸟理论，而叫飞轮理论，轮子的轮，因为这样比喻更容易理解。

很多人都觉得推动轮子很困难，刚开始就放弃了，这就很可惜了。

如果你想现在就开展自己的业务，你最开始的阶段，就像推动一个巨大的轮子旋转一样困难。但是，坚持不懈的努力可以带领你走向成功。

"我们要将此理论模型应用于亚马逊销售业务。"

严格来说，这是亚马逊公司的运营策略的理论，作为卖家应该如何应用这一理论呢？

如果你细心研究，那么你就会发现这个战略理论仅仅是亚马逊自己的发展战略的基础理论。卖家可以将这一理论运用到我们的销售当中。卖家要做就是在亚马逊业务中根据飞轮理论，创建一个复合效果集合。

亚马逊飞轮模型的优势之一是它能够产生复合效果：飞轮的各个部分之间产生协同作用，它们共同作用以保持飞轮旋转。作为卖家，要弄清楚如何在亚马逊业务中创造协同效应以实现类似的复合效果。

举个例子：

亚马逊上的销售排名、亚马逊PPC广告的效果和你的整体销售利润三者之间的关系。在亚马逊上，销售排名受到销售速度的巨大影响。简而言之，更大的销售量 = 更高的排名，更高的排名将导致更大的销售量，这反过来将提高销售排名，导致更大的销售量，如此不断循环。

为了使销售增长加速，可以引入亚马逊广告。通过亚马逊PPC广告产生的额外销售将有助于提高销售排名，广告也会对你的产品销售产生积极影响。如果将销售产生的利润再投资给亚马逊广告，你也将再次推动额外的销售增长，从而再次提高销售排名，提高销售额，等等，由此让你的卖家飞轮动起来。

与亚马逊飞轮相似，你在亚马逊上的搜索引擎优化和PPC工作既为对方创造动力，又帮助你获得更多的销售利润。

而在产品页面优化方面，这里分享一个图（如图1.16所示）。

图 1.16　客户体验飞轮模型

影响飞轮的一个关键因素是客户体验,而保证良好的客户体验需要做好四个方面:

- 曝光(Discovery):影响曝光的因素分别是产品标题(Title)、五要点描述(Bullets)、详情描述(Description)和关键词(Keywords)。
- 流量(Traffic):增加流量的方式分别是DSP广告、商品推广(Sponsored Products)、品牌推广(Sponsored Brands)和展示型推广(Sponsored Display)。
- 评价(Review):提升产品评价的方式有细化产品(Products Refinement)、分析(Analysis)产品和市场、社会证明(Social Proof)如各种认证。
- 转化(Conversion):影响转化的方式有A+页面(A+ Content)、图片(Photos)、视频(Video)和客户问答(Q&A)。

后面的章节会具体阐述。

1.9　运营金字塔模型理论

运营金字塔模型理论是亚马逊运营的核心,也是运营成功的模式,如图1.17所示。

图 1.17　运营金字塔

上图展示的是正确运营的优先顺序和重要性，自下而上。

1. 底层

这里有两块内容：

（1）Catalog + Detail Page（品类 + 商品详情页），包含以下几个要素。

- Catalog（品类）：产品要放在合适的品类
- Detail Page（商品详情页）：优化好商品详情页面，包括图片、标题、五要点描述等（后面章节会详细讲述优化技巧）
- Buy Box（获得购物按钮）：通过购物按钮获得95%的订单
- Selection（转化率）：提升转化率
- Keywords（关键词）：挖掘精准的关键词

（2）Inventory + Operation（库存 + 绩效操作），包含以下几个要素。

- Seller Performance（绩效表现）：包括客户服务绩效、政策合规性和配送绩效等，都要表现良好
- Prime-Badging（获得 Prime 标志）：Prime 标志可以增加订单量，注：自发货也可以有 prime 标志
- Inventory（库存状况）：千万不要断货（后面章节会详细讲述如何备货）

2. 第二层

Enhanced Branding（增强品牌），包含以下几个要素。

- Brand Registry（品牌注册）
- Enhanced Brand Content（A+ 图文描述页面）
- Vine 计划：这是很多卖家做新产品所忽略的，由此可以快速获得更多评价
- Brand Store（品牌旗舰店）：增强品牌可信度

3. 顶层

Traffic Drivers（引流），包含以下几个要素。

- Advertising on Amazon（站内广告）
- Promotion（各种促销）：优惠券、折扣、抽奖、社交促销等

这个运营金字塔模型对运营有什么启示呢？首先，要想成功，必须要按这个模型运营你的店铺。其次，必须要从最底层开始完善。先把底层每个部分都做完美了，然后完善中层部分（不过底层和中层同时进行也行），但是强烈建议顶层引流部分一定要最后做。Kris 遇到太多卖家，一上架产品就要引流，就要做广告，如果没有优化好第一层和第二层内容，转化率都不会很高的。

"页面部分，店铺表现不好，做再多广告和促销效果也不会有用。"

这个模型是全书的核心内容，整本书都会围绕这个理论来做运营技巧分析。也就是说你必须要先理解这个理论，才能理解全书运营的内容。

1.10　总结：了解了亚马逊基本逻辑，就懂得一半的运营

在本书的第一章里，我们详细讲了亚马逊平台的一些基本逻辑理论。

我们讲了亚马逊的流量来源，有站内流量和站外流量，其实对于大多数小卖家来说，应该优先注重站内的流量，因为亚马逊本来就是一个流量巨大的平台，我们只要合理利用这部分流量，就足够支持我们销售产品。

如果我们要做大做强，有足够的资金投入，可以做站外流量，自己引流，到各个平台投放广告或者建立独立网站。

我们讲了亚马逊最基础的搜索机制，目的只有一个：展示客户购买概率最高的产品。而谷歌搜索的目的是：回答客户想要什么。

亚马逊看重的是转化率。过去很多人都在讨论"流量为王"，但是随着市场的饱和，流量越来越昂贵，我们就不得不追求更精准的流量，于是慢慢开始追求转化。"转化为王"的时代即将来临。因此我们引入了一个概念，叫超级转化率。与传统的转化率不一样的是，超级转化率涉及从曝光到订单完成的每一个环节。超级转化率从最开始的客户接触到产品就开始计算，是从看到产品到订购订单，每个环节的转化率的乘积。

也就是说：超级转化率 = 转化率 $1 \times$ 转化率 $2 \times$ 转化率 $3 \times \cdots\cdots$

这对于卖家优化每个环节策略都非常重要，卖家必须重视超级转化率。

我们还讲了亚马逊展示的商品的两个基本逻辑：相关性和人群画像。只要客户搜索的词语和你的产品高度匹配，而且符合亚马逊的人群匹配标准，那么就很有可能得到更高的转化。

相关性的计算方式并没有被亚马逊公布，但是我们可以猜测出，点击率和转化率都占有很大的权重。当然也会跟页面质量、图片、评价、价格等有关。

如果一个客户用"运动鞋"这个词来搜索，那么系统就将综合指标最好到次优的 ASIN 排列好展示给客户，综合指标包括销量、评价、绩效、运输、页面等一系列指标。这样就组成了围绕"运动鞋"这个关键词构成的相关性产品的展示结果。

为了让各位更好地理解相关性和人群画像，我们用销量这个单一指标来举个例子。

假设"运动鞋"这个产品有 100 个人搜索，购买 A 鞋的有 50 个，购买 B 鞋的有 30 个，购买 C 鞋的有 20 个，那么基于"运动鞋"这个关键词的展示顺序就是 ABC。因为系统认为跟"运动鞋"这个词相关性最强的就是 A 了。

但还没有结束。

系统通过大数据分析，搜索"运动鞋"的这个客户是女性，而且很喜欢红色的产品。

最后呈现在她面前的搜索页面，很可能就是"女性红色运动鞋"了。

这就是人群画像，根据客户情况，猜想他喜欢的产品。

亚马逊这样做的目的是最大化提升销量。

但是要提升销量也不是那么容易，客户点击了你的产品，是否决定购买，还得看你页面的表现，这就取决于你描述的信息。客户购买的你产品的底层逻辑，就是信息不对称。如果找不

到其他更便宜、更有创意的产品,那么他们就愿意购买。如何让客户信服你的产品,且找不到其他更好的,这个就是你撰写描述信息的关键。

最后,我们还讲了两个亚马逊基本模型理论,飞轮理论和运营金字塔模型。卖家在运营过程中,应当以飞轮理论为核心,以运营金字塔模型为基础,优化好每个细节,保持耐心,推动轮子加速运转。这样就可以让卖家在亚马逊平台销售上取得成功。

1.11 常见问题解答

1. 为什么刷单没效果,停了就没有销量

为什么刷单没用,因为刷单的人不是真正有需要的人,亚马逊无法根据他们画出正确的画像。

假如你卖的是卡罗拉的专用配件,而刷单的人根本没有车,或者没有卡罗拉,但是他们却买了卡罗拉的配件,而且一直购买,那么亚马逊系统就会分析,这究竟是什么原因,找出共同点,但是这样画出来的画像是不真实的,怎么可能有效?这就是亚马逊大力惩罚刷单原因,因为刷单行为阻止亚马逊精准画像,无法给客户提供优越的购物体验。而提供良好的购物体验,是亚马逊的核心经营理念和唯一不变的东西。

2. 国内国外的刷单有什么区别

想想我们国内的淘宝、天猫、京东,我明明已经买了一部华为P40,还一直给我推送P40手机,我明明买了手表了,还给我推送一样的手表,这样对销售一点用处都没有。

在淘宝、天猫、京东,刷单几乎成为基本运营内容了。

当然,国内电商平台也开始打击刷单,开始建立千人千面的展示方式了,希望以后有更好的改进。

但是就目前来说,国内平台刷单依然是成功的,因为国内的人群数量众多,刷一千单,后面就有十万自然客户来磨平这个人群画像的误差。但是国外却无法有那么多的人来磨平误差。所以不能直接用国内思维方式来运营亚马逊平台。

3. 为什么自己的产品在首页搜不到

因为你搜索的这个词跟这个产品没有相关性。相关性是决定关键词排名的重要因素。

有些服务商在做关键词上首页的服务,我们不知道他们是如何做到的,但是肯定不是自然人去搜索、去点击的。而相关性必须要有搜索,然后有点击,甚至有购买,这样才能真正建立相关性。所以很多时候,关键词上首页等"黑科技"操作用处不大。

所以如果想让你的产品出现在相关关键词搜索的首页,那么你的产品得有点击、有销量。前期可以做 VINE 计划等积累评价,然后配合广告和促销(后面章节会具体讲述),慢慢就可以搜索得到了。

但是如果这个词竞争大,那么作为新卖家,应该优先从长尾词入手。如"iPhone Case"竞争肯定大,你可以加个颜色词:"Red iPhone Case",或者再加材质词:"Red Silicone iPhone Case"。

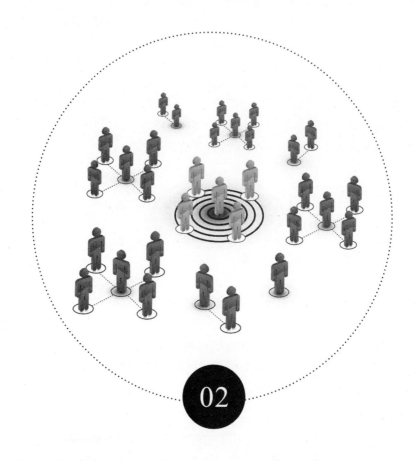

第 2 章 亚马逊相关操作

　　本章具体介绍了亚马逊的相关操作。亚马逊操作是既简单又复杂的,简单是因为界面简单,操作方便,复杂则是因为里面涉及很多细节,而且操作是环环相扣的,任何一个小步骤出错,都可以导致整个环节无法继续。如,你没有 UPC,就无法上架产品,上架了没有品牌备案,你的产品就可能处于竞争劣势等。

2.1 产品上架

当你将账号申请下来后（本书没有介绍如何申请账号，因为比较简单，有正规证件，找到亚马逊招商经理，就可以帮你安排申请了），基本就可以上架产品了。

常用的上架产品方式有三种：
- 后台直接上架
- 用表格批量上架
- 用第三方软件接入上架

第三种不需要介绍，因为第三方软件很多，上架方式也不一样。这里主要介绍第一种和第二种上架方式。

2.1.1 上架前需要审核的品类

亚马逊宣称，希望买家能够放心地在亚马逊商城购物。所以对于某些商品、品牌、分类和子分类，亚马逊要求卖家获得批准才能发布商品进行销售。审批流程可能包括文件请求、绩效检查和其他资格，也就是分类审核（Categories Requiring Approval）。简单来说，亚马逊的分类审核就是为了考察亚马逊销售账号是否拥有受到限制的品类产品的销售权而进行的一项单独的审核。

1. 哪些品类需要通过分类审核

- 邮票（Postage stamps）
- 硬币收藏品（Collectible Coins）
- 个人安全和家居用品（Personal Safety and Household Products）
- 娱乐收藏品（Entertainment Collectibles）
- 艺术品（Fine Art）
- 玩具和游戏等假日销售品（Holiday Selling Requirements in Toys & Games）
- 珠宝首饰（Jewelry）
- 加入亚马逊订阅箱（Join Amazon Subscription Boxes）
- 意大利制造（Made in Italy）
- 音乐和DVD（Music & DVD）
- 汽车用品和户外动力设备（Requirements for Selling Automotive & Powersports products）

- 服务（Services）
- 体育收藏品（Sports Collectibles）
- 流媒体播放器（Streaming Media Players）
- 视频、DVD 和蓝光光盘（Video，DVD & Blu-ray）
- 钟表（Clocks and Watches）

除此之外的品类则不需要审核，可直接上架产品。

2. 分类审核入口

要申请发布亚马逊目录中已存在且需要审核的商品，请按照以下步骤操作：

在卖家平台主页上，点击【目录】菜单，然后选择【添加新商品】。

（1）搜索你想要销售的商品。

（2）在搜索结果中，点击该商品旁边的【显示限制】链接。

（3）点击【申请销售】按钮开始申请流程。

（注：亚马逊随时有可能更改新的申请要求和政策。）

须注意的是：提交审核的卖家需要提供公司网站的地址，如果没有独立网址，用 Facebook 主页也可以，我们试过是成功的（但不排除后续亚马逊有更加严格的审核要求）。

申请提交上去以后，亚马逊的工作人员会审核你的信息，然后会通过邮件联系你，到时候留意查收联系邮箱即可。分类审核通过后，就可以上架产品。

2.1.2 后台上传产品

下面以美国站为例，为大家详细介绍亚马逊后台上传 / 上架产品的步骤（注：以下截图为中文页面参考，亚马逊随时都可能更新页面）。

1. 创建新商品

（1）进入卖家后台，点击左上角"库存"下面的"添加新商品"，如图 2.1 所示。

（2）在该页面点击"我要添加未在亚马逊上销售的新商品"，如图 2.2 所示。

图 2.1 添加新商品　　图 2.2 我要添加未在亚马逊上销售的新商品

（3）在列表中选择商品详细品类，在搜索框里输入关键词可以搜索品类，会有系统建议的品类，也可以自己一层层选择，最后点击确认品类就行。Kris 建议一定要把产品放在最精准的品类，这样有利于系统识别你的产品，如图 2.3 所示。

注意：如果没有看到你要找的品类，可能是因为该品类的销售需要审核或受限。你可以点击"了解更多信息"获取更多信息，如图 2.4 所示。

图 2.3　选择品类

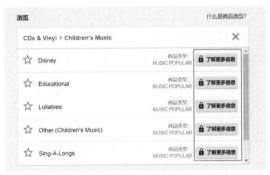

图 2.4　需要审核的品类提示

（4）然后开始正式完善产品的描述部分，完成商品详情页面的编辑。

注意：有星号和方框标记的为必填项。

所有必填的商品信息必须要正确，这非常重要，如图 2.5 所示，其中包括：规范的商品名称、高质量图片、五要点描述和其他重要属性（在页面优化章节会详细介绍）。如果没有提供必要的商品数据，可能导致你的商品收到质量警告，或被禁售。

图 2.5　显示必填项

确认所有星号标识的信息都填上以后，屏幕下方的"保存并完成"按钮会由灰色变成橘黄色，点击"保存并完成"即可完成创建商品。

首次创建新商品，只需要填写以下四项内容：重要的信息、变体信息、报价和图片，如图 2.6 所示。

图 2.6　感叹号为未填信息提示

（5）保存后 15～30 分钟，商品信息会展示到亚马逊前台和你的管理库存页面上，添加成功后在"管理库存"页面会出现该商品。

（6）后续你还可以通过点击"管理库存"页面该产品的"编辑"按钮完善更多信息。提示：信息完善程度越高，曝光率就越高。

2. 创建多属性商品——变体

多属性商品一般适用于服饰类、珠宝首饰类商品，我们称之为变体商品，或者说父子关系商品，因为英文用的是 Parent 和 Child。

这个在天猫、淘宝都很常见，但是对于很多新卖家来说，关于编辑变体关系，还是比较不好理解。

在亚马逊，变体关系的展示形式如图 2.7 所示。

图 2.7 多变体显示方式

客户可以选择尺寸和颜色，当客户选择不同颜色时，商品的图片会随之变化，价格库存等都将随之变化，其实就是每个尺寸和颜色，都是独立的页面。

（1）在"变体"选项卡下找到"变体主题"，在下拉菜单中选择变体主题如尺寸、颜色或者尺寸+颜色的组合，如图 2.8 所示。

图 2.8 变体设置位置

（2）选择变化主题（如颜色）后点击"变体"标签进入增加颜色页面，填写对应产品颜色，如图 2.9 所示。

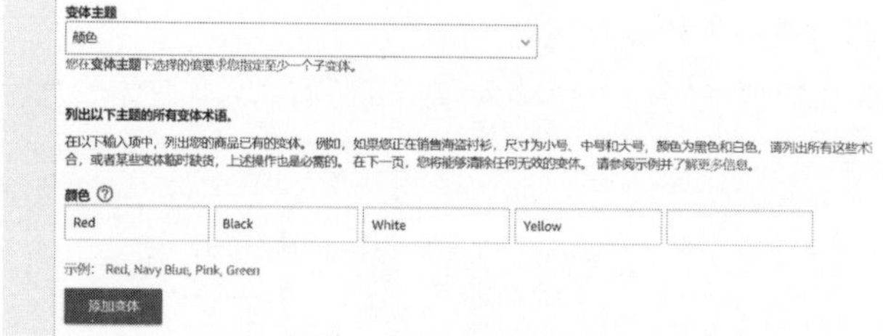

图 2.9 变体设置选项卡

点击"添加变体"按钮创建变体主题的组合。

（3）之后会出现不同的颜色组合，在每个组合后面添加卖家 SKU、商品编码、商品编码类型、状况、价格、数量、色表，如图 2.10 所示。

图 2.10 变体设置

需要注意的是：亚马逊对滥用变体关系会有严格的检测和处罚，严重的会封店。请务必仔细阅读后台相关变体政策。

（4）所有商品必填项的信息都填好以后，点击"保存并完成"按钮保存商品。

返回"管理库存"页面，多属性变体商品创建成功后，该商品左侧有一个箭头符号，点击箭头符号可以展开并查看该商品下的其他子商品，就可以逐一完善页面了，如图 2.11 所示。

图 2.11 变体上传后显示样式

3. 销售亚马逊平台已有商品（俗称跟卖）

亚马逊允许卖家销售已经在亚马逊平台创建好的商品，卖家必须确认商品的所有信息完全一致才能销售已有商品，包括 UPC、品牌、厂商、包装以及商品的各种参数，都必须完全一致，并且卖家必须有该品牌拥有者的授权经销许可。

（1）在"添加新商品"页面搜索框中输入要销售商品的标题或者 UPC、EAN、ASIN、点击搜索，如图 2.12 所示。

图 2.12 输入跟卖对象信息

（2）搜索出商品以后确认UPC跟你的商品外包装上的UPC完全一致，选择"全新"或者"二手"，确认后点击"销售此商品"按钮，添加成功，如图2.13所示。

图2.13　添加跟卖产品

需要注意的是，对于有Listing保护的商品，是无法进行跟卖操作的，必须要进行"申请销售"，如图2.14所示。

图2.14　跟卖保护的提示

（3）如果添加成功，就可以填写商品必要信息。在商品信息录入页面只需输入卖家SKU（不填的话，系统会自动生成）、价格、状况（新旧程度）、配送渠道等，再点击"保存并完成"，如图2.15所示。

图2.15　跟卖必填信息

（4）添加成功后在"管理库存"页面会出现该商品。

2.1.3　表格批量上架

批量上传有两个好处。

（1）可以快速上传多个产品：有些属性和描述相同的，可以复制，不需要后台切换页面。特别是上传变体很多的 SKU，效率更高。

（2）可以一步到位完成所有编辑内容，因为后台需要在完成基础的编辑后，才可以进行下一步更详细的编辑。

无论是精品模式还是铺货模式，Kris 都认为表格上传效率比较高，但是对于新手来说，要熟练地一次性上传，必须多练习，下面简单介绍如何操作。

1. 从后台下载适合你产品类别的库存文件模板。该模板是一个 Microsoft Excel 文档。点击"库存"，选择"批量上传商品"，如图 2.16 所示。

2. 点击"下载库存文件"，可以输入关键词或者直接从品类选择合适的品类模板，如图 2.17 所示。

图 2.16　批量上传商品　　　　　图 2.17　下载库存文件

3. 确认品类模板后，点击"生成模板"如图 2.18 所示

4. 打开模板，每个模板在文档底部都有针对你的产品类别的详细说明。输入产品详细信息之前，一定要仔细阅读，以免出错，如图 2.19 所示。

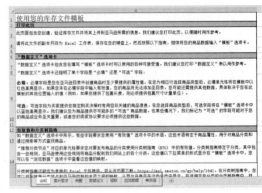

图 2.18　选择合适品类生成模板　　　　　图 2.19　各个工作表位置

- 说明：是对后面各个工作表选项卡的说明介绍和上传指南
- 图片要求：亚马逊对图片的要求和标准示例
- 例题/示例：详细的填写范例
- 数据定义：对要填写的标签进行解释，并标注必填内容
- 模板：就是卖家需要上传填写信息的地方
- 浏览数据：就是目录类别
- 有效值：对于某些特殊列，只能填写该选项卡里面的数值

5. 切换到"模板"选项卡，填写各项信息。务必在对应的单元格中输入对应产品的详细信息。例如 SKU、产品 ID、标题、品牌、制造商、描述等。你还可以在标记为"BulletPoint1""BulletPoint2""BulletPoint3"等的单元格中添加项目符号以扩展对项目的描述，如图 2.20 所示。

图 2.20　模板标题

其实比较难理解的，是变体的信息的填写规范，亚马逊后台有详细介绍，这里转载如下，如图 2.21 所示。

AD	AE	AF	AG	AH	AI
	变体信息				基本产品
本图片 URL	父子类型	父 SKU	关系类型	商品变体主题	更新删除
atch_image	parent_child	parent_sku	relationship_type	variation_theme	update_p

图 2.21　表格里的变体关系位置

（1）首先，创建父 SKU 和子 SKU。SKU 为不能超过 40 个字符的字母数字字符串，且必须是唯一的（即不得和店铺里任何其他 SKU 一样）。

（2）在父商品上：

①在包括 SKU 在内的必填字段中输入相应的值。

②将【父 SKU】字段留空。

③在【父子类型】中输入值"Parent"（必须英文填写），然后在【商品变体主题】中输入一个有效值。

④将【关系类型】和其他所有非必填字段留空。

（3）对于每个子商品：

①在必填字段中输入值。

②使用父 SKU 的值填写【父 SKU】字段。所有子商品将统一使用此值。

③在【父子类型】中输入值"Child"，然后在【关系类型】中输入"Variation"。

④在【商品变体主题】字段中，输入与父商品的"变体主题"字段相同的值。所有子商品将统一使用此值。

这样就完成了。

6. 输入完产品详细信息后，以 .xls 格式保存文件。

然后就可以切换到"上传你的库存文件"页面，"选择文件"上传，也将文件再次另存为制表符分隔的 .txt 文件，选择"文本"上传。

如果弹出对话框，提示文件格式不支持包含多个工作表或类似内容的文件，则请单击"确定"。如果另一个警告指出该文档包含与文件格式不兼容的功能，则请单击"是"。

7. 如果需要清除 / 替换库存信息，单击"清除 / 替换您的库存"，然后为选择模板类型。要完全替换库存中的所有项目，请选择"清除并替换"。如果不需要，则直接忽略这一步，如图 2.22 所示。

图 2.22　上传表格模板位置

8. 上传文档后，切换到"监控上传状态"页面，就可以看到上传状态。刷新页面以查看上传进度。5MB 以上的文件可能需要几个小时才能处理。

如果显示上传状态，有提示"需要您采取进一步操作的记录已保存为草稿"，则不成功，需要点击"下载处理报告"更新信息，重新上传。

如果没有显示，则为上传成功。在"管理库存"页面就可以看到。

2.1.4 产品详情列表属性介绍

无论是后台直接上传，还是表格批量上传，所要填写的属性信息都是一样的，下面就以后台直接上传为例进行详细介绍。

需要注意的是，不同品类要填写的字段可能会有少许差别，但我们介绍这些字段基本涵盖所有基础知识（注意：亚马逊随时有可能更改界面顺序和配色等，截图仅为参考，但是字段内容基本不变）。

当我们上传产品成功后，在"管理库存"页面，找到对应的产品，点击"编辑"项，如图2.23所示。

图2.23 编辑

在出现的界面中可以看到以下八个选项卡：重要信息（Vital Info）、变体（Variations）、报价（Offer）、合规信息（Compliance）、图片（Images）、描述（Description）、关键词（Keywords）、更多详情（More Details），如图2.24所示。

图2.24 选项卡

这些都需要一一完善。这里用英文版的页面介绍，因为Kris发现有部分中文翻译有歧义，不好理解。

1. 重要信息

（1）产品名称/标题，如图2.25所示。

图2.25 产品名称/标题

产品名称是必填项，而且权重最大，也最重要，所以必须在标题中尽可能多地包含关键词和功能。标题要在250个字符以内。

关于如何优化的产品标题，后面章节会详细介绍。

（2）制造商和品牌名称，如图 2.26 所示。

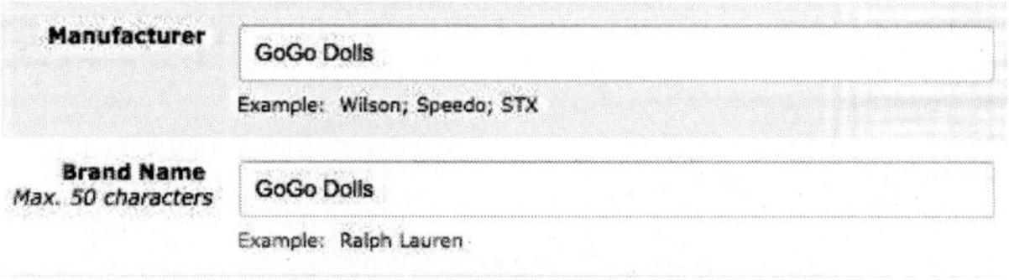

图 2.26　制造商和品牌名称

如果你要销售自有品牌产品，只需在这两个字段中使用品牌/公司名称。如果没有品牌，则填写 N/A。

（3）制造商零件编号，如图 2.27 所示。

图 2.27　制造商零件编号

除非你的产品实际上是另一种产品的替换部件（例如有些汽配零件是有部件编号的），否则将不需要此功能。

（4）包装数量，如图 2.28 所示。

图 2.28　包装数量

这是指你的包装里有几件商品，如果只有一件，就输入"1"。注意，配件不算数量。例如你卖手机壳，里面有两个手机壳，同时还附送了贴膜、清洁布等，依然输入"2"。

（5）物料类型，如图 2.29 所示。

图 2.29　物料类型

产品材料，如果有多种材料，填写主要材料即可，若多种材料都很重要，则可以用"and"，如填写"Plastic and Nylon"。

（6）颜色和颜色图，如图 2.30 所示。

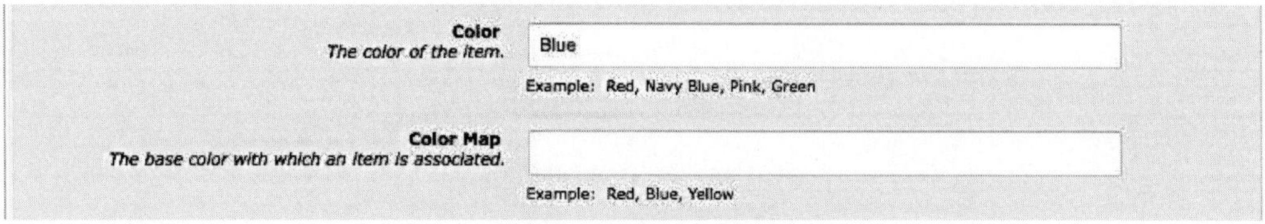

图 2.30　颜色和颜色图

输入产品的颜色，但"颜色图"字段可以留空。如果打算出售多种颜色，那么可以同"变体"选项卡一起进行编辑。

（7）形状，如图 2.31 所示。

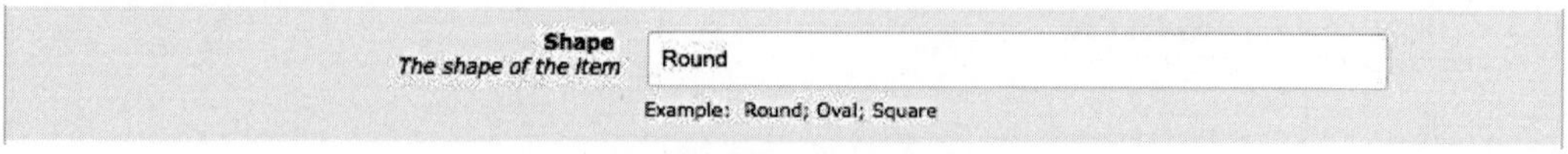

图 2.31　形状

如果这不适用于你的产品，如不规则形状的，可以留空。

（8）镜头颜色，如图 2.32 所示。

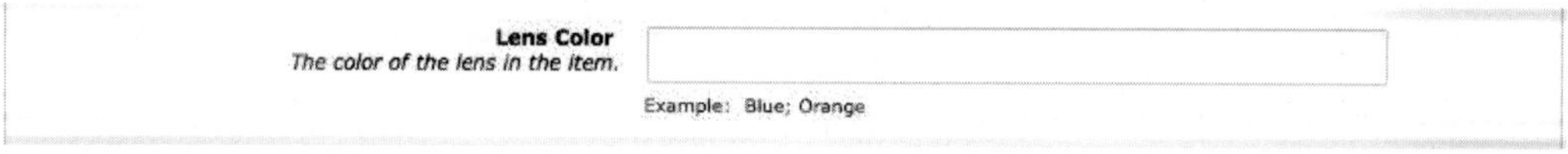

图 2.32　镜头颜色

除非你的产品实际有彩色镜片，否则留空。

（9）尺寸，如图 2.33 所示。

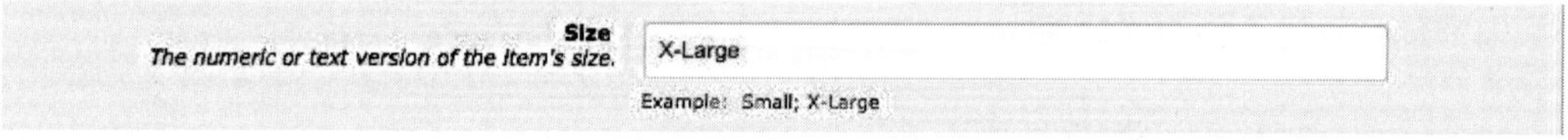

图 2.33　尺寸

这里尺寸大小没有具体的内容，取决于大众对产品的普遍性理解，如你卖的是伞，普通伞的尺寸是多少大家都知道，但是如果你是卖那种摆摊或者露营的大伞，那就可以填写"X-large"。

（10）支持手的方向和张力，如图 2.34 所示。

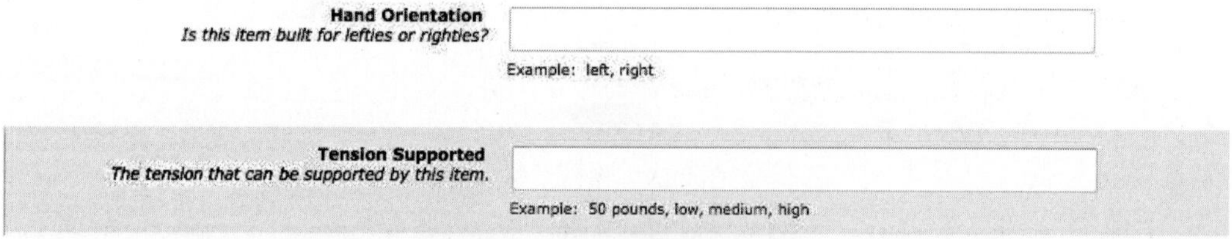

图 2.34　支持手的方向和张力

是否合适左撇子右撇子之类，一般的产品都不需要填写。

（11）GTIN 免税原因，如图 2.35 所示。

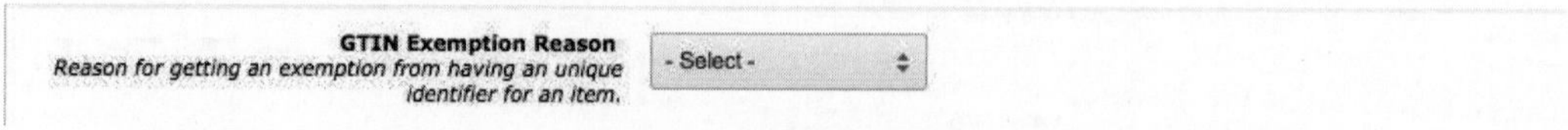

图 2.35　GTIN 免税原因

大多数产品都必须具有 GTIN（全球贸易标识符编号），通常类似于 UPC 或 ISBN（对于书籍而言）。但是，你可以根据产品类别申请豁免。如果你是品牌商，备案了品牌，一般都可以获得豁免，就不需要填写这一项（后面有详细介绍）。

（12）相关产品ID类型和相关产品ID，如图2.36所示。

图2.36　相关产品ID类型和相关产品ID

如果你的产品需要链接到另一个产品，则应在此处输入另一个产品的ID。例如，你卖的是水壶，仅与特定的某种自行车兼容，则可以在此处将水壶链接到该自行车的UPC。如果你的产品是单独产品，请将这些字段留空，大多数产品都留空。

（13）物品显示尺寸和重量，如图2.37所示。

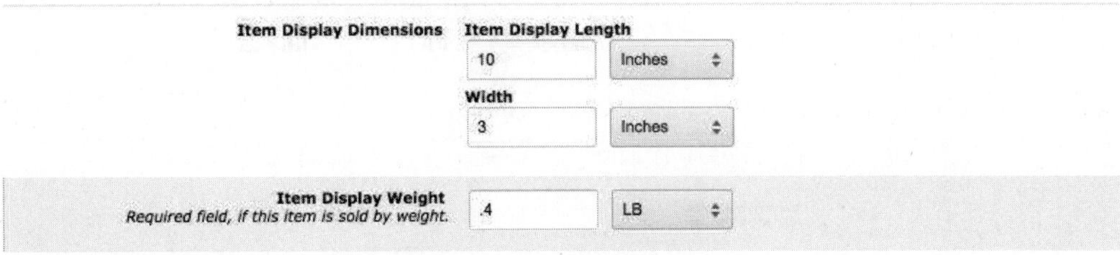

图2.37　物品显示尺寸和重量

这里要输入产品的长度、宽度和重量，尺寸和重量单位可以自由选择。Kris建议都要填写好，这对于售后和客户体验都很有好处。

（14）支持的重量和显示最大重量建议，如图2.38所示。

图2.38　支持的重量和显示最大重量建议

如果你的产品是支架或者桌子，用于支撑重量，就需要在这些字段中向客户提供相关信息，这很重要。

（15）轴长，如图2.39所示。

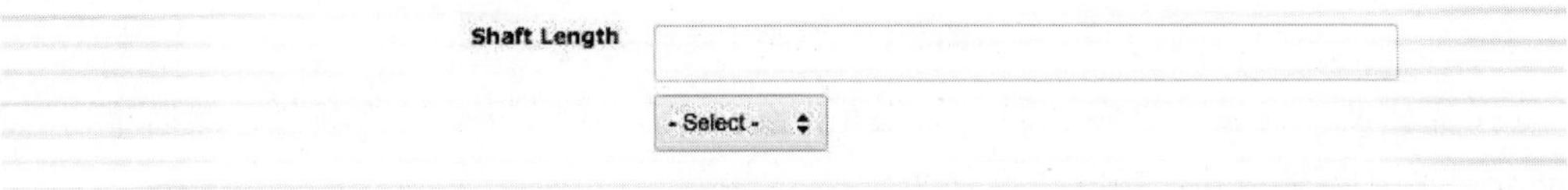

图2.39　轴长

特殊产品才需要填写。

（16）产品编号，如图 2.40 所示。

图 2.40　产品编号

2. 变体

每个产品都需要一个唯一的产品 ID 才能在亚马逊上出售。此 ID（通常是 UPC）会将你的产品与其他所有产品区分开。你可以向制造商索取 UPC，或者自己购买新产品的 UPC 代码。有很多网站出售 UPC 代码（后面我们会介绍）。

如果你的产品有各种颜色或尺寸或其他任何不同的品种，又想放到一个页面里，则需要做变体关系产品。点击"Variations"，然后选择适合产品的变体类型（如颜色）即可，如图 2.41 所示。

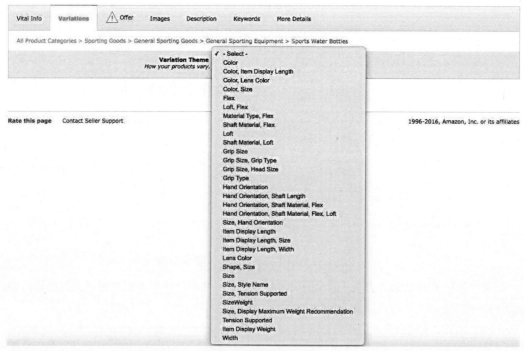

图 2.41　变体主题选项

选择变体后，将显示更多字段，如果是颜色变体，则填写不同的颜色。然后单击"Add variations"添加变体成功，如图 2.42 所示。

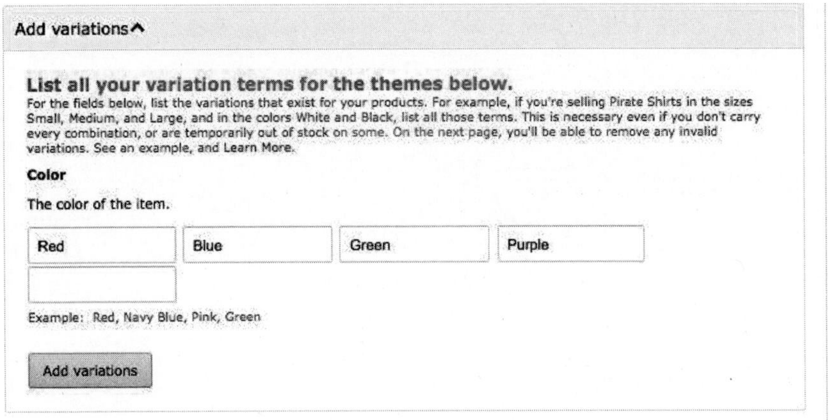

图 2.42　颜色变体

添加变体后，它们就会显示在下方。然后完善各项字段，就可以完成了，如图 2.43 所示。

图 2.43　所示颜色变体其他信息

3. 报价

（1）进口信息，如图 2.44 所示。

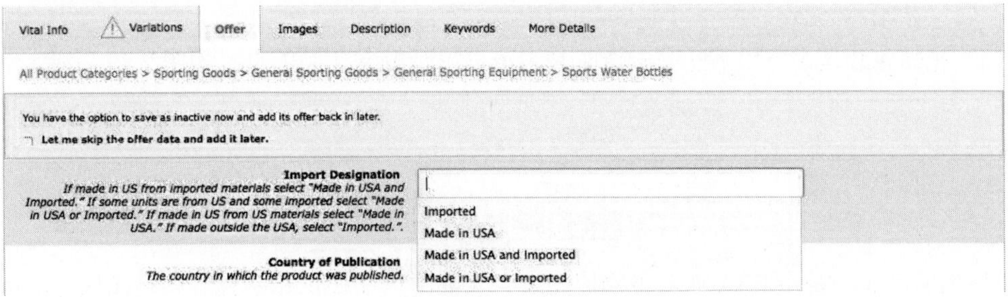

图 2.44　进口信息

鉴于现在的国际形势，如果填写某些进口国可能不利于销售，则无须填写此标签。

(2)生产国家,如图 2.45 所示。

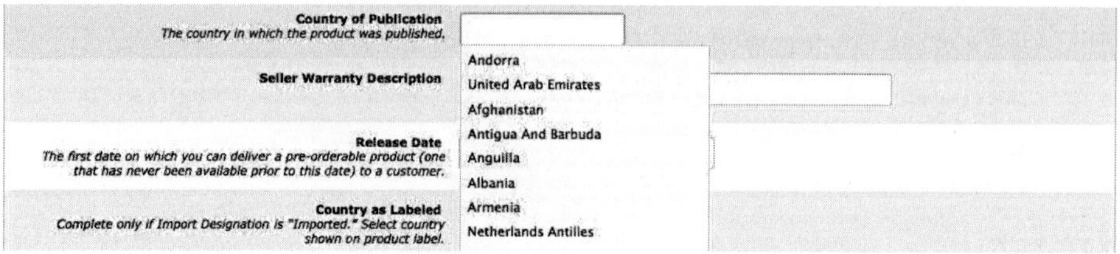

图 2.45　生产国家

同上,可以不填写。

(3)卖方保修说明,如图 2.46 所示。

图 2.46　卖方保修说明

建议填写,你可以为产品提供任何形式的保修或保证,增加客户购买信心。例如填写:"如果你出于任何原因对水壶感到不满意,我们将提供全额退款保证。"

(4)发布日期,如图 2.47 所示。

图 2.47　发布日期

如果希望客户知道何时发布的此产品,请在此处进行,也可以留空。

(5)贴标国家,如图 2.48 所示。

图 2.48　贴标国家

同(1)(2)点建议,可写可不写。

(6)礼品包装是否可用,礼品配送时是否可以附带发送礼品信息,如图 2.49 所示。

图 2.49　礼品包装

如果你的产品不是由 FBA 亚马逊物流配送,又能给产品提供礼品包装和礼品信息,则可以在此处打钩。

(7)税法,如图 2.50 所示。

Tax Code
Optional: applies if you enable Amazon tax collection services.
Example: A_GEN_NOTAX.

图 2.50　税法

此处一般留空，但如果你用的是亚马逊税收服务，则可以在此处输入代码。

（8）配送时间，如图 2.51 所示。

图 2.51　配送时间

如果没有使用 FBA 亚马逊物流配送，则需要指明订购产品后运送产品的时间，即下单后几天发货。

（9）法律免责声明，如图 2.52 所示。

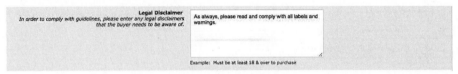

图 2.52　法律免责声明

对于有一定危险性或者有特殊运送要求的产品，可以填写。如果不确定免责声明的确切措辞，可以咨询制造商或寻求法律帮助。或者提醒客户阅读相关标签信息，如填写："一如既往，请仔细阅读并遵守所有标签和警告"。

（10）开始销售日期，如图 2.53 所示。

图 2.53　开始销售日期

如果填写未来的日期，有些品类可以显示"预售"标志。一般留空。

（11）签署人，如图 2.54 所示。可以留空。

图 2.54　签署人

（12）配送渠道，如图 2.55 所示。

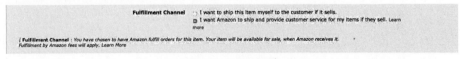

图 2.55　配送渠道

可选择自行配送还是亚马逊 FBA 配送。Kris 建议买家使用 FBA 亚马逊物流配送。

（13）制造商建议零售价，如图 2.56 所示。

图 2.56　制造商建议零售价

这不是你的客户将支付的价格。实际列表中，它显示为标价。在下面的示例中，卖方在其制造商建议零售价字段中输入了 35.95 美元，如图 2.57 所示。

图 2.57　填写制造商建议零售价的显示样式

这个价格可以成为产品的"锚定价格"。如果客户对价格比较敏感，则较低的标价有助于提升转化率。

（14）最大购买数量，如图 2.58 所示。

图 2.58　最大购买数量

如果你担心有人会恶意买断你的存货，则可以设置最大购买数量，指定每个卖家不可以购买超过设定的数量。

4. 图片

在图片选项卡上，只需上传产品的图片。注意：一定要遵守亚马逊关于图片政策的规定。如图 2.59 所示。

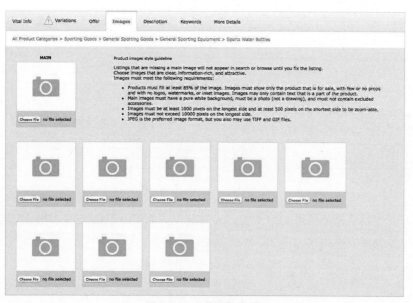

图 2.59　上传图片位置

5. 描述

Description 分为两个部分：Key Product Feature（主要产品功能）或者 Bullet Point（五要点描述，简称五点）和 Product Description（产品描述）。

（1）主要产品功能

该字段填写后，会显示有项目符号位置的页面，例如以下水瓶的列表，如图 2.60 所示。

图 2.60　五要点描述

填写最多五点，描写产品的卖点特性，如图 2.61 所示。

图 2.61　填写五要点描述项目的位置

（2）产品描述

如图 2.62 所示。

图 2.62　填写产品说明的位置

产品描述是五要点描述的补充，应该有更多细节并针对客户的关注点进行描述，甚至是你的产品故事，解释你的产品如何解决客户的问题或痛点。上限为 2 000 个字符。

产品的关键词标签是亚马逊优化的关键部分。尽管这是隐藏的部分，客户看不到，但是只要客户搜索你的产品或相关产品，亚马逊就会用这里的信息作为参考，以决定是否向客户展示你的产品。

6. 关键词

在每个搜索词字段中填充尽可能多的关键词，可以用逗号或者空格分隔每个关键词，但是不需要重复关键词，如果你在标题或五要点描述中使用了关键词，则无须在此处再次使用它。如图 2.63 和图 2.64 所示。

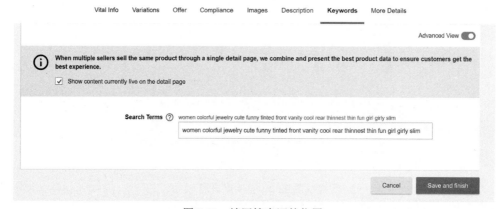

图 2.63　填写搜索词的位置

图 2.64　填写白金关键词

如果你不是白金卖家，此处留空，填写了也没用，目前亚马逊新注册账号已经删除此功能。

7. 主题，其他属性，预期用途和目标受众

接下来的四个部分都是基于下拉菜单里面的内容字段。只需单击每个字段，你就会获得相关选择的下拉菜单，如图 2.65 ～图 2.68 所示。

图 2.65　字段 1

图 2.66　字段 2

图 2.67　字段 3

图 2.68　字段 4

有些品类必须填写，如成人用品品类，必须填写合适成人。能填写都要填写，因为亚马逊会用这些信息来对你的产品进行分类并进行客户搜索展示。

需要注意是，对于不同的品类，这个"更多详情"的内容会有很大不同，所以无法一一介绍。这里讲几个常见的字段。

（1）产品尺寸和包装尺寸，如图 2.69 所示。

图 2.69 产品尺寸和包装尺寸

产品尺寸有助于客户了解产品，包装尺寸是一定要填写的，如果你要使用 FBA 亚马逊物流配送，尺寸单位用 cm 或者 inch 都可以。

（2）重量，如图 2.70 所示。此处必须填写。

图 2.70 重量

（3）产品做工类型，如图 2.71 所示。

图 2.71 做工类型

有下拉菜单可以选择，如抛光（Polished）、涂层（Painted）等。

不同的品类和产品下拉菜单会出现不同字段，斟酌填写。

最后别忘了，完成这些步骤并填写了产品的基本信息后，要单击底部的"保存并完成"按钮。如果该按钮显示灰色（不能点击），那是由于缺少一些必填的基本信息。查看选项卡，看看是否有带有警告感叹号图标的标签，如图 2.72 所示。

图 2.72　缺少信息的提醒

如果是这样，转到该选项卡并填写以红色突出显示的字段即可。

如果还遇到其他困难，可以使用亚马逊的客户支持功能。回到亚马逊后台首页，单击页面右上角的"帮助"链接，联系客服以获得帮助，如图 2.73 所示。

图 2.73　联系客服帮助的位置

好了，到这里就基本完成上传产品的全部操作了。

2.2　UPC 是什么——上架必须提供的唯一代码

作为普通卖家，没有必要很深入地了解具体的 UPC（Universal Product Code，即商品编码）的由来，以及它由什么格式组成。只需要知道三件事情就可以了：

1. 上传产品必须要提供 UPC 或者申请豁免；
2. UPC、EAN、ISBN 和 ASIN 的区别；
3. 在哪里合法购买。

2.2.1　为什么必须要有 UPC 编码

当线上购物刚开始普及时，销售平台遇到一个头疼的问题，就是线上的订单如何跟线下的发货产品关联起来？他们发现，在线下市场，每种产品都有一个身份证号，这个身份证号就是 UPC 代码，每次销售产品时，实际库存都会及时更新。

于是，亚马逊也运用了这样的方法标记产品：出售的每个产品都必须具有唯一的标识符。尽管当客户在线购买商品时无须扫描条形码，但在亚马逊商店中使用 UPC 代码系统就可以自动跟踪库存。这就大大提升了跟踪和管理库存的效率。

所以，在亚马逊上销售的每个产品都有一个分配给它的唯一数字字符串，称为唯一产品代码或亚马逊 UPC 代码。这些代码的作用，就是对亚马逊上销售的商品进行分类，可帮助识别站点上的每个单独产品以及销售它们的商店，以便轻松搜索或出售它们。

我们用 FBA 亚马逊物流配送举个例子，介绍亚马逊如何高效管理库存：

如果你从某供应商处获得产品并销售它们，其他亚马逊卖家也可能也会这样做。每个产品都有相同的制造商条形码，就像在不同的实体商店中找到正在出售的同样的鞋一样（来源同一个供应商）。

假设你销售手机套。当客户从你的产品页面购买此商品时，亚马逊会查看哪个卖家的库存最接近该客户（因为他们具有一样的 UPC，也就是一样的产品）。亚马逊帮你以最快速度发送产品到客户手中，即使产品不是直接从你的库存中获得的，这样就可以提供良好的客户体验。同时，亚马逊也会将你库存中的同一产品运送补充到已经发送该产品给客户的那个卖家的仓库。

UPC 代码使这种销售方式和转移过程变得顺畅，因此要确保所有参与的 FBA 卖方的库存编号都是最新的。

2.2.2 什么是UPC、EAN、ISBN和ASIN

1. UPC

UPC 代码（或通用产品代码）是具有 12 位数字的条形码，它也是 GTIN 的一种，所以也可以称为 GTIN-12，广泛用于零售包装，如图 2.74 所示。

GTIN（Global Trade Item Number），即全球贸易商品编号，在产品上使用唯一的产品标识符是一项全球通用标准，如图 2.75 所示。

图 2.74 UPC 代码例子

图 2.75 GTIN 代码例子

每个 GTIN 代码都包含一个 6 到 10 位的 GS1 公司前缀，一个 1 到 5 位的参考编号，以及计算出的校验位。

2. EAN

欧洲商品编号（EAN）是条形码标准，是 12 位或 13 位产品标识码。每个 EAN 都只标识唯一的产品，包含制造商及其属性的信息。通常，EAN 作为条形码印在产品标签或包装上。EAN 代码有助于提高搜索结果的质量和整个目录的质量，如图 2.76 所示。

图 2.76 EAN 代码例子

3. ISBN

ISBN（International Standard Book Number，国际标准书号）是唯一的商业书标识符条形码。每个 ISBN 代码都唯一标识一本书，是用于销售书本的标识。国际标准书号（ISBN）为 10 或 13 位数字。在 2007 年 1 月 1 日之后分配的所有 ISBN 都有 13 位数字。通常，ISBN 印在书的封底上。

例如，JK Rowling 的《哈利·波特与死亡圣器》成人版，平装书，英国版的 ISBN 代码是 978-0747595823，该代码唯一地标识了此书和版本，如图 2.77 所示。

图 2.77　ISBN 代码例子

4. ASIN

ASIN（Amazon Standard Identification Number，亚马逊标准识别码）是由 10 个字母和 / 或数字组成的唯一识别码，用于标识物品。可以在亚马逊平台上商品的产品信息页面上找到 ASIN。对于书籍商品，ASIN 与 ISBN 号相同，但对于所有其他产品，当商品上载到卖家的目录中时，会创建一个新的 ASIN。你可以在产品详细信息页面上或者产品链接上找到该项目的 ASIN，以及与该项目有关的更多详细信息，其中可能包括诸如大小、页数（如果是书本）或光盘数量（如果是 CD）之类的信息。如图 2.78 和图 2.79 所示。

图 2.78　产品链接上显示 ASIN

图 2.79　详情页面上显示 ASIN

ASIN 也可直接用于搜索商品，即在搜索框输入 ASIN，就可以搜索到对应商品。如果已经知道要查找的商品的 ASIN 或 ISBN，只需将其输入搜索框，该商品将出现在搜索结果中。

例如，搜索"Echo Dot"，ASIN 为 B07FZ8S74R，如图 2.80 所示。

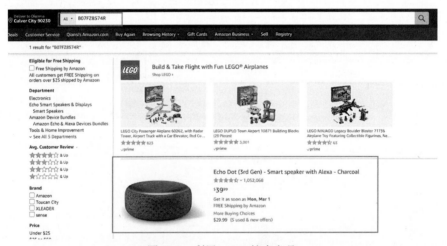

图 2.80　利用 ASIN 搜索产品

2.2.3　获得及填写 UPC

1. 获得 UPC

要获得 UPC，有两种方式：

- 从制造商处获得
- 从正规渠道购买

如果你的制造商提供的产品是有 UPC 的，那么直接向他们索要 UPC 是最好的方式。但是相信部分中小卖家合作的制造商都是小厂，这方面没有那么规范，那么就得去购买。

其实现在从万能的淘宝也可以购买到 UPC，而且很便宜。Kris 以前也购买过，但是发现能用的只有 50%，其他都会显示报错，也就是 UPC 无效或者已经被使用过。如果已经被使用过，系统会认为你的产品和另外一个产品是一样的（因为 UPC 相同），那么很容易造成亚马逊发错货。滥用 UPC，情况严重会被封店。所以正规合法的渠道很重要。正规渠道有很多，这里介绍几个常用的。

（1）GS1 网站

它在每个国家都有自己的附属网站，在中国也有，各位可以自行搜索查看。

购买自己的 UPC 代码有五个步骤。

①申请 GS1 公司前缀。GS1 公司前缀是将你的产品链接到你的品牌的唯一公司 ID。上节讲过，该代码由两部分组成：公司前缀 + 参考随机编码。所以必须要先申请到公司前缀。

②然后你还必须决定需要多少个 UPC 代码。因为 UPC 的价格跟订购数量有关，基本上数量越多，单价越便宜。

③为每个产品创建唯一的产品编号或 GTIN。这需要确定你要销售的产品的包装类型，例如包装箱、包装袋、托盘等。

④购买过程中，你还可以指定是否需要在结账时扫描的条形码，是否要在线销售产品，以及是否需要仓库条形码。

⑤使用免费工具创建条形码。使用 GS1 US Data Hub 之类的工具或其解决方案合作伙伴之一来创建。

注意，亚马逊会定期根据 GS1 US 的数据库检查你已经上架产品的 UPC，以确保其代码的合法性。如果亚马逊发现你使用的代码不在 GS1 US 数据库中，你的产品可能会被下架，情节严重会被封店。

GS1 网站的 UPC 代码可是真贵！请看下面的价目表，如图 2.81 所示。

Prefix Pricing*		
Number of items needing a barcode/GTIN**	Initial fee	Annual renewal fee
10	$250	$50
100	$750	$150
1 000	$2 500	$500
10 000	$6 500	$1 300
100 000	$10 500	$2 100
NDC/NHRIC Company Prefix	$2 100	$2 100

图 2.81　UPC 代码价格示例（价格只是参考，网站可能会调整价格）

（2）SNAPUPC 购买

SNAPUPC 这个网站专门售卖各种 UPC，而且价格相对比较便宜，就目前来说，购买了的都可用。其价格如图 2.82 所示。

2021 SnapUPC.com UPC Code Pricing

Quantity	Price	Buy
1 UPC Code	$5 ($5 Each)	Buy Now
5 UPC Codes	$10 ($2 Each)	Buy Now
10 UPC Codes	$15 ($1.5 Each)	Buy Now
25 UPC Codes	$25 ($1 Each)	Buy Now
50 UPC Codes	$35 ($0.70 Each)	Buy Now
100 UPC Codes	$45 ($0.45 Each)	Buy Now
250 UPC Codes	$87.50 ($0.35 Each)	Buy Now
300 UPC Codes	$105 ($0.35 Each)	Buy Now
400 UPC Codes	$120 ($0.30 Each)	Buy Now
500 UPC Codes	$125 ($0.25 Each)	Buy Now
750 UPC Codes	$150 ($0.20 Each)	Buy Now
1000 UPC Codes	$180 ($0.18 Each)	Buy Now
2000 UPC Codes	$300 ($0.15 Each)	Buy Now
3000 UPC Codes	$390 ($0.13 Each)	Buy Now
4000 UPC Codes	$480 ($0.12 Each)	Buy Now
5000 UPC Codes	$550 ($0.11 Each)	Buy Now
8000 UPC Codes	$800 ($0.10 Each)	Buy Now
10000 UPC Codes	$900 ($0.09 Each)	Buy Now
15000 UPC Codes	$1350($0.09 Each)	Buy Now
15000+ UPC Codes	Contact Us	Contact Us

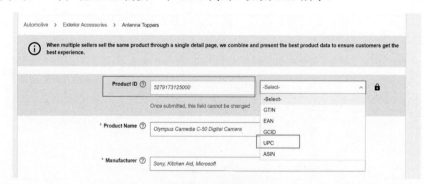

图 2.82　UPC 阶梯价格

这里一千个 UPC 180 美元，比 GS1 网站便宜不少，但比淘宝贵很多，但是从这里购买相对于淘宝购买会更加安全。相信很多店铺都不需要很多个 UPC，所以这样的投资也是值得的。

2. 上架产品的时候填入 UPC

如果你已经获得了 UPC，则只需要在 Product ID 栏填入 UPC 代码，在右侧下拉菜单选择 UPC 字段即可。一个产品 SKU 需要一个 UPC 代码。如图 2.83 所示。

图 2.83　选择 UPC

再次强调，亚马逊关于有效 UPC 的服务条款是这样：

“我们通过检查 GS1 数据库来验证产品 UPC 的真实性。与 GS1 提供的信息不匹配的 UPC 将被视为无效。我们建议你直接从 GS1（而不是从其他出售 UPC 许可证的第三方）获得你的

UPC，以确保在 GS1 数据库中反映出适当的信息。

所有无效的产品 UPC 列表都会被删除，并可能导致你的 ASIN 创建或销售特权被暂时或永久删除。"

英文原文：

"We verify the authenticity of product UPCs by checking the GS1 database. UPCs that do not match the information provided by GS1 will be considered invalid. We recommend obtaining your UPCs directly from GS1 (and not from other third parties selling UPC licenses) to ensure the appropriate information is reflected in the GS1 database.

All invalid product UPC Listings will be removed and may result in your ASIN Creation or selling privileges being temporarily or permanently removed."

如果你不想购买 UPC，也有办法，就是申请豁免，豁免成功后，就可以不用 UPC 也能上传上架产品，这是一个很好的解决方案。

而豁免的条件是：你得在亚马逊上备案自己的品牌。

2.3 在亚马逊上备案自己的品牌

如果卖家希望在亚马逊平台销售产品并获得保护，那么必须要备案自己的品牌。品牌备案后还有诸多好处，接下来进行详细介绍。

2.3.1 先要获得属于自己的品牌

首先卖家得有自己的品牌，你可以直接购买，也可以申请自己的品牌，如果你在美国站销售产品，则需要注册或者购买一个美国品牌，才可以在亚马逊美国站上备案。

申请品牌有两种方式：
- 自己申请品牌
- 找服务商申请 / 购买已有的商标

自己申请品牌，不同国家有不同网址，例如你要申请美国品牌，则需要到 uspto 网站去，而申请英国品牌，则需要到 ipo 英国网站。自己申请比较复杂，但是比通过服务商申请便宜很多。

而大多数卖家都会找市面上的服务商帮忙解决，一般 6～12 个月就可以申请下来带 R 标的品牌。现在亚马逊规定只要有申请品牌的回执，即可打上 TM 标，也可以在亚马逊上备案品牌。

TM 是英文 Trademark（商业标记即商标）的缩写字头；

R 是英文 Registration（注册）的字头。

下面简单介绍 R 标和 TM 标的区别。

（1）R 标：已通过商标局审核，成为注册商标。TM 标：仅仅是向商标局提出申请商标。

（2）R 标：拥有商标专用权，具有排他性、独占性、唯一性。TM 标：能够起到一定的保护作用，但若该商标未经商标局核准注册，其受法律保护的力度不大。

（3）R 标：可作为无形资产，打造品牌有捷径。TM 标：由于有申请注册时间优先原则（或者使用优先原则），单商标不一定能注册成功。

（4）R 标：商标是产品和包装装潢的重要组成部分。TM 标：无法大批投入产品生产及广告定位。

（5）R 商标用圆圈 ® 表示。TM 商标用字母 ™ 表示。

如果你已经有了获得 TM 标的品牌，则可以在亚马逊上进行品牌备案。

2.3.2 备案品牌的好处

在亚马逊备案了品牌，除了可以豁免 UPC，还有很多好处。

1. 基本可以阻止绝大部分跟卖

如果你是个有经验的卖家，那么你就会知道被跟卖是多么令人头疼，而备案了品牌能有效防止跟卖抢 Listing、抢流量。

2. A+ 页面

品牌卖家可以使用图文版描述，现在还新增了视频功能（2020 年底非品牌卖家也可以使用视频了），提升消费者购物体验。

3. 保护 Listing

若是经营了竞争异常激烈的品类，你的 Listing 就非常容易被别的卖家抢去。特别是当你的产品销售很好的时候，就因为没有备案品牌，你的 Listing 会轻易被人家据为己有，你之前的辛苦就白费了。但备案后谁都不能轻易动你的 Listing 了。

4. 省掉 UPC 代码的费用

正规的 UPC 价格昂贵。品牌备案后，亚马逊会分配一个 GCID 码给你的产品，你就不用购买 UPC 了，直接上传产品即可。

5. 申请产品加锁，防止产品资料被改

品牌备案后，可以要求亚马逊锁定店铺更改链接的权限，仅限卖家自己使用。

6. 品牌旗舰店

这个非常重要，有了品牌备案，就可以建立品牌旗舰店，相当于一个独立站。卖家可以引导顾客访问这个品牌旗舰店，建立品牌效应。

7. 品牌广告

顾名思义，品牌广告功能必须要备案了的品牌才可以使用，包括部分展示型广告的功能，

甚至亚马逊站外的广告 DSP、OTT 等。

8. VINE

VINE 计划是快速获得评价的最好的方式，必须是品牌备案的卖家才可以申请它。

9. POSTS 帖子功能

这个是一个比较新的功能，但是非常好用，最重要的是免费，可以获得不错的曝光，也是品牌备案后才可以使用。

10. 品牌分析

这是非常好用的功能，对分析和提高销售很有帮助，后面章节会详细讲述。

11. 可以参加更多的亚马逊项目

例如：加速器计划、种子计划、零计划、透明计划等（这里不解释了，可以直接到亚马逊后台查询）。

2.3.3 备案品牌的操作步骤

在开始操作步骤前，先要了解注册的资格，具体可以参阅亚马逊官方页面信息。这里简单介绍。

品牌具有两种形式：基于文本的标记（单词标记）和具有文字、字母或数字的基于图像的标记（设计标记）的形式，如图 2.84 所示。备案的时候，你的品牌必须是这两种形式之一才可以被接受。

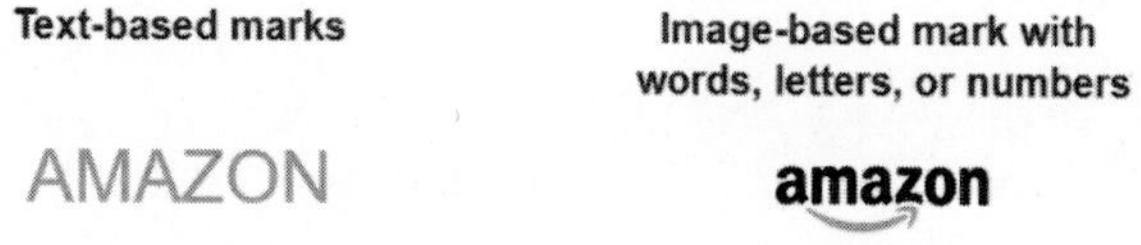

图 2.84　两种品牌形式

亚马逊目前接受哪些国家的商标？当前仅接受美国、巴西、加拿大、墨西哥、澳大利亚、印度、日本、法国、德国、意大利、土耳其、新加坡、西班牙、荷兰、沙特阿拉伯、英国的政府商标局颁发的商标。

如果你的商标已在世界知识产权组织（WIPO）注册，需要提交国家商标局分配的相应商标号，因为它可能与 WIPO 分配的商标号不同。如果你的商标是在欧盟知识产权局（EUIPO）注册的，需要在申请中选择 EUIPO 作为你的商标注册商。

卖家应清楚以上几点，并且获得品牌证书（R 标和 TM 标都可以注册）。

以美国站为例，登录 brandregistry.amazon.com 然后选择注册新品牌，如图 2.85 所示。

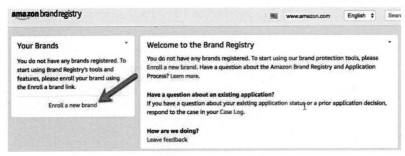

图 2.85　注册品牌

或者从后台登录,点击"Stores",再选择"Manage Stores",如图 2.86 所示。

图 2.86　编辑店铺

点击"Register you brand",也可以登录注册页面,如图 2.87 所示。

图 2.87　备案品牌入口

然后你会看到一个提示,列出需要准备的申请材料信息,如图 2.88 所示。

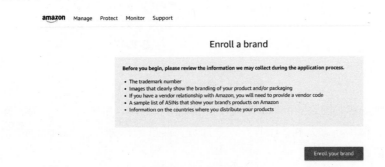

图 2.88　开始备案品牌

需要的材料信息有:
- 商标申请号
- 清晰地显示商品和/或包装上的品牌的图片(注意不能 PS,不能贴上去)
- 如果你与亚马逊之间存在供应商关系,则需要提供供应商代码

- 提供你在亚马逊上的品牌商品的 ASIN
- 有关你分销商品所在国家/地区的信息

确定后，点击"Enroll a brand"，就开始正式填写申请了。（注意：以下截图仅供参考，亚马逊随时会更改其申请内容和字段顺序。）

注册有以下三个步骤：填写品牌信息、销售账户信息和分销信息，如图 2.89 所示。

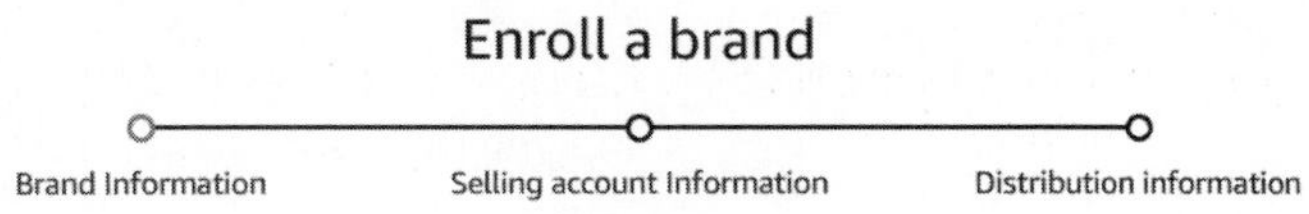

图 2.89　备案品牌的三个步骤

（1）填写"品牌信息"，如图 2.90 所示。

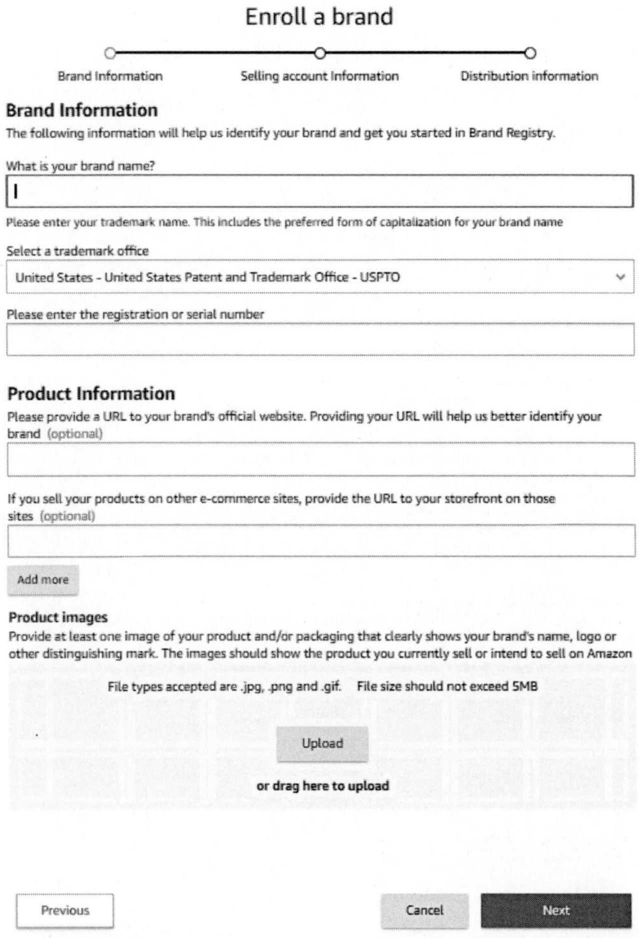

图 2.90　备案品牌第一步骤需要填写字段

第一个框填写品牌名称。

第二个框选择品牌的注册处。例如选择 USPTO，也可以使用下拉菜单从所列的国家或地区中进行选择。

第三个框需要提供商标注册或序列号。填写后系统马上进行验证，如果序列号错误或者品牌没有被批准，则无法继续进行下面的品牌注册。

然后提供产品信息。

这两个框是可选的，也就是可以不填，但是有的话最好都填写，这样申请会通过得快点。

最后需要提供图片，上传你的产品、包装和商标图片，这个是必须提供的。必须清晰地显示商品和/或包装上的品牌的图片（注意不能 PS，不能贴上去），图片多角度，多上传几张。

提示：

如果觉得自己做产品包装成本比较高，可以尝试让供应商将激光 Logo 印在产品上做个样板给你，用来拍照上传也可以的。

如果你需要在 Brand Registry 页面中注册 10 个以上的品牌，则需要完成第一个申请，然后 Brand Registry 团队中的某个人会跟你联系，他可以帮助你完成其他品牌的注册。

完成后单击"Next"继续。

（2）销售账户信息，如图 2.91 所示。

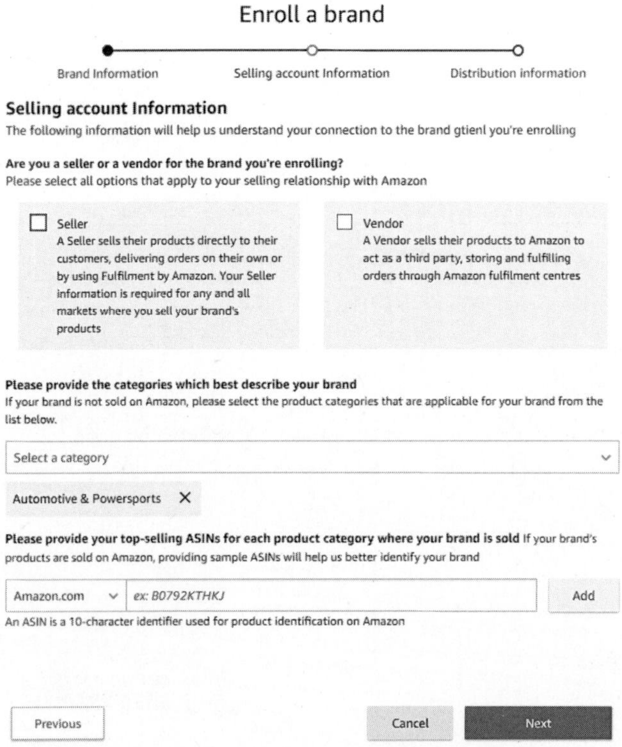

图 2.91　备案品牌第二步骤需要填写字段

第一个选择你和亚马逊的关系，一般是"Seller"卖家角色。

第二个选择你销售的品类，可以多选。但是你选择的品类必须要跟你品牌注册的品类一致。如果你的品牌注册的是汽配类的，那么你选择的销售品类也必须是汽配类。

第三个提供相关ASIN，就是已经上架的ASIN，供亚马逊审核。

单击"Next"继续，就可以进入步骤三。

（3）分销信息，如图2.92所示。

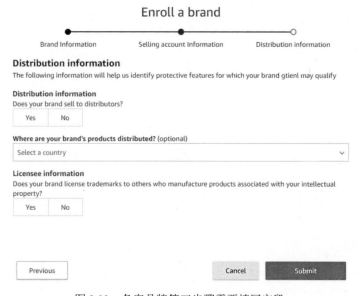

图2.92　备案品牌第三步骤需要填写字段

根据实际情况填写，然后选定制造和分销产品的国家/地区。

点击"Submit"就完成了，如图2.93所示。

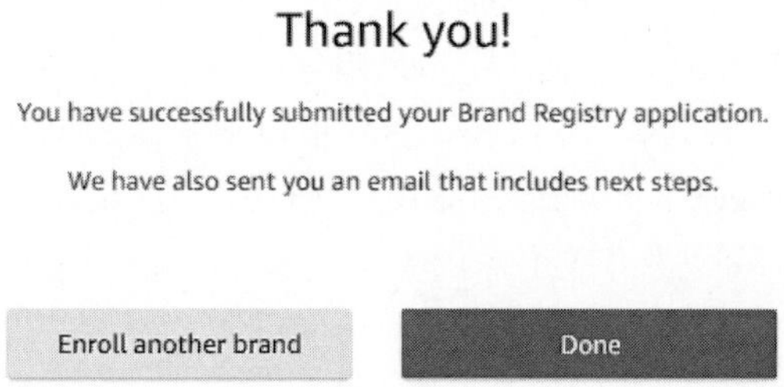

图2.93　备案完成页面

整个程序非常简单，提交后，经过1～2周的时间就会收到亚马逊品牌团队的邮件回复。申请是否成功都会回复，申请不成功，也会说明原因，如图2.94所示。

```
Hello from Amazon Brand Registry Support,

Brand Name: gtienl

Dear ██████,

Thank you for your interest in Amazon Brand Registry. We are unable to approve your application for one or more of the following reasons:

The brand name on trademark records does not match brand name: gtienl on Brand Application records. Reapply with a brand name that matches your trademark record.

If you did not apply for Amazon Brand Registry, contact us through www.amazon-brand-registry.com/contact_us immediately. For any other questions, reply in the Case Log.

Thank you.
```

图 2.94　备案品牌不成功的邮件通知

2.3.4　申请豁免 UPC

备案品牌成功后，卖家就可以申请豁免 UPC，以节省成本，并避免因拿到不合规的 UPC 带来的不必要麻烦。

实际上，亚马逊并没有 UPC 豁免一说，官方说法是 GTIN 豁免，因为 GTIN 除了包含 UPC，还包含其他产品 ID。

1. 什么是 GTIN

GTIN（Global Trade Item Number），俗称产品 ID（标签）。GTIN 编号是产品唯一的编号，用于标识在亚马逊平台上出售的每种产品。GTIN 是产品 ID，通常以条形码标签的形式打在产品封面或包装上。

GTIN 编号已作为行业标准在国际上使用，其他常用的有以下几种不同类型的产品 ID。

EAN（European Authentication Number）欧洲商品编号（13 位）：专门用于欧洲市场上销售的产品。它由带有 GTIN-13 数字的条形码组成。

ISBN –International Standard Book Number 国际标准书号（10 或 13 位）：是专门用于书籍的产品标识符。ISBN 的位数为 10 或 13 位，具体取决于发布日期。

UPC –Universal Product Code　通用产品代码（12 位）：在美国和加拿大最常用。这是世界上最常见的条形码类型，可以在零售商店的大多数实体产品上找到。它由带有 GTIN-12 数字的条形码组成。

JAN–Japanese Article Number 日本商品编号（14 位）：是一种产品标识符，专门用于日本市场上的产品。

GTIN-14（Global Trade Identification Number）即全球贸易识别码（14 位）：运输集装箱代码。亚马逊卖家一般很少接触。

2. 申请 GTIN 豁免的要求

出于以下几种情况，可以申请 GTIN 豁免。

（1）销售产品的品牌制造商或发布商未提供 GTIN。

（2）销售产品是制造商、品牌或出版商的产品，并且产品上没有条形码。例如，自有品牌产品或手工产品。

（3）销售没有 GTIN 的产品零件。例如，汽车零件或移动配件。

（4）销售捆绑包装的一种以上产品。例如，一包内有皮带和钱包，或者一包两件衬衫。

（5）销售没有品牌名称的通用产品。

具体细节要求，可以参阅亚马逊后台官方帮助页面。

3. 申请 GTIN 豁免需要准备的信息

在申请 GTIN 豁免之前，要准备好以下信息。

（1）如果你是品牌所有者（Right Owner）、制造商或产品发布者，需要提供：产品名称（即产品标题）和至少两张（最多九张）白色背景的产品图，从产品包装的不同角度拍摄。

（2）如果你不是品牌所有者，即你只是被授权使用该品牌的，则需要提供：品牌所有者、制造商或出版商发出的信函或者授权书，而且应该清晰可读（英语或市场本地语言），信函应包括以下信息：

- 撰写/签发信件的人的姓名和联系信息
- 说明该品牌未提供 GTIN 及其原因
- 你的实际地址、电话号码以及电子邮件地址或网站地址
- 如何申请亚马逊 GTIN 豁免

如果你准备好了以上产品信息，则可以开始申请豁免了。

首先登录申请页面，共有三种方法登陆：

- 直接输入链接登录
- 在亚马逊后台（英文界面）搜索框，输入"Apply for GTIN exemption"搜索、找客服帮忙
- 进入申请亚马逊 GTIN 豁免步骤

需要注意的是，以下截图仅作为参考，亚马逊随时有可能更改界面和申请政策。为了避免中文翻译有歧义，直接用英文页面做例子。

登录链接后，会看到以下页面，如图 2.95 所示。

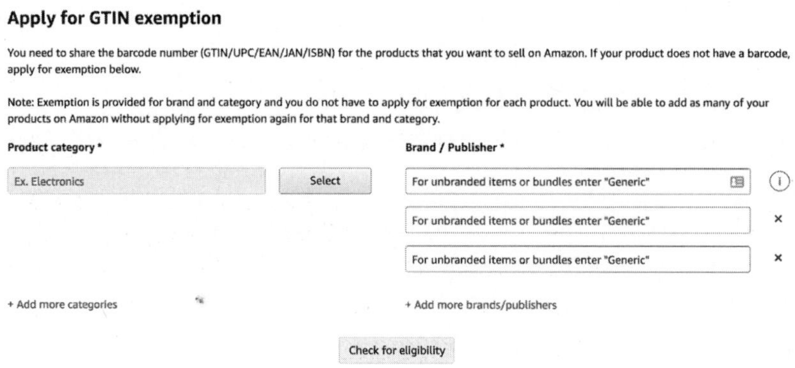

图 2.95 申请 GTIN 豁免页面

正如亚马逊所指出的，一旦你将品牌申请豁免，则在添加相同品牌的其他新产品时，不必再次申请。

假设你的品牌名称是 ABC，运动类，亚马逊批准 ABC 成为 GTIN 商品后，你可以在运动类别中以 ABC 的品牌名称列出任意数量的产品。

4. 选择销售产品类别

点击"Select"选择你需要的品类，也可以通过点击"+Add more categories"同时选择多个类别和品牌。

5. 添加品牌 / 发布者

你可以看到，在文本框中感叹号框里有注释，对于无品牌商品或捆绑商品，请输入"Generic（通用）"。这意思是，在你上传的所有产品中，产品标题下方会都会显示"By Generic"，如图 2.96 所示。

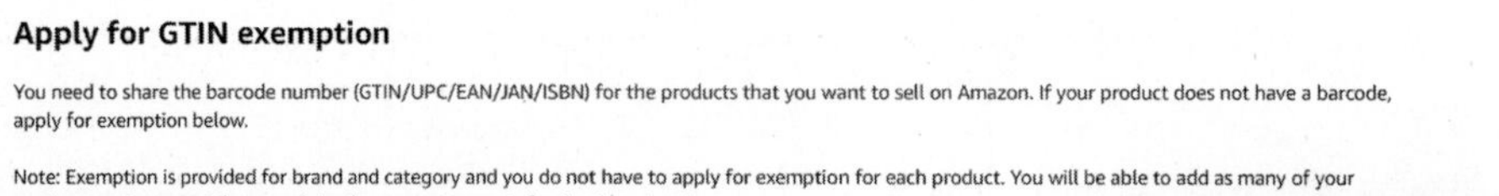

图 2.96 填写品牌名称

6. 点击"Check for eligibility"检查资格

当你选择"Generic"时，页面上可能会显示对该"品牌"的自动批准，因为没有品牌，一般会自动批准，如图 2.97 所示。

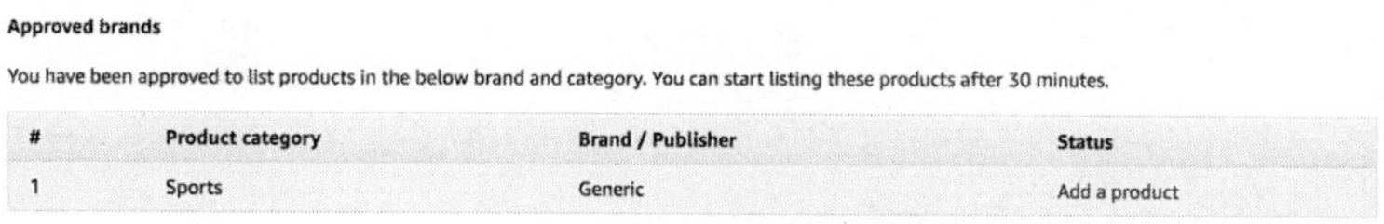

图 2.97　自动批准豁免

在此之后，你可以在运动类别中使用品牌名称"Generic"添加产品，而不需要输入 UPC 代码。

若你有自有品牌，例如输入了 BC Sports 作为品牌名称，如果品牌名称有资格获得亚马逊 GTIN 豁免，则状态下方将显示一个绿色的复选标记，你可以继续提交证据，如图 2.98 所示。

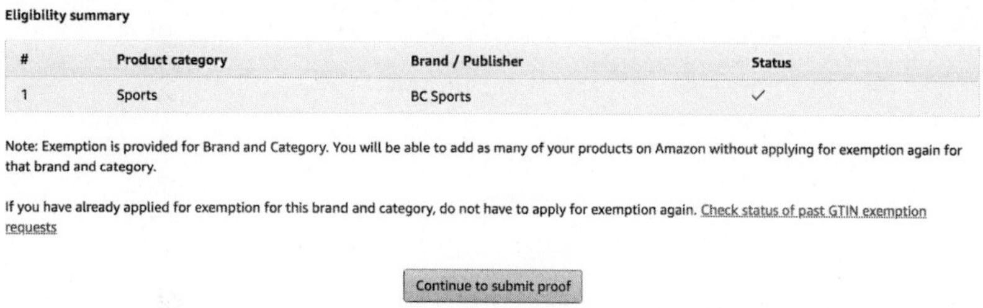

图 2.98　输入相应品牌名称页面

7. 提交图片证据

点击"Continue to submit proof"，就可以看到以下页面，如图 2.99 所示。

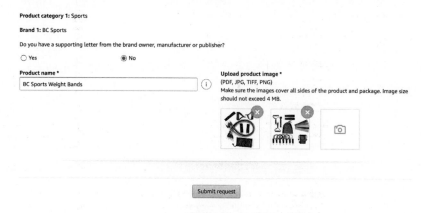

图 2.99　提交图片证据页面

你需要提供该产品没有 UPC 或 GTIN 的证明。

第一个问题是："你是否收到品牌所有者、制造商或出版商的支持信函？"

如果是你的自有品牌或手工产品，请选择"否"。

然后输入产品名称，并上传至少 2 张（最多 9 张）产品和包装的图片。

确保能看到 UPC 代码和产品包装的所有角度。而且图片上要显示你的品牌，品牌可以在包装上或产品上。

8. 提交请求

点击"Submit request",即可提交成功。

一般最长 48 个小时就能收到亚马逊的回复,但通常只需要几个小时。

提交后,你可以在"案例日志"中查看请求的状态。亚马逊审查你的申请后,无论批准或拒绝,都会给你发一封电子邮件通知,如图 2.100 所示。

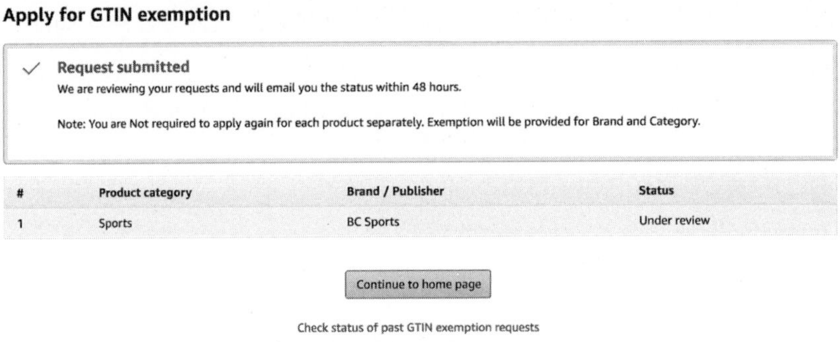

图 2.100　提交成功

这样,你的 GTIN 豁免就申请完毕了。

2.3.5　申请成功后如何上传无 UPC 产品

亚马逊一般建议你在获得 UPC 豁免后,等待 24 小时再添加产品。这是为了确保你的申请结果在系统中已更新。为了确保上架产品能成功,你必须输入与批准使用的类别和品牌完全相同的类别。如果使用了不同的大写或小写字母,或者添加了其他空格或字符,系统就无法识别你的豁免权。

上传步骤如下所述。

1. 管理库存→添加产品

如图 2.101 所示。

2. 进入页面

单击"我正在添加未在亚马逊上出售的产品",如图 2.102 所示。

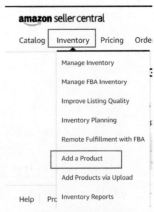

图 2.101　添加产品

图 2.102　选择"我正在添加未在亚马逊上出售的产品"

3. 选择批准相同的类别

还是以上文的例子为例,你的产品被批准为运动类别,因此要选择"运动与户外"作为主要类别。然后深入挖掘子类别,找到与你的产品最接近的一个,如图 2.103 所示。

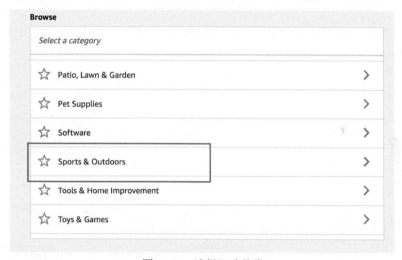

图 2.103　选择运动品类

4. 进入编辑页面

选择类别后,你就会看到编辑产品信息页面。

输入产品名称、制造商(可以输入与品牌名称相同的名称)以及与申请 GTIN 豁免时所提交的品牌名称完全相同的名称。如,你提交的 BC Sports 已经获得批准,就输入 BC Sports。

请注意,产品 ID 字段旁边没有星号。因为已经获得豁免,故不再需要为该品牌输入 UPC 或 EAN 编码,如图 2.104 所示。

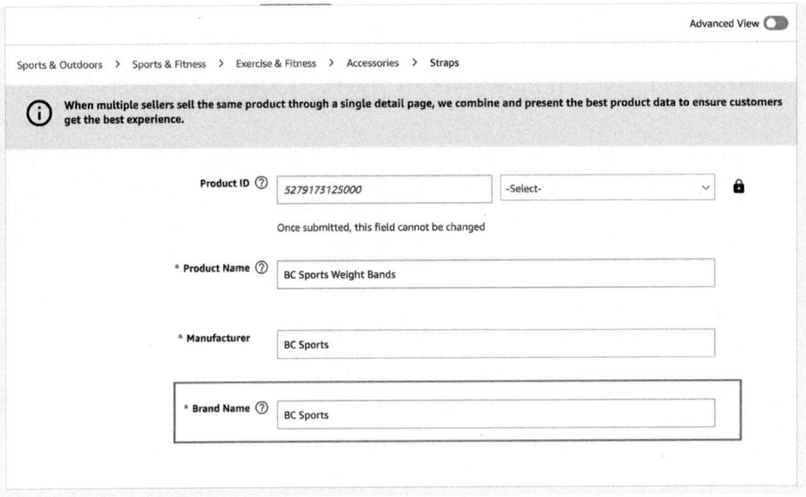

图 2.104　输入品牌名

在"Offer"标签下,填写必要的报价、SKU 和产品状态、配送模式,如果你是用 FBA 模式配送,就选 FBA,如图 2.105 所示。

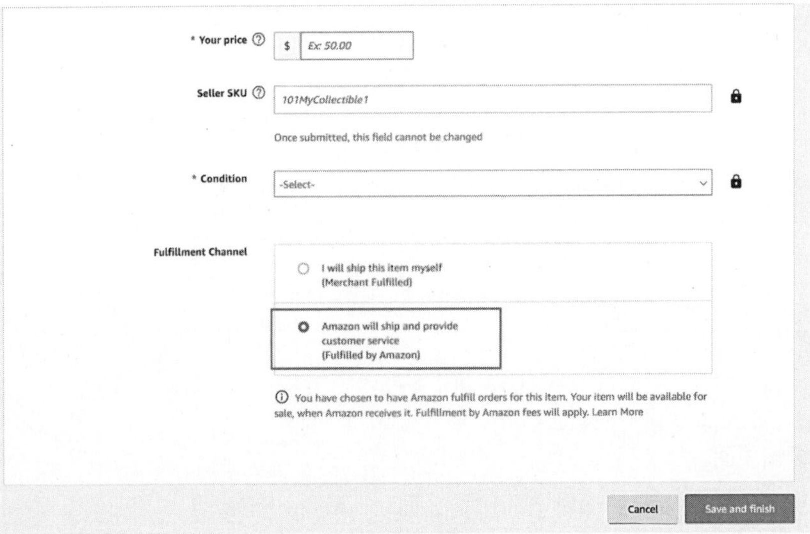

图 2.105　配送模式

填写完其他必填字段后,点击"保存并完成"按钮。大约几分钟后,你就可以看到产品已列在管理库存下。

如果你勾选的是 FBA 模式,单击"保存并完成"按钮后,你会看到"选择条形码类型"页面。由于你没有制造商的条形码(UPC 或 EAN),你只要选择亚马逊条形码即可,即我们常说的 FNSKU,如图 2.106 所示。

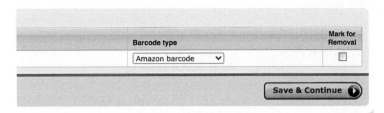

图 2.106　选择条码类型

点击"保存并继续"按钮后,直接进入 FBA 配送模式,如果你不需要配送产品太快速,可以忽略后面的步骤。

2.3.6　什么是 FNSKU

FNSKU(Fulfillment Network Stock Keeping Unit,亚马逊条码),它是亚马逊识别将产品发送到亚马逊配送中心的卖家的唯一方式。这样,亚马逊就可以在 FBA 仓库收到货后跟踪卖家的每一个库存情况。

FNSKU 标签一般打印在产品或包装上。通过亚马逊运营中心处理的每个产品都将获得唯一的标识符,如图 2.107 所示。

图 2.107　以 X00 开头的就是 FNSKU

注意:当 FNSKU 和 ASIN 一样时,即 X00 开头的条码换成产品 ASIN 编码,表示亚马逊商品是无贴纸的混合库存,也就是同一个 ASIN 的产品都共用库存,如跟卖的产品。

1. FNSKU 和 UPC 的区别

FNSKU 是跟卖家有关联的,UPC 是跟制造商有关联的。

也就是说不同卖家的产品来自同一个制造商,他们的产品可以共用 UPC,但是他们的 FNSKU 是不一样的,因为卖家不一样。

这就很好解释为什么有了 UPC,还要 FNSKU 了。

因为别人很有可能会销售与你完全相同的产品。如果你们都将产品发送到亚马逊的一个配送中心,并且都使用制造商的 UPC 代码,那么一旦这两个产品都入库,亚马逊就无法识别库存是哪个卖家的。所以,为了避免造成混乱以及因入库多个相同产品而无法追踪其卖家的问题,亚马逊要求所有卖家在每个货运标签上都打上 FNSKU,以便平台可以轻松地将库存与卖家配对。

2. 如何查看 FNSKU

如果你的产品已经用的是 FBA 配送模式，则非常简单。

在"管理库存"页面找到你产品。然后在右侧单击"编辑"旁边的下拉菜单，如图 2.108 和图 2.109 所示。

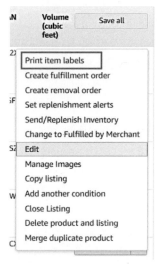

图 2.108　编辑右侧下拉按钮　　图 2.109　找到打印标签选项

随后可以看到"Print Item labels"，进入页面，点击"Print Item Labels"按钮，打印出来即可，如图 2.110 所示。

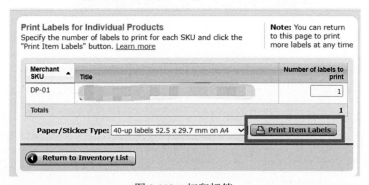

图 2.110　打印标签

如果你想多选几个产品，则在此处勾选多个产品，如图 2.111 所示。

从下拉菜单中也可以找到，如图 2.112 所示。

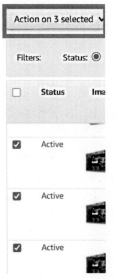
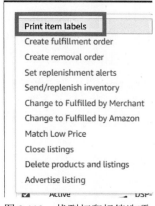

图 2.111　多选后从下拉菜单选择　　图 2.112　找到打印标签选项

同样的操作也可以打印出标签来，打印出来后，就可以贴到你的产品上了。但是如果你的产品是新品，没有发过 FBA，则需要进行 FBA 模式设置才会获得 FNSKU。下一节介绍如何进行 FBA 设置。

2.4　FBA 配送模式操作篇

对于大多数中小卖家，Kris 都建议各位使用 FBA 配送模式。

"在最畅销的 10 000 名卖家中，有超过 66% 使用亚马逊物流。"

FBA（Fulfillment by Amazon，亚马逊物流）。简单地说，FBA 的核心就是：卖家负责销售，亚马逊负责发货。

与 FBA 相对的是，FBM（Fulfillment by Merchant，卖家自行发货），从国内仓发到客户，或者从海外仓发到客户的方式，都是 FBM，俗称自发货。

2.4.1　使用 FBA 的优缺点

1. 使用 FBA（亚马逊物流）的好处

（1）轻松的物流和运输

如果你是有经验的运营者，做过 FBM 模式，即自发货，你就明白，自己每天打包发货是多么耗费时间和精力。如果你销售还不错，那么你就得花费更多的时间用于包装和运输，或者花费更多的金钱雇用专人来负责。

而 FBA 可让你利用他们的专业知识、专业的仓库和工人，包括运输经验等，所有过程外包给他们，你就轻松很多了。

（2）更低成本的配送费

如果你认为，使用自发货，从中国配送到客户手中更便宜，那么你就不懂成本的含义。因为时间成本，打包成本，长时间配送带来的不好体验的成本，甚至更容易获得差评而导致损失的成本，这些都是你自发货的成本。综合来看，FBA 的成本是更低的。

如果讲到费用，也不是很贵，亚马逊与主要运输公司的合同为他们提供了巨大的运输成本折扣。如果你用自己的海外仓发货，即从本地仓发送到客户手中，其费用也不会比亚马逊发货便宜。

更低的配送费用，让卖家有更多的利润空间，而客户也能从中受益，因为亚马逊上的许多订单都有资格免运费。

如，Prime 会员可享受所有 FBA 产品两天免费的送货服务，这是非常具有吸引力的体验，可带来更多的销售。

（3）轻松的退货管理

如果你是 FBM 卖家，你就会深深体会到处理退货是多么痛苦：退回中国境内吧，运费贵，有时候还得交税，不退直接弃置货物吧，产品成本也不低。

但是，如果使用了 FBA，亚马逊会处理一切问题，从处理不满意的客户到安排退货／换货，他们会管理客户的问题，以及帮助退回货运标签和安排退回物流等事项。

当然，他们会收取一定的退货手续费，但这是值得的。

（4）无忧的客户服务管理

亚马逊以提供出色的客户服务体验著称。他们的服务是，通过电话、聊天工具和电子邮件，提供 24/7 在线支持。

这样不仅可以减轻客户的烦恼和提升解决问题的速度，也可以极大地减轻卖家的工作量。

（5）几乎无限的仓储空间

只要你销售足够好，库存管理得当，你不必担心仓储问题，你不必自己选仓库，建立仓储管理系统，请更多的人来管理。直接使用 FBA，一切都那么轻松。

不过现在多了一个条件，就是还要具有较高库存绩效得分（其实也是要求你的产品销售迅速），若卖家的这项得分高，几乎可以获得无限的存储空间。

（6）快速的配送服务

亚马逊在全球拥有数百个配送中心。无论你做的是美国站、欧洲站、日本站，还是阿联酋站、澳大利亚站、新加坡站，它们都可以在几天之内可靠地将产品配送给客户。

通常，在客户下订单后，亚马逊会自动找出最接近客户的配送中心，并从那里发货，以节省时间。最快的可以一天内就送达客户。

（7）提供配送非亚马逊订单的服务

亚马逊提供多渠道配送（Multi-Channel Fulfillment，MCF）服务，如果你还在其他渠道（例如Ebay）上销售产品，也可以让亚马逊配送这些产品订单。

你甚至可以通过第三方软件将数据接入，让系统自动安排多渠道配送服务。

（8）全球配送服务

即使你只建立了美国站，只发货到美国FBA，依然可以销售到加拿大站和墨西哥站。

因为亚马逊提供了一个远程配送服务（Remote Fulfillment ASINs），亚马逊物流会将你在美国运营中心的库存，通过远程配送服务直接向买家跨境配送订单。

（9）提升运营效率

使用了FBA，可以提高Listing搜索排名，帮助卖家成为特色卖家，并有助于抢夺购物车，同时提高客户的信任度，让销售更加容易。

2. 如果使用FBA，只需做好以下三点

（1）选品，即选择要销售的产品

在亚马逊，你几乎可以出售任何东西，但是如果希望产品大卖，那就得好好研究一下选品技巧了。

（2）足够的库存

这个也是你需要去做的，特别是销售效果较好的时候，需要定期检查库存水平，以确保产品有足够的库存，不会断货。

（3）专注营销和宣传你的产品

使用FBA最主要目的就是，让你有更多时间花在运营上。

需要确保产品有足够的曝光，客户能够轻松搜索到它们，也要确保客户看到后愿意购买，具有吸引力的页面很重要。

3. 当然，FBA也会有一些缺点

（1）FBA要收费

亚马逊同时收取仓储费、合仓费（如果卖家指定所有产品发到一个仓库）、配送费，如果你有数据报告，会发现FBA收取的相关各种费用会占销售额的很大比例。

所以你需要确保在支付了亚马逊的配送费等之后，产品仍然能够盈利。

（2）长期仓储费

老实说，产品存放6个月以内的仓储费还是比较便宜的，但是如果存放6个月以上，甚至12个月以上，那么一个产品的仓储费甚至可能高于其售价。

亚马逊的业务是销售产品，而不是存储产品。

所以你要么少备货到FBA仓库，要么加速你的销售，让库存不要存放太久，否则会面临高昂的仓储费。

（3）很多隐性的损失

举个例子，因为FBA退货轻松简单，所以客户很容易就发起退货退款，导致退款率上升。

哪怕客户因冲动或测试而购买，甚至只是不喜欢包装，他们都可以因反悔而退货退款。

（4）产品准备可能很困难

亚马逊对如何准备和运送产品到 FBA 有严格的指导，所以在建立 FBA 模式时，必须都要了解。

产品信息必须正确输入到亚马逊数据库中，产品要正确贴上标签，然后运到正确的仓库，否则亚马逊可能会拒绝接收你的产品。

所以对于新手卖家来说，需要花比较多的时间才能掌握所有细节。当然如果一切都熟悉了，就没有那么难了。

（5）跟踪库存变得复杂

亚马逊后台有各种不同渠道可以查看各种不同状态的库存，从各渠道都可以下载表格来看，但是没有一张表可以看到整个库存全程。也就是说，如果你需要了解你的所有产品状况，必须要多个表格合并起来一起看。这就需要你会数据分析并有足够的耐心。

（6）部分地区可能会收取营业税

如果你运营的是美国站，就会知道美国的每个州都有不同的营业税征收规则。

亚马逊几乎在每个州都设有配送中心，并且它们会不停地在仓库之间交换库存。如果 A 州需要收税，而你的产品在 A 州有储存，那么一旦它被售出，你就必须要按 A 州的规则交税。

（7）混合商品可能会导致更多损失

为了提高效率，亚马逊为你提供了将产品与其他购买者的相同产品混合或合并的选项。

如果你接受这个方式，则可以节省标记和准备产品的时间。

但是，你可能会遇到一些不道德的卖家寄送假冒或损坏的产品，从而影响到正常销售，甚至会被封店。

（8）限制库存空间

现在亚马逊会根据你的库存绩效分数来决定你的储存空间。一旦分数过低，你可能就无法备货到 FBA。

而亚马逊系统更新分数比较慢，如果你产品突然卖起来了，但是分数没有更新，就无法备货，从而面临断货的风险。而断货对于刚刚销售起来的产品，几乎是致命的打击。

尽管 FBA 也有不少缺点，但是 Kris 依然认为，使用 FBA，对于中小卖家来说，还是利大于弊的，所以还是建议各位使用这个方式。

2.4.2 建立 FBA 发货计划的步骤和必要发货细节

在你成功上传了产品信息之后，就可以安排发货到 FBA 仓库了。

然后，你需要了解产品的包装的相关信息：每个 SKU 需要发货的数量，每箱装多少，以及这些箱子的尺寸和重量（注意：包装信息一定要准确无误，否则亚马逊有可能拒绝接收你的货物）。

再联系物流商，告知他们提货的地址，对亚马逊平台来说也就是 FBA 的发货地址。

然后就可以开始在后台操作 FBA。

当你首次建立 FBA 时，会有以下提示，如图 2.113 所示。

图 2.113　同意条款

这个仅仅出现在首次使用 FBA 时，相当于注册 FBA，第二次操作不会出现，只需在这里阅读并接受服务条款即可。

然后开始建立计划。（注意：截图仅供参考，亚马逊随时可能更改界面。）

登录卖家后台，点击"Inventory"下方的"Manage FBA Inventory"或者"Manage Inventory"选项。如果你是首次建立 FBA，在"Manage FBA Inventory"选项下是没有产品的，如图 2.114 所示。

图 2.114　两个选项均可选择

1. 选择需要发送的产品

进入选择产品页面，在左侧勾选你的产品，选择"Change to Fulfilled by Amazon"，如图 2.115 所示。

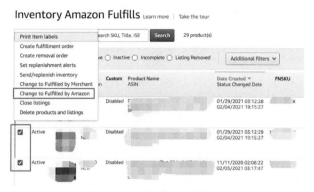

图 2.115　选择亚马逊配送

需要提示的是：如果这是第一次转化为 FBA，系统会询问你两个首选项：

（1）接受标签服务（Accept Label Service）

（2）不接受标签服务（Decline Label Service），包括：不贴标，混合库存（Stickerless，Commingled Inventory）

混合库存的意思是：你不需要进行任何贴标，把产品发给亚马逊，它将把你的库存与其他卖家的相匹配，混合在一起。如果有客户从你的店铺订购，亚马逊可能会运送匹配的商品，该商品很可能会从其他卖家离客户更近的仓库存发出，这样做是为了提升效率。

（注意：混合库存风险比较大。如果其他卖家出售的是假冒产品，就会影响你的店铺的信誉。）

一般情况下，卖家可以选择 FBA 标签服务。亚马逊提供标签服务，他们可以帮你的产品贴上标签，你自己可以省下这方面的麻烦。每件产品贴标服务费 0.2 美元。贵不贵，取决于你的产品定价和利润率。

当然，选择这个选项，你依然可以打印贴纸，自己来给产品贴标签。如果你选择错了，想重新改回来，只需要删除这个 FBA 选项，到 "Setting-fulfillment by Amazon" 里面更改，或者请客服帮忙修改。

选择正确选项后，系统将提示 "Done" 或 "Send Inventory"。Done 的意思就是仅仅转换为 FBA 模式，不发货。若是需要发货，就要选择 "Send Inventory"，如图 2.116 所示。

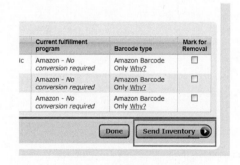

图 2.116　选择发送库存

注意：如果产品是首次通过 FBA 发货，需要进行危险品审核，点击"Add dangerous goods information"进行验证，如图 2.117 和图 2.118 所示。

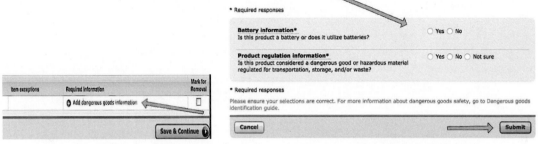

图 2.117　添加危险品信息　　　　图 2.118　按实际情况选 YES 或者 NO

如果不是危险品，都点击"NO"就好了。

2. 设置发货地址、包装类型和发货方式

进入下面这个页面，如图 2.119 所示。

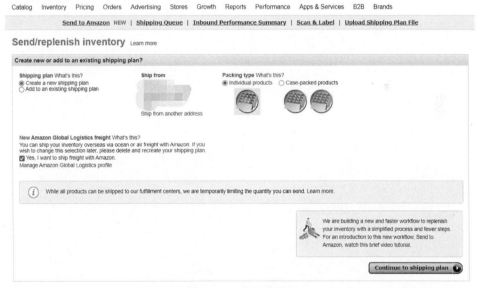

图 2.119　进入的页面

这里需要注意几点：

（1）如果你是第一次使用 FBA，需要填写发货地址，点击"Ship from another address"填写或者修改。

（2）选择包装类型。

Individual products（混合包装）：一个箱子有多个 SKU。

Case-packed products（原厂包装）：一个箱子一个 SKU，且每个数量一样。

（3）系统默认勾选"Amazon Global Logistics freight"，就是俗称的龙舟计划，后面将详细介绍。如果你没有参加此计划，记得把勾选去掉。

一般我们选择混装模式。然后点击"Continue to shipping plan"进入下一页。

3. 设置发货数量

如图 2.120 所示。

图 2.120　添加新的商品

填写你的发货数量，如果你想添加更多产品，可以选择"Add Product"，然后点击"Continue"继续下一步。

4. 预处理商品

如图 2.121 所示。

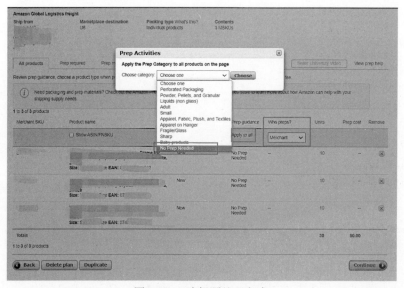

图 2.121　选择预处理方式

预处理要根据产品的特性填写，一般产品选"无须处理"，预处理方选"卖家"，如果你需要亚马逊处理，也可以选择"亚马逊"，不过平台会收取费用。

点击"Continue"继续。

5. 给产品贴标

如图 2.122 所示。

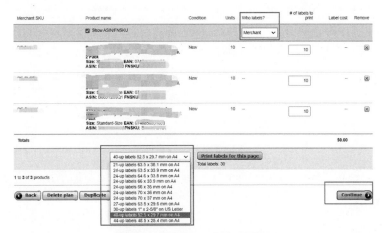

图 2.122　选择打印标签的格式

从上面显示的下拉选项卡中选择合适的打印尺寸，打印标签贴在每一个物品上。

若贴标方选择的是亚马逊，你将不需要打印，直接发货给亚马逊，它会帮你贴好，并收取每单位 0.20～0.30 美元的费用。

这里选择的贴标方是"卖家"，所以卖家必须自己贴好。当然你也可以安排你的制造商给你贴好。

6. 给货件命名

如图 2.123 所示。

图 2.123　给货件命名

一定要给每个货件命名好,名字可以是产品名称+时间+运输方式,以方便后面查找。确认后点击"Approve & continue"批准并继续。

7. 查看货件

如图 2.124 所示。

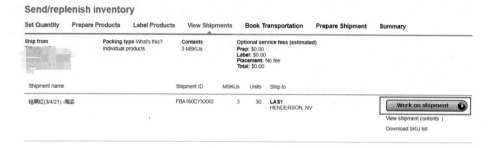

图 2.124 查看货件

确定无误后,点击"Work on shipment",处理货件,准备发货的事宜。

8. 填写发货信息

如图 2.125 所示。

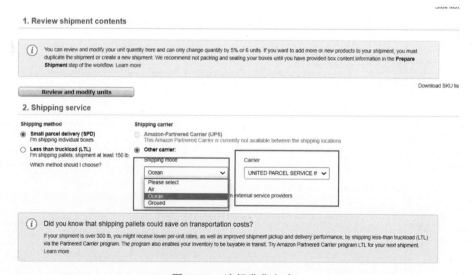

图 2.125 选择发货方式

检查货件内容没有问题后,就要填写发货方式,一般都选 SPD,即小包裹发货,一般大件货物才选 LTL 托盘方式的。然后选择你的运输方式,空运、海运还是陆运,承运方也有几个方式可选择,根据实际发货情况填写即可。

如果你已经打包好产品,装箱已经完成了,就可以继续进行下一步了,如图 2.126 所示。

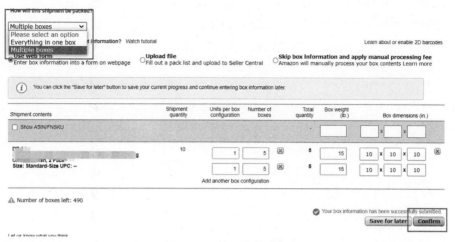

图 2.126　填写装箱信息

填写好每一箱的信息，就可以点击"Confirm"。

9. 贴外箱单

如图 2.127 所示。

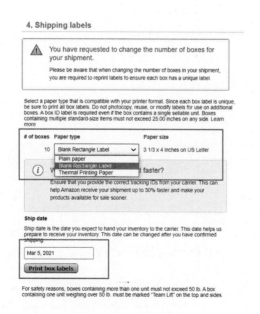

图 2.127　打印外箱单

选择合适的纸张打印，但是必须要填写了发货日期，才可以打印。打印出来后，贴在包装外箱上。将 FBA 外箱单和快递货运单分别在两侧贴好。注意不要贴在包装开箱的位置（即封口位置）。以下页面也讲得很清楚，如图 2.128 所示。

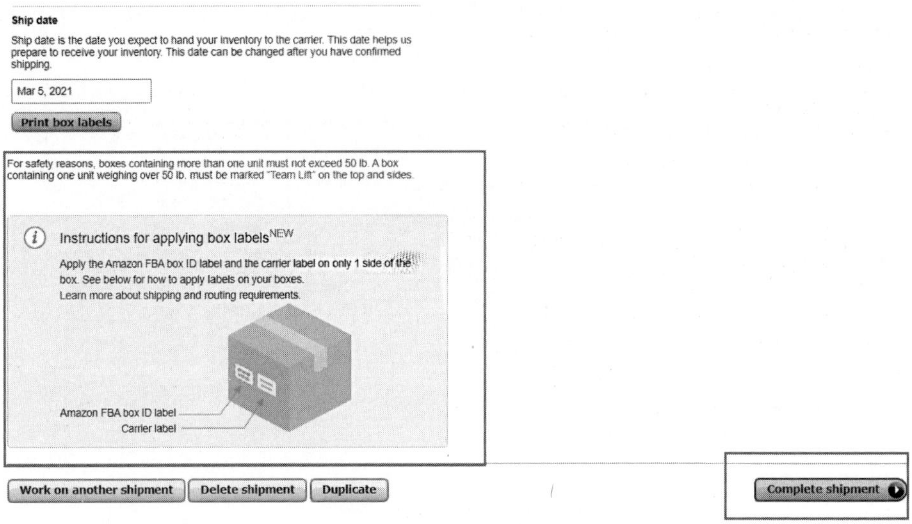

图 2.128　外箱单的贴法指南

一切准备就绪，就可以点击"Complete shipment"完成备货了。

10. 填写货运单号，完成发货

如图 2.129 所示。

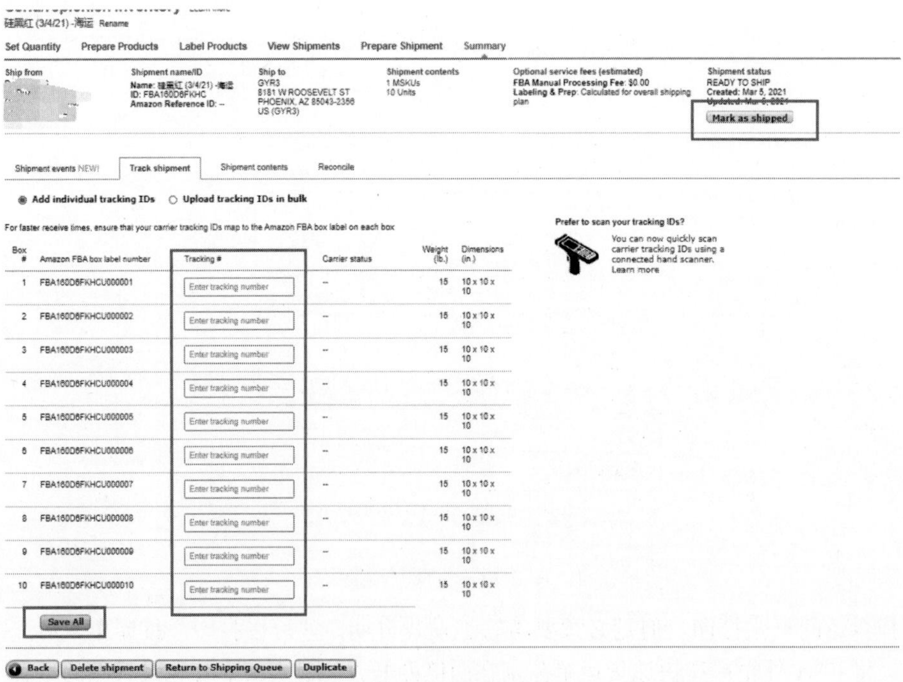

图 2.129　填写货运单号

如果承运商给你了货运单号，填上去，点击"Save All"然后再点击"Mark as Shipped"，就完成了。

2.4.3　FBA备货注意事项

备货需要注意以下事项：

1. 发货前要贴的标签基本就两个，一个是每个产品上的FNSKU码，一个是装完箱后，外箱的标签码。需要注意的是，外箱标签码要打印2～3份，因为每箱至少贴2～3面，防止其中一面磨损了无法扫描，最好覆盖透明胶布防磨损！
2. 将标签贴在盒子的整个侧面上，而不要贴在箱子结合处，否则它们很可能被切开或损坏。
3. 确保所有标签都是可读且可扫描的。
4. 产品的包装和外箱包装都需要标明产地。
5. 每箱包装的时候一定要详尽记载每箱货物的具体品名、件数、毛重等信息。
6. 外箱尽量选择坚固耐用的，不可使用打包袋或者蛇皮袋包装货物！如果需要托盘运输，请务必遵守亚马逊的托盘运输要求。

2.4.4　新功能——最简易的FBA操作方式

这是亚马逊将在未来重点使用的FBA发货方式——Send to Amazon（目前还没有中文名称），如图2.130所示。

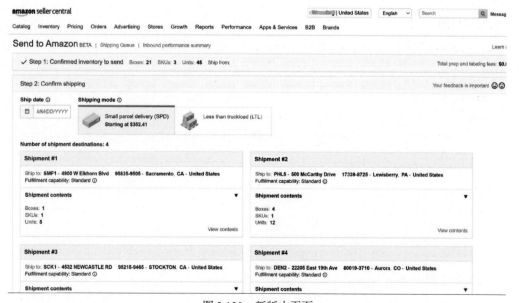

图2.130　新版本页面

如果你的产品都是标准箱包装,没有混合其他产品,那么可以使用"Send to Amazon"。

"Send to Amazon"是简化的 FBA 计划创建流程,只需较少的步骤就可以安排 FBA 货运。通过这个页面,你可以创建可重复使用的包装模板,须提供包装箱内容信息、包装箱重量和尺寸以及 SKU 的制备和标签详细信息。

信息都填写完备后,如图 2.131 所示,后面每次创建计划就可以直接使用这些信息,不需要重新填写,这将大大提升创建的效率,提升高达 400%,即本来需要 8 分钟的,使用该功能只要 2 分钟。

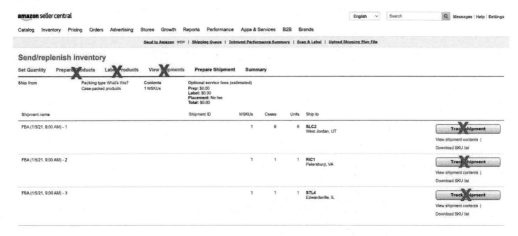

图 2.131　新版本将省去的操作步骤

创建步骤如下。

1. 登录页面

从"Inventory"点击"Manage FBA Shipments",就可以看到"Send to Amazon",如图 2.132 所示。

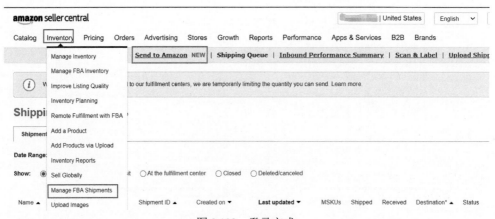

图 2.132　登录方式

2. 创建包装模板

如图 2.133 所示。

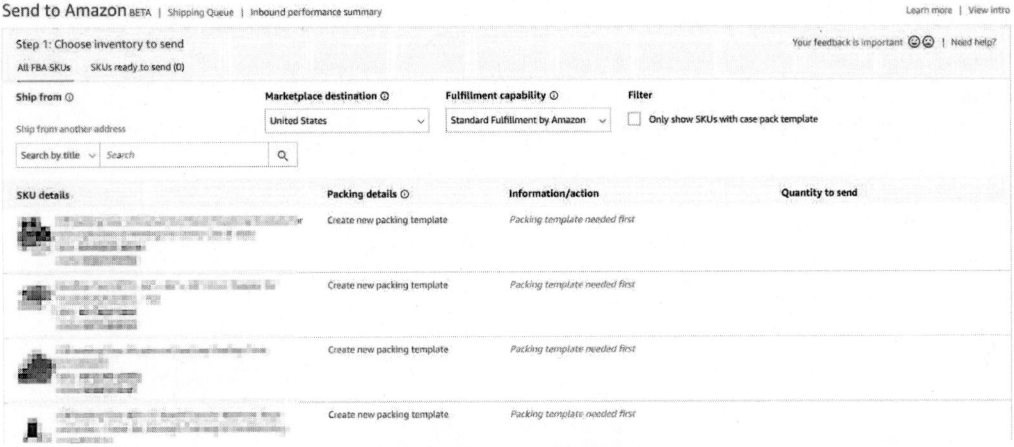

图 2.133 创建包装模板

点击"Create new packing template"就可以输入尺寸、重量等信息,如图 2.134 所示。

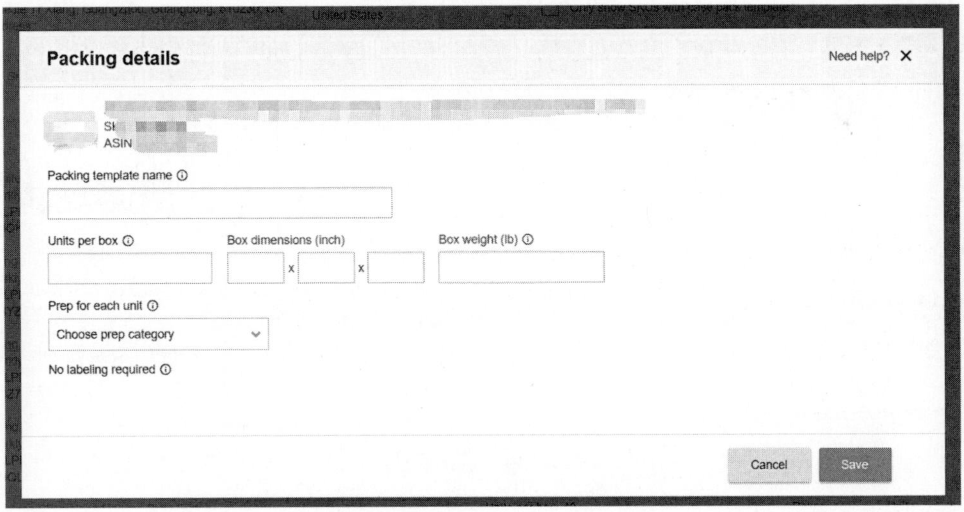

图 2.134 输入尺寸、重量等信息

需要注意的是,每个 SKU 最多只能设置三种包装信息。如果你这个 SKU 有 50 个装、100 个装、200 个装,就可以都设置进来。

3. 确认发货数量

如图 2.135 所示。

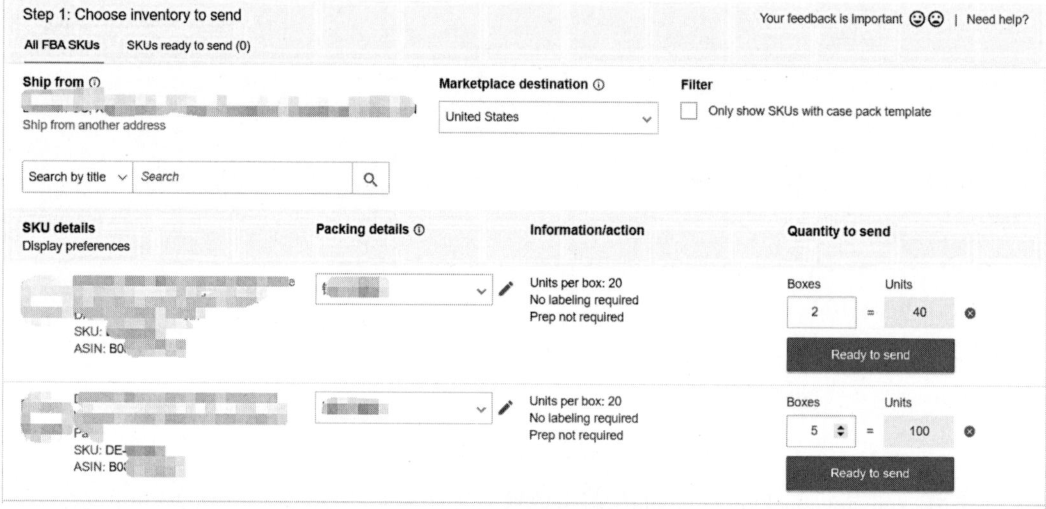

图 2.135　确认发货数量

填入箱子数量，自动生成产品数量，确认后点击"Ready to send"，再到底部点击"Confirm and continue"，如图 2.136 所示。

图 2.136　点击确认

4. 确认发货方式

如图 2.137 所示。

图 2.137　确认发货方式

选择发货时间、发货方式（UPS、DHL 等），并确认可能产生的花费（贴标服务会产生费用）后，点击"Accept charges and confirm shipping"。

5. 打印包装标签

如图 2.138 所示。

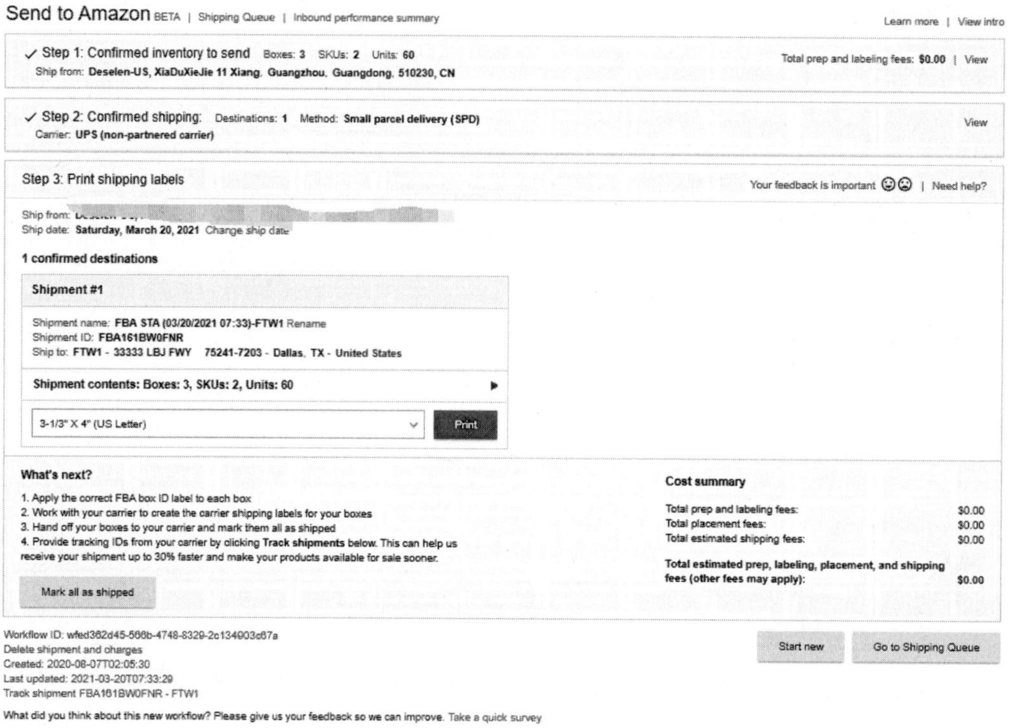

图 2.138 打印包装标签(箱单)

选择合适的打印尺寸,点击"Print"就可以打印外箱标签。最后点击"Go to Shipping Queue",就可以看到已经生成了新的 FBA 计划。如果你已经发货,点击"Mark all as shipped"就可以填写单号,如图 2.139 所示。

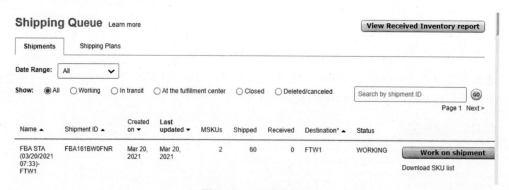

图 2.139 查看货件

然后整个过程就结束了,这样做简单快速很多,但前提是,你的产品是标准箱装的。估计亚马逊很快会增加非标准箱的发货流程方式。

2.4.5 什么是龙舟计划

龙舟计划，就是亚马逊跨境物流服务（Amazon Global Logistics freight，AGL），是专门为中国卖家提供的运输服务。也就是说，亚马逊可以帮卖家把货物从中国发送到亚马逊的 FBA 仓库。

亚马逊跨境物流服务为 FBA 卖家提供稳定、高效、便捷的跨境海、空头程物流服务。目前服务的站点涵盖美国站、欧洲站（英国、德国、法国、意大利、西班牙）以及日本站。

1. 使用 AGL 有什么好处

亚马逊官方列出了以下几个好处。

（1）锁仓美西，提速降本：将货物锁定在美国指定的亚马逊运营中心不另加费用，减少因分仓造成的额外成本，提升入库效率。

（2）卖家平台一站式服务，简化流程：货件操作管理、关务烦琐文件全面线上操作，提供全链条的货物透明追踪。

（3）价格透明、无附加费：卖家可通过"亚马逊全球物流"微信公众号的菜单栏，查询最新价卡，或直接点击跳转价卡查询。

（4）充足的空运运力，助力卖家快速补发货：提供上门提货服务，时效稳定，约在起飞后 7 个自然日入仓。50 千克起运，价格具有市场竞争力，是不可多得的快速补发货优质选择。

但是 Kris 认为，这些说法有些夸张了，例如并没有简化流程，很多手续都要很正规地操作，对于绝大部分中小卖家来说，完成全套手续会增加不少成本。同时，对于小件散件来说，价格其实也没有什么优势，必须要整柜整箱出货，量足够大了，费用优势才会明显。

但是对于大卖家来说，确实有明显优势，因为量大，可以锁仓，固定仓库，固定地址，确实可以省运费。可跟踪，可查询，若货物丢失，理赔也方便（要知道，卖家自己找的物流商一般不会给你理赔的）。

2. 使用 AGL 的 3 个步骤

预计配置文件设置时间：完成账户批准流程需要 3 ～ 7 个工作日。

（1）完成付款设置。可以设置以美元支付，或采用人民币支付，并且可以获取发票。

（2）设置海关登记进口商。此步骤可加快海关机构的跨境合规性验证工作。提供海关登记进口商（IOR）详情并上传必需文件。亚马逊将进行审核和批准，然后通知你进行后续步骤。

（3）创建和追踪 FBA 货件。完成前面两步，就可以使用发 / 补货工作流程获取报价并预约运输服务。还可以追踪你发往运营中心的货件。

当然也可以通过专属邮件找亚马逊的 AGL 团队指导，他们一般一天内就可以回复。

但因为 Kris 从没有使用过这个服务，所以没有更多详细细节信息分享，各位要注册使用，可以看看官方信息。

2.5　总结：基本操作是一切运营的基础

这一章是非常实用，也非常必要的内容，任何一个运营者都要先学会这些基本操作。卖家在后续的运营中，会经常遇到这些操作，因此起码要知道，如果某个环节出了问题，可以快速地找到哪个页面处理该问题。这是一个熟练的运营者该有的技能。

这一章里，我们介绍了产品如何上架，无论是后台上架还是表格上架，都有要需要注意的细节，例如变体的上传方式，对于很多新手，逻辑上是很容易混乱的，但这是需要掌握的内容。

我们讲了 UPC、EAN、ISBN 和 ASIN 的区别，如何获得合法 UPC。当然如果你预算有限，不想购买昂贵的 UPC，则可以申请品牌，进行备案后，就可以获得 GTIN 豁免，以后上传产品就不需要提供 UPC 代码了。当然，注册一个国外品牌费用也不少，但是考虑到注册品牌的各种好处，这样的投资是值得的。

最后是 FBA 发货操作篇，使用 FBA 亚马逊物流，对于大多数卖家来说，是利大于弊的。特别是小企业，用 FBA 发货可以省去很多不必要的麻烦。在设置 FBA 计划时，要注意一些细节问题，例如如何贴标，如何贴外箱。

从新手到熟手，最简单的辨别方式，就是每个操作是否都可以快速找到对应的页面，了解它们负责什么功能或者什么字段。

了解了基本的操作，就可以进入运营优化的章节了。

2.6　常见问题解答

1. 在建立 FBA 计划的时候，货件被分配到多个仓库，怎么办

卖家经常会遇到这种情况，无论发货的数量是多少，系统都会把发货计划拆分成几个，然后要求卖家分别发到对应的仓库，如图 2.140 所示。

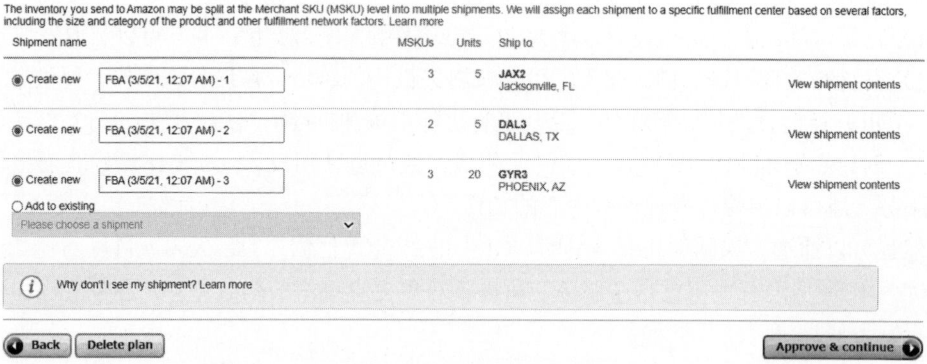

图 2.140　被拆分的发货计划

遇到这种情况应该怎么办？

首先，要了解什么是分布式库存放置和库存放置服务。

分布式库存放置（Distributed Inventory Placement），其实就是俗称的分仓，是默认的入库运输设置。亚马逊会把你的库存发送到一个或多个配送中心。例如你要发送十个产品到FBA仓库，那么亚马逊可能会将三个发送到加利福尼亚州，将三个发送到印第安纳州，将四个发送到佛罗里达州对应的仓库。将库存分散到全国各地对客户有利，因为客户可以更快地收到他们订购的产品，货物一两天就可以到达客户手中。但是，这对卖家很不利，寄出多个箱子到不同的地址，会让运费增加非常多，销售成本也会陡然上升。

库存安置服务（Inventory Placement Service），俗称合仓。按照卖家意思，亚马逊会将所有数量的单个商户SKU发送到同一个配送中心。这样就让卖家节省了大量运费。而缺点就是需要收取合仓服务费。

服务费按件收取，即按产品的数量计算。收费（截止到2021年3月6日）如下：

库存配置服务/合仓费用

标准尺寸商品（按件收取）

- 小于或等于1磅　0.30美元
- 1～2磅　0.40美元

超过2磅　0.40美元＋（超出首重2磅的部分）0.10美元/磅

- 大件商品（按件收取）
- 小于或等于5磅　1.30美元

超过5磅　1.30美元＋（超出首重5磅的部分）0.20美元/磅

如果你使用了合仓服务，你的费用会在亚马逊完成接收的2～3天后显示，我们可以通过以下三个方式查看：

- 在菜单栏，数据报告的"付款"的页面里，能搜索到显示为"亚马逊物流服务费"的费用。
- 可以直接让客服帮你查询。
- 通过每个货件计划查询，如果产生了费用，则会显示在"亚马逊物流人工处理费用"这个项目里。其中这个方式最简单和直观，如图2.141所示。

图2.141　显示可能需要收费的费用

2. 合仓有什么好处

相信很多卖家都愿意选择合仓服务，因为对卖家来说，好处不少。

（1）接收速度更快：有一些亚马逊配送中心因接收时间长而被诟病。如果你选择合仓，避开他们的概率就大大增加，配送中心可以更快地接收你的产品。

（2）更近的位置：如果你可以选择运送到附近的配送中心，可以指定某些仓库，则可以使用龙舟计划，以此来节省运费。

（3）省下不少运费：通常货物一次性发得越多，运费越便宜，50千克的货物就没有100千克的优惠。如果分仓，即相当于几批货分开发，100千克的货分为30千克、40千克、40千克，那么运费就高很多了。而运费占了销售成本相当大的比重，能省下来，也是相当可观的利润。

（4）减少人为失误：很好理解，同一天发多个仓库的货，还需要贴外箱单，对应不同仓库的地址，在忙碌的一天当中，有时会在外箱上贴错运输标签，这样导致的拒收损失几乎是无法挽回的。

当然，合仓也不是适合每个卖家，卖家要根据上面的服务费计算，究竟哪种方式对于自己更合适。

不要分仓，如何设置合仓？

当你的送货计划已经被分仓，你不想这样，可以到卖家后台，在右上角选择"Setting"，再选择"Fulfillment by Amazon"，如图2.142所示。

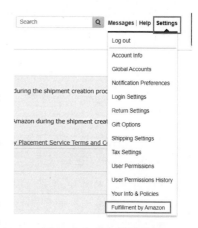

图 2.142 进入物流设置

之后就会看到如图2.143所示页面。

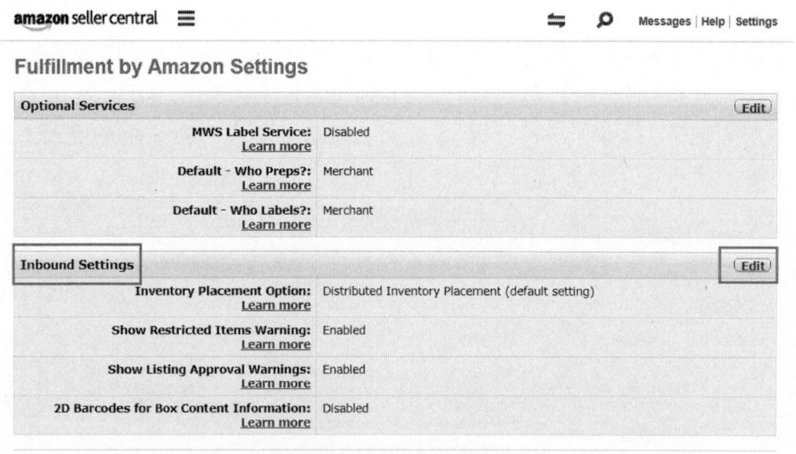

图 2.143 入库设置

找到"Inbound Settings"，点击右侧的"Edit"，如图2.144所示。

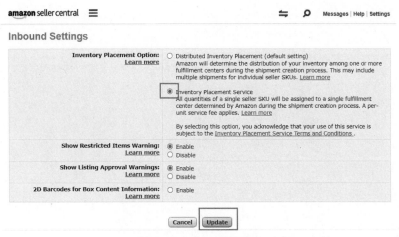

图 2.144　勾选合仓设置

然后勾选"Inventory Placement Service",点击"Update"就完成了。

设置完成后,要把已经分仓的计划删除,重建一个新的计划,这样就不会被分仓了。还有一个省事的方式,就是在原来的货件下方点击"Duplicate",如图 2.145 所示,复制一份计划,这样就不用重复操作了。

图 2.145　复制发货计划

需要注意的是,以下这些产品,哪怕你进行了合仓服务的设置,也有可能会被分仓。
- Apparel 服装
- Jewelry 珠宝首饰
- Shoes 鞋靴
- Media 媒介类商品
- Inventory tracked with a manufacturer barcode 使用制造商条形码追踪的库存
- Oversize items 大件商品
- Amazon prep required 需要亚马逊预处理的商品
- Amazon labeling required 需要亚马逊贴标的商品
- Hazardous materials 危险品

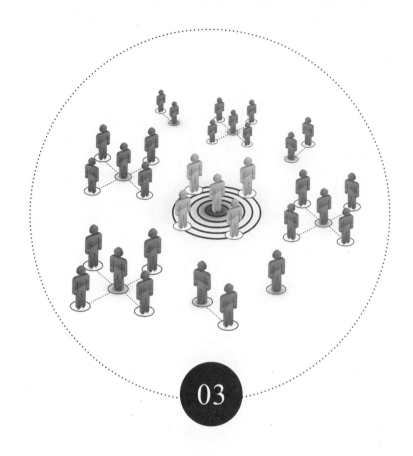

第 3 章 商品详情页面的优化

本章讲商品详情页面的优化。商品详情页面，就是我们亚马逊圈子常说的 Listing，也会被调侃为"李思婷"。优化商品详情页面就是增强产品每个部分的详细信息，以实现最大销售额的过程。

完全优化的 Listing 可以帮助卖家：
- 提高关键字页面排名
- 提高转化率
- 提高 PPC 广告效益
- 提升客户忠诚度

……

商品详情页面有许多重要的组成部分。优化会涉及很多细节，不仅仅是优化关键词那么简单。而本章会非常详细地讲解每个优化的细节。

3.1 商品详情页面就是产品的包装

经常有卖家朋友跟 Kris 抱怨,说自己公司的产品定价太高了,不出单啊,但是老板又不同意降价,怎么办?

听到这样的抱怨,我心里就只有一个问题:你除了降价销售,就没有任何办法了吗?

当然,Kris 并不否定价格的作用,而且还认为,合适的价格对销售有很大的促进作用。

注意,这里说的是"价格"而不是"低价"。

有足够的利润,且对客户有吸引力的价格才是好的价格,而不是低价。有足够利润的定价,我们很容易做到,算一下成本和目标利润就出来了。但是怎么让客户觉得这个价格是有吸引力的?

起决定作用的就是包装!

我们很容易发现,茶叶、月饼、烟酒等都会用很高档的包装,因为它们要卖高价,而客户也觉得这样包装下的产品值得这个价格,送礼有面子、有排场。那么,在电商平台,什么是产品的包装呢?

1. 产品的详情页面 Listing

首先要写好标题,要写出能够满足细微需求和期望的产品标题来吸引客户,而不是为了获得销量就牺牲了利润。

现实生活中,当客户真正走进一家实体商店时,会有许多更高的期望,这些期望虽然会随着在里面待的时间的长短而发生变化,但基本上保持稳定。如果有问题,销售员就会在身边提供帮助,因此产品的摆放和被浏览方式相对简单点。

与此不同的是,客户对在线购物的体验有所期待,而且会不断变化,他们随着时间的推移,不断产生新的需求,例如一开始希望有好看的图片,后面就需要有视频可以观看,再后来需要直播来互动讲解产品。

而且,网上有无数的产品可以轻松搜索到,几秒钟就可以展示各种类似产品,以及更高级的完全可自定义选择的产品列表(例如根据价格筛选、根据评价筛选等)。

线上线下购物行为还是有不少区别的。

例如,在商店购买电视与在网上购买电视,自己想象一下,会有什么不一样。

(1)网上购买电视会看参数,各种对比,甚至看测评网站,最后才会选择评价好、配送安装服务好的。

(2)但是在实体店购买,打开电视,听听音箱效果,看看价格,基本就知道要不要买了。

当然，由于产品品类不同，购买行为会有所差异。

页面要精细化，先要找到差异化的描述。

有机构表示，他们在亚马逊上研究了5 000多种价格相似的咖啡产品，明显的结果是，即使在快速消费品（FMCG）中，促使客户购买的因素也更多地取决于产品页面因素，例如图片、视频、描述、A+和客户评论，而不是价格。

也就是说，在互联网世界里，产品页面和标题就是其另一个包装。你完全可以使用能够满足细微需求和期望的产品标题和页面来吸引客户。亚马逊上销售量排名前十的咖啡产品的平均标题长度比同类产品中销量不佳的产品（排名最低的10%）长28%（后面小节会讲到题目优化）。

从页面质量上讲，许多最畅销的产品都添加了有意义的语言描述来使其与众不同，所以独特性和差异性的描述词很重要，这就让有特定口味偏好的客户更容易找到它们。

例如：形容该咖啡机与Keurig k-cup兼容，添加"素食主义者认证""整体认证"等词语，就会对素食主义人群有很大的吸引力。

这些咖啡品牌在其标题和产品描述中使用了这种差异性的词语，因为除了诸如调味剂和烘焙类型之类的主要描述词，客户也希望根据他们的个性化需求来获得量身定制的产品。

无论产品类别如何，卖家都应采用这种方法。

运营人员应该去探讨的是："客户真正在搜索的那些有价值的产品功能或术语是什么？"而不是只给出单一的关键词或难以理解的型号。

例如：可以尝试"防指纹"冰箱或者"防碎"圣诞节装饰品等，也就是精细化描述你的产品。

2. 关于商品详情页面的注意事项

1）新洞察

如果你用过天猫精灵购物，你就知道，你直接跟天猫精灵说"我要买纸巾"，它会念出一堆纸巾产品让你选。而你说"我要维达抽纸巾100抽"，那么它就直接推荐精准的产品给你。

同理，亚马逊的Alexa语音搜索也是这样的工作原理。那么这说明了什么？说明了你的产品必须要精准标记。不要再写什么IPHONE CASE+一堆关键词了，要写"RED IPHONE CASE"，这样更容易被搜索引擎标记。

所以，亚马逊早就会根据现有产品内容在某些特定类别内自行生成一些产品标题（如Amazon Choice），就是为了方便给Alexa做语音搜索。

这说明，在产品说明和项目符号中使用面向客户的关键词是非常重要的，如图3.1所示。

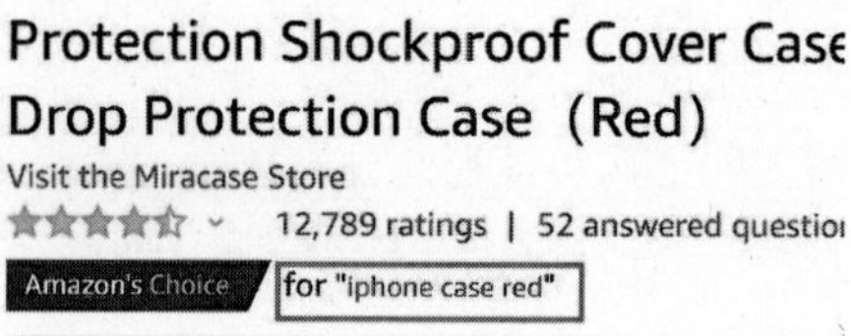

图3.1 加了一个精细化的词"Red"

2）不要在价格上竞争

仅通过查看价格在 50 美元以下的咖啡产品（总共超过 5 000 种），你会清楚地发现，更可靠的产品内容和评论（而不是价格）才是将销售良好的产品和没有销售好的产品区分开来的原因，如图 3.2 所示。

Coffee Products on Amazon - Under $50 - Averages by Attribute								
	Reviews	Rating	Desc. Length	Bullets	Images	A Plus Content	Title Length	Avg. Price
Top-Selling 10%	1831.5	4.5	689.1	4.7	5.9	34%	90.6	$23.15
Bottom-Selling 10%	70.3	4.1	479.5	3.4	3.0	1%	70.9	$23.62
% Diff	2505%	8%	44%	37%	97%	2700%	28%	-2%

图 3.2 咖啡产品调查结果表格

如图 3.2 所示，在销售排名最高的 10% 产品和销售排名最低的 10% 产品之间，平均价格并无有意义的差异（都在 23 美元左右）。但是评论数、描述长度、图片数量和 A + 内容则存在显著差异。

在亚马逊上的搜索页面那样可扩展且可自定义筛选的环境中，若客户看到更高的评论数量和更多的描述性图片，产品就会赢得更多的销售的机会。

运营人员要做的是："通过专注于优化 Listing 来提升销量。"

即使在价格敏感度更高的市场（如快速消费品和 3C），也不需要进一步牺牲利润来换取销售数量。

3.2 写出差异化的页面描述——用户视角

上节我们讲到，运营人员应该探讨的是：客户真正在搜索的那些有价值的产品功能或术语是什么？

你如何才能知道客户在意的是什么？如果你一直站在卖方的角度，一下子可以罗列产品的各种优势。但是这未必是客户需要的。客户需要的是能解决他当前的需求和痛点的。

要做到这一点，必须要站在客户的角度去思考，也就是用户视角。

如果没有站在客户的角度写 Listing，你的图片再好看，描述再专业，都无法吸引客户。

例子，如图 3.3 所示。

"采用了全新的双面全玻璃设计，还让备受喜爱的相机变得倍加出色，它不仅配备了有史以来最智能、最强大的芯片，还带来了简单便捷的无线充电，并将增强现实体验推进到更深层次。"

美在智慧。

采用了全新的双面全玻璃设计，还让备受喜爱的相机变得倍加出色，它不仅配备了█████ 有史以来最智能、最强大的芯片，还带来了简单便捷的无线充电，并将增强现实体验推进到更深层次。

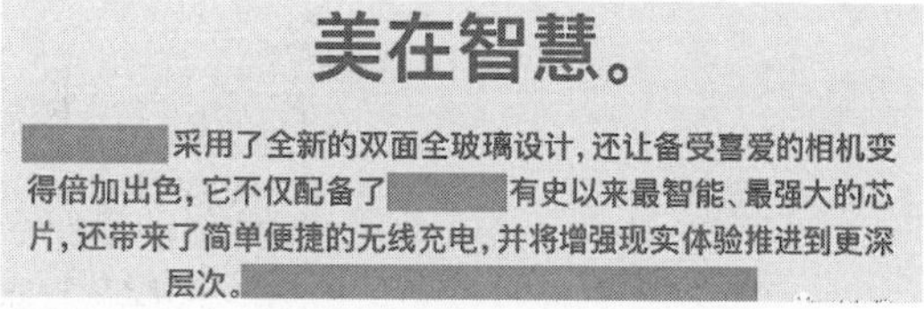

图 3.3 美在智慧广告词

这是某知名手机的简介描述。看到这个大家会有购买的冲动吗？我想，除非你是专业手机爱好者，知道双面玻璃设计的好处，知道什么是最智能、最强大的芯片,知道什么是"简单便捷"的无线充电,才会有购买的欲望。

但是市场上的客户真正懂手机不会超过20%,那另外80%的潜在客户怎么办?

所以,优化Listing页面,目的是让客户看了你的产品,有购买的冲动,最终下单购买。也就是我们常说的提高转化率。优化好你的Listing页面,后续无论是广告还是站外引流,都可以起到事半功倍的效果(我们在第一章的运营优化金字塔已经讲过了),而写好你的Listing页面,就要用到用户视角。

用户视角,简单地说,就是站在客户的角度,了解客户的需求。怎么知道客户的需求?

如果你在一个行业工作久了,你自然会知道客户的需求。

如果新到一个行业,可以看别人的买家评论,客户不满意什么,就是在乎什么。客户说,用两天就坏了,那需求就是耐用;客户说拍照不好看,需求就是美颜拍照。

1. 根据客户的需求写Listing

如果你知道客户需求是耐用,那你的Listing可以写"能使用十年以上";如果你知道客户需求是拍照美,那你产品Listing可以写"拥有自动美颜拍照功能"。

看看别家品牌的广告语

- 三星S208——双彩互动 时尚旋律
- 三星S508——展露精彩本色
- 三星E108——我的时尚DNA
- 三星X608——闪动夜的美
- VK530——一个"拍"挡,多种精彩!
- TCL U8——飞越新高度 体验高清晰
- NEC N8——即拍即现,即发即见
- NEC N820——炫彩魅力 诱惑难挡
- 大唐GX20N——让真实更精彩

2. 他们想表达是什么? 如果把品牌名称去掉,你还想购买吗?

真正的用户视角应该如图3.4所示。

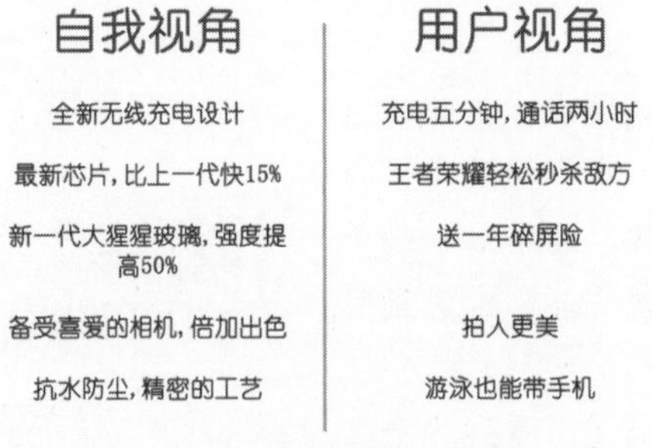

自我视角	用户视角
全新无线充电设计	充电五分钟,通话两小时
最新芯片,比上一代快15%	王者荣耀轻松秒杀敌方
新一代大猩猩玻璃,强度提高50%	送一年碎屏险
备受喜爱的相机,倍加出色	拍人更美
抗水防尘,精密的工艺	游泳也能带手机

图3.4 自我视角和用户视角对比

使用手机，很多人都不再局限于打电话发短信，外观漂亮之类的，他们需要更长的待机、充电快速、拍照漂亮。

上图左半部分是苹果手机的广告，而普通亚马逊卖家什么时候才可以做出这样有影响力的品牌？所以千万不要模仿大品牌的各种做法，这样你会吃大亏的。

"只有深耕用户体验，站在用户角度了解需求，才能得到客户的信任！"

如上图右半部分这样，既有专业的描述，又有通俗的表述，照顾了所有人群的阅读方式，就比较能有效提高转化率了。

3.3 商品详情页面优化详细解读

第1章已经讲过，亚马逊的产品是如何展示的，他们的搜索逻辑是怎样的。

尽管谷歌和亚马逊搜索引擎的基本前提是相似的，但也存在一个关键差异：对于谷歌来说，相关性是最重要的因素，展示客户需要的信息，以提高点击率；但是亚马逊最关心的是，尽量展示客户最有可能购买的产品。

亚马逊的算法会根据购买的可能性对产品进行排名，但是我们并不知道它们是如何计算的。我们可以知道的是，哪些因素是决定产品的销售的。

其中包括以下这些因素：
- 与搜索查询相关的内容（标题/说明）
- 产品图片和视频
- 产品定价
- A+页面
- Q&A
- 评论的数量和质量
- 产品受欢迎程度/销售速度（转化）

优化Listing，首要目的就是被看见、被搜索到，然后才是提升转化率。如果多个卖家跟你销售相同或者类似的产品，那么你需要做的会更多、更细节，每个环节都要提升页面的质量，因为亚马逊会汇总从各个Listing中选择的最佳内容。

所以，如果你的商品详情页面拥有一套最优质的内容，那么你更有可能吸引更多流量和获得更多转化。

3.3.1 亚马逊商品详情页面的介绍

亚马逊商品详情页面是供买家查看商品详细信息，以做出购买决定的最关键的页面，如图3.5～图3.8所示。

图 3.5　页面布局

图 3.6　A+ 页面

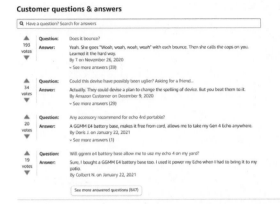

图 3.7　Q&A（客户问答）页面

图 3.8　评论页面

高质量的商品详情页面能给客户提供所有与商品相关的信息，并将浏览该商品的客户转化为买家，包括：

产品标题：商品的名称，用于识别所售产品的关键信息。

产品图片：包括商品附图和视频，会在买家点击浏览详情页面时显示。

商品要点：关于商品具体方面的概要描述性文本，最多可以写五点。

价格：合适的价格，对买家转化很大促进作用。

商品 A+ 和描述：对商品的图文说明，提供更详细的商品信息和详情。

客户问答：显示客户都关心的问题和回答。

评论：绝大部分客户都会看的内容，良好评分和内容对销售起着至关重要的作用。

下面，Kris 将会为各位详细介绍以上每个关键因素，以及如何优化出优质的内容。

3.3.2 产品标题

产品标题（Title）一定要易于阅读和理解，在最前面要有最重要的关键词，并提供足够的辅助信息来吸引点击。亚马逊上多关键词堆砌的时代已经一去不复返了，而事实上，这样的堆砌甚至可能减少点击次数和转化次数，从而影响到你的展示排名，如图 3.9 所示。

优秀的产品标题必须具备以下两个特性。

1. 为客户提供最有价值的信息

在互联网世界里，人们都需要快速有效地获取信息。所有商家都想占用更多的客户时间，但是时间是宝贵的，客户不想浪费时间来尝试自己不确定的产品。他们会通过快速阅读产品标题来快速了解你的产品，并决定是否要进一步详细了解产品（即点击）。

如果产品标题表述不清，或者没有任何客户需要的信息，他就不会点击。

图 3.9 产品标题

产品标题一定要帮助你的客户了解你的产品是什么。这些标题一定要有描述性，具备客户在点击商品详情页面前就要了解的信息。优秀的标题是捕获潜在客户，并让他们点击产品页面了解更多信息的有效方法。

2. 为亚马逊提供产品排名的信息

要记住，标题是所有因素中搜索权重最大的。亚马逊会先根据你的标题内容，在适当的搜索结果中适当地进行产品排名。

标题决定了你的产品详情的相关性（关于相关性请看第 1 章）。如果你希望你的产品在某些关键词上排名良好，那么标题上必须要有该关键词。

举个例子，如果你销售保温水瓶，标题可以这样写：

XXX Insulated Water Bottle | Vacuum Sealed | Hot and Cold Beverages | 20oz | 10 Colors and Patterns

即：XXX 品牌的保温水瓶 | 真空密封 | 冷热饮料 | 20 盎司 | 10 种颜色和图案可选

XXX 是品牌，Insulated Water Bottle 就是主关键词，后面就是描述性词语。客户无论搜索"保温水瓶""真空密封水瓶"还是"冷热两用水瓶"，都可能搜索到这个产品。

使用这样具有描述性的产品标题就可以得到更多的点击次数和转化次数。这些有价值的信息都可以帮助客户做出决定。如这个水壶可以装冷热饮品，这可能是大多数客户的需求，也就是产品的卖点，客户看到这个就非常乐意点击进去了解更多信息。

3. 五个技巧提升标题的质量

（1）使标题具有描述性

上面也提到了，标题必须具有描述性，如果想要产品销售出去，这是最基础的一步，也是最关键的一步，为客户提供有价值的相关信息，吸引他们点击，才会有转化的机会。

标题中应包括哪些类型的信息？

这取决于你的产品类型。亚马逊的建议是，你需要提供有关品牌、产品说明、产品系列、材料或成分、颜色、尺寸和数量的信息。你还可以通过研究客户需求，写出更好的描述性信息来。

（2）整合关键词

填写标题时，必须包含相关关键词。关键词是帮助你的产品出现在相关搜索结果中的重要因素。

而要找到合适的关键词，就要进行关键词研究。关键词研究可为你提供大量可用于产品 Listing 描述的词语。

如何进行关键词研究？可以直接使用谷歌，它有非常健全的关键词系统。如果你是新手，建议你直接用工具，而市面上有很多专门针对亚马逊卖家的关键词工具（这里 Kris 就不一一介绍，不过后面章节会讲到亚马逊的"品牌分析"工具，也可以用这个选取关键词），都能帮助你查到大量的词语。

找到关键词后，你就需要在标题的开头整合最有价值的关键词（注意不是简单的大词）。这样就可以确保产品的关键词被收录到亚马逊的索引。

需要注意的是，标题的每个字符都很宝贵，千万不要过度使用关键词，这种做法称为关键词堆砌。关键词堆砌不会帮助你的产品获得更高的排名。实际上，只要确定一个精准的关键词即可对其进行有效的排名。

所以我们说的整合关键词，不是堆砌关键词。

（3）关注客户痛点

正如我们上一节说的，一定要从用户视角来描述你的产品。在优化标题时，一定要考虑到客户的需求或者痛点。这些人为什么会点击并购买你的产品，他们希望得到什么？

一个好的产品标题并不简单，运营人员要懂点营销技巧，要像营销公司一样思考、做调查，然后站在客户的角度，找出客户关注的最重要的信息，找到那些可以吸引他们点击你的产品的信息。

（4）不要夸张/虚假

很多卖家为了销售更多产品而试图弄虚作假，并在标题中添加不相关的信息。这样后期会招致更多差评，甚至会被投诉下架。

最佳标题就是中性、不偏不倚、保持简洁，并直接专注于描述产品的不同属性或用途优势。

（5）遵循亚马逊的标题规则

如果违反了标题规则，轻则产品不被显示，重则封店。所以这里必须要跟各位强调一下标题的规则。

亚马逊宣称，违反以下四个规则之一，就可能导致非媒介类商品被禁止显示在搜索结果中：

- 标题必须遵循商品所属分类的建议字符长度（包括空格）
- 标题不得包含促销用语，如[free shipping]、[100% quality guaranteed]
- 标题不得包含用于装饰的字符，如~！*$?_~{}#<>|*;^¬¦
- 标题必须包含识别商品的信息，如[hiking boots]或[umbrella]

4. 标题的字符长度

标题通常不得超过200个字符（包括空格），对不同品类的要求可能有所不同，可以在后台查阅具体品类的标题长度建议。

什么是字符？一个字母就是一个字符，一个空格就是一个字符，如"I love you"就有10个字符（2个空格+8个字母）。如果是中文，一个中文就占了两个字符，要注意。但是经过研究，最好的标题应该是50～80个字符，且简明的标题会更容易被搜索到。但是一定要注意移动端的标题显示，据研究，移动端显示的字符一般为50～60个，如图3.10所示。

所以标题主关键词和最重要的信息一定要显示在前50个字符以内，超过部分是无法显示的。

此外，亚马逊还强烈建议卖家遵守以下产品标题标准：

- 产品标题应简洁，建议商品名称少于80字符
- 请勿全部使用大写字母
- 每个单词的首字母大写，但介词（in, on, over, with）、连词（and, or, for）或冠词（the, a, an）除外
- 使用数字[2]，而不是[two]
- 请勿使用非语言ASCII字符，如Æ、©，or ®
- 产品标题应仅包含识别商品所需的最少信息
- 请勿使用主观性评价用语，如[Hot Item]或[Best Seller]
- 产品标题可以包含必要的标点符号，如连字符(-)、正斜杠(/)、逗号(,)、和号(&)和句点(.)
- 产品标题可以缩写测量值，如[cm]、[oz]、[in]和[kg]
- 请勿在产品标题中包含卖家的名称（不是品牌）
- 尺寸和颜色变体应包含在子ASIN的产品标题中

图3.10　手机移动端产品标题样式

遵循这些标准将帮助你进入优化亚马逊产品标题的快速通道，从而为你的销售带来更好的结果。

3.3.3 商品五要点描述

商品五要点描述（Bullet Point）内容是客户首先看到的产品描述部分，因此要确保语言简洁，突出显示商品的最佳功能和优势，或者卖点。这类内容是有关商品具体情况的描述性文本（不能插入图片和加粗文字等），显示在商品详情页面上。每件商品最多可以包含五个要点。

最好能包括主要竞争对手未提供的信息，从而提高吸引力。

优秀的要点描述应该清晰简洁，同时也要包含关键词，且清晰传递信息，并帮助买家做出购买决定。易读性是非常重要的。

常用的方法是在要点中先介绍某个功能，然后说明该功能的优势。

例如，50-minute run-time trims up to 1 200 square feet per charge。即：充满电可使用 50 分钟，可修剪面积达 1 200 平方英尺。

意思是该商品充满电后，可总计使用 50 分钟，折合修剪面积达 1 200 平方英尺。清晰明了，客户看看自己家需要修剪的面积，就知道是否值得购买了。

要点描述撰写技巧如下。

1. 尽可能在每个要点都嵌入关键词

如果你会关键词研究，会用工具搜索关键词，那么你应该收集了不少关键词。即使在标题中使用了关键词，仍然有很多好的关键词没有被使用，那么你就可以把它们嵌入要点描述里。尽管亚马逊没有提到要点描述的内容是否参与排名算法，但很多有经验的卖家，包括 Kris 自己，也相信在要点描述中添加关键词可以帮助提高排名。

但是，还是得再次提醒：嵌入关键词，不是关键词堆砌。要点中的关键词应该巧妙地放置，既可以表达产品的性能优势，又易于阅读，这样亚马逊会更容易收录并加以排名，客户也会更喜欢。

关键词整合到要点描述的例子，如图 3.11 所示。

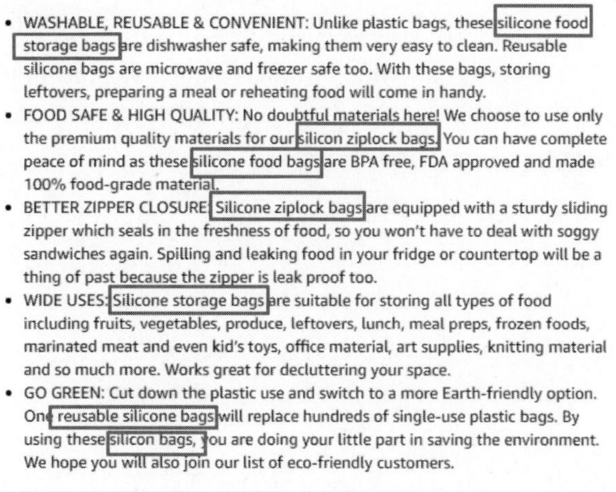

- WASHABLE, REUSABLE & CONVENIENT: Unlike plastic bags, these silicone food storage bags are dishwasher safe, making them very easy to clean. Reusable silicone bags are microwave and freezer safe too. With these bags, storing leftovers, preparing a meal or reheating food will come in handy.
- FOOD SAFE & HIGH QUALITY: No doubtful materials here! We choose to use only the premium quality materials for our silicon ziplock bags. You can have complete peace of mind as these silicone food bags are BPA free, FDA approved and made 100% food-grade material.
- BETTER ZIPPER CLOSURE: Silicone ziplock bags are equipped with a sturdy sliding zipper which seals in the freshness of food, so you won't have to deal with soggy sandwiches again. Spilling and leaking food in your fridge or countertop will be a thing of past because the zipper is leak proof too.
- WIDE USES: Silicone storage bags are suitable for storing all types of food including fruits, vegetables, produce, leftovers, lunch, meal preps, frozen foods, marinated meat and even kid's toys, office material, art supplies, knitting material and so much more. Works great for decluttering your space.
- GO GREEN: Cut down the plastic use and switch to a more Earth-friendly option. One reusable silicone bags will replace hundreds of single-use plastic bags. By using these silicon bags, you are doing your little part in saving the environment. We hope you will also join our list of eco-friendly customers.

图 3.11　五要点描述整合关键词

每个要点包含2个以上的关键词就行。第1章也讲到，亚马逊算法跟相关性因素密切相关，所以整个要点添加8～10个关键词，对排名很有帮助。

要记住两点：（1）题目出现过的关键词不必再使用；（2）让关键词易于阅读，良好的写作能力很重要。

2. 易读性

作为卖家，你当然了解产品的一切，对技术规格了如指掌，但客户却不知道，他们对产品的看法和关注点也会有所不同。

不要撰写难以理解的复杂内容，尤其那些专业词汇。描述语言应该简单且具有说服力，最好把文字变得更有趣，就是语言要通俗，这是购物平台，没有人喜欢文学句子。

在撰写要点之前，可以查看竞争对手或者同类产品评论和客户问答部分。这样你就会更了解客户在做出购买决定之前关注的产品功能和要点。如果没有找到类似产品，你可以到谷歌上搜索站外的测评或者描述。

3. 标头全部大写

标头，指的是每个要点内容前的一个总结性词汇或句子。这个很重要，因为很多客户懒得阅读其余内容。而标头全部大写也很重要，因为这样的标头会立即引起注意。

看下面的例子：

1）没有标头

（1）You will love how Saucy Lips pineapple sauce instantly transforms your everyday dishes into something exotic.

你会喜欢Saucy Lips菠萝酱，（因为它立即）将你的菜肴从日常风味转变为异国风味。

（2）The little-sweet, little-sour flavor of our Thai curry sauce makes it equally suitable for dinner, dessert and everything in between.

泰国咖喱酱甜味小、酸味小，适用于晚餐、甜点以及介于两者之间的所有食物。

（3）Every day will be a cheat day when you have our hot pineapple sauce in your pantry alongside your protein stack.

每天，当你在食品储藏室里将我们的热菠萝酱和蛋白质堆放在一起时，就会成为作弊的一天（作弊一词就让要点变得更有趣，健身圈很常用，含有辛苦健身一周，偶尔犒劳自己的意思）。

（4）Our customers are always amazed at how incredibly fresh this sauce is! Secret: We only use the good stuff.

我们的客户总是对这种酱汁的新鲜感到惊讶！秘密：我们只使用好东西。

（5）At Saucy Lips, we keep our pineapple sauce free from the eight most common food allergens so that you can cook your meals worry-free.

在Saucy Lips，我们使菠萝酱避开了八种最常见的食物过敏源，因此你可以放心做饭。

2）有标头

（1）MAKE YOUR MEALS FROM TYPICAL TO TROPICAL 从传统美食到热带美食：You will love how Saucy Lips pineapple sauce instantly transforms your everyday dishes into something exotic.

（2）ADD A LITTLE SUNSHINE TO YOUR RECIPES 在你的食谱上添加些许阳光：The little-sweet，little-sour flavor of our Thai curry sauce makes it equally suitable for dinner，dessert and everything in between.

（3）FLAVOR HEAVY & NOT SUGAR HEAVY 口味重，不是糖质重：Every day will be a cheat day when you have our hot pineapple sauce in your pantry alongside your protein stack.

（4）SMALL INGREDIENT LIST，GREAT TASTE 小成分清单，美味佳肴：Our customers are always amazed at how incredibly fresh this sauce is! Secret: We only use the good stuff.

（5）FOR FOODIES WHO HAVE ALLERGIES 适合患有过敏症的人群：At Saucy Lips，we keep our pineapple sauce free from the eight most common food allergens so that you can cook your meals worry-free.

请注意，不要全部内容都大写！

4. 关注需求而非功能

如上所述，客户对你的产品并不熟悉。如果将所有技术产品细节都写出来给他们看，是行不通的，且毫无益处，他们甚至都不感兴趣。

他们要寻找能够解决他们需求的产品。如果你的要点描述似乎可以解决他们的问题，他们就会购买。所以必须设身处地为客户着想，也就是上一小节说到的用户视角。

例子如下。

只关注功能：

Infused with omega 3、6 and 9，linoleic acid，copper and zinc.

注入欧米茄3、6和9，亚油酸，铜和锌。

关注客户的需求：

Promotes a shinier coat and healthy skin.

促进肤色更加明亮和健康的皮肤。

这是满足客户需求要点的示例，如图3.12所示。

5. 简明扼要是关键

据统计，客户的平均注意力持续时间仅为8秒钟（甚至更短）。

所以，你撰写的要点描述必须要在最初的5秒钟就把客户吸引住。你必须快速向客户提供所有相关信息。虽然，每个项目要点最多可以写500个字符，但没有必要都用完。太长的要点描述并不代表你的产品会更好，只会让客户失去兴趣。

调查发现，每个要点描述的最佳长度大约是255个字符。也就是说，在台式电脑上显示的话，每个要点描述最多显示三行文字，而在移动设备上也不会显示超长的内容。

每个要点描述一般表述一个功能优势，然后增加其可读性即可。

- **THE ONLY THING YOU WILL NEED FOR NONSTICK BAKING:** No need for oil, butter, grease, fat, parchment paper, or cooking sprays that don't give desired results. Try DIRECT FROM FACTORY silicone baking mat and make every surface seriously non-stick!
- **USE BETTER MAT FOR EXCELLENT RESULTS:** Our baking mat evenly distributes and transfers the heat for consistent baking and golden-brown results. No more burnt or under bakes spots! Whether you are baking cookies or roasting lemon chicken, this is the baking sheet you need for chef-like results.
- **BEST QUALITY IN THE MARKET:** BPA free and food-grade silicone material do not absorb flavors and odor, so you won't taste yesterday's dinner in your baked goods. The silicone mat is durable enough to sustain high temperatures (up to 480 degrees F) in the oven.
- **EXTRA THICK:** The thickness of this pastry mat is 0.7mm, which is twice as thick than other similar mats available on the market. This ensures durability and prevents the silicone baking sheet from slipping on the counter top as you knead your pastry dough.
- **CLEAN UP IS A BREEZE:** Stain resistant and stick-resistant silicone material allow for hassle-free cleanup by hands or in the dishwasher. When not in use, macaron mat can be conveniently rolled up for space-saving storage in drawers and cabinets.

图 3.12　满足客户需求要点的示例

6. 讲真话

这是很多卖家做不到的。

很多卖家都喜欢给自己的产品贴金，称产品为"best product ever""Hot sale""Best Seller"，听起来是很不错，但是却行不通。在亚马逊里使用这种词会成为作弊，很可能遭到惩罚。

当然，你也不可以夸张地描述你产品，例如"十年不褪色"，因为当你的产品达不到客户期望时，他们也会留下差评。

请直接突出显示产品的 USP（独特的销售主张），如与竞争对手的不同之处，以及客户如何使用你的产品，能解决客户的什么需求。

要点描述小提示：

在移动设备上，要点描述显示在 A+页面下方，跟桌面端显示在价格下面是不同的，但它们也显示在 Q&A 板块和评论板块的上方，所以客户依然会很容易就阅读到。不同的是，如果你的要点描述过长，移动端会将它折叠起来，需要点击才能显示全部内容。

五个要点描述加起来的总长度不能超过 1000 个字符。一个要点最多可以添加 500 个字符，超出部分不会被显示，甚至影响排名。请注意，字符数限制将根据类别而变化。

亚马逊表示，为了确保提供更好的买家体验，某些分类会包含直接从其他 ASIN 属性数据中提取的其他要点。例如，在"鞋靴"和"服装"分类中，将根据商品显示材质、鞋跟高度或袖套类型等属性。所以，务必在商品信息中提供尽可能多的详细信息，如图 3.13 所示。

图 3.13　亚马逊提取的要点信息

五要点描述要遵循的一些规则：
- 不能写任何有关产品价格、运输方式或公司的信息
- 要点描述不应该是营销或广告
- 只能使用字母和数字，不能使用 HTML 或花式代码或任何其他内容
- 确保每个项目要点的字数不超过 500 个字符
- 每个项目要点要以大写字母开头
- 尽量避免使用过多的标点符号

五要点描述毫无疑问是商品详情页面里很重要的元素，并且由于其突出的位置，它们是客户在页面上最先看到的内容之一。因此，不要浪费太多没用的信息。

当然客户也可能最先看到图片，那么下面我们来讲讲图片。

3.3.4　产品图片

产品图片（Product Image）是最引人注目的部分。当客户在亚马逊输入搜索词"Tent"时，显示出来的结果包含四个要素，如图 3.14 所示。

图 3.14　搜索结果示例

- 图片
- 评价
- 标题
- 价格

我相信绝大部分购物者最先看到应该是图片。图片的重要性不言而喻。我们甚至可以毫不夸张地说，产品图片是至高无上的。

一个产品可能有一个不错的卖点或具有竞争力的价格，但当客户真正浏览产品时，每个人都会先注意到图片。

图片主要分三个部分：主图、附图和小图（Swatch，有颜色变体才需要），后台最多可以上传一张主图、8 张附图、一张小图。但是详情页面只展示一张主图和 6 张附图，如果有视频，则会留一个位置放视频，所以附图只能放 5 张。

主图给客户留下了对产品的第一印象，任何情况下，第一印象都非常重要。因为这是唯一显示在搜索结果中的图片，这也是关系到客户点击你的产品还是竞争对手的产品的决定因素之一。

附图是主图的补充，也是提升转化率的关键。附图可以展示产品的性能优势和使用场景。因此充分利用所有 6 张图片并对其进行优化以获得最佳效果，就显得非常重要。

现在我们主要讲讲如何做出吸引人的图片，

我们先来看看亚马逊对于图片是如何建议的：

"Uploading an image doesn'tguarantee that it will be displayed on the product detail page or search pages. Amazon uses complex image ranking technology to determine the best images to display. Follow the guidelines provided in the Product image requirements Help page to increase the chances."

"上传图片并不能保证其会显示在商品详情页面或搜索页面。亚马逊采用综合图片排名技术来确定要显示的最佳图片。请遵循商品图片要求帮助页面上提供的指南以增加显示机会。"

两个要点：

- 符合规定的图片显示机会才会增加
- 关于图片排名，亚马逊有自己的综合技术

鉴于亚马逊可能很快修改新的图片政策，卖家应该参照亚马逊后台的帮助页面信息进一步确认。

1. 亚马逊的图片标准

优先选用纯白背景，分辨率 72 以上。（RGB 纯白色值为 255、255、255，hex 代码 #FFFFFF），在 Photoshops 新建白色底，如图 3.15 和图 3.16 所示。

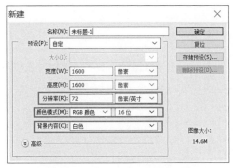
图 3.15 图片底色和像素选择

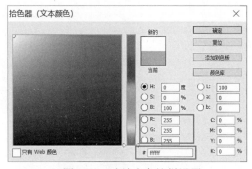
图 3.16 选纯白色这样设置

为什么要纯白色？白色使你的产品看起来更干净、更清晰，背景中没有任何东西可以分散注意力。而且，亚马逊平台主色就是白色，白色背景可与亚马逊搜索页面和商品详情页面融为一体，为客户提供更好的使用体验。

我们对比一下淘宝。

淘宝上显示的产品搜索结果页面如图 3.17 所示。

图 3.17 淘宝搜索结果页面

而亚马逊的产品搜索结果页面如图 3.18 所示。

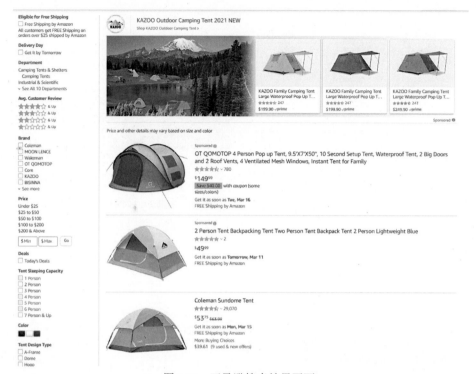

图 3.18　亚马逊搜索结果页面

白底给人的感觉更简单、更舒服，让客户专注于产品，而不是花哨的画面。

其他注意事项如下。

（1）图片必须是 / 或涉及出售的商品。

（2）图片必须对焦明亮、色彩真实、边缘光滑。

（3）图片不得包含不合理或易引起误解的其他对象。

（4）图片不得包含额外文本、图形或插入图片。

（5）不允许使用色情和令人反感的内容。

（6）可使用其他商品或对象辅助展示商品的尺寸或使用方法。

（7）允许使用裁剪过的或特写图片。

（8）允许使用背景和环境。

（9）亚马逊接受 JPEG（.jpg）、TIFF（.tif）或 GIF（.gif）文件格式，但首选 JPEG。

（10）亚马逊服务器不支持 .gif 格式的动图。

2. 产品图片如何影响亚马逊排名

亚马逊有自己独立的图片排名技术算法，我们无法精确地知道它们是如何运算的，但是可以直接通过技术手段来测算出以下数据：

- 是否白底（RGB 色值为 255、255、255，hex 代码 #FFFFFF）

- 尺寸是否满足（像素在 1000×1000 到 2000×2000 之间）
- 图片的停留时间
- 产品在图片的占比（最好占图片面积 85% 以上）

那亚马逊又如何测算出所谓的"高品质"的图片呢？

美丑这种东西是非常主观的，很难用数据直接判断出来。

但我们相信，平台系统肯定会将点击率和转化率纳入其排名算法。这是一种间接方式，如果大多数人都会点击产品并购买，转化率有提升，系统就认为你的图片是高品质的。

如果你的产品被更多地点击并更频繁地购买，亚马逊的 A9 排名算法会将其在搜索结果中的排名提升得较高。因此点击率和转化率的权重非常高！

当然也会有"误判"，图片其实不怎么样，但是高点击率和转化率让这个产品依然排名很高，销量非常好，如图 3.19 所示。

图 3.19　图片一般的产品

总体来说，亚马逊这种算法的准确率还是非常高的。因为绝大部分热销产品的图片都是高品质的，证明亚马逊的算法很可靠。

这意味着点击率（CTR）和转化率（CR）对产品排名有直接影响。因此，改进的点击率（打造高品质的主图和附图）和转换率有助于提升产品在亚马逊上的排名。

然而，重要的是要明白，高质量的图片本身并不能保证排名的提高。只有当你开始看到你的点击率和转化率有改善时，才会触发亚马逊的 A9 算法，从而提升你的产品在搜索结果中的位置。

但是，显而易见的是，高品质的图片对于点击率和转化率的提升至关重要。

3. 高品质产品图片的标准是什么

虽然我们无法知道亚马逊图片排名技术的具体算法，但是我们还是可以根据经验总结一些优秀高品质的标准。

（1）能缩放的图片，如图 3.20 所示。

图 3.20 缩放功能

所有图片都应该足够大（大于 1000×1000 像素）确保图片具有足够高的分辨率，以适应亚马逊的缩放功能。

通过允许客户更仔细地查看产品，减少其与产品的距离并建立信任关系。

例如，如果客户浏览尼康相机，他们可以使用缩放功能来评估可用的不同按钮和功能，以帮助他们做出购买决定。由于产品的细节是可见的，客户可以更好地设想将设备握在手中的感觉。

（2）采用精修图片，如图 3.21 所示。

图 3.21 左侧为拍照图，右侧为精修图

前期拍摄会出于灯光、环境、相机等各方面的原因，造成细节上的瑕疵。而在原图的基础上对产品进行精心处理，就能锦上添花。

老实说，左侧果汁机拍照效果已经很好了，但是精修后的图片质量很明显地有了质的提升，点击率也大大提升了。但是，精修不可以过度，否则就是造假了，客户投诉就麻烦了。

（3）主图优先白底，如图 3.22 所示。

图 3.22 优先白底图

产品主图是点击产品的主要驱动因素，因为它是亚马逊搜索结果中唯一可见的图片。客户

会很快地浏览搜索结果页面中的产品列表,然后点击他们感兴趣的产品。所以,kris 强烈建议核心产品以白色背景为中心,并确保光线充足的图像填充框架的 85% 以上。

在上面的例子中,展示了两个烧烤炉的主图:左侧看起来是很专业的照片,但是没有清晰地说明核心产品;而右侧图片更加理想,因为核心产品即使作为预览图片也足够有可见性和可识别性。

请注意,主图只会在搜索结果中显示为预览图片,优质的主图可以避免客户在搜索结果页面中忽略你的产品。

(4)多角度展示,如图 3.23 所示。

从不同的角度展示产品。这有助于让客户感觉到他们已经看到了整个产品,而不仅仅是看到你想要展示给他们的东西。

(5)应用场景 1——融入家居,如图 3.24 所示。

图 3.23　多角度展示

图 3.24　场景图 1

对于某些产品,让客户想象产品如何适应其环境很重要。例如,各种家具产品都是通过和谐融入生活环境来展现全部价值,从而形成一个完整的整体画面。

因此,当在起居室环境中显示时,沙发桌看起来更美观且更舒适。在场景中展示产品时,还可以通过巧妙选择高品质的配套产品来增强产品的吸引力。

(6)应用场景 2——反映生活方式,如图 3.25 所示。

图 3.25　场景图 2

有些产品不仅仅是产品,还可以表现某种生活方式。可以向客户展示产品如何适应他们的生活方式，或者他们与产品一起获得什么生活方式。

全自动咖啡机在设计师厨房中出现时，展现了高档的生活方式，散发出享受的气氛，还可以配以新鲜烹制的咖啡。

（7）应用场景3——社交体验，如图3.26所示。

图3.26　场景图3

把产品放在生活化的场景中，让产品生动起来。不仅仅是服装，大多数产品都有值得展示的社交功能。可以向客户展示他们如何凭借该产品脱颖而出，或他们如何与其他人一起体验该产品。

（8）应用场景4——讲述故事，如图3.27所示。

图3.27　场景图4

好的应用场景图可以讲述一个好故事，并帮助潜在客户更好地了解该产品如何适应他们的生活。

如果你要销售此男士剃须套装，你可以像图3.27这样展示一个男士如何使用该套装中的工具以及如何进行剃刮。

（9）直观的尺寸比例，如图3.28所示。

对于某些产品，标注产品尺寸比率会更有帮助（请用销售国的常用尺寸单位，例如在美国应该用"英寸"单位）。

如果可能，配上适当的对比图效果也很好。比如 Kindle 使用这个对比技巧来说明其产品是多么纤薄。

图 3.28　尺寸对比

（10）展示独特的产品特点，如图 3.29 所示。

图 3.29　展示产品独特特点

突出显示产品的特征。不仅在描述文本中描写你的产品的优点，而且还使其立即可视化。很明显，右图的支架更富有生命力和吸引力！

（11）更多的细节，如图 3.30 所示。

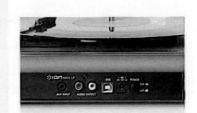

图 3.30　展示细节

如果有关于产品的重要细节，这些细节也应在单独的产品图中突出显示。

（12）展示包装，如图3.31所示。

根据产品的不同，包装可能是整个产品的重要组成部分。展示身份和高档生活方式的产品（见图3.31）需要好的包装，而有的产品经常作为礼物与时尚和高品质的包装一起使用。在这种情况下，将产品与包装一起展示对提高转化率是非常有利的。

产品图片是客户点击产品的关键驱动因素。花时间来制作高质量的图片将有助于客户建立对产品质量的感知，并帮助客户快速评估产品的特性。

那么，问题来了：我知道高质量图片的重要性，但是我不会设计，而设计师不懂产品，更不懂文案，怎么沟通呢？请看下一节。

图3.31　展示包装

3.3.5　跟设计师沟通制作高质量图片

购买本书的，相信都是卖家，所以如何与设计师沟通作图，就非常重要了。无论你合作的是本公司的设计师，还是外包的设计师，都会遇到这样的问题：很多时候，卖家跟设计师沟通后，卖家总有自己的想法，或者卖家的表达无法让设计师理解，出来的效果总是不尽如人意。

所以第一步，先审视自己：
- 表达清楚了吗？
- 心里有个大概方案了吗？
- 色调文案都定了吗？
- 每张图的主题都定了吗？

也就是说，卖家先要有自己的构思和文案内容，清楚每张图想要表达的内容，甚至要提供参考图给设计师。

以上都确定了，才有下一步。

你最好对美有要求，你自己会欣赏，知道什么美。当然你最好有一些艺术功底，Kris是有点艺术功底的，所以跟设计师沟通没有任何问题，他知道我想要什么，我也能很好地表达，让他知道。

但是，对于没有任何艺术细胞的人，除了要向设计师表达自己的设计方案，该从什么角度去审视一张图片呢？

主图：白底＋精修，不要其他方案设计。

没什么好说的，你告诉设计师"白底＋精修"，就可以了。按亚马逊的要求做，展示产品就行了，主图最好不要有包装盒，必须是纯产品。

在Kris涉及的汽配行业里，很多卖家喜欢用包装盒，这样很可能会被亚马逊警告，如图3.32所示。

图 3.32 可能会违规的图片

当然如果你预算足够，也可以采用渲染图，这样是最高级的，如图 3.33 所示。

附图也是提升转化率的关键。

亚马逊对附图的要求，其实没有主图严格（当然不能违反相关规定），所以我们应充分利用附图来吸引更多客户购买。

但是如果你跟设计师说"要设计好看点，大气点，美一点"之类的话，我想，修改十次也未必能达到你这些要求。

Kris 提供了以下几个要素给各位参考，可以从以下几个方面来修改完善你的方案。

图 3.33 渲染主图最具吸引力

（1）产品瑕疵——精修，如图 3.34 所示。

图 3.34 精修的好处

精修，可以把产品瑕疵修复，去除斑点、灰尘等，让产品更干净。同时也可以增加场景感，如右图的面包机，增加了面包让图片鲜活起来。

（2）字体搭配，如图3.35所示。

图3.35　字体的搭配

左边图片看起来不错吧？但是字体改一下，右边的看起来会更舒服。

设计画面还包括字体和颜色之间的关系，如图3.36所示。这个很重要，包括：

- 字体与字体的搭配
- 字号大小的搭配
- 字体和背景搭配
- 字体颜色之间的搭配

图3.36　使用了三种不同的字体和字号的搭配

很多设计师可以设计出很炫目很漂亮的图片，却把文字忽略了。文字才是点睛之笔，如图3.37所示就是最好的点睛案例。

图3.37　左边比右边看起来更好看

（3）排版方案，如图 3.38 和图 3.39 所示。

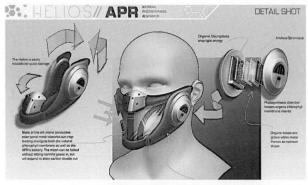

图 3.38　排版方案 1

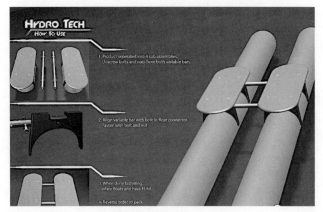

图 3.39　排版方案 2

对于需要特别说明的产品，例如特殊用途、使用方法等，就需要更多文字来表达，因此好的排版方式，不会让人觉得阅读起来很困难。

（4）颜色协调，如图 3.40 所示。

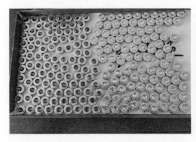

图 3.40　右图调整色调后，看起来比左图更吸引人了

如果需要更高质量的图片，还要找到一些类似的效果图，提供给设计师参考，这样他们更容易明白你的意思。

再者，与设计师的沟通需要花费很多精力，要时刻沟通，千万不要以为丢个文案，就可以等终稿图了。根据以上几个要素去审视图片，可以减少你与设计师的沟通障碍，做出高质量的图片！

3.3.6 Listing 最佳优化比例

亚马逊帮助页面这样描述对图片大小的要求："最小尺寸：200×200 像素；最大尺寸：2000×2000 像素"，而要实现缩放功能最好是大于 1000×1000 像素。

看到这儿，很多卖家朋友就认为，这些图片都是正方形。其实不是，这里的意思是，只要两边都大于指定的像素就行，不是等比例。

而亚马逊最大尺寸宽高比是 5∶1，推荐 2∶1 和 1∶1 尺寸。但是没有指定一定要 1∶1。

经过 Kris 的研究，其实亚马逊支持另一种尺寸的图的——竖屏图。

首先，附图其实并不是正方形最合适，而是竖屏图更好。主图其实也可以用竖屏图，但是一定要白底（有些特殊品类接受黑底），如果不是白底，会被亚马逊抓取到，并认定为违规从而导致产品下架。

1. 为什么要用竖屏图

因为移动购物已经占据绝对主导地位，亚马逊移动端购物超过了 78%。竖屏图更适合移动端的阅读。

现在，无论桌面端还是移动端（移动端其实早很多），都有"Product Image Gallery"（产品图片画廊）这个内容，如图 3.41 所示，会显示包括主图在内最前面的 6 张图片，也就是这 6 张图片的优化非常重要。

图 3.41　移动端的"Product Image Gallery"页面

最合适的尺寸能让图片展示更多内容，而且看起来非常舒适。

其实 ANKER（安克创新公司，亚马逊卖家典范）的产品早已经优化竖屏图了，如图 3.42 所示。

图 3.42　ANKER 产品移动端截图

"Product Image Gallery"将这些附图一张张呈现出来，不需要客户去点击查看，而且将它们放在 A+ 页面和五要点描述的前面。

ANKER 虽然使用了竖屏图，但尺寸还不是最佳，没有充分利用亚马逊提供的图片空间，不能显示很多的图片信息。

2. 最佳的竖屏图尺寸

（1）桌面端

桌面端的"Product Image Gallery"是这样显示的，如图 3.43 所示。

图 3.43 灰色框为图片展示位置

深灰色是代表图片的尺寸,而浅灰色是亚马逊自适应尺寸,就是根据浏览器大小调节显示尺寸,你们可以自行实验一下。

在桌面端很容易找出合适的尺寸,就是看代码。

具体怎么看就不说了,有点复杂,直接看结果吧。如图 3.44 所示。

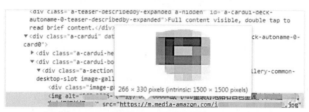

图 3.44 图片尺寸

右边 1500×1500 像素是已经上传的图片的尺寸,左边 266×330 像素是系统默认的最小尺寸。

也就是说,系统默认的尺寸不是正方形的!是竖屏图。

266×330 像素是最小尺寸,而我们要做到大于 1000 像素才有缩放功能,那么就各乘以 4,就是 1064×1320 像素(如果你想做更大尺寸,各乘以 5 或者 6 都可以)。

然后我们做了个测试,把对应尺寸做成橘黄色的图,上传到后台。在前台看,这个尺寸显示在桌面端确实是最好的,如图 3.45 所示。

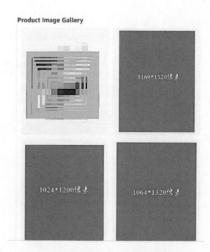

图 3.45 其他尺寸是参照对象

1064×1320像素跟浅灰色的部分都是等比例接近的。能充分利用亚马逊提供的空间，这样才可以最大限度地展示产品信息，Listing界面也好看。

但是你做了竖屏图，若浏览器较大，左右两边就会向外伸展，如图3.46所示。

图3.46　两边向外伸展

我们用代码模式可以看到缩放范围是335.41～445.52，高度不变，都是350，如图3.47和图3.48所示。

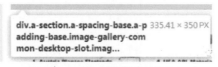 

图3.47　用代码模式看到最小尺寸　　图3.48　用代码模式看到最大尺寸

如果你们想以优化桌面端为主，可以根据这个尺寸来做长形图。

（2）移动端

在移动端也可以看代码，如图3.49所示。

图3.49　用移动端代码模式看到尺寸比例

这样很容易看到最佳尺寸是370×418像素，各乘以3，就是1110×1250像素。

所以对竖屏图的尺寸建议是：

桌面端
- 竖屏尺寸比例 266×300 像素，可以选择合适倍数，建议用 1064×1320 像素
- 横屏尺寸比例是 335.41×350 像素～445.52×350 像素，可以自行选择合适倍数

移动端
- 竖屏尺寸比例是 370×418 像素，可以用 1480×1672 像素尺寸或者 1665×1881 像素尺寸。

Kris 测试过，另外一个常用的比例图尺寸 1080×1290 像素也是可以用的，但是，这两种尺寸并不兼容，也就是说从桌面端看这个尺寸合适，从移动端看就未必好看了。建议各位采取移动端的尺寸作图。

3. 最后两点建议

如果有条件，附图也全部做白底。"Product Image Gallery"只显示 6 张图片，包括主图，而后台可以上传 9 张，所以一定要把最好的 6 张放前面。其实亚马逊 A+ 页面上可以使用动图。

先看 ANKER 的例子，ASIN:B07Q2P5PH7

要知道，亚马逊是不支持动图的，但是我们看到 ANKER 是用 PNG 格式上传的，只是 PNG 是不会动的。

怎么办到的？暂时无法知道，也许是亚马逊开通的权限，也许是"黑科技"。

3.3.7 价格——优化定价

亚马逊的算法的目的就是预测最有可能转化的产品。这就是价格对产品的搜索结果中排名的影响如此之大的原因。如果你以比普通竞争对手便宜的价格在亚马逊上售卖产品，等系统收集到足够的销售历史记录并确定实际销售业绩之后，你的产品更容易飙升到较高排名。

如果你有供应链优势，有资金优势，也能保持一定的利润率，那么，根据竞争情况自动进行价格调整也是一种好方法，坦白说，就是设置低价。

但是，如果你的供应链优势不足，启动资金不够，或者供应商规定了售价，不能调低，那么你怎么办？

不用担心，正如本章第二小节说的一样，价格并不是推动销售的唯一因素（这就是我们没有把定价这个部分放到 Listing 最开始部分来讲的原因），亚马逊首页排名也不仅是价格从低到高的产品的有序列表。以下是 Amazon.com 搜索结果中的"薰衣草精油"，如图 3.50 所示。

除了广告，我们仍然可以看到，并非所有廉价产品的排名都很高。因此，如果你始终坚持认为，在亚马逊上销售产品，价格是决定性原因的，一定要熟读本书所有内容。

价格不是由成本决定的，这个经济学理论是每个卖家都要懂的，否则你就对价格一无所知。价格由供给和需求决定，跟成本没有绝对关系。这就解释了为什么奢侈品成本不高，却可以卖那么高价的原因了。钻石的产量储备是非常丰富的，但是那些掌握了矿产的人，会故意放慢采矿速度，导致市场永远紧缺，这样价格就可以一直保持在高位了。

图 3.50 搜索结果示例

再简单地说，某地段的包子卖十几元一个，不是因为铺租贵，而是因为这里的包子可以卖十几元，所以铺租贵。这里的包子可以卖十几元一个，多好的生意，所以你不租，自然有大把人来租，对店铺需求就大了，当然租金要贵了。贵到什么程度？贵到绝大多数都不愿意租，只有少数人认为值得。

所以，当你考虑给产品定价时，一定要考虑清楚，你的产品的供需情况如何，是否可以把产品利润最大化。如果供需量都很大，那么有没有办法把你的产品做成稀缺品，这样定价就可以再高点，实现利润最大化。

下面还有其他几个定价建议。

3.3.8 亚马逊定价

1. 优化好你的 Listing

定价跟 Listing 有关系？有，而且关系非常紧密？如果你的商品详情页面没有优化好，再好的定价带来的销量也是不多的。

也就是说，优化好你的Listing，才能把定价的获利最大化。

所以，在开始你的定价策略之前，必须先做好Listing，否则再好的定价也无法被搜索到。

亚马逊上的绝大部分销售都是通过搜索实现的，而其中70%以上的订单是在搜索结果的第一页上完成的。

2. 计算出最优价格

在设置一个合适报价前，卖家先要给自己产品的价格定一个范围，即：找到最低价（你可以接受的最低利润），找到最高价（最大化利润的价格）。

首先，你需要考虑所有成本，以及涵盖这些成本后希望在亚马逊上获利的价格。

（1）计算出底价

要计算最低价，就需要了解所有成本，将所有成本都考虑在内，然后确定价格下限。Kris根据实际经验，提供了卖家需要考虑的成本。包括：

- 促销折扣
- 销售佣金
- 广告投资
- FBA配送费
- FBA仓储费
- FBA合仓费
- 退货费用
- 头程费用
- 站点费率
- 进口关税
- 生产成本
- 营销成本

（2）以下几条为主要计算标准

- 营销成本：包括透明计划标签费、优惠券领取、VAT等额外成本
- 生产成本：包括产品、包装盒、配件等成本
- 促销折扣：预估该产品将来会打的最大折扣
- 退货率：退货后不可售产品的比率
- 站点费率：例如加拿大或者法国等部分站点会收取额外的税费
- 广告投资：预估广告投入比率

然后，你就可以根据这个成本，建立一个价格计算器，如图3.51所示。

零售价格	$	19.99	$	25.99	$	37.99	
促销折扣	$	-	$	-	$	-	0%
销售佣金	$	(2.40)	$	(3.12)	$	(4.56)	12%
广告投资	$	(1.80)	$	(2.34)	$	(3.42)	9%
FBA配送费	$	(3.40)	$	(4.90)	$	(4.90)	
FBA仓储费	$	(0.03)	$	(0.03)	$	(0.03)	
FBA合仓费	$	(0.30)	$	(0.30)	$	(0.30)	
退货率	$	(1.00)	$	(1.30)	$	(1.90)	5%
头程	$	(3.20)	$	(3.20)	$	(3.20)	
站点费率	$	(0.16)	$	(0.21)	$	(0.30)	1%
进口关税	$	-					0%
毛利	$	7.70	$	10.59	$	19.38	
出口退税	$	-					0%
生产成本	$	(2.00)	$	(4.10)	$	(7.92)	
营销成本	$	(0.60)	$	(0.60)	$	(0.60)	
净利润	$	5.10	$	5.89	$	10.86	
净利率		26%		23%		29%	

图 3.51　用 Excel 制作的价格计算器

（3）找到最高价格

当你的价格过高时，亚马逊会提示你最高价格限额，但卖家没有必要随便设置一个高价来等亚马逊的提示，因为亚马逊的提示也要等数据收集完成才可以给出，这个过程可能持续一个月。我们需要清楚的是，我们的最终目标是让产品在搜索结果的第一页上展示。

如果你想用巨大的广告预算或者超大的折扣来换得第一页展示，这是另外回事，我们希望获得的是自然排名，因为产品保持足够的利润才是企业生产的基础。为了使你的产品保持在第一页上，就必须考虑竞争对手的情况。因此，我们的做法是：只需搜索产品的三个主关键词，把搜索出来的产品的价格都记录下来。

根据我们的经验，最高价的范围应该是："你的最高价格，最多可以比搜索结果第一页上的最高价格高 20%"。例如，第一页上可以找到的最高价格是 40 美元，最高价格就应为 48 美元。如果价格比这个高，则很可能无法让产品在亚马逊搜索结果中的排名靠前。

（4）保持价格稳定

实践经验告诉我们，经常调整产品的价格（节日促销活动例外），对客户的吸引力反而会降低，因为客户无法知道自己拿到的是否最优价格。为了在亚马逊上建立客户信任并建立可持续的长期品牌，保持价格稳定至关重要。

当然也有一些价格技巧，通过调整价格来增加销量。

比如新产品发布，为所有客户提供 15% 的尝新折扣，在站外平台为回头客提供高达 50% 的降价活动。

捆绑销售，提供捆绑销售最高 40% 的折扣。例如，如果客户购买了 iPad 保护套，那么他将获得 40% 的 Apple 保护套折扣。

库存清仓，如果你有积压或者已经滞销的产品，降价可以帮你减轻点负担。如果产品足够吸引人，降价甚至可以让产品起死回生。

最后总结一下，当你给产品定价时，一定要记住：只有当你的价格能够带来有足够利润的自然销售时（广告不算），你的定价策略在亚马逊上才算获得成功。

3.3.9 客户问答

我们常说的 Q&A，英文为 Customer questions & answers，是个类似论坛的功能板块，提供给客户讨论该页面产品的各种问题及使用感受等，而卖家也可以回答一些专业的问题，如图 3.52 所示。

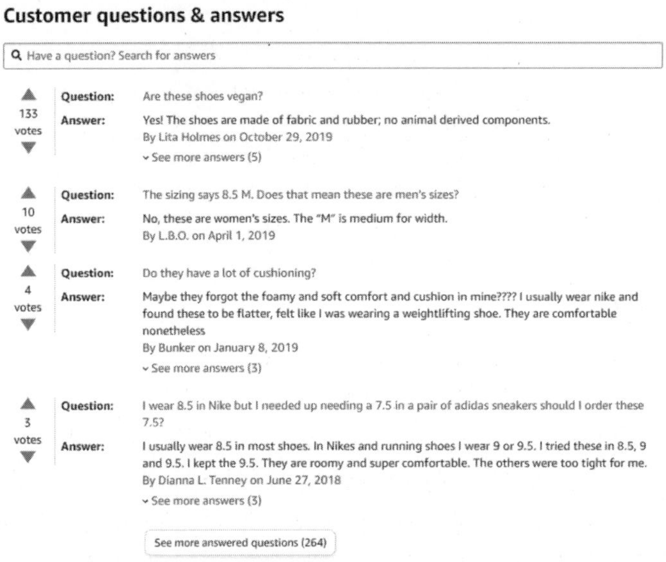

图 3.52 客户问答页面

客户对这个板块的信任度是比较高的，因为回答问题的人基本都是购买过该产品的，所以该板块对客户的购买决策起着至关重要的作用。而提问的越多，证明他们对你的产品越感兴趣，当然也说明你的描述还不够详细，可以根据 Q&A 问题对商品详情页面进行优化。

1. Q&A 的四个好处

为什么这个 Q&A 板块很重要，因为有以下四个好处。

（1）建立客户信任

这个对首次访问你的页面的客户很关键。这对建立他们对你的业务和产品的信任至关重要。客户的评论可以提供帮助，而回答他们的问题有助于进一步建立信任，特别是卖家专业的回答。

当你作为卖家回答客户的问题时，他们会相信你的知识和专业性。你可以帮助他们对产品知识建立信心。依靠专业知识做出决定，他们会感到放心。

（2）获得更高转化

基于第一点的信任，那么很自然就能产生转化率。回答客户问题可以帮助你获得有价值的转化。

因为如果人们不确定产品性能或使用感受等，他们将不会购买产品。

优秀的回答可以让他们认为这个产品似乎是他们的最佳选择。他们将在竞品中选择你的产品，因为他们相信你的专业知识。它将为你的业务带来更多转化。

回答问题也可能是你的听众需要转变的最后推动力（有时候比评价功能更好，特别是有很多人回答这个问题的时候）。如果他们得到的信息是肯定的，是他们需要的，则可以说服他们进行购买。

（3）可以提高产品的曝光率

这个是优化的关键，就是关键词的嵌入。当客户提出问题时，你或其他客户就有机会使用关键词来回答。这可以帮助改善页面的相关性（相关性的文章：亚马逊否定 ASIN 对你的广告效果真的好吗？广告相关性逻辑你得懂），并帮助你更好地对其他关键词进行排名。

你可以使用关键词工具，研究出从未遇到过的关键词（例如产品的各种不同叫法或昵称等），然后用到回答问题上。这是让你的产品出现在其他关键词搜索结果中的绝佳机会，也可以帮助你的产品吸引更多潜在客户。

（4）优化产品或者商品详情页面

问题可以帮助你查看页面中描述的漏洞。如果人们问关于产品的问题，你可能会发现商品详情页面上缺少一些貌似不重要但是客户很在乎的信息。你可以根据这些发现来改进你的商品详情页面描述。

例如，你收到很多有关尺寸的问题，则可以推断出产品的尺寸对于他们的购买决定至关重要。如果客户一直问如何安装，则安装说明书或者必要的指示应该出现在页面中。

这是让你深入了解产品以及使其优化得更好的方法。而当你优化页面时，有意识地参考优秀回答的语句，这样让描述的语言更加地道。

2. 锦上添花的功能——允许上传视频回答

在 2020 年，亚马逊静悄悄地对 Q&A 页面进行了更新——允许回答者上传自己的视频，当然卖家也可以。这是一个锦上添花的功能，这使得页面优化有更多的可能性。

当你收到这样一封邮件，如图 3.53 所示。

图 3.53　邮件可回答的按钮

点击"Answer this question"就可以看到以下页面,如图 3.54 所示。

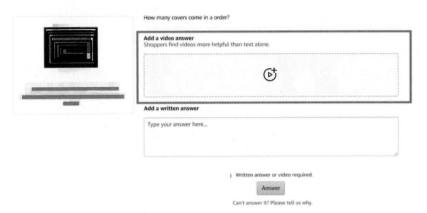

图 3.54　添加视频处

回答问题的时候,就可以上传视频了。上传成功后,在 Listing 页面会出现这样的显示,如图 3.55 所示。

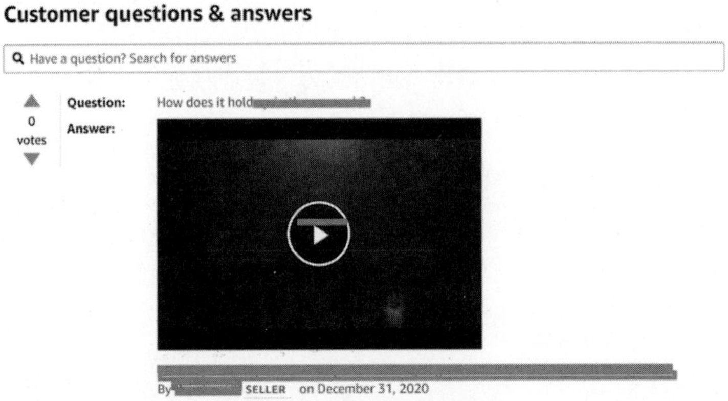

图 3.55　添加视频后的效果

跟评论一样,视频的权重也会更高,直接排第一。拥有了这个视频功能后,Q&A 的以上四个优势会进一步提升:

(1)视频更能建立客户信心,例如上传测评视频;

(2)视频让使用感受更直观,例如视频用手枪打玻璃,展示玻璃的坚固。

3. 如何充分利用视频功能

首先,市场上已经有不少服务商提供上传视频的服务了,但卖家最好自己来操作。卖家要多准备一些视频,如果得到回答问题的机会,就上传视频,但请发布跟问题相关的视频。如果客户问这个产品如何安装,你就发布安装视频。问这个产品是否坚固,你就发布一个极端测试视频。

4. 回答 Q&A 问题的五个建议

如果你获得了回答问题的机会，那么请遵循以下五个建议。

（1）简明扼要地回答

请简短回答问题，直接回答，不要拐弯抹角，更不要讲问题外的话题。客户的时间有限，他们看到太长的回答很可能就会失去兴趣，而无法阅读整个回复。快速而简洁的答案就可以解决的问题，没有必要长篇大论。用一两个句子为客户提供有价值信息即可。

（2）快速回答

时间就是金钱，尽快回答问题，很可能让一个正在考虑购买的客户直接购买，而不是继续看其他产品。如果回答不及时，客户就会继续查询其他产品，如果其他产品解决了他这个疑虑，那么客户就会流失。由于我们是跨境电商，会有时差问题，无法第一时间回答，但是当你上班的时候，第一件事就应该是回答客户的问题。

（3）保持专业水平

这个是很多卖家无法做到的，因为不知道如何保持专业水平。

首先不要让自己的情绪取代对问题的回答（哪怕你看到其他客户给出了很多负面的回答）。保持正面的、专业的和积极的回应。你的语气应该始终是中立的、友善的。你只要回答客户关心并在乎的问题即可。

同时，在回答客户的问题时，要保持公司的品牌形象，回复必须符合公司的整体风格，这一点至关重要。这样才可以在客户群体中建立品牌知名度并获得转化。

（4）避免无用的问题

产品卖久了，总会遇到一些古怪或不相关的问题，如果你回答了，很可能会影响页面质量。这些问题你不必回答。你可能会收到诸如"你的公司背景？""中国制造的都是垃圾货吗？"之类的问题。这些问题你完全可以忽略，亚马逊允许你忽略与产品无关的问题。

（5）适当地拖延或者不回答

跟第四点不一样的是，这个问题跟你的产品相关，但是你无法回答，例如"使用三个月后的感受如何"。为了展现专业，必须在有确定的答案时才提供答案。如果你不确定答案是否正确，请不要回复。贸然回复可能会让影响品牌的信誉度。

遇到这类问题，有两种解决办法：一是找制造商或者设计者寻求帮助；二是不回答，等其他使用客户回复。

总之，亚马逊的 Q&A 为你的公司或者品牌提供了向客户提供有价值的信息的机会。正确回答客户问题可以使销售业务受益，因为它可以通过向客户灌输知识和信心来获得转化。

3.3.10 评价系统——客户最关注的部分之一

评论（Review）系统是商品详情页面最重要的部分之一，在这里客户可以轻松地查阅已购买客户的评论，如图 3.56 所示。

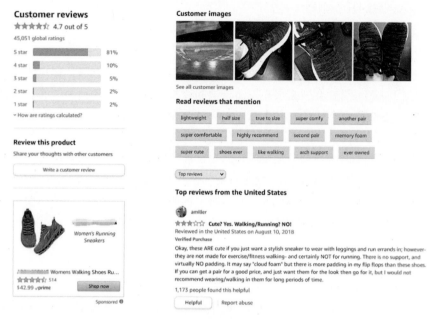

图 3.56 评论页面

尽管评论显示在商品详情页面的底部，但是没人会忽视这个板块。当客户犹豫或者害怕做出决定时，他们会不自觉地寻求帮助或者安全感，并希望有人能帮助自己做出决定。他们依靠的第一个因素是社会背书，或者说人的背书，就是希望有人能证明这个信息是可靠的、安全的。

而线上购物平台的评论系统，就是社会背书。

如果某同类产品的评论比其他产品多 10 倍，客户没有必要反其道行之，违反自己的内心去购买评论较少的产品。根据 G2 和 Heinz Marketing 2017 年进行的研究，在阅读正面评价后，有 92% 的客户更有可能购买产品。积极的评价不仅可以刺激销售，还可以激发客户给出更多的评价。而获取评论质量和数量同等重要。

经验告诉我们，即使评论较少的产品平均评分略高，评论较多的产品的排名仍会优于评论较少的产品。

因为，更多评论 = 更有信心

评论在亚马逊的排名中也起着重要作用。获得评论的频率和评论总数会很好地提升产品的排名。总的来说，尽可能多地获得评论，是你的产品获得更高销售量的关键。但请注意，不要违反亚马逊在征求评论方面的服务条款。

1. 亚马逊评论政策必要遵守

亚马逊评论政策是最严格的政策之一，Kris 之前就因为这个政策被封了一个大账号，公司三分之一的业绩严重受挫。所以卖家如果需要获取评论，必须要先搞懂政策。

违反买家评论政策的行为包括但不限于：

（1）卖家对自己的商品或竞争对手的商品发布评论。

（2）卖家为第三方提供经济报酬、折扣、免费商品或其他补偿来换取对自己的商品或竞争对手的商品的评论。这包括使用可销售的买家评论、网站或社交媒体群组的服务。

（3）卖家在买家编写评论之后提供退款或补偿（包括通过非亚马逊付款方式的补偿）。该退款或补偿可能是通过亚马逊买家与卖家消息服务、直接联系买家，或使用第三方服务、网站或社交媒体群组来完成。

（4）卖家使用与评论相关的可提供免费或折扣商品的第三方服务（例如，要求买家登记他们的亚马逊公共资料以便卖家监控评论的评论俱乐部）。

（5）卖家的家人或员工为卖家的商品或竞争对手的商品发布评论。

（6）卖家让评论者更改或移除评论，为此，他们也可能向评论者提供退款或其他补偿。

（7）卖家将差评转发给自己或其他反馈机制，而将好评发送给亚马逊。

（8）卖家在商品之间创建变体关系，旨在通过聚集评论操控评论和提升商品的星级评定。

（9）卖家提供亚马逊好评或物质奖励，以换取对商品包装或装运箱的评论。

（10）卖家使用买家账户为自己的商品或竞争对手的商品编写或更改评论。

注意：这里的"卖家"包括卖家的所有员工和第三方合作伙伴。

亚马逊对所有买家评论违规行为都实行零容忍政策，如发现卖家有任何试图操控买家评论的行为，将会立即采取措施，包括但不限于：

（1）立即并永久撤销卖家在亚马逊商城的销售权限，同时扣留资金。

（2）移除商品的所有评论，并阻止商品日后收到评论或评级。

（3）从亚马逊永久下架商品。

（4）对卖家采取法律行动，包括诉讼或移交民事或刑事执法机构。

（5）公开披露卖家的名称和其他相关信息。

2. 如何合法获得评论

只有清楚了解其政策，我们才能以正确的方式来获得评论。但是看了上面的政策，很多卖家都头疼了，那基本什么都不能做了，只能等客户自己留评价了吗？亚马逊是一个评论驱动的平台，所以有效地征求评论对促进销售至关重要。

（1）亚马逊会自动追踪客户

亚马逊拥有自己的系统来跟进购买商品的客户。这些自动发送的电子邮件会鼓励购物者留下评论，并报告他们因购买产品所遇到的任何问题。

（2）卖家的"Request a Review"请求评论功能

亚马逊允许卖家发送一次请求评论邮件，加上亚马逊系统发送的那一次，一个客户最多能收到两次这样的请求评论邮件。如图 3.57 所示。

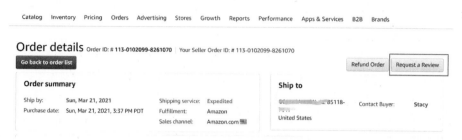

图 3.57　请求评论按钮

需要注意的是：
- 邮件必须在订单交付后 4～30 天内发送
- 评论和卖家反馈的请求会在同一封电子邮件中发送
- 无法自定义消息，无法修改邮件
- 无法保证一定是积极的评价

当你点击此按钮后，客户就会收到统一模板的邮件，如图 3.58 所示。

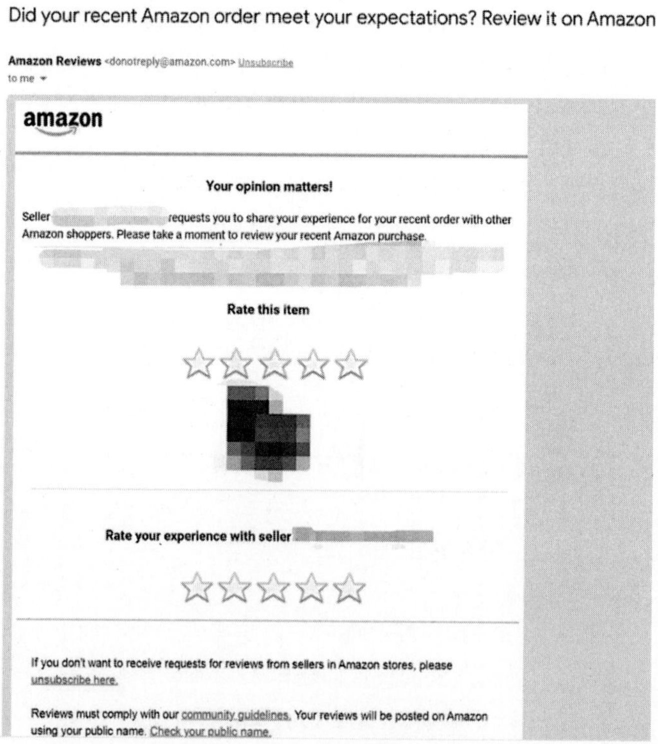

图 3.58　亚马逊请求评论示例

如果觉得一个个订单地点击很麻烦，你不妨使用第三方软件来操作批量操作，这个是安全合法的，所以可以大胆使用。但是最好用通过亚马逊验证的第三方软件。

（3）通过买家消息发送邮件

当你希望联系客户时，可以通过以下页面发送邮件，如图 3.59 所示。

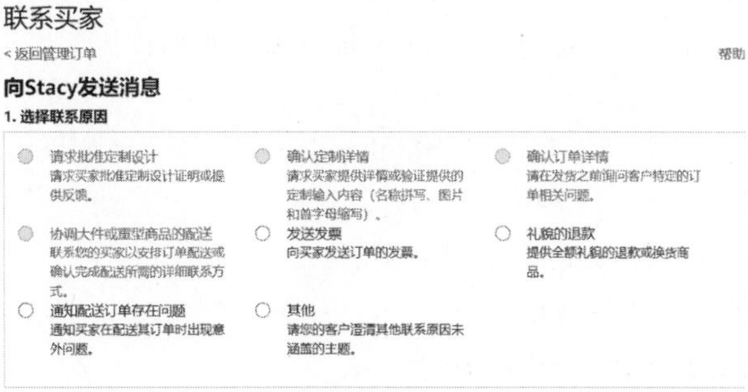

图 3.59　联系买家

在 2020 年 9 月，亚马逊又重申了买家消息传递政策，明确规定卖家只能发送一次评论请求。如果你已经使用了“请求评论”按钮，就不要发其他邮件了，否则，你很可能会收到无法发送的通知，如图 3.60 所示。

amazon

Dear Seller,

We were unable to deliver the message you sent for order [illegible] because the buyer has chosen to opt out of receiving unsolicited messages from sellers.

However, even if a buyer has opted out of unsolicited messages, if you need to send them a message critical to completing his or her order, you can include the word [Important] in the subject of your message or use the Buyer-Seller Messaging interface on Seller Central:

1. Go to Manage Orders.
2. Click the buyer's name in the list, which will take you to Buyer-Seller Messaging.
3. Select "Additional Information Required" as your subject, write your message, and click **Send**

If you tried to respond to a buyer and received a message that the buyer has opted out of unsolicited seller messages, please respond to the buyer on the original message thread (instead of starting a new thread) and make sure that his or her original message is included in your reply.

For your reference, the following messages are considered “critical” to complete the order:

- Product customization questions
- Delivery scheduling
- Issues with a shipping address

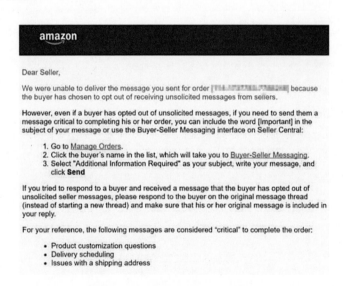

图 3.60　客户拒绝收取邮件的通知

亚马逊是不鼓励卖家主动联系客户的，只有当客户给你发邮件寻求帮助时，才可以回复。

因此，有些卖家会在回复客户问题时，要求客户评论。但是亚马逊禁止卖家以征求正面评价的方式来撰写电子邮件。

例如，“如果你喜欢我们的产品，请留下评论（If you love our product，then leave a review）”。

根据亚马逊的政策：

"If you decide to ask a buyer to provide a Customer Review，you cannot ask only for a positive review，nor can you request reviews solely from buyers who have had a positive experience."

"如果你决定要求买家提供客户评论，则不能仅要求正面评价，也不能仅向具有良好经验的买家要求评论。"

2019年起，亚马逊系统自动屏蔽含有"if / then"语句的邮件。如果出现"review"等字眼，就会被亚马逊重点监测。

（4）早期评论人计划（Amazon Early Reviewer）

这个计划已经在2021年3月终止服务了，这里就不做介绍了，了解以下页面的显示就可以了，起码看到了不会感觉到奇怪。如图3.61所示。

图3.61　早期评论人计划的标识

（5）VINE计划（Amazon Vine）

在2019年12月，亚马逊向所有卖家推出了Vine计划，几乎所有卖家都可以使用。登录VINE页面，在后台页面找到"Advertising"下拉菜单中的"Vine"，如图3.62所示。

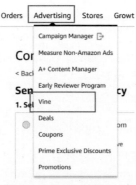

图3.62　VINE计划入口

点击"Start enrolling products into Vine today！"如图3.63所示。

图 3.63　点击登录

输入你需要发送的 ASIN（可以是子 ASIN，也可以是父 ASIN），就可以申请，如图 3.64 所示。

图 3.64　输入 ASIN 后即可申请

Vine 目前已收费，美国站收取 200 美元，欧洲站收取 170 欧元。你的产品评论不能超过 30 个，超过了就无法申请。一次最多可以发布五个 ASIN（父 ASIN 算一个），当其中一个 ASIN 完成了 VINE 计划，会继续补充一个新的名额。

但是一个 ASIN 最多只能发送 30 个产品。如果是父 ASIN，所有子 ASIN 数量随机，总数不超过 30 个即可。

Vine 是获得一些早期评论的一种好方法，但需要注意：Vine 评论权重比普通卖家更高。如果产品有缺陷，建议不要发送，因为 1～3 的评论并不少，会很影响的你页面质量。Kris 也吃过这样的亏。

（6）给留了好反馈（Feedback）的卖家催评，如图 3.65 所示。

Feedback Rating: ★★★★★ 4.9 stars over the past 12 months (11 ratings)

	30 days	90 days
Positive	100% (6)	100% (11)
Neutral	0% (0)	0% (0)
Negative	0% (0)	0% (0)
Count	6	11

This table displays the corresponding feedback percentages and feedback counts. See how your feedback displays to buyers on Amazon.

View Current Feedback

Date	Rating	Comments	Arrived on Time	Item as Described	Customer Service	Order ID
9/17/17	5	Good quality product RESPOND	Yes	Yes	-	114-4970
9/17/17	5	Real happy with product Great service provided RESPOND	Yes	Yes	Yes	112-8812
9/10/17	5	Great quality with acessories synthetic winch cable RESPOND	Yes	Yes	-	111-2110

图 3.65　买家反馈页面

亚马逊上的大多数客户其实是不太了解卖家反馈（Feedback）和评论（Review）之间的区别的。这就是我们经常在“卖家反馈”中看到产品评论的原因。简单地说：

- 卖家反馈（Feedback）：针对卖家和店铺的相关服务的评论
- 评论（Review）：只是针对产品的评论

可以尝试给留下评论的客户发送邮件（点击右侧的订单号即可联系客户）。还可以用附件告诉客户在哪里留评价。虽然只有一小部分客户会留下卖家反馈，但这些客户更可能留下产品评论。

（7）利用包装小卡片或说明书

利用包装小感谢卡或者说明书提醒客户留下评论，这很有用。但是，如上所述，不能用使用 if / then 语句，例如，“如果给我们留下评论，我们将为你提供终身保修（If you leave us a review then we’ll give you a lifetime extended warranty）”，否则，你很可能会受到亚马逊以下的警告，如图 3.66 所示。

Policy Reminder: Product Packaging and Inserts

Customer reviews help customers make informed purchase decisions and are a great source of suggestions about how to improve your products. Authentic customer reviews help new customers find and evaluate your products before purchasing. We want to remind you that Amazon policies prohibit box inserts and product packaging that direct customers to write a positive review, even if no incentive is offered for the review. Similarly, directing customers to contact you instead of leaving a negative review on Amazon is also prohibited. Please ensure your product packaging and box inserts are compliant with these policies before shipping your products to a fulfillment center or to customers. If you have products that are already in fulfillment centers and are in violation of Amazon's policies, you can create a removal order to proactively remove your inventory.

Review our customer review policies on Seller Central

图 3.66　亚马逊的警告

当然，你还有一种有效且相对无风险的方式，就是要求客户注册会员以获得延长保修（或类似方式），从而获取其电子邮件。之后，你可以在站外用电子邮件提醒他们留下评论。注意，亚马逊并不是禁止卖家提醒客户留下评论，只是禁止要求他们留下正面评论（好评），暗示也不行。

（8）站外沟通

如果客户留下了自己的站外联系方式，如 Facebook 或者私人邮箱、网站等，则可以直接在站外沟通，请求给予评论。

（9）较大幅度的折扣

当客户购买到大幅度折扣的产品时，例如 30% off（即 7 折），他们就会很开心，留下评论的概率也会很高。

总之，卖家要在合规的情况下拿到尽可能多的评论，以上几点相互配合，效果会更好。

而当卖家千方百计获得评论时，有时会发现尽管获得了很多好评，但是总评分却没有上升太多，而一旦有差评，就更容易掉分。因为评分的计算不是简单的加成平均数。

3. 亚马逊如何计算产品评分

近几年来，亚马逊在评论系统上下了大功夫，不仅严厉打击操控评论（要知道，在 2016 年，还是可以用低价折扣或者免费送产品激励评价的，现在已经被禁止了），还在评分计算上重新设计。亚马逊计算产品的评分变得越来越复杂，所有评论的权重均不相同。如图 3.67 所示。

图 3.67　评分界面

该产品获得了一个 5 星，一个 3 星，从平均数来看，应该是 4.0 的星级，即（5+3）÷2=4，但亚马逊却将该产品的评分定为 4.1。

亚马逊并没有透露该算法，但据我们的经验，算法一定会考虑以下因素：

- 评论时间
- 评论者的档案（评论数，其他评论的平均评分等）
- 已验证或未验证（Verified or Non-verified）
- 直接评分或编写文字评论（Rating or Written review）
- 是否偏离平均评分
- 评论内容等（是否有图片或者视频，是否有人点赞）

而我们的经验是，最新的、具有良好购买历史的客户，且经过验证的评论，很可能会被赋予较大的权重。

4. 获得差评怎么办

数据显示：
- 91%的消费者定期或不定期查看在线评论。
- 84%的消费者对评论的信任程度与对自己认识的人的推荐的信任程度一样多。
- 87%的消费者表示，产品总评分至少3星以上，否则他们就不会考虑购买它们。

"就客户体验而言，坏消息的传播速度比好消息的传播速度更快。"所以如果获得差评，对于销售可能是致命的。

2021年开始，在亚马逊，卖家对于差评几乎无能为力。在过去几年，卖家是可以通过公开回应（在差评下面留言）和私下回应（查到客户邮箱联系）来处理差评。

现在亚马逊已经关闭了评论下方的"Comment"功能，而且卖家也无法查询到客户的订单和邮箱。一些卖家可能会碰运气，找到一些可能的买家，然后试图通过直接与客户联系要求他们修改或删除其评论（在解决了客户的问题或者退款换货之后），但是这明显违反亚马逊的政策，建议大家不要这么做。现在有两种方式处理差评：联系买家和举报评论。

（1）联系买家。

这是2021年6月，在Prime会员日结束后的第一天更新的功能。在卖家后台导航找到"Brand"，然后点击"Customer Reviews"，如图3.68所示。

图3.68 买家评论入口

注意这是品牌工具，经过品牌备案的卖家才能有此功能。这里查看的每个评价的右上角，都有这样的标识，如果评分是4星以上，就显示"Great Job!"不需要回复，如图3.69所示。

图3.69 好评无须联系

如果评分是3星以下，则会显示"Contact Buyer"，你就可以联系客户了，如图3.70所示。

图 3.70 联系差评买家入口

当你点击"Contact Buyer"按钮，会出现两种方案。
- 礼貌的退货（Courtesy refund）：用于退款退货和换货
- 买家评论（Customer review）：对差评进行澄清

如图 3.71 所示。

图 3.71 联系买家的两种方式

退款退货邮件的样式如图 3.72 所示。

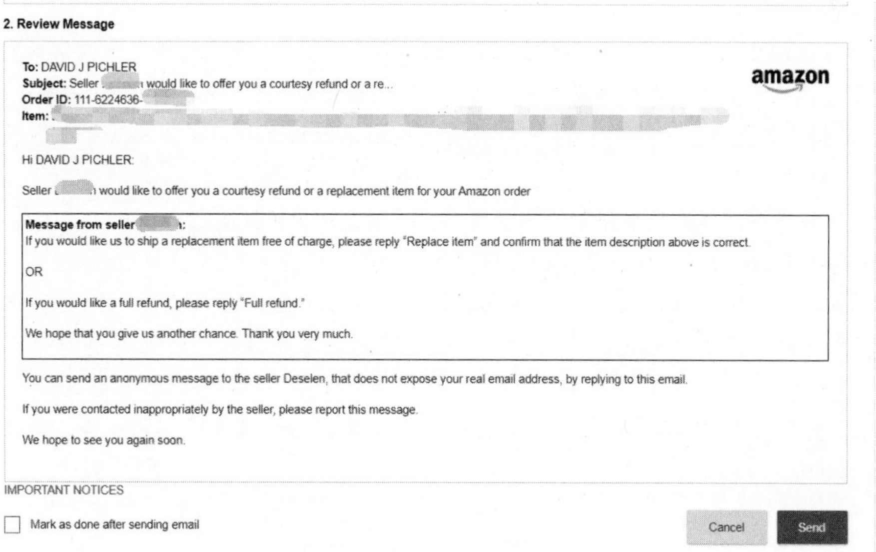

图 3.72 退款退货邮件样式

买家评论澄清邮件的样式如图 3.73 所示。

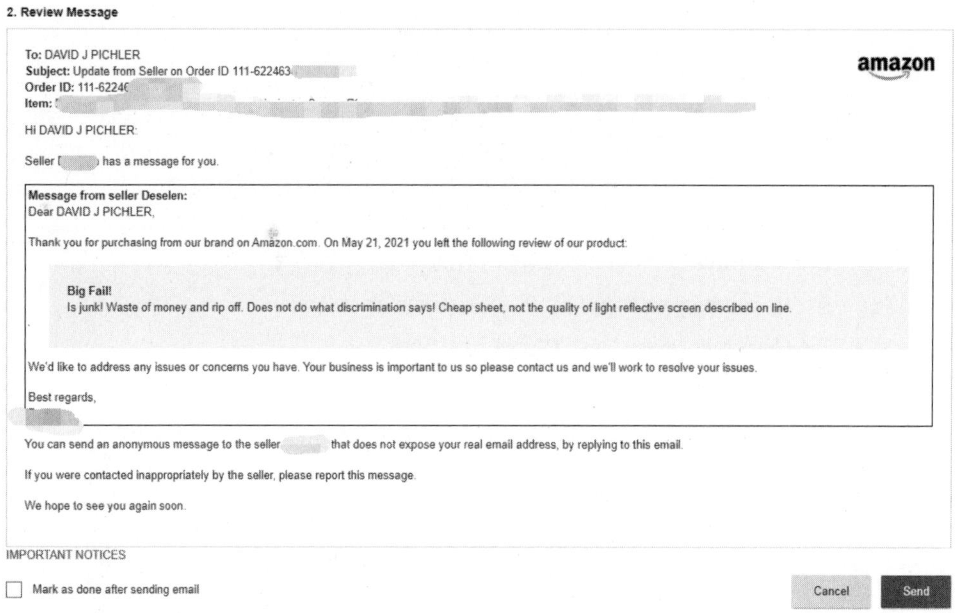

图 3.73　买家评论澄清邮件样式

注意，系统已经为你写好邮件，你不能修改任何内容，只能点击"Send"发送或者"Cancel"取消。

另外，请阅读以下"重要通知"内容。

（1）当您提交此表格时，亚马逊会将您的电子邮件地址替换为亚马逊所提供的电子邮件地址，以保护您的身份，并代表您转发消息。亚马逊将保留所有使用这项服务收发的电子邮件副本，包括您下面提交的消息。必要时，还可能查看这些消息以解决争议。使用此服务即表明您同意我们的这一做法。

（2）亚马逊使用筛选技术保护买家和卖家，并识别可能的欺骗行为。未通过此筛选的消息，即使其并不带有欺骗性质，也将不予以传送。

（3）此表格供亚马逊卖家向我们的第三方平台（亚马逊商城和卖家）上的买家发送商品及订单相关消息。严禁使用此表格向买家发送无关的消息。详细了解亚马逊的隐私声明和使用条件。

最后，如果你的店铺和其他店铺共享品牌，你也可以看到其他店铺的评论，但是你无法做任何操作，如图 3.74 所示。

图 3.74　仅当您是该订单的卖家时，才能联系卖家

另外，发送邮件后，你在买家评论这个板块将看不到该差评，意为你已经发送过了。但是，从买家消息里可以找到该邮件，还可以从这里将该邮件继续发送给客户。

那么，如何让客户删除差评呢？或者说改成好评。

第一步，点击"联系买家"的按钮。你可以选择直接退款，也可以选择对买家评论进行回复。如图 3.75 所示。

图 3.75　联系差评买家

怎么选择呢？

- 如果真的是产品质量问题，或者客户在使用时对产品大失所望，可以考虑退款退货或者换新。
- 如果是客户误会了产品问题，不会使用，或者使用不当之类的，那么可以选择卖家评论进行解释。

第二步，等。如果客户不回复，你的机会比较渺茫。但是就算客户不回复，你其实已经可以找到客户的邮箱了。点击"买家消息"，点击"所有消息"，如图 3.76 所示。

图 3.76　点击所有信息

在你最新的邮件里，可以看到你已经发送的邮件，在邮件名字旁边，就是客户的加密邮箱。

如图 3.77 所示。

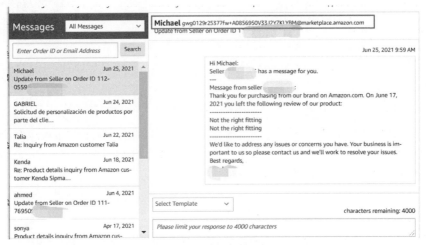

图 3.77　找到买家邮箱

如果等几天都没收到回复，你可以追加一封邮件，如图 3.78 所示。

图 3.78　追加邮件

如果客户回复了，那么机会就大很多，起码客户是愿意沟通的。卖家应该怎么做？

首先，威逼利诱客户删除差评或修改差评是违规的，只能让客户且心甘情愿地删或改。因此只能打感情牌。因为客户愿意沟通，卖家应该表示其真诚，这是考验你的邮件谈判能力（不是英文水平）。如果是产品质量问题，卖家一定要认错，解释问题，保证类似不会发生，也感谢客户的反馈。如果是客户误会了，例如买了产品不会安装就给你差评，那么你也要先认错，是你没有给出让客户更容易理解的安装说明。然后再解释如何安装，图文并茂，希望客户可以重新安装，如果需要帮助请再次联系。

然后，要用一些暗示性的话，例如直接用亚马逊默认（亚马逊自己都用，大概率是安全的）里面的话，如图 3.79 所示。

OR

If you would like a full refund, please reply "Full refund."

We hope that you give us another chance. Thank you very much.

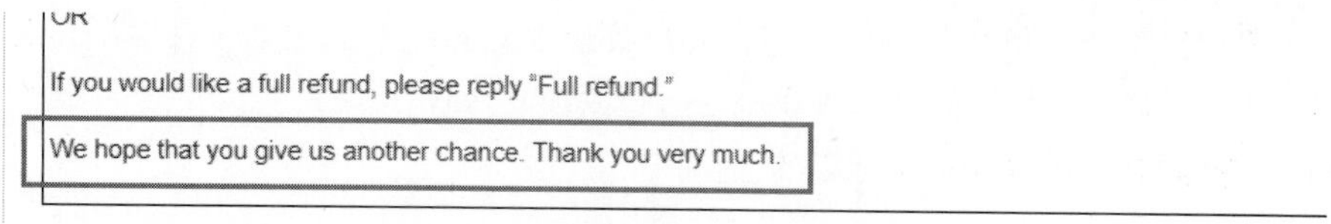

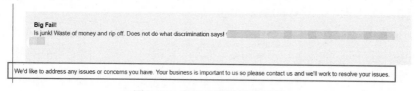

图 3.79　向客户发送请求示例 1

还有另外一种，如图 3.80 所示。

Big Fail!

Is junk! Waste of money and rip off. Does not do what discrimination says!

We'd like to address any issues or concerns you have. Your business is important to us so please contact us and we'll work to resolve your issues.

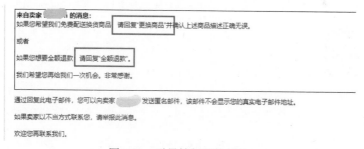

图 3.80　向客户发送请求示例 2

“We’d like to address any issues or concerns you have. Your business is important to us so please contact us and we’ll work to resolve your issues.”

也可以用类似“Hope you can be satisfied with our service”的话语。

有些卖家很担心是竞争对手恶评，但不管怎样，都要先发送邮件。

现在我们针对两种默认邮件的效果分析一下。

如果从回复率来看，第一种“礼貌退款”效果会好点：因为第一种邮件指引性非常强，如图 3.81 所示。

来自卖家 的消息：

如果您希望我们免费配送换货商品，请回复“更换商品”并确认上述商品描述正确无误。

或者

如果您想要全额退款，请回复“全额退款”。

我们希望您再给我们一次机会。非常感谢。

通过回复此电子邮件，您可以向卖家 发送匿名邮件，该邮件不会显示您的真实电子邮件地址。

如果卖家以不当方式联系您，请举报此消息。

欢迎您再联系我们。

图 3.81　引导性很强的邮件

这样客户可能更愿意回复，所以回复率比较高。而客户一旦回复你，你就有沟通的机会。

如果从最终的效果来看，例如删差评，Kris 猜测第二种的效果会好点，因为客户是希望解决问题的，如图 3.82 所示。

感谢您在 Amazon.com 上购买我们的品牌商品。您在 May 21, 2021对我们的商品发表了以下评论：

Big Fail!

Is junk! Waste of money and rip off. Does not do what discrimination says! Cheap sheet, not the quality of light reflective

我们希望解决您遇到的任何问题或存有的所有疑问。您的业务对我们至关重要，因此请联系我们，我们将努力解决您的问题。

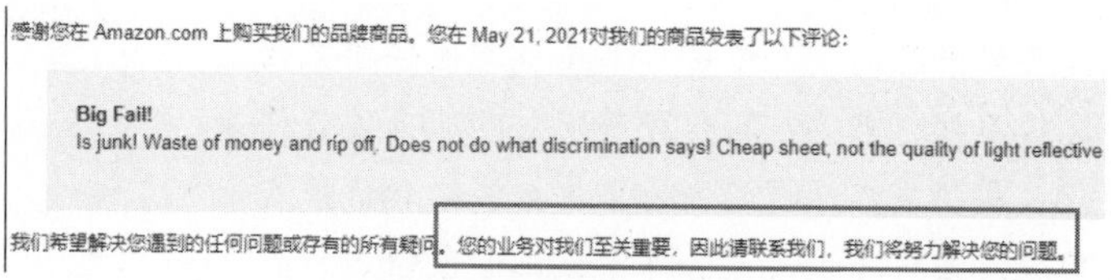

图 3.82　请求客户回复

客户是愿意给你机会解决问题的，那么客户改变主意的概率就比第一种情况要大。如果客户的问题还是无法解决，那么你也可以实施后台退款换货等操作。

卖家可以根据自己的情况，自行斟酌选择。

重要提醒：

最后，切记，不能用 re-thinking、rewrite、revise、modify、change 之类的话术。这些是敏感词，很容易被亚马逊系统扫描到。一旦被扫描到，它就会转交给人工审核，只要到了人工审核，哪怕是暗示的话语，人工也可以轻易看出来。

你不能一直发送邮件给客户，这样客户有可能会投诉你骚扰，这样后果也很严重。在你发了第一封邮件后，等三天，如果客户没有回复，再发一封跟踪邮件，如果还不回，等七天后再发。如果还不回，就可以放弃了。也就是说，你最多有十天的窗口，只能主动发两封邮件。

建议只要有差评，都使用该功能，亚马逊设置该功能的目的不是让你改差评、删差评，是给你机会做售后服务。不管客户是否回复你，只要你点了邮件的"发送"按钮，就可能对你的店铺绩效指标产生积极影响。亚马逊会认为你是个负责任的卖家，可能会奖励你更多的曝光机会。

（2）举报评论。

还有一个办法，只是成功的希望非常渺茫，就是举报评论，如图 3.83 所示。

图 3.83　举报评论

为什么说渺茫，因为举报后你不会收到任何反馈，亚马逊不会告诉你是否举报成功。而你永远不会知道，他们是否在处理。当然，差评也永远在那里。只有违反亚马逊准则的差评，才会被删除。

亚马逊评论移除准则。

- 评论必须是关于产品的，而不是卖家（或其他任何东西）
- 不允许对比较价格、产品可用性或替代订购选项发表评论
- 诽谤、骚扰、威胁或煽动性的内容（例如亵渎和仇恨言论）
- 暴力、色情或淫秽内容，或包含裸露或露骨色情内容的
- 任何侵犯隐私的内容，例如电话号码、电子邮件地址

- 通过不同账户发布或与他人合作来淹没意见
- 产品促销，包括网址
- 提供或要求赔偿以换取内容
- 该评论来自竞争对手
- 同一客户对一种产品的几次负面评价

也就说，只要不骂人，不发广告，不侵权，不色情暴力，不威胁，不讲与产品不相干的事情，差评基本删不了。

当然，如果你有证据证明是恶意差评，你可以写邮件发送到：community-help@amazon.com 进行举报，也是有机会成功的，但是他们依然不会回复你是否在处理。

如果差评是真实客户的体验，也是有价值的，那是他们在给你的产品提供修改建议。

- 优化页面：可以根据评论来更新产品说明描述。
- 升级产品：收集所有不良评论并进行分析，找出客户的痛点，并使用这些信息来升级或者开发新产品。

所以，在亚马逊上处理负面评论的选择是非常有限的，要减少或者避免差评，只有两种方法：

（1）产品足够优秀，包括你的包装和服务。
（2）获取更多好评来稀释差评的影响。

3.3.11　商品描述和 A+ 页面

商品描述（Description），在产品上架部分讲过了上传商品描述的地方，而要求和写法，也跟五要点描述差不多，所以这里就不多说了。

亚马逊是这样建议的：简洁、坦诚、友好地概述商品的用途及其在分类中所处的位置。描述商品的特性和优点，重点描述商品的独特属性。请勿提及竞争对手。突出显示商品的最佳应用。如果商品有局限性，你可以如实说明并追加销售（如为耳机推荐配套的耳垫以优化效果）。在提交前检查拼写和语法。"商品描述"是一个对字符数有限制（因商品分类而异）的纯文本字段。

例子：

"Koss KEB79 Portable Isolation Earbuds combine excellent sound reproduction with maximum isolation to provide an outstanding listening experience. These highly portable earbuds use three sizes of cushions to ensure a comfortable in-ear fit sealing the ear to deliver deep bass. The dynamic stereo phone element has a frequency response of 10Hz~20 000Hz. Other features include an in-line mute switch that allows you to stay connected to your environment and a unique dual-entry cord that wraps behind your head during use."

"Koss KEB79 便携式噪音隔离耳塞兼具出色的原音再现功能和一流的噪音隔离功能，可提供卓尔不凡的聆听体验。这款高度便携的耳塞使用三种不同尺寸的耳垫，可确保入耳式耳塞佩戴舒适，与耳孔形状完美契合，提供醇厚的重低音。动态立体声耳机，频率响应为10～20 000Hz。其他功能还包括一个嵌入式静音开关，让你可以随时留意周围环境；独特的双输入耳机线，使用期间可缠绕在脑后。"

如果内容比较多，请记得要分好段落，方便客户阅读，如图3.84所示。

```
The Best Apple Slicer For Your Needs

Features:
- Elegant color & classic outlook
- Easy to clean and dishwasher safe
- 100% Stainless steel blades for easy cutting
- Ergonomic anti-slip silicone handle for superior grip
- Multi-function usage, cut the fruit with ease - never spend too much time in kitchen!
- Come with a free peeler for you to peel the skin of the apple if you like!
- Super low price for a limited time only, don't hesitate to save money NOW!

Speipification:
Slicer size: 17.5 x 11 x 6cm.
Weight: 116g
Peeler size: 10.2 x 7 cm
Peeler weight: 25g

Guarantee/Warranty
1 year, no questions asked, full money back guarantee, if unsatisfied with the product

Package included:

1 x apple slicer

1 x peeler
```

图3.84　分段描述示例

亚马逊也会收录这部分内容，这对页面质量的提升也是有好处的。

我们重点讲一下A+页面。

A+页面（A+ Content Manager），也可以叫EBC（Enhanced Brand Content，增强品牌内容），据亚马逊宣称，使用A+页面可以帮助卖家将销量平均提升5.6%，如图3.85所示。

图3.85　亚马逊宣传信息

A+页面也具有明显优势，它可以使商品详情页更具吸引力：

- 使用A+页面提供相关的商品详情可帮助消费者更快做出购买决定，从而提高广告的转化率。

- A+ 页面突显商品的优势或特性。通过描述和直观地呈现相关商品详情，可以帮助消费者做出明智的购买决定，从而减少退货。除此之外，满意的消费者往往会留下好评，这有助于提高广告商品评分。
- A+ 页面有助于建立品牌认知度。为买家提供有关品牌和商品的更多信息，有助于提高品牌忠诚度和复购率。

需要清楚：与商品描述不同的是，A+ 内容不会被亚马逊收录。即，添加的文本和图片的关键词不会对搜索结果产生任何影响。但是，A+ 内容的文本和图片依然会被 Google 收录，这可以帮助你的产品出现在谷歌搜索中。

使用 A+ 页面可以提高转化率，因而可以间接帮助你提高排名。较高的转化率可以带来更多的销售，而更多的销售可以带来更好的排名，这是一个良性循环。

1. 创建 A+ 页面描述

需要注意的是，此功能仅适用于已通过亚马逊品牌注册流程并获批成为品牌所有者的专业卖家，以及参加了特定管理销售计划（例如 Launchpad 和亚马逊独家计划）的新兴品牌所有者。

获得批准后，你才可以且只能为自己的获批品牌目录中的商品添加 A+ 内容。依照以下指南就可以轻松创建。

（1）登录页面，登录卖家后台，在"Advertising"下拉菜单中点击"A+ Content Manager"，如图 3.86 所示。

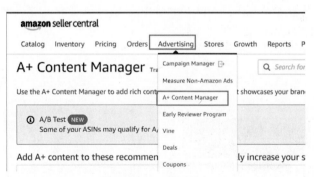

图 3.86　A+ 页面入口

（2）添加 ASIN，通过 ASIN 或者产品名称搜索产品，选中产品添加 A+，或者直接点击"Start Creating A+ content"，后面再添加 ASIN，如图 3.87 所示。

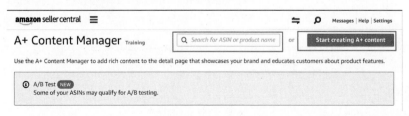

图 3.87　输入 ASIN

（3）添加 A+ 名称和基础模块，给这个 ASIN 的 A+ 命名，要易于辨识，否则后期有很多 A+ 的时候，就无法搜索到。语言一般选 US 英语，当然如果你有针对性市场，也可以选其他语言。如果在欧洲站或者日本站，系统会提供相应国家的语言。如图 3.88 所示。

图 3.88　选择语言

（4）添加模块和内容，点击"Add Module"，就可以看到多种模板。最多有 15 种模板可供选择，可根据自己实际的设计需要选取。如图 3.89 所示。

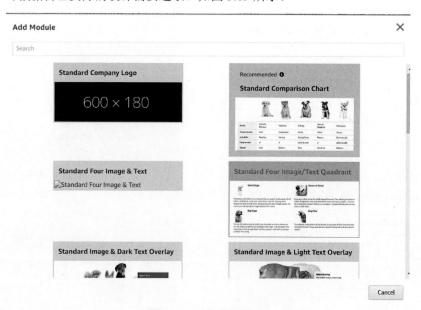

图 3.89　选择模板样式

关于模块的介绍，如图 3.90 所示。

模块	图片上传指南	文本位置
品牌徽标	1 张图片 – 600 x 180 像素	-
商品描述	-	1
特性 1	4 张图片（线性排列）– 每张图片的尺寸为 220 x 220 像素	4
特性 2	3 张图片（线性排列）– 每张图片的尺寸为 300 x 300 像素	3
特性 3	4 张图片（网格排列）– 每张图片的尺寸为 135 x 135 像素	4
标题 4	1 张图片（左侧）– 300 x 300 像素	1 张图片（右侧）
标题 5	1 张图片（右侧）– 300 x 300 像素	1 张图片（左侧）
标题 6	1 张图片 – 970 x 300 像素	1
标题图片	1 张图片 – 970 x 600 像素	-
对比图	5 张图片 – 150 x 300 像素	2
单张图片和侧边栏	2 张图片 – 主图片（300 x 400 像素）；侧边栏（350 x 175 像素）	6
四张图片突出显示	4 张图片 – 300 x 300 像素	4
单张图片和规格详情	1 张图片 – 300 x 300 像素	2
单张图片和亮点	1 张图片 – 300 x 300 像素	2
图片和浅色文本覆盖	1 张图片 – 970 x 300 像素	1

图 3.90　模块介绍

尺寸要求是指最小尺寸，允许更大尺寸。

亚马逊也会推荐一些经数据统计分析出的最可能提升转化的模板，并标记左上角"Recommended"，如图 3.91 所示。

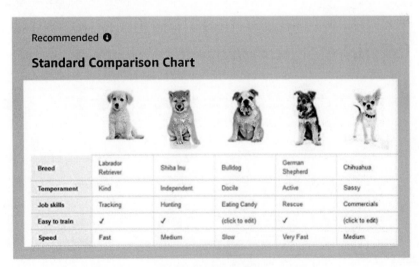

图 3.91　推荐模板样式

卖家如果不知道如何选择，可以直接采用亚马逊建议。需要提醒的是，每上传一张图片，都要填写"Image keywords"，这是为了方便谷歌等搜索引擎收录，如图 3.92 所示。

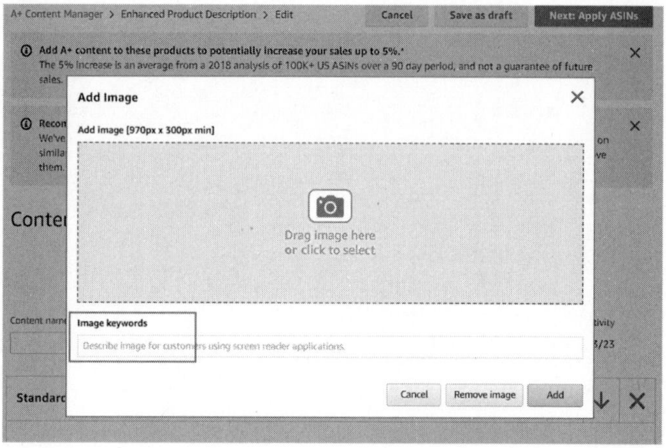

图 3.92　填入图片关键词

（5）应用到 ASIN，模块添加完成后，点击右上角"Next: Apply ASINS"，可以输入 ASIN，父子 ASIN 都可以，也可以批量上传 ASIN，如图 3.93 和图 3.94 所示。

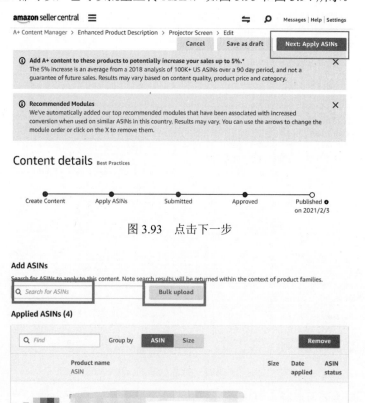

图 3.93　点击下一步

图 3.94　选择将要应用的 ASIN

（6）预览 A+ 页面，点击"Next: Review & Submit"按钮，如图 3.95 所示。

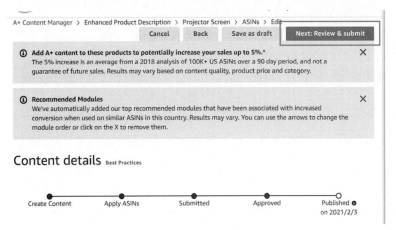

图 3.95　点击预览

（7）提交审核，预览移动端和桌面端都没有问题后，就可以点击"Submit for approval"，如图 3.96 所示。

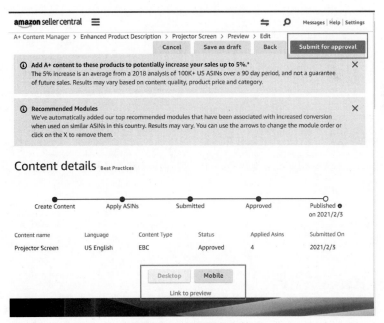

图 3.96　点击提交审核

这样就完成了，等待审核通过即可，如果没有通过，系统会邮件通知你，并告诉你问题所在。
这里需要提醒卖家注意以下几个内容，包括：
① A＋内容不会被亚马逊搜索收录，因此不会使商品详情页面排名有任何提升。
② 只有品牌注册了才能免费获得 A＋增强营销内容页面。

③每个 ASIN 只能提供最多五个模块内容页面。

④审核通过后，卖家可以对页面进行编辑或更新。

⑤对于违反亚马逊政策的，亚马逊有权删除你的 A+ 甚至封店。

⑥如果场景图片可以清楚地描述所使用的产品，可以使用。

⑦不要在你的内容中提及竞争对手或其产品（如果需要对比其他产品，注意不要指定某个商家产品）。

⑧所有的图像都必须具有正确的大小和分辨率。根据你选择的模板，这些要求将有所不同。

⑨禁止使用某些符号和特殊字符，包括注册商标和注册商标符号。也不能包含指向其他网站的超链接。

2. 创建高质量 A+ 页面的建议

如果你想让你的 A+ 页面脱颖而出，那么你可以遵循以下 6 个建议。

（1）利用小模块展示产品卖点

A+ 页面提供的视觉效果和其他文本是展示产品卖点最有效的内容，甚至比只能提供纯文本的五要点描述板块效果要好。

如下面的示例，通过文字和图片的相互搭配，就可以突出产品 4 个以上的独特卖点，如图 3.97 所示。

图 3.97　独特卖点展示

（2）使用对比表格让产品更突出

亚马逊是一个竞争激烈的市场，想找到压倒性优势的产品越来越难，也就是说客户无法一眼看出你的产品和别人的有什么不同，那么使用对比表格就是最好的方式，如图 3.98 所示。

如果你有多款类似的产品，能满足客户的所有需求，也可以放上自己的产品做对比，这样客户不易流失。

图 3.98 对比表格示例

（3）增加大量场景图 / 详细信息

尤其是大件或者高单价的产品，花费越高，客户需要知道的信息就越多。而场景图就可以让客户感受到如果自己购买了，使用时会是什么样子。这样有两个好处：加快客户购买决定；符合客户期望值，让他们知道他们看到的和他们买到的一样。如图 3.99 ～图 3.101 所示。

图 3.99　示例 1　　　　　　　　　图 3.100　示例 2

图 3.101　示例 3

（4）减少文字，增加更多视觉效果

A+ 内容应更注重视觉效果，否则就跟商品描述没有区别了。A+ 的文本描述直接用简单的术语传达信息的含义即可，应该使用更多的图像，如图 3.102 和图 3.103 所示。

图 3.102　示例 1

图 3.103　示例 2

（5）统一设计

关于图片设计，在产品图片小节里已经讲得很详细了，可以根据上面的指引来设计。你的 A+ 内容在各个方面都应保持一致，并在多个方面突出你的品牌风格，包括字体、颜色、设计风格等。统一的设计让你品牌和产品更有辨识度。例如 ANKER 就是以蓝色为品牌色调来设计他们的 A+ 页面，如图 3.104 所示。

图 3.104　统一设计

（6）传递你的品牌故事

价格是影响购买决策的重要因素，但不是唯一因素，如果你有引人入胜的品牌故事，则可以让客户忽略你的价格。如你的品牌已经上百年，显示了悠久的质量和经验；又或者展示出跟客户一样的境遇，然后用什么办法解决了这类问题。如图 3.105 所示。

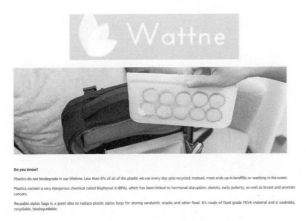

图 3.105　品牌故事

良好的品牌故事可为产品质量背书，并突出你的品牌价值。帮助客户更好地了解你的品牌至关重要，尤其是当你的产品价格较高时，品牌价值可以提升产品在平台上的竞争力。

3. 高阶 A+ 页面（A+ Premium Content）

如果你是顶级卖家，销售很好，想进一步提升你的销量，则可以考虑向亚马逊申请使用高阶的 A+ 页面，但是需要付费。

高阶的 A+ 页面功能非常强大，这里简单介绍下，因为估计后续亚马逊会向各位卖家开放。

（1）视频功能：A+ 页面上附上视频，对转化率有更好的提升作用。如图 3.106 所示。

图 3.106　视频示例

（2）悬停并单击交互式板块：允许客户点击（或悬停）3 个不同的功能点，以显示更多产品详细信息。交互让板块更有趣。如图 3.107 所示。

图 3.107　交互板块示例

（3）图片滑动：客户可以单击图片上的箭头查看不同的图片，或使用滑块左右滚动。如图 3.108 所示。

图 3.108　图片滑动示例

（4）产品常见问题解答：客户通过点击下拉箭头查看答案。如图 3.109 所示。

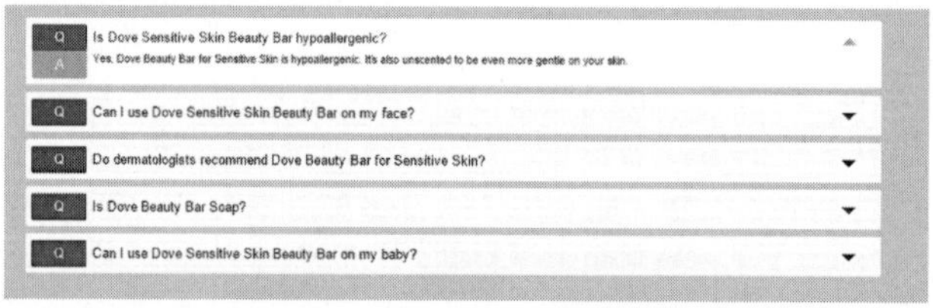

图 3.109　常见问题解答示例

（5）动态 PNG 图片：如果视频太长，可以尝试使用动态图片。

A+ 高阶功能强大，但不是所有功能都对转化有提升作用，所以要有所取舍。例如悬停交互板块，还不如直接写文字上去更容易阅读。

如果需要测试 A+ 页面效果如何，还可以进行 A+ 测试，后面会讲到。

3.3.12　360 度旋转图片

360 度旋转图片（360°Spin Images），就是将一系列静止图片（24 到 72 张不同位置的图片）组合在产品的流畅且无缝的三维视图中，客户可以使用鼠标或手指（移动端）"旋转"产品，以交互方式旋转并放大每个角度以查看特定细节，如图 3.110 和图 3.111 所示。

图 3.110　查看 360 度图片

图3.111　在该页面可以用鼠标选择画面

目前使用该功能的品类已经很多了，包括家居装饰、家具、家居用品、草坪和花园用品、照明、厨房用品、体育与户外用品、相机、玩具、汽配、宠物和婴儿用品等。

这个功能其实在2018年就已经推出了，但可能是推广和宣传上做得不是很好，而且后台是没有直接创建按钮的，需要找亚马逊经理帮忙，所以到目前为止，知道这个功能的人很少，用的人更少。

使用这个功能，对于优化页面也有不少帮助。

1. 提高转化率和销量

我们优化页面的目标就是传达产品详细信息，以促使客户购买。而使用了360度图片，客户可以放大产品的详细信息，还可以实现"拿起"并旋转产品，就像他们真正拿到产品一样，这就能促使犹豫不决的客户迅速下单。

2. 产品退货更少

另一方面，由于这样的图片可以让客户更详细地了解产品，在充分了解产品后购买，不满意退货的可能性就较小。360度图片可帮助他们做出更明智的购买决定，并最大限度地减少未来的失望情绪。

3. 所见即所得

如果你是个有经验的卖家，一定会遇到诸如"收到的产品不是所宣传的产品（The product shipped is not the product advertised）"的投诉，货不对板，这样不仅会引发负面评价，而且亚马逊还会因为"虚假宣传"，将你的产品下架。而使用360度图片就能够提供最准确、真实的产品视图。这样就可以避免被亚马逊处罚或者封店。

4. 快速预览——增强移动体验

亚马逊的测试证明，360度图片可以增加在产品页面上浏览的时间和转化率。这在移动设备上非常重要。消费者每天在各种电子设备上的时间花费越来越多，但他们依然希望能够快速、精简地查看产品信息。360度图片就可以减少切换图片的动作，客户只需动一下指尖，就可以轻易滑动，与产品的所有细节进行交互，体验非常好。

而移动端的订单占比已经超过了桌面端的（有数据显示，移动端订单占比高达70%），所以卖家应该重视移动端的页面体验。

5. 维护品牌一致性

从亚马逊客户的角度来说，一个品牌优于另一个品牌的最重要因素是一致的交互体验，无论客户在何时何地都可以与之互动。品牌建立的过程应该是先建立意识，再发展客户对品牌的信任度和忠诚度。360度图片可确保客户的一致性体验。使用最高质量的产品图片来确保产品与客户收到的保持一致。

1）创建360度图片的过程有点复杂，先固定相机机位，把产品放在转盘上，旋转产品拍照，以5度间隔拍摄一组24、48或72张单独的照片（张数越多，交互体验越流畅）。当然，这是传统的拍摄方法，你也可以通过3D软件建立模型，然后按照每个角度真实感渲染出对应的照片。都要白底照，单个图像文件必须遵循规定的命名约定，并组织成特定的文件夹结构。最后将按照ASIN命名的zip格式文件发送给你的亚马逊经理，他们会安排上传。

如果你有预算，可以交给专业人来做，国外有一些第三方合作的机构如Snap 36，但是价格不菲。预算有限的话，卖家也可以自己做，具体步骤如下：

（1）拍摄

①准备好要拍摄的ASIN产品。只要产品，不需要拍到随附配件。

②将ASIN放在转盘的中心，再将该转盘每5度转一次。

③使用无缝的背景纸，从转盘下面开始，向上弯曲到产品之后。

④将相机放在离产品适当距离的三脚架上。

⑤选择适合展示产品的仰角，保持在10～30度范围内。

⑥相机设置为手动模式，以使所有24张、48张或72张照片的焦点和曝光设置保持一致。

⑦第一张照片应以0度角展示ASIN（正对相机）。

⑧拍摄每张照片时，逆时针旋转，直到拍摄完成所有角度。

如果你是用3D软件渲染照片，则请看步骤（2）。

（2）修图

①从所有24、48或72张图像中删除所有背景细节。

②如果你在图片上应用色彩平衡或任何其他滤镜，请确保对所有24、48或72张图像均匀地应用相同的调整参数。

③裁剪每张图像，使尺寸为正方形，确保旋转中心是每个图片的中心。

④将图片大小调整为最大2500像素，最小1500像素。

⑤以.png格式保存。

（3）文件命名

①各个.png文件名必须遵循以下格式：_360web.png必须填写，每张图片都需要，这个是

亚马逊识别图片的关键，然后是产品的 ASIN，并且是 0 索引、0 填充的整数，表示图像旋转的顺序。第一个文件的编号为 0000，最后一个文件的编号为 0071。

②序列号必须与你拍照的角度序列对应。

做完步骤（3）打包好后发送给亚马逊：

将文件组织到以下目录结构中打包为 .zip 文件，保留目录结构。使用 ASIN 命名 .zip 文件（例如 B01N32NCPM.zip）。发布到 Internet 上可访问的位置。平台接受的协议是 HTTP，不支持 FTP。可以尝试使用 Amazon Web Service。通过邮件方式发送链接给亚马逊经理，遇到有些服务好的经理，也可以直接将 zip 文档给他，不需要自己生成链接再发送。

为了避免被亚马逊拒绝，你应该需要了解并遵循一些准则。

格式要求：

- 格式为 TIFF（.tif / .tiff），JPEG（.jpeg / .jpg），GIF（.gif）或 PNG（.png）格式。
- 首选尺寸至少为 1000×1000 像素或更大。
- 使用 CMYK 或 RGB 彩色模式。
- 文件名由产品标识符（Amazon ASIN，13 位 ISBN，EAN，JAN 或 UPC）组成，后跟一个句点和适当的文件扩展名（例如：B000123456.jpg 或 0237425673485.tif）。
- 图像必须经过专业拍摄。禁止对产品进行绘图。
- 不要在图片中添加不必要的配件。
- 图片应清晰，使用专业照明和拍摄工具。
- 图片中不允许使用包装盒、促销标识等。
- 产品应占图片框的 85% 或更多。
- 完整的产品必须都要显示在画面中。
- 使用纯白色背景。
- 图片不得包含文字、图形或水印。
- 禁止使用色情和令人反感的信息。

360 度旋转图片不仅提供了最有效、最优雅的交互方式来捕获产品图片，还能提供完整的产品详细信息，以及帮助客户做出消费决策。

客户可以自由地与产品进行互动，就好像他们亲自拿到产品一样，这使客户更有信心购买正确的产品。

3.3.13 产品视频

如果说一张图片的作用等同于一千个字，那么一个产品视频（Product Video）的作用很可能等同于一千张图片。

亚马逊上已经有超过 200 万个卖家，竞争是如此激烈，过去的盈利方式已经一去不复返了。如果你想取得优势，必须要在你的 Listing 上添加产品视频。

Kris 大胆预测，视频展示绝对是亚马逊平台的未来，是亚马逊竞争最主要的战场。随着时代的发展，视频在今天比以往更热门，它不仅仅能宣传产品，更是提高转化率、建立品牌并更好地让客户建立信心的最佳方式之一。

虽然制作产品视频有点昂贵，也耗时，但是依然值得投入：

- 视频能让客户更好地了解产品如何使用。
- 视频可以提升你的品牌知名度。
- 视频可以提高客户的购买信心。

上传产品视频须知：

视频上传后，需要审核，审核通常需要不到一天的时间，但在高峰时段可能需要长达七个工作日或更长时间。

视频不能包含任何 URL（包括社交媒体链接和用户名），或引导客户离开亚马逊网站。

视频要求：.mp4 或 .mov 格式文件，低于 5 GB（建议使用 480p 或更高分辨率）

如果图片超过 6 张，你的视频不会显示在商品详情页面上。

一个 ASIN 页面最多可上传 10 个视频。

商品详情页面将始终优先显示最近上传的视频。

上传产品视频的步骤：

（1）进入上传页面，在后台找到"Inventory"，点击"Upload & Manage Videos"就可以进入上传页面，如图 3.112 和图 3.113 所示。

图 3.112　上传视频入口

图 3.113　点击上传视频

再点击"Upload video",就进入上传页面,上传视频。

(2)上传视频,点击下方的"Upload video",从桌面端找到你需要上传的视频。如图 3.114 和图 3.115 所示。

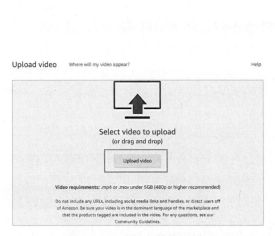

图 3.114　选择上传的视频

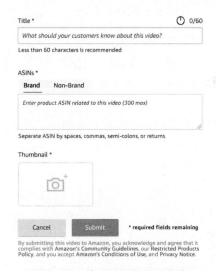

图 3.115　输入视频的相关信息

填写相关信息:

① Title 视频标题:最多只能有 60 个字符,精简描述视频内容即可。

② ASIN,填写视频需要放到哪个 ASIN 的页面上,可以填写一个或者多个 ASIN,不接受父 ASIN。

③缩略图,系统会自动生成一个,你也可以自己制作一个上传。最好自己制作,可以增加点击率。

最后点击"Submit"提交审核,即可完成上传。

优化视频指标:

只要看一个数据,就是"Arg% viewed",中文版翻译为"平均浏览完成度",Kris 认为翻译为"平均完播率"最贴切。这一列中的百分比,如 88%,意思是客户平均只看了视频 88% 的进度,百分比越高,证明视频越好的,越低,证明视频没有什么吸引力,需要优化视频内容。如图 3.116 所示。

图 3.116　查看视频浏览平均完播率

关于高质量视频制作技巧,会在本书广告部分的"视频广告"章节具体详述。

3.4　总结:商品详情页面优化是运营金字塔的基石

本章前面只有三节,但内容非常多。这是进入广告部分前的关键章节,之前我们讲到运营金字塔商品详情页面就像金字塔的底部,它是运营金字塔的基石。卖家必须要优先优化好 Listing,把基础打好,后续的广告才能发挥作用。

Listing 优化为什么重要?

这是所有业务开始的基础,Listing 的目的只有两个:被看见和转化成订单。如果客户找不到你的产品,无论你的产品报价有多么吸引人、图片如何高质量都没用。被看见,是一切的基础,这就需要优化标题和描述内容,在里面嵌入相关的关键词。这样客户就有可能通过关键词搜索到你的产品,同时也要放到正确的品类,这样会被亚马逊平台关联到其他产品,产生关联流量。

需要注意的是,关键词也有权重区分,不同位置有不同权重。权重顺序为:标题 > 五要点描述 > 后台关键词。所以一定要把相关度最高的词放在标题和五要点描述中。

转化订单,这是第二步。是什么让客户决定购买,当然是优惠的价格、高质量图片、吸引人的描述和 A+ 及优秀的视频的各种集合,当然也少不了更多的评论。

优质的产品页面应该是怎样的?

一个非常详细的页面,应该准确地展示客户做出购买决定所需的所有产品信息。在创建 Listing 时,至关重要的是要使产品信息尽可能准确,让客户确切知道他们要买的是什么。

优秀的 Listing 应该包括:

- 简洁、独特且经过优化的产品标题;
- 传达有关产品最重要信息的五点要点描述;
- 对该产品更详细且准确的描述和 A+ 页面,并展示其所有主要功能和优点;
- 清晰和高质量的产品图片;
- 提升客户购买意愿的优秀产品视频。

一个好的 Listing 需要花费大量的时间和精力做出优化,所以,如果你的店铺有很多个

SKU，强烈建议你专注于最畅销的几个 SKU 产品的优化。这样不仅可以更快地看到更好的结果，而且还可以很快地掌握获得成功的方式，并应用到其他 SKU 上。

3.5 常见问题解答

为什么产品的展示位置可以，但是点击率不高呢？

我们试着搜索一个关键词"Running shoes for kids"（儿童跑鞋），得出一个搜索结果，是什么决定了点击呢？所有客户看到的都会决定他是否点击。

- 如果是给女孩子购买的鞋子，那么客户很可能会点击粉红的鞋子，所以图片和颜色分类就显得很重要。
- 如果客户对鞋子不是很了解，那么他关注的就是更多的评价，所以他很可能就会点击有 2 941 个评价的产品。
- 如果客户对价格比较敏感，他就会点击正在促销的鞋子。

除了上述情况，还有一种要素就是标题的长度，太长的标题会显示"……"，如果客户能看全题目，就能直接了解这个产品。

所以，是什么决定了点击率呢？

（1）精简的标题。

（2）高质量的主图。

（3）有吸引力的价格。

（4）适当的促销。

（5）更多的评价。

因此，当你发现你的产品的点击率不如意时，从以上几点来优化你的 Listing。

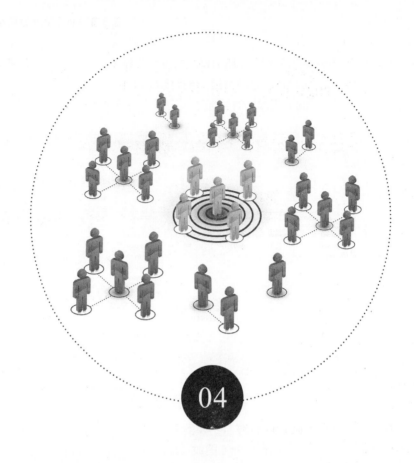

第4章 亚马逊思维工具

　　本章主要介绍的是亚马逊的各种工具，为什么要加"思维"二字。因为如果你拿来当工具用，那它们跟普通运营工具没有区别，而你会思考，用逻辑思维来分析工具的作用并有效使用它，才能真正发挥其作用。工具是给你开发运营思维用的。有些工具可以单独使用，有些可以多个一起配合使用。

4.1 买家之声——避免产品下架的第一道屏障

买家之声（Voice of the Customer，VOC），官方客服也叫 CX Health（Customer Experience，CX），即客户体验健康指标。这是 2018 年 10 月推出的功能，但是在店铺产品被下架前，绝大部分卖家都不会注意到这个板块，如图 4.1 所示。

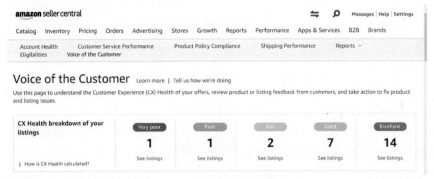

图 4.1　买家之声页面

这里涉及一个重要的指标 NCX（Negative Customer Experience），即客户负面体验率，以百分比显示，如图 4.2 所示。

图 4.2　买家之声重要指标

而 CX Health 的指标，就是根据 NCX 的百分比状况得出相应的五种状况：
CX Health 状况分类为"优秀""良好""一般""不佳"或"极差"。

- Excellent（优秀）：上架商品的绩效显著优于类似商品。
- Good（良好）：上架商品的绩效要好于类似商品或同样出色。
- Fair（一般）：上架商品的绩效与类似商品相当。
- Poor（不佳）：上架商品的绩效要低于类似商品，并且可能由于买家不满意而面临下架的风险。
- Very Poor（极差）：上架商品的绩效明显低于类似商品，并且可能由于极高的买家不满意率已被下架。

那又是什么影响了 NCX 的百分比状况？

亚马逊平台有强大的系统追踪能力，可以跟踪到各种可能对客户体验产生不利影响的渠道信息，所以几乎整个店铺的任何信息都可能影响 NCX。平台主要是通过以下四个渠道获得信息：

- 客户退货和退款（Customer Returns & Refunds）；
- 客户服务电话和聊天（Customer Calls & Chats），这个一般指的是亚马逊客服；
- 买卖双方的邮件信息（Buyer-seller Messages）；
- 负面评论（Negative Review），一般是 1 星评论。

当然，亚马逊还会考虑以下几个因素：

- 标签问题，包括损坏、缺陷和贴错等问题；
- 所有退款，即使客户是满意的；
- 很多星期前的订单也会被计算；
- 没有负面评价的配送体验；
- 没有最近未售出的产品；
- 没有新上架的产品。

但是因为 NCX 计算是以百分比显示的，所以请记住以下四点：

- 订单数量越少，退货、负面反馈或不利的产品评分对 NCX 评级的影响就越大；
- 如果你注册了 FBA 标签服务，则 NCX 评级是基于混合库存的，即你的评级有可能来自其他卖家的产品，如果你选择退出，则只能影响未来的评级，而过去的 NCX 评级无法改变；
- CX Health 评级考虑到了品类的区别，因此某些品类的产品会比其他品类的产品具有更高的 NCX 阈值（例如，衣服和鞋子的退货率很高）；
- 独特的纯手工产品没有任何参考意义，因此暂时没有 NCX 评级。

对于评级低的产品，应该如何改善？

首先，我们要找出颜色编码等级低的产品，找出极差的红色和不佳的橙色，甚至是一般的黄色，把这些 ASIN 列出来。

然后找出亚马逊产生这些问题的渠道：阅读买家对每种产品的评论，并将所有退货退款信

息下载为 .csv 文件来分析，如图 4.3 所示。

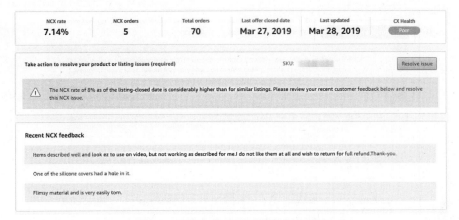

图 4.3　买家之声页面只提供部分反馈

根据分析，有以下几种方法处理问题：

1. 更新商品详情页面

如果产品评论或者退货说明里表明商品详情页面造成买家产生混淆，或者说产品和描述不符，建议一定要重新优化页面。一些常见问题包含缺少兼容性详情、尺寸表不正确和图片质量低下。

2. 为 ASIN 创建移除订单或弃置订单

如果使用了 FBA，并且买家之声上的评论表明买家收到了错误的商品，很可能是你贴错了标签，则需要移除该 ASIN 的库存并对商品重新贴标。

如果评论表明商品由于内部包装不适当而出现残损，存在缺陷，或者其作用与广告宣传不符，甚至是缺少配件，则需要移除或弃置对应商品库存。

3. 重新上架商品

如果商品已停售，且你已采取措施解决买家反馈中发现的问题，那么你可以重新发布商品，而无须联系亚马逊。如果认为买家之声的买家反馈未表明你的商品或商品信息存在任何系统性问题（仅仅是退款率高），也可直接上架。

4. 对商品停售提出争议

如果你认为买家之声上导致你的商品被停售的买家反馈不准确或虚假，你可以对停售提出异议，无须联系亚马逊即可重新发布商品。但你需要说明对停售有争议的原因（例如：配送问题、买家误解、欺诈性评论），然后才能重新发布商品。

5. 申诉

买家之声上表明的原因确实存在，且比较严重（如多次被买家投诉），或者半年来每个月都被下架过一次，亚马逊已经决定下架产品，那么你依然可以申诉。但是这样的申诉成功率比较低。

为什么买家之声很重要，因为这个是避免你产品下架的第一个屏障，卖家必须要时刻关注这个指标，等产品被下架了才重视就太晚了，因为如果产品被下架，亚马逊可能会调查你的库存，这样得停售至少一周的时间，相当于断货一周，无论最后是否可以恢复，损失都是巨大的。

及时解决造成负面买家体验的问题可以帮助你避免产品下架。

但是，有时候，即使你的某个产品是黄色或者绿色，产品依然有可能被下架，这是因为，如果最近订单上的负面客户体验（NCX）比率大大高于类似产品，亚马逊依然会停售产品。

邮件一般这样写，如图 4.4 所示。

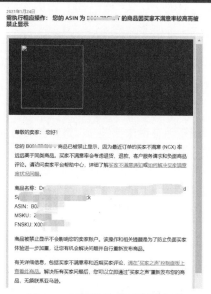

图 4.4　亚马逊的提示警告邮件

也有可能直接在 CASE 日志里显示，这就需要查看邮件，或者在问题日志里查看。系统会悄悄在 CASE 给你一个通知，如图 4.5 所示。

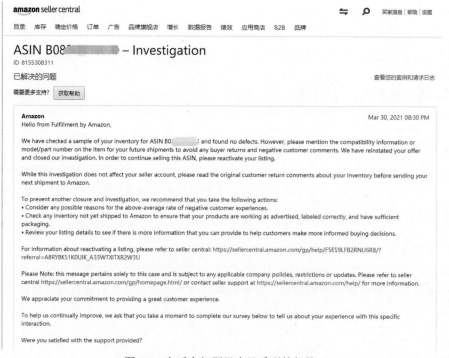

图 4.5　在后台问题日志里看到的邮件

而当你开 CASE 询问，什么原因会被下架的时候，他们才会回复，如图 4.6 所示。

```
RE:[CASE 81_____] ASIN B08_____ – Investigation

do-not-reply@amazon.com <do-not-reply@amazon.com>
2021/3/29 16:14

收件人: deselen.wen@hotmail.com

Hello from Fulfillment by Amazon,

Your offer for ASIN B08_____ has been temporarily suspended due to an investigation prompted by
negative customer return comments.

For this investigation, we have identified misleading detail issues based on the following customer
comments:
Doesn't fit the frame _____ched to my car with.
One of the _____ was missing
This product has holes on the bottom of it like they are supposed to be nailed in, but it didn't fit my
Subaru Outback.
Not the same color as picture.

During this investigation, this ASIN offer will not be eligible to send additional units into Amazon's
fulfillment centers.

Amazon is dedicated to customer satisfaction and our team is working to troubleshoot this issue for you.

The investigation commenced involves checking a sample of your inventory to verify customer reported
issues and ensure that units in our fulfillment centers are satisfactory and meet customer expectations
```

图 4.6　亚马逊回复的信息

所以一定要随时查看你的邮件或者后台的业绩通知。而这种情况也是只能等亚马逊那边调查库存问题。

尽管亚马逊表示过，CX Health 和 NCX 过高不会导致任何账户级别的操作（即不会影响店铺封店问题，最多就是产品下架）。

但是，根据 Kris 的经验教训，如果你的某个产品被多次下架，而亚马逊发现你并没有任何改进，那么亚马逊也可能会对你的账号进行警告，并永久下架该产品。所以，卖家必须要对该指标足够重视。

4.2　商品信息质量控制面板

商品信息质量控制面板（Improve Listing Quality）功能在 2020 年 8 月正式推出，目的是进一步增强购物体验。而对于卖家，这个工具可用于识别缺少重要商品信息的商品，并显示建议哪些属性需要卖家补充填写，从而让客户更了解你的产品，最终减少客户退货，如图 4.7 所示。

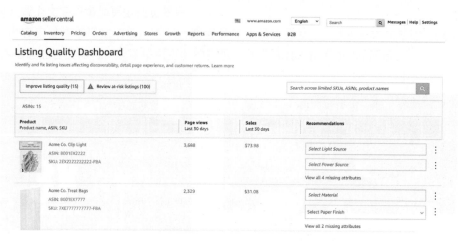

图 4.7 商品信息质量控制面板页面

可惜,据 Kris 了解,跟买家之声一样,这也是很少被重视的。那么商品信息质量控制面板有什么作用呢?

4.2.1 商品信息质量控制面板的作用

1. 提高曝光

买家会使用特定属性筛选搜索结果。添加这些属性可确保当你的产品满足买家要求时,只要买家使用相应的筛选条件搜索,你的产品就很可能被展示,如图 4.8 所示。

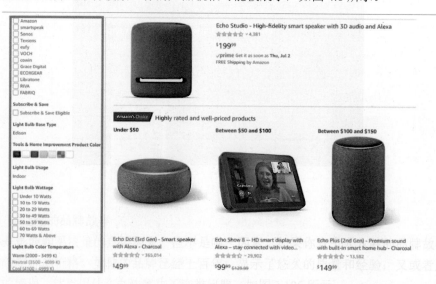

图 4.8 筛选条件

2. 开启商品概览体验

商品概览体验（Enable the Product Overview Experience）是一种全新的体验，它会在商品详情页面的要点上方突出显示商品的重要属性，如图 4.9 所示。这有助于买家轻松评估商品并更快地做出购买决定。目前只有部分品类可用，日后会开放给更多品类。

图 4.9　商品概览信息

3. 搜索结果中的展示规格视图

规格视图让买家能够通读搜索结果中 ASIN 的主要商品规格，评估商品之间的关键差异，并以表格形式在 ASIN 面显示关键商品详情，增加点击率，从而帮助买家快速做出购买决定，如图 4.10 所示。

图 4.10　搜索结果规格示例

4. 单品价格属性

单品价格可帮助买家比较不同包装尺寸的商品价格，如图 4.11 所示。

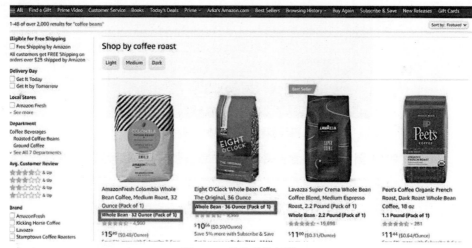

图 4.11　单价价格属性

5. 提示必须填写的字段

有些缺少的字段必须要在规定的时间内完成填写，亚马逊称为（Take time-sensitive actions，时间敏感行动），否则你的产品可能会被禁止显示，如图 4.12 所示。

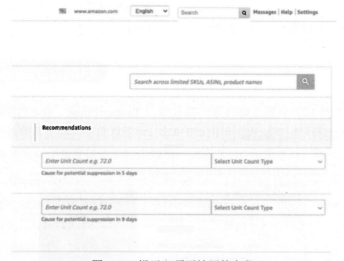

图 4.12　提示必须要填写的字段

6. 搜索结果中的商品比较功能

可帮助买家快速比较商品规格（目前还没有完全实现）。

7. 有助于减少买家退货

买家经常会因商品详情页面上缺少关键商品信息（如耳机和数据线的兼容性特征）而退货。而添加更多信息，就有助于减少退货数量。

4.2.2 利用商品信息质量控制面板提升 Listing 质量

商品信息质量控制面板是商品详情页面的优化工具，它可以向买家突出显示重要的商品信息，能帮助卖家提高商品的曝光度，实现更好的买家体验，并减少退货。

使用方式也非常简单：

（1）登录页面后，在卖家后台"Inventory"下拉菜单中点击"Improve Listing Quality"，如图 4.13 所示。

图 4.13　商品信息质量控制面板入口

（2）根据系统提示的两个选项卡"Improve Listing quality"和"Revie at-risk Listing"，找到对应的 ASIN 和字段，进行填写，如图 4.14 所示。

图 4.14　提示的两个选项卡

（3）点击"View all 7 missing attributes"，就会看到有更详细的对话框可供填写，如图4.15所示。

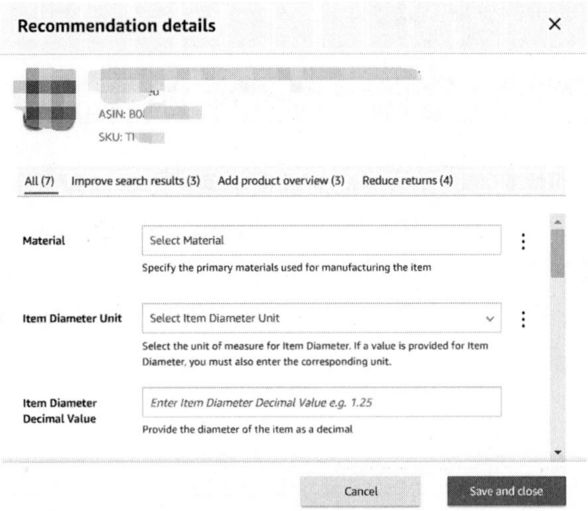

图4.15　需要填写的字段

填写完成，点击"Save and close"即可，完成后一般在24小时之内，就会显示在前台页面上。需要弄清楚的是：

①系统每天都会更新这里的推荐信息，所以卖家每周至少检查一次。

②亚马逊使用综合浏览量和销售量来确定建议的优先级，即亚马逊会对建议填写字段进行排序。

③有时，亚马逊会推荐与你的产品不相关的属性。在这种情况下，请在下拉菜单里选择"与此商品不相关"等选项，并说明原因，以便亚马逊改善他们的建议。如图4.16所示。

图4.16　上至下依次是：属性不适用与该商品、属性描述不清、属性值不在下拉菜单中

（4）批量编辑修改。

在2021年4月，这个批量修改正式启用，如果发现要完善信息的SKU比较多，可以使用

批量编辑功能,如图 4.17 所示。

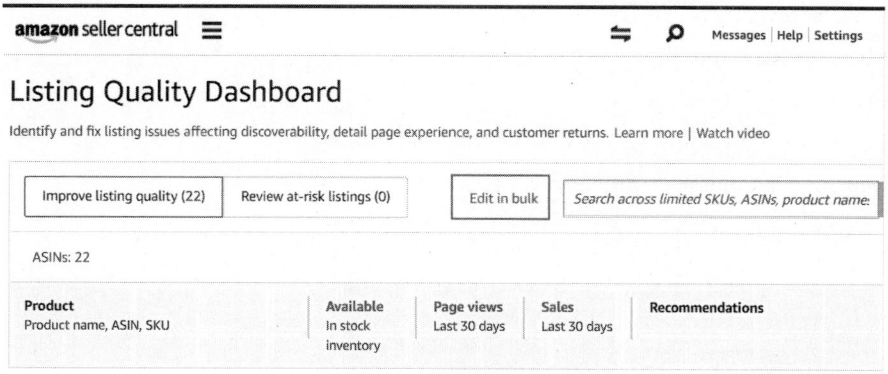

图 4.17 批量操作

点击"Edit in bulk"进行批量编辑,如图 4.18 所示。

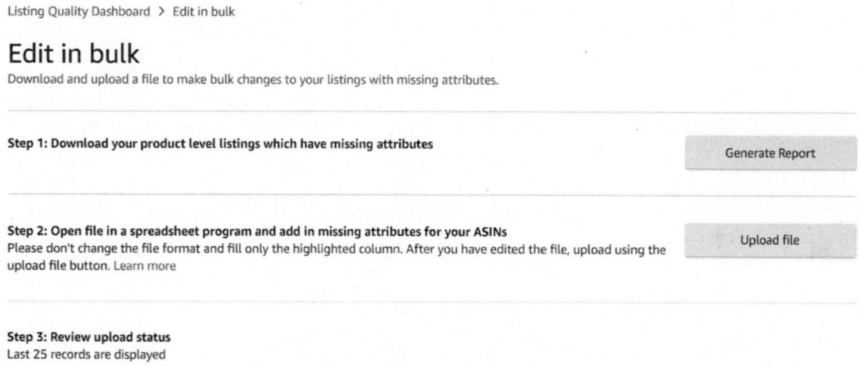

图 4.18 批量操作页面

然后下载报告,填完完整信息后,上传文件,就完成了。

商品信息质量控制面板是个非常好用的工具,之前很多卖家都不知道自己的产品上架后,应该怎么优化自己产品,如何优化。而这个工具就可以帮助卖家,卖家只要直接根据该页面的推荐,直接优化上面的字段属性就行。而且只要遵循了这些,就可以大大改善客户的购物体验,提高销售量,提高得分,从而提高产品知名度。

卖家可不能忽视这个工具。

4.3 库存规划——避免缺货的关键

库存规划(Inventory Planning)的控制面板包含以下几个内容,如图 4.19 所示。

- Performance（库存绩效）
- Restock Inventory（补充库存）
- Manage Excess Inventory（管理冗余库存）
- Inventory Age（库龄）
- Fix stranded inventory（修复无在售信息的亚马逊库存）
- Manage FBA returns（管理亚马逊物流退货）

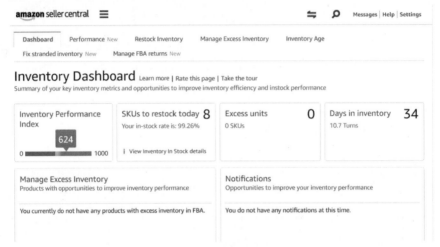

图 4.19　库存规划页面

前面的章节讲过,产品在亚马逊搜索中排名的机制和逻辑是很复杂,是多个因素权重的集合。我们也提到，库存对排名因素是有一定的影响的。

貌似库存管理和搜索排名之间没有实际联系，但是它们都有一个共同因素，就是用户体验，你的产品库存不足或者配送缓慢，就会导致用户体验不好，当然会影响产品的排名。也就是说，如果客户希望在两天内获得产品，但是却要等两周的时间，则客户很可能会留下负面评价，这些负面评价就切切实实可以成为影响排名的因素。简单地说，下面三个情况对排名影响比较大：

（1）断货缺货；
（2）配送缓慢（哪怕你选的是 FBA，也有可能因为你仓库入库缓慢导致配送慢）；
（3）滞销产品过多。

而这个库存规划控制面板，就能帮助你更好地解决这些问题。下面我们逐个介绍其功能。

4.3.1　库存绩效分数过低会限制发货数量

库存绩效指数（Amazon's Inventory Performance Index，IPI），是亚马逊很早以前推出的指标，但一直没有得到关注，直到亚马逊宣布 IPI 分数过低会限制发货数量，超过的数量也会被加收高额的仓储费，卖家才开始认真对待。

1. IPI 是什么指标

简单地说，它是通过汇总卖家店铺上过去 90 天的销售、库存和成本的数据来衡量整体状态的一个数值指标。其实就是产品库存的周转效率的指标。分数越高，绩效越好。

2. 分数太低会怎么样

亚马逊已经宣布，从 2020 年 8 月 16 日开始，所有 IPI 得分低于 500 分的卖家从该日期起直到 2020 年 12 月 31 日年底将受到存储限制。但是后来发现很多卖家都无法达到，亚马逊在 2021 年又把这个限制分数调整到 450 分。IPI 的测量范围是 0 分到 1 000 分，当前基准设置为 450 分。如果你的 IPI 低于此值，则可能会遇到以下情况：

（1）只要 IPI 保持在 450 分以上，卖家在 FBA 仓库中的存储空间将不受限制，但是，如果 IPI 低于 450 分，则卖家可能会在季度结束前六周收到来自亚马逊的电子邮件，其中包含有关潜在存储限制的信息。如果该季度末分数未增加到 450 分以上，则该限制将适用于下一季度。

（2）高于一定金额的物品收取更高的仓储费——10 美元 / CBM。

（3）如果 IPI 下降并且 FBA 库存超过允许的数量，则亚马逊将向卖家收取"超额费用"。目前，每个季度末（3 月 31 日、6 月 30 日、9 月 30 日和 12 月 31 日）以及该季度结束前的六个星期亚马逊会计算分数。如果你在本季度末和六周前的得分低于 450 分，你将受到处罚。

（4）但是，如果你的分数在第一次计算后低于 450 分，你应该会收到来自亚马逊的通知，这为你提供了 6 周的宽限期。

也就是说，当你收到警告提示后，你还有 6 周时间来提升你的 IPI 分数。

Kris 认为，如果运营得当，6 周时间足够你提升 IPI 分数。

3. 怎么提高 IPI 分数

亚马逊并没有透露其 IPI 的确切计算方式，但它在帮助页面和后台指标信息里也提到，影响 IPI 分数的主要因素有四个：

- 冗余库存百分比：减少多余的库存有助于提高盈利能力
- FBA 售出率：增加销售率有助于使库存下降
- 无在售信息库存百分比：确保 FBA 仓库中的所有库存都可被购买
- 亚马逊物流库存率：将热卖的商品保持足够库存率可增加销售

这个指标分别用四个颜色来代表对应的分数阶段：深绿色代表优秀，浅绿色代表良好，黄色代表一般，红色代表较差，如图 4.20 所示。

下面我们来详细解读这四个因素。

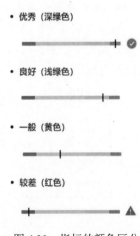

图 4.20　指标的颜色区分

（1）冗余库存百分比，如图 4.21 所示。

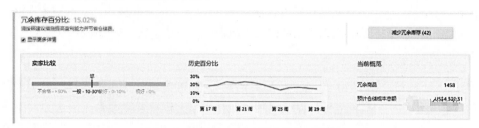

图 4.21　冗余商品数量和预计仓储成本

冗余库存百分比，就是冗余库存的亚马逊物流库存商品数量占所有库存的百分比。数值越低越好，大于 30% 就是差了。冗余库存是根据你的销售速度计算出来的，销售太慢，你的商品很容易就滞销冗余了。怎么解决？

两个方法，就是预防和治疗。

预防阶段：预测需求——开发预测需求的系统可帮助你更准确地规划未来，包括了解在任何给定时间需要多少库存。

战略性定价——通过精心研究的定价策略，你可以避免因商品定价过高而导致积压库存，同时仍然收取足够的利润。

自动执行重新订购——利用强大的库存管理系统，可以通过自动计算重新订购时间点更轻松地知道何时下订单。

但是特殊原因（如疫情），或者计算失误，还是会造成冗余。

也可以通过以下几点分析原因：

- 查看库龄库存（后面的小节会讲到）
- 查看 ASIN 是否流量低
- 查看 ASIN 是否转化率低
- 定价是否合适等

对于流量较低的 ASIN，你可以考虑按点击付费广告。对于转化率较低的 ASIN，你应该在产品页面上查看是否有需要改进的地方。建议把重心放在预防阶段，如果你的物流比较给力，可以少走海运，多走快递，让货物更快地周转起来，这样也可以很好预防冗余。

（2）FBA 售出率，如图 4.22 所示。

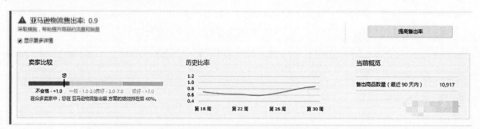

图 4.22　90 天售出商品数量

售出率是一定时间内售出的商品占库存总量的百分比，数值越高越好。

售出率 = 售出商品数量 / 库存商品平均数。

亚马逊给出了以下计算的例子，如图 4.23 所示。

亚马逊物流售出率的计算方法是，您在过去 90 天内售出并配送的商品数量除以该时间段内您在运营中心的平均可售商品数量。我们会通过您当天、30 天、60 天和 90 天前的库存水平快照来计算您的平均可售商品数量，然后取这些数值的平均值。例如：您在过去 90 天内配送了 120 件商品，且在该时间段内的平均可售商品数量为 80 件。您的售出率将为 120÷80 = 1.5，如下所示。

日期	今天	30 天前	60 天前	90 天前
售出商品总数（累计）	120 件商品	50 件商品	10 件商品	0 件商品
可售库存	80 件商品	150 件商品（已收到 150 件商品的新货件）	40 件商品	50 件商品

平均可售库存 = (50 + 40 + 150 + 80) ÷ 4 = 80
售出率 = 120÷80 = 1.5

图 4.23　亚马逊提供的示例

可以看出，售出率不仅仅与你在一定时期内要销售的产品数量有关，跟你有多少库存也有关。而要提高售出率，就要提升销量和减少库存。可以考虑以下几个方法：

- 捆绑产品——增加每笔交易销售的产品数量（特别是虚拟捆绑功能，效果不错，后面小节会讲到）
- 打折商品优惠券等——通过产品减价来吸引客户
- 增加广告投入——增加曝光销售
- 清除库存——从 FBA 仓库中转移到其他海外仓
- 减少销量少的商品的入库——但是也要确保库存中有足够产品可供出售

（3）无在售信息库存百分比，如图 4.24 所示。

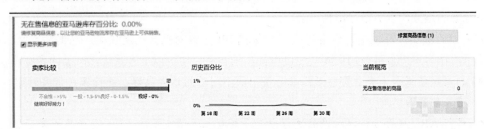

图 4.24　右侧显示无在售商品的数量

此数值越低越好，无在售信息库存是与亚马逊活跃度无关的亚马逊配送中心的库存，指的是死库存。

如果该产品的 Listing 有限制，或者可能从未创建过，甚至产品已经下架了，清空库存了，而客户退货回来了，导致库存积压了，产生了存储费用，但由于 Listing 处于未被激活状态而无法出售。这个指标显示的数量，就是产生仓储费的不可售 SKU 数量。

这个问题的解决方法比较简单：在卖家后台中，从"库存"—"库存规划"访问"修复无在售信息的亚马逊库存（后面小节会讲到）"页面，删除或手动编辑并重新列出这些商品即可。

（4）亚马逊物流库存率，如图 4.25 所示。

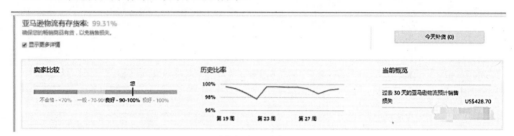

图 4.25　右侧显示库存不当或者断货带来的损失金额

亚马逊物流库存率是指可补充的亚马逊物流产品在库存中的时间百分比，数值越高越好。过去 30 天内，以过去 60 天内售出的商品数量加权。用 Excel 举个例子，如图 4.26 所示。

假设店铺只有两个SKU	现在库存数量	过去60的销售数量	过去60天的有库存的时间	过去60天的销售速度	过去60天断货时间的占30天的百分比
SKU #1	0	90	45	90÷45=2	(45-30)÷30=50%
SKU #2	10	180	60	180÷60=3	(60-30)÷30=100%

图 4.26　计算的例子

亚马逊物流库存率 =（过去 30 天存货的百分比）×（60 天销售速度）÷（60 天销售速度）

所以，根据上面的例子，这两个可补充 SKU 的 FBA 库存率计算如下：[(2×50%)+(3×100%)] ÷（2+3）= 80%

怎么提高库存率？不能断货！但是也不能发太多 FBA。但亚马逊仍鼓励卖家对受欢迎的商品保持足够的数量，以免错过销售机会。

如果你的热卖产品缺货，你会失去一个提高 IPI 分数的机会。将热卖产品的库存率保持在较高水平，让客户一直可以购买到，还可以提高销售率。通过以下方式优化产品的库存率：

- 利用销售报告来查看哪些产品在一年中的不同时间销售最好，并确保在需要时增加这些产品的库存。
- 进行 ABC 库存分析以对产品进行分类，并专注于始终保持"A"类产品的库存。

4. 案例分析：卖出多少件货才可以提升售出率

从上面分析的四个方面来看，有经验的卖家就明白，只有"FBA 售出率"是最难把握的。因为增加销量是最难的部分。很多卖家的 IPI 分数不达标就是卡在了销售量过低。

相信大部分卖家的绩效状况应该大致跟图 4.27 类似。

图 4.27 库存绩效信息

比如你的店铺现在的售出率是 1.7，售出率大于 2.0 就是浅绿色，属于良好，那么，你的店铺要卖出多少件货，才可以达到 2.0 呢？如图 4.28 所示。

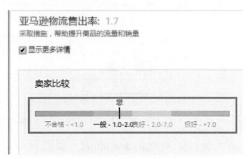

图 4.28 售出率的颜色分数段指标信息

首先，要弄明白售出率计算公式，如图 4.29 所示。

$$售出率 = \frac{90天内一共销售数量}{(今天库存+30天前库存+60天前库存+90天前库存) \div 4}$$

图 4.29 计算公式

公式很简单，但是要明白两个事情：
- 90 天的销售数量从哪里找？
- 四个时间段的库存分别从哪里找？

先看这个例子，如图 4.30 所示。

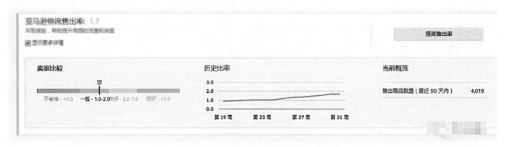

图 4.30 亚马逊物流售出率

所以，90天销售的数量，就是截图—右边的数字：4 019

而那四个时间是时间节点，不是时间段。

比如，今天是8月1日，你选取的时间是30天前（7月1日），60天前（6月1日），90天前（5月1日），当日24小时的数据，那么可以从后台下载对应的报表，如图4.31所示。

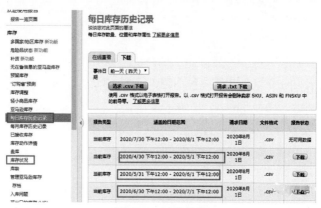

图4.31 下载数据

注意：如果"今天"的数据显示"无可用数据"，可以从库存状况下载。

下载报表后，会得到以下数据，但是包含了加拿大和墨西哥站点的库存，所以你要去掉这个选项，如图4.32所示。

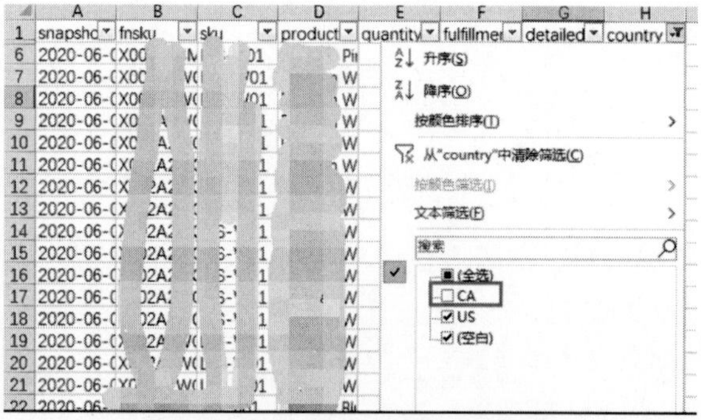

图4.32 把加拿大数据信息隐藏掉

最后，就得到了四个表格，即四个时间的数据，还有90天销售数据，由此可以根据公式算出售出率。我们可以做这样一个表格，如图4.33所示。

四个时间段的库存数量				平均数 （四段时间之和/4）	90天销售总数量	售出率 （销售总数/平均数）
今天	30天前	60天前	90天前			
1556	2118	2268	2986	2232	4019	1.8

图4.33 计算示例

如图 4.28 所示，上周的数据为 1.7 分，而我们计算出来的数据是 1.8 分，应该是系统没有更新，因为 IPI 是每周一更新一次。

而因为这个数值越大越好，所以证明下周开始绩效表现有好转了。重点来了，为什么你的售出率无法提升？其实理解了上面公式就知道，这个数据是关系四个时间段和销售总量的数据。

如果你之前销售很一般，为了这 IPI 指标，这个月搞了各种促销，这个月销售很好，其实也就影响"今天"这个数据，但是 30 天前，60 天前，90 天前还是积压了大量的库存（它们是固定的某一天数值，不会变），对数值的改变不大。

还是上面那个例子，原来算出的是 1.8 分。因为数值是每周更新。那么，一周内要多卖多少件货？才可以从 1.8 分提升到 2.0 分呢？

答案是，大概 300 件。也就是该店铺如果可以一周内多卖 300 件货，售出率在下一周数据更新的时候可以达到 2.0 分。

为方便大家理解，Kris 做了个表格，如图 4.34 所示。

四个时间段的库存数量				平均数 （四段时间之和/4）	90天销售总数量	售出率 （销售总数/平均数）
今天	30天前	60天前	90天前			
1556-300 =1256	2118	2268	2986	2157	4019+300 =4319	2.0

图 4.34 变化的数字已经标注了红色

那么计算公式是怎样的呢？我们假设需要多卖的数量为 X，你的目标是要达到 2.0 分（当然你也可以写 3.0 分或者 5.0 分，你自己订目标），那么你这周需要售卖的数量公式就是以下这样，如图 4.35 所示。

$$2.0 = \frac{90\text{天内一共销售数量} + X}{(\text{今天库存} - X + 30\text{天前库存} + 60\text{天前库存} + 90\text{天前库存}) \div 4}$$

图 4.35 计算公式

用数学方法求出 X，就得到刚刚的数字——300 件。这个就是运营的目标了，要提升售出率，必须一周要比原来多卖 300 件商品。如果无法卖出这么多商品，还是有办法，前提是你有海外仓。可将库存移除到海外仓。当然，如果商品货值不大，直接弃置也可以。

然后计算公式有点变化：总销售数量应该不会增加，只有"今天"的数量减少，如图 4.36 所示。

$$2.0 = \frac{90\text{天内一共销售数量}}{(\text{今天库存} - X + 30\text{天前库存} + 60\text{天前库存} + 90\text{天前库存}) \div 4}$$

图 4.36 计算公式

不增加销售，只移除到海外仓的话，要移除 900 件货才可以达到售出率 2.0 分，如图 4.37 所示。

四个时间段的库存数量				平均数 (四段时间之和/4)	90天销售总数量	售出率 (销售总数/平均数)
今天	30天前	60天前	90天前			
1556-900 =656	2118	2268	2986	2007	4019	2.0

图 4.37　表格计算示例

这个案例中，售出率要提升 0.2 分，即从 1.8 分到 2.0 分，有两个方法：

- 如果增加销量，只要一周内增加 300 件货的销售就可以了。
- 如果是移除到海外仓，就要移除 900 件货，多移除三倍的数量。

IPI 绩效讲这么详细，其实大家只要记住一句话，FBA 库存量不要超过 90 天，保持销售数量，库存率也不能太小，那么 IPI 分数就不会太低。只要你备货计算比较周全，那么库存数量就可以控制得比较好，这就是下一节的内容。

4.3.2　补充库存——避免断货的关键

其实很多卖家都不知道这个补充库存（Restock Inventory）工具有什么作用，基本就是用来看看自己的 SKU 被限制了多少，能发多少数量而已，如图 4.38 所示。

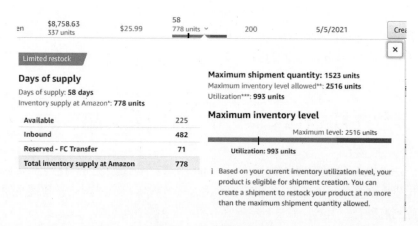

图 4.38　补充库存信息

很多卖家却不知道这个备货推荐数据是怎么来的。仅仅是依据销售数量计算出来的吗？不是的，这也是依据采购时间、发货周期及装箱情况得出的。

如果销量无法迅速增长，却想获得更多的备货数量，怎么办？可以通过 "Customer SKU Settings" 的自定义 SKU 功能改进，如图 4.39 所示。

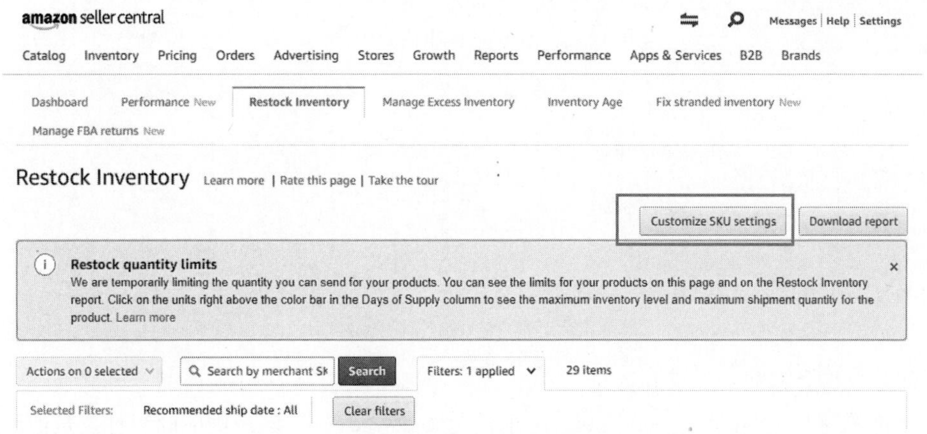

图 4.39　自定义 SKU

然后下载"Generate Report",填写完整数据,就可以提升推荐数量,如图 4.40 所示。

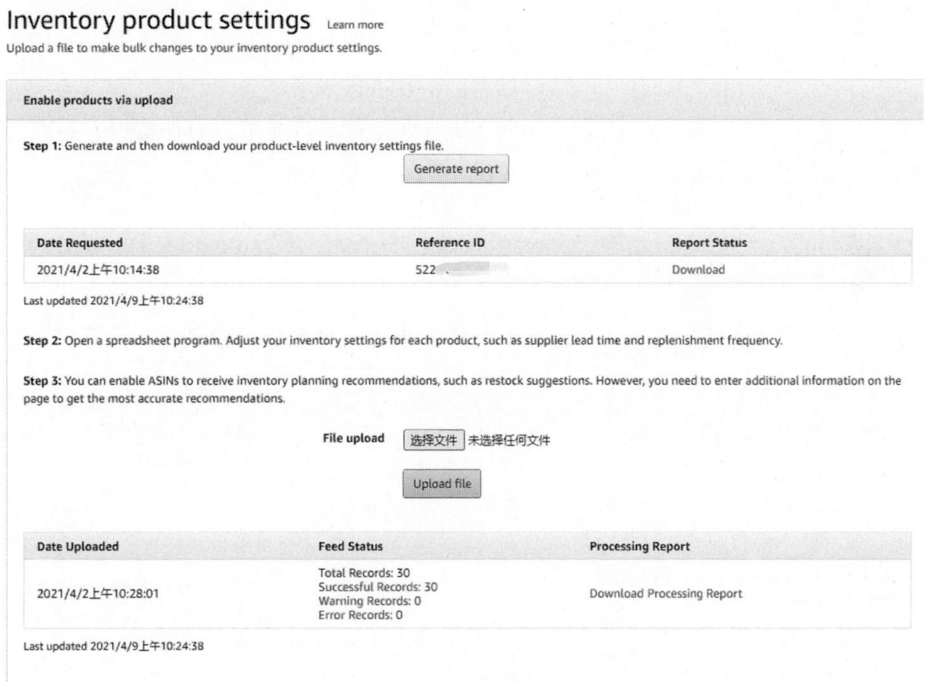

图 4.40　批量编辑

怎么填写?

首先,下载出来的曝光数据是 txt 格式的,要复制到 Excel 文档进行编辑,然后再导出 txt 文本文件,上传就可以了。

复制到 Excel 后表格如图 4.41 所示。

	A	B	C	D	E	F	G	H	I	J	K	L	M	N	O	P	Q	R	S
1	Merchant SKU	ASIN	Product Name	Supplier	Supplier lead time	Case pack qty	Min order qty	Reorder frequency	Cost of purchase	Supplier ships direct to Amazon?	Hide Item	Recovery rate	Seller lead time	Variable cost	Future price	Minimum replenishment quantity	Replenishment frequency	Supply chain settings	
2	***	***	**	**	4	1	1	8	34.9965	No	No		2	0		1	4	3	
3	***	***	**	**	4	1	1	8	12.995	No	No		2	0		1	4	3	
4	***	***	**	**	4	1	1	8	6.9965	No	No		2	0		1	4	3	
5	***	***	**	**	4	1	1	8	5.2465	No	No		2	0		1	4	3	
6	***	***	**	**	4	1	1	8	9.0965	No	No		2	0		1	4	3	
7	***	***	**	**	4	1	1	8	9.0965	No	No		2	0		1	4	3	
8	***	***	**	**	4	1	1	8	13.2965	No	No		2	0		1	4	3	
9	***	***	**	**	4	1	1	8	5.2465	No	No		2	0		1	4	3	
10	***	***	**	**	4	1	1	8	6.9965	No	No		2	0		1	4	3	
11	***	***	**	**	4	1	1	8	13.2965	No	No		2	0		1	4	3	
12	***	***	**	**	4	1	1	8	6.9965	No	No		2	0		1	4	3	
13	***	***	**	**	4	1	1	8	5.2465	No	No		2	0		1	4	3	
14	***	***	**	**	4	1	1	8	3.4965	No	No		2	0		1	4	3	
15	***	***	**	**	4	1	1	8	3.4965	No	No		2	0		1	4	3	
16	***	***	**	**	4	1	1	8	5.2465	No	No		2	0		1	4	3	

图 4.41　Excel 表格示例

有几个数据会影响备货推荐数量。

供应商采购期（Supplier lead time）：单位是周（Week），这是供应商给你发货的时间，如果填 10，就是 10 周备货，时间设置越长，那么推荐数量就越多。

包装数量（Case pack qty）：即一箱可以装多少，写得越多，推荐数量也会越多，因为系统会考虑让你整箱发货。

最小订购数量（Min order qty）：设置越大，推荐数量越多。

订购频率（Reorder frequency）：设置越大，推荐数量越多。

当你填写好这些数据后，就会发现你的产品的推荐备货数量数值有所提升。但是，不是发货越多越好，一定要考虑好冗余库存问题。

4.3.3　管理冗余库存——增加现金流

管理冗余库存（Manage Excess Inventory）能有效提升现金流，管理冗余库存页面如图 4.42 所示。

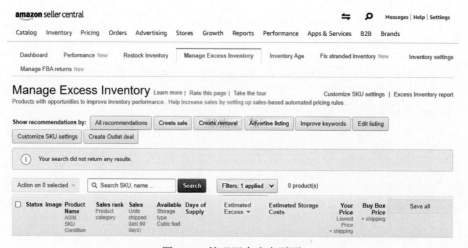

图 4.42　管理冗余库存页面

如果想要更多的现金流，保证资金链不断，就不能积压太多库存。发现滞销库存，就要及时清理，否则就得支付高额的仓储费。

此工具可以让卖家快速识别可能存在的多余库存的SKU，查看相关信息，并且提供适当建议。它还会突出显示可能限制产品销售的因素，并提供改善库存绩效的措施。如果是价格过高影响了销售，它会建议你做促销活动，如图4.43和图4.44所示。

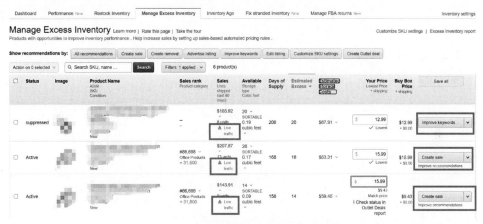

图4.43　影响销售的原因和建议的措施

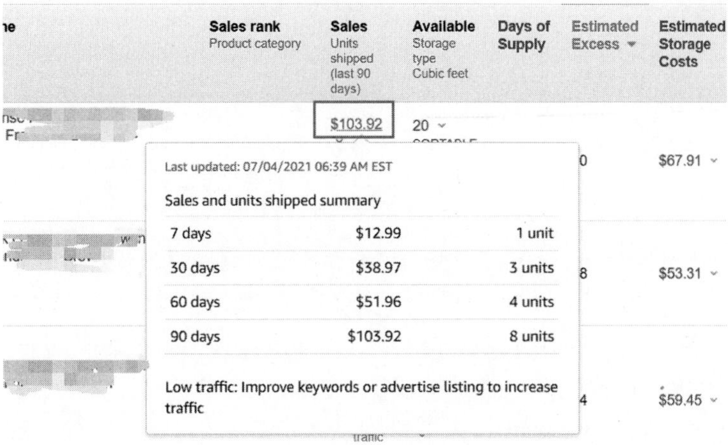

图4.44　显示详细销售信息

卖家可以通过将鼠标悬停在产品的"Sales"列上查看过去7天、30天、60天和90天已售出多少产品和金额。最底部还有优化建议。

此工具的SKU的销量影响提示因素还有：

- 质量警报（Quality Alert）：表示商品详情页面可能不完整或不正确。客户可能会使用特定的产品详细信息搜索和浏览亚马逊的目录。如果你的产品信息不完整或不正确，则客户很难找到，进而购买你的产品。

- 客流量低（Low Traffic）：表示仅有少量潜在客户看到了这个产品。可以使用"改进关键词"功能优化页面，提高在搜索中的显示表现。也可以用广告帮助产品获得更多浏览。
- 转化率低（Low Conversion）：表示有潜在客户正在查看商品详情页面，但没有关注并购买产品。这种情况下，可以通过"编辑列表"功能来提高商品详情页面质量，并通过"创建销售"或"降低价格"来竞争性地定价，这有助于提高转化率。如果有必要，系统就会建议你删除一些库存。

1. 亚马逊推荐的操作措施

推荐的操作是每个产品右侧的下拉菜单中显示的默认操作。第一个建议是基于业务销售和SKU产品的经济效益计算得出的。当然，卖家也可以通过从下拉菜单中选择进行其他操作。主要的建议措施如图4.45所示。

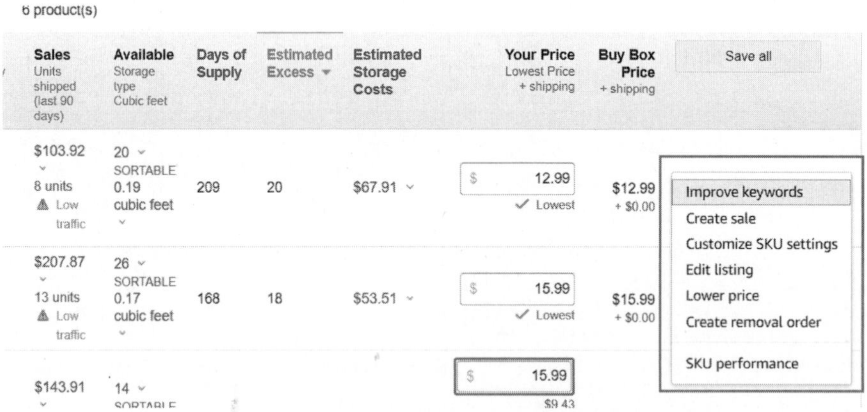

图4.45 推荐的操作措施

（1）编辑列表（Edit Listing）：当页面可能存在质量问题时，就会显示此建议。单击即可进入编辑产品页面。在页面目录中查找提示报警的字段，填写完善就可以解决列表问题。

（2）改善关键词（Improve keywords）：产品的访问量可能较低，客户无法通过搜索找到产品。此操作可优化列表在搜索中的显示方式。

（3）广告列表（Advertise Listing）：广告是获得流量行之有效的方式，点击进入广告页面，就可以为你的产品吸引更多流量。

（4）创建促销（Create sale）：根据该产品的价格弹性和产品成本，如果系统认为你可以通过暂时降低价格从而更快地通过销售库存来获得更高的库存收益，那么系统就会建议你这么做。当你点击操作，系统会提供建议的销售价格和期限，如果你同意，点击确认即可。系统一般会建议改为最低价格以增加销量。

（5）清理库存（Create removal order）：你可以弃置或者移除库存到站外销售渠道销售。系统可能不会建议你删除所有库存，仅恢复到正常水平即可。

（6）奥特莱斯促销（Create Outlet deal）：这是一个专门的促销界面，下面详细介绍。

卖家如果发现有冗余库存，只要根据推荐措施建议进行优化即可，但是亚马逊表示，并不能保证将来会有效果，卖家仍然有责任自行确定其价格和库存水平。

根据 Kris 的经验，多个建议措施中，降价和奥特莱斯促销效果比较好。

2. 奥特莱斯促销

这是鲜为人知的功能，容易被大家忽视。如果你的产品符合奥特莱斯促销条件，那么当你点击"Create Outlet deal"会看到系统推荐的几个 SKU，如图 4.46 所示。

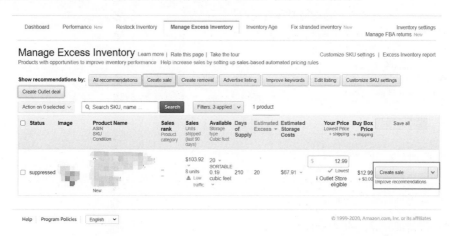

图 4.46　创建促销

在推荐的 SKU 右侧，点击"Create sales"就会弹出如图 4.47 所示的对话框。

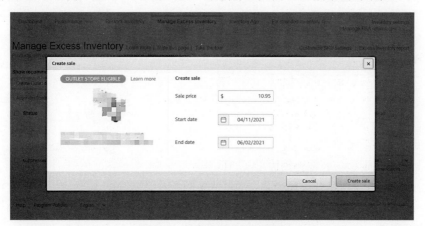

图 4.47　填写价格和促销时间

需要注意的是，这里显示的价格是系统推荐的，你可以修改这个价格，但是必须要比这个推荐价格低，不能高。时间可以自己设定。确定后点击按钮"Create sale"即可。

只要卖家点击同意这些推荐的 SKU 参加此促销，在以下页面就可以找到你的产品，获得更多的曝光，销售也会增多。此工具可以很好地帮助你提高售出率、增加现金流、优化库存水平并降低总仓储费，如图 4.48 所示。

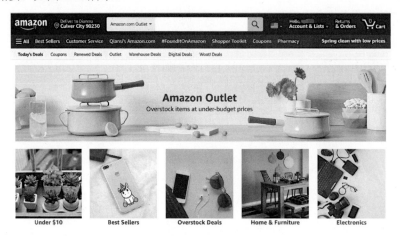

图 4.48　促销页面

Outlet 页面里，展示的都是卖家各个类别的储存过多的库存和清仓商品。客户在这里可以享受到折扣，这些都是生产过量和销售不足的日常且全新的物品，跟亚马逊 Amazon Warehouse 页面售卖的二手商品完全不同。

3. 参加奥特莱斯促销的条件

要加入亚马逊奥特莱斯，首先要有专业卖家账户（企业资料注册的账户），而不是个人卖家账户（个人资料注册的账户），并且整体买家评分至少为 3.5 星。且 ASIN 必须满足以下条件：

（1）拥有在亚马逊运营中心至少存放 90 天的库存。

（2）最低折扣为 20% 的促销优惠。

（3）现有库存超过 10 件。

（4）有销售历史记录。

（5）处于新品状况。

（6）商品评分至少为 3 星或没有评论。

（7）目前未注册参与"订购省"计划。

（8）目前未注册参与其他促销优惠（如秒杀）。

（9）在过去 60 天内没有参加过亚马逊奥特莱斯限时促销。

（10）遵守亚马逊的买家商品评论政策和价格政策。

被选定的促销将会在一周到两周的固定时段内显示在亚马逊奥特莱斯页面上。即使促销已经开始，卖家也可以随时取消。

另外，这个工具活动是不收取任何费用的。这个工具就是为了帮助卖家降低商品在运营中心的仓储费。所以，如果你的 ASIN 符合条件，折扣后也有利润，那么应该使用这个工具。

4.3.4 库龄——了解每个SKU库存状态

亚马逊物流库存年龄（FBA Inventory Age），顾名思义，就是一个查看亚马逊库存时间的工具。

该页面显示每个时间段的单位数量，同时也会显示在下一个收费日期将要支付的长期仓储费的单位数量，以及这些单位的估计长期仓储费金额（假定不做任何进一步的规定）及销售量。它还会显示每个SKU的近期销售业绩，并为卖家确定增加流量或销售转化率的机会，以帮助卖家通过多项措施进行库存销售。

库存时间分段分为以下四个，如图4.49所示。

- 0～90天
- 91～180天
- 181～365天
- 超过365天

但是，只有库存超过365天的物品才需要支付长期仓储费。这个信息只是方便卖家计算需要支付长期仓储费的产品及数量。

长期仓储费如何计算（以美国站为例）？

对库存超过365天或更长时间的，亚马逊将收取每立方英尺（Cubic foot）6.90美元的长期仓储费或每单位最低费用0.15美元，两者取较高者计算。费用在每个月的15日计算。

1立方英尺＝每边长度为1英尺（0.3048米）的立方体体积。所以你要计算自己产品的立方体积，先把产品包装的厘米或者英寸换算为英尺单位，再三边相乘即可。

亚马逊给出了以下几个例子，如图4.50所示。

图4.49 点击"Details"会显示更详细的细节

长期仓储费示例

玩具：11 x 8 x 2英寸	储存期	适用立方英尺LTSF	适用的单位LTSF	已结算的长期仓储费（两者中的较高者）
1个	超过365天	$0.70	$0.15	$0.70
2个单位	超过365天	$1.41	$0.30	$1.41
10个单位	超过365天	$7.03	$1.50	$7.03

书本：8 x 6 x 0.5英寸	储存期	适用立方英尺LTSF	适用的单位LTSF	已结算的长期仓储费（两者中的较高者）
1个	超过365天	$0.10	$0.15	$0.15
2个单位	超过365天	$0.19	$0.30	$0.30
10个单位	超过365天	$0.96	$1.50	$1.50

图4.50 长期仓储费示例

我们可以从库龄板块里看到每个SKU的立方英尺单位，如图4.51所示。

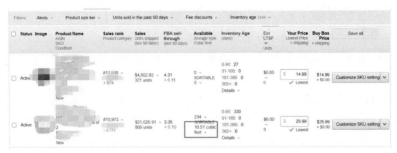

图 4.51　从库龄板块里看到每个 SKU 的立方英尺单位

如果这个 SKU 产生了长期仓储，那产生了多少费用呢？

（1）按立方英尺计算：6.90 美元 / 立方英尺 ×10.51 立方英尺 = 72.519 美元。

（2）按件数计算：0.15 美元 / 件 ×809 件 = 121.35 美元。

取最大值，所以这个 SKU 要收取的长期仓储费是 121.35 美元。

另外，据 Kris 的经验，亚马逊物流总会把商品的尺寸和重量算得偏大，如果差距很大，一定要向亚马逊物流客服发邮件要求重新测量。

如何使用此页面来管理滞销库存？库龄页面就是帮助卖家确定可能会产生长期仓储费的库存，并提供建议措施，以更好地管理商品的投资回报。这些建议措施其实跟上一节讲的管理冗余库存一样，可以参考上节内容。

4.3.5　修复无在售信息的亚马逊库存——查看下架或不可售产品

无在售信息的亚马逊库存（Fix stranded inventory）是指存放在 FBA 运营中心，但没有相关在售信息（不可售）的产品，其 SKU 相关信息和数量会显示在亚马逊库存页面上。如果库存无在售信息，需要重新开启商品销售（有些需要通过申诉开启）或将其库存移除，如图 4.52 所示。

图 4.52　无在售信息的亚马逊库存页面

1. 导致不可售的常见原因

（1）删除或关闭产品信息。
（2）将其从【亚马逊配送】更改为【卖家自配送】。
（3）商品页面信息质量问题（缺少关键信息、定价错误等）。
（4）侵权问题（商标滥用等）。
（5）正在接受库存审核（危险品或者被客户投诉导致审核）。
（6）库存与 ASIN 不符（贴错标等）。
（7）系统错误（批量上传错误等）。

2. 亚马逊一般通过两种方式通知卖家无在售信息的亚马逊库存

（1）注册邮箱邮件。
（2）在修复无在售信息的亚马逊库存页面。

3. 无在售信息的亚马逊库存对卖家有什么影响

（1）该产品不再显示在前台页面，客户搜索不到产品，会损失销售。
（2）库存会占用 FBA 仓库中不必要的空间，导致能发到 FBA 仓库的产品数量减少。
（3）如果库存不及时移除，亚马逊依然会收取该库存的每月存储费。
（4）库存还会对你的 IPI 分数产生负面影响（可参考上节内容）。

4. 三种处理方法

（1）如果是系统错误或者页面质量问题，重新编辑页面就可直接开启重新销售。
（2）如果可以申诉，等申诉回来，重新上架。
（3）没有办法处理的，直接移除库存。

系统也会推荐处理方式，如图 4.53 所示。

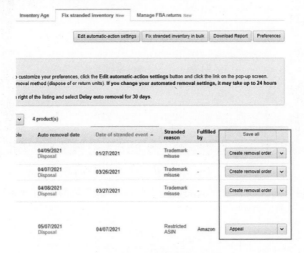

图 4.53　推荐的处理方式

根据右侧下拉菜单进行处理即可。

一般情况下，亚马逊会发送电子邮件通知。通知发出的 30 天后，库存会被归类为不可售，卖家可以根据系统提示进行处理。如果不处理，不可售库存会在 30 天的时间内被弃置，同时也会收取弃置费。这些对卖家绩效可不是什么好事，如果问题严重或者卖家一直不处理，最严重的会导致销售权限被限制，即封店。

设置自动修复无在售信息库存。

如果你平时很忙，或者比较容易忽略这个页面，那么最好设置自动修复功能。设置方法很简单，如图 4.54 所示。

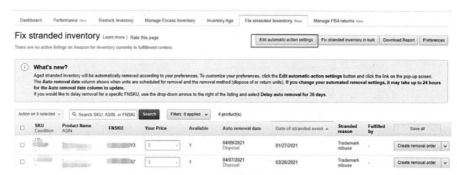

图 4.54　自动修复功能

点击 "Edit automatic-action settings" 进入页面，如图 4.55 所示。

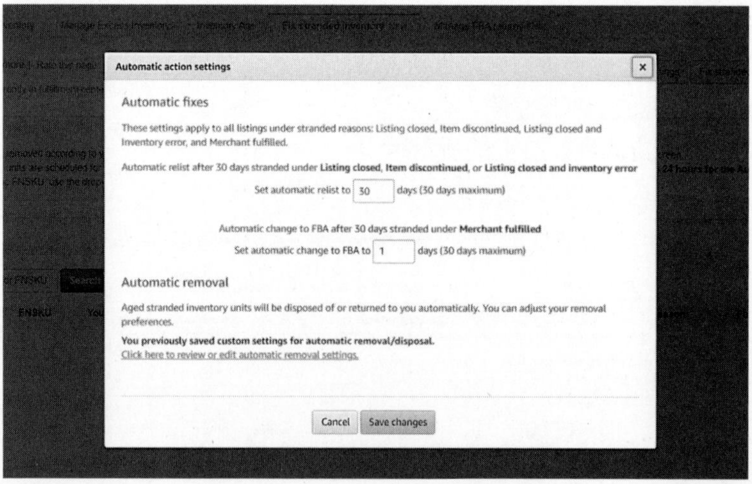

图 4.55　自动修复功能设置对话框

看到的是第一个部分的内容，即 "Automatic fixes" 自动修复。但是必须是以下四种情况才可以自动修复：

- Listing 已下架
- 商品已停售

- 库存错误
- 卖家自配送

有两种修复方式：

自动上架销售：最多可以设置 30 天，最好设置 2 天（系统不能设置 1 天），即下架两天后自动上架。

自动转换为亚马逊物流配送：最多可以设置 30 天，最好设置 1 天，即下架 1 天后转为 FBA 配送。

然后点击"Click here to review or edit automatic removal settings"进入第二部分，如图 4.56 所示。

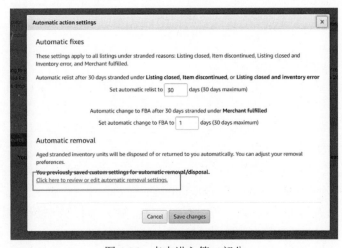

图 4.56　点击进入第二部分

第二部分是"Automatic removal"自动删除。在这部分可设置产品不可售后，多长时间移除仓库，如图 4.57 所示。

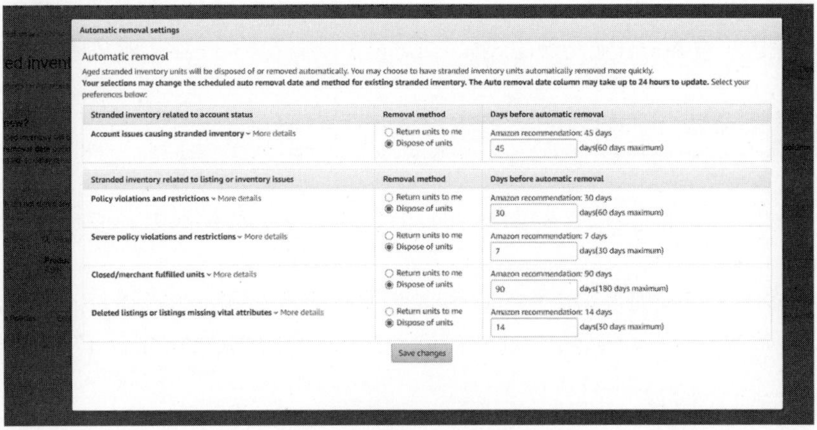

图 4.57　更多的明细设置

这些是默认的设置,如果你想了解更多,可以点击"More Detail"。还可以设置合适的移除时间,建议不要设置太长时间,因为还要支付仓储费的。

5. 如何防止此类库存

根据上述产生不可售的原因,可以有针对性地采取如下有效措施。

(1)确保产品能够在 FBA 销售。

你可以上架产品,但是当你发送到 FBA 时,会受到更多审核,尤其是在开启了 B2B 业务后。要先确保产品的品牌或特定品类都是被亚马逊允许销售的。

(2)发送 FBA 之前,要填写完整的 Listing 信息。

这是防止发生 Listing 页面质量报警。在首次创建新产品的时候,亚马逊允许跳过添加图片或产品功能之类的步骤。但是如果你要在货物到达 FBA 仓库之前添加这些信息,则有被搁置的风险。

(3)创建 FBA 货件时要 100% 准确。

不能发送多于或者少于货件计划的数量,也不能发送货件计划中未包含的物品,更不能贴错标签,标签也不能有破损,包装要完整。确保发送的货件与创建的信息是 100% 吻合的。如果多次发生货件与信息不合问题,店铺会被禁止发送任何货物到 FBA。

(4)不要设置最低价或者最高价限制。

一些卖家会在"管理库存"中设置其产品的最低和最高价格(因为他们使用了自动调价功能)。问题是,如果其中一个 ASIN 的标价高于或低于设定的价格,亚马逊将无法显示该产品。例如,如果你将最低价格设置为 13.99 美元,而你不小心将价格定为 13.98 美元,则 Listing 无法显示在前台,库存也会变为不可售。

(5)不要立即删除产品报价。

哪怕你的库存产品已经售完且不打算补货,也不要立即删除产品报价。如果没有有效的报价,FBA 可能会因库存盘点或客户退货而产生多出的库存,这样也会导致出现无在售信息库存。

尽管后台可以设置自动修复,Kris 还是希望各位卖家养成习惯,经常查看相关页面,以确保店铺和库存表现正常并符合亚马逊的政策标准。至少一周看一次,要让亚马逊的仓库流动起来。

4.3.6 管理亚马逊退货——提升利润的另外一种方式

管理亚马逊退货(Manage FBA Returns)可以有效降低运营成本,提升你的利润空间,如图 4.58 所示。

这也是很多卖家忽视的板块。你可以在这些页面清楚看到每个被退货的订单,以及退货原因、数量、仓库等,如图 4.59 所示,你也可以点击右上角的"Return Report"下载详细的内容。

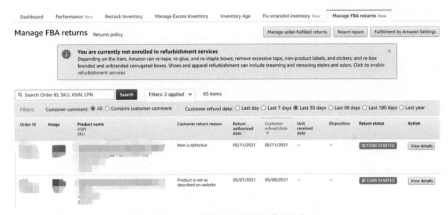

图 4.58 管理亚马逊退货页面

图 4.59 下载后得到的 Excel 表格示例

卖家可以总结退货原因，优化其产品，从而有效减少退货。

退货原因主要分三类。

1. 客户的问题

UNWANTED_ITEM（不想要了）：客户因为某种原因后悔了。

ORDERED_WRONG_ITEM（买错了）：这基本上和不想要是一个意思。

UNAUTHORIZED_PURCHASE（没有授权的购买）：也是不想要的意思，很少是因为小孩子用大人账号购买之类的。

EXCESSIVE_INSTALLATION（过度安装）：难安装，或者装不了。

这类问题基本无解，而且你卖得多，这样的客户也就遇到得越多，所以当你定价时，要把这部分退货损失计算在内。

2. 亚马逊的问题

UNDELIVERABLE_UNKNOWN（无原因的配送失败）

UNDELIVERABLE_REFUSED（拒绝配送）

UNDELIVERABLE_FAILED_DELIVERY_ATTEMPTS（尝试配送失败）

NEVER_ARRIVED（一直未送达）

其原因有些是客户地址有误，有些是亚马逊配送超时，这也是无法避免的事情，所以当你定价时，也要把这部分的退货损失计算在内。

3. 卖家的问题

QUALITY_UNACCEPTABLE（无法接受质量）：提升产品整体质量，包括包装和说明书。
PART_NOT_COMPATIBLE（配件不兼容）：优化页面，讲清楚如何安装或者兼容情况。
NOT_COMPATIBLE（产品不兼容）：优化页面，讲清楚如何安装或者兼容情况。
NOT_AS_DESCRIBED（与描述不符）：优化页面，避免过于夸张的内容，包括图片。
MISSING_PARTS（配件缺失）：发货的时候检查包装。
FOUND_BETTER_PRICE（有更好的价格）：看看是否有一样的产品价格比你低。
DEFECTIVE（产品缺陷）：确认产品是否有缺陷。

这类问题卖家是可以避免的，基本上是因为两个问题，一个是页面问题，一个是产品质量问题。优化这两个方面的细节，才可以有效减少退货。

而大多数由卖家造成的问题占比要比其他两项高很多。所以这部分的利润损失就很大，而一旦解决这方面的问题，也就可以成为一个利润增长点。所以，当你认为提升销售比较难，或者遇到增长瓶颈的时候，可以试试通过减少退货增加利润。

4.3.7 利用库存规划工具改善亚马逊库存管理的 5 个技巧

1. 合理使用亚马逊库存规划工具

很多卖家都喜欢使用第三方软件来计算库存。但是亚马逊的库存管理工具其实足以解决绝大多数中小卖家的问题了，它是时刻更新，且能确保卖家全年有足够但不太多库存的最佳工具。有数据显示，使用库存管理工具可以使库存效率提高近 40%。

在库存规划里，卖家可以跟踪库存水平和客户购买需求。该工具可以显示每种商品每天、每周和每月在亚马逊上出售的数量，然后绘制趋势图，以确定在不同时间段内产品所需的库存水平。这样就基本可以全面了解卖家的销售和库存趋势，这是制订合理的备货计划的关键。

2. 了解库存周转率

亚马逊库存销售的速度通常称为库存周转率。了解清楚库存周转率，就可以有效避免产品断货。要做到避免断货，就需要计算维持两次库存装运之间的库存水平，如图 4.60 所示。

以下图为例，该店铺所有商品库存天数为 46（就是销售完所有库存要 46 天），周转次数 7.9 次（365 天 /46 天）。理论上说，周转次数高，销售就越好，资金流就越好。

通常，卖家的目标是库存周转不要超过 3 个月（即 90 天），这就需要所有产品的库存在 3 个月内销售完毕。通过其他工具查看是否有冗余的或者滞销的 SKU，然后及时处理。

图 4.60　库存控制面板页面

3. 了解供应链交货时间

供应链交货时间是指从采购到到达公司仓库或者直接送到 FBA 仓的时间。稳定供应链，需要掌握供应商的生产和交货时间表，还需要在一些特殊情况下做好应急准备。Kris 遇到过很多断货的情况，都是供应商供货不及时导致的。另外，即使供货及时，也要计算好运输所需的时间，这样才能保证货物及时补充到 FBA 仓（后面会讲到详细的备货方法）。

4. 计划季节性或节日促销销售波动

客户需求高峰会导致供应商周转时间延长，季节性需求和假日购物会影响库存备货数量。对于某些产品，如泳衣或户外用品，要知道一年中销售较快和销售较慢的时间段。对于有些销量会暴涨的产品，至少要提前几个月预测库存水平，同时也要减少滞销的产品，否则会影响你的现金流。因供应商在旺季也会忙碌起来，所以交货时间也会有所延长，与供应商保持及时沟通也可以帮助避免延迟交货的问题。

有一个大家容易忽略的问题就是，旺季也会导致运输到 FBA 的时间拖长，包括物流延长和入库上架时间拖长。计算备货数量的时候，也要把这方面问题考虑在内。

5. 做好促销的策略

如果促销效果很好，那么在促销活动的高峰，就可能在下一批产品入库之前就销售完了，这样就会断货，导致产品的亚马逊排名较低。防止这种情况的一种方法是设置一个促销数量。如果你有 100 件货，可以设置只有 70 个参与促销。如果库存还是没有办法跟上，你还可以通过停止广告或者提高价格减缓销售速度。如果促销效果不好，就积压了库存，你就要考虑是否需要继续促销，或者用其他方式来加快销售速度。如果卖家想要获得良好声誉，需要花费更多的时间，而如果库存管理不善，就会失去声誉或来之不易的排名。

6. 为什么断货会对销售不利

其实，缺货的影响比大多数人想象的要大得多。亚马逊库存管理是卖家运营内容的重要组成部分。如果断货了，亚马逊的消费者很快就会找有库存商品的竞争对手，几秒钟的时间就会

导致销售下滑和至关重要的现金流减少。除此以外,还会产生以下几方面的影响:

(1)排名下降:如果时不时或长期缺货,则关键词排名可能会大幅下降,即使产品重新入库,也很难恢复原来的排名位置。适当增加赠品和赞助广告可以帮助产品快点恢复排名,但是现在的销售仍然不佳,你的收入会减少。

(2)没有自然搜索显示:亚马逊会从其搜索结果页面中删除没有库存的产品列表。

可以说,亚马逊是世界上的优秀企业之一,正如第1章讲的一样,其搜索运算系统也是世界顶尖的,因为它可以快速、轻松地访问数百万种产品,并展示给客户。如果卖家没有库存,那么将会错失非常多的销售机会。

当然,库存过多也不是一件好事。

滞销的库存并不能赚到钱,而是在花钱。

在每个月的15日,亚马逊物流(FBA)进行库存清理,任何在其仓库中存放181至365天的库存都会产生每立方英尺3.45美元的长期仓储费(LTSF)。在库存清理日期已进入履行中心超过365天的项目将产生每立方英尺6.90美元的长期仓储费。

从2018年8月15日开始,已在亚马逊运营中心超过365天的商品每月每单位最低收取0.15美元的费用。即,对于超过365天的库存按每立方英尺6.90美元或每件商品0.15美元(以较大值为准)收取月度长期仓储费。长期仓储费或最低费用,以较高者为准收取,如图4.61所示。

费用示例

玩具:11×8×2英寸	存放时间	每立方英尺所适用的长期仓储费(美元)	每件商品所适用的长期仓储费(美元)	收取的长期仓储费(以较大值为准)(美元)
1件商品	超过365天	0.70	0.15	0.70
2件商品	超过365天	1.41	0.30	1.41
10件商品	超过365天	7.03	1.50	7.03

图4.61 长期仓储费用示例

如果不及时移除库存,那么这些仓储费也会造成很大的损失。

4.4 亚马逊物流远程配送——有效减少多国仓库存储的库存压力

亚马逊物流远程配送(North America Remote Fulfillment,NARF)。目前在北美站(美国站、加拿大站和墨西哥站)使用。

简单地说,使用这个功能,卖家只需要在美国FBA备货,就可以配送到加拿大站和墨西哥站的客户,不需要分别发货到加拿大和墨西哥FBA仓库。如图4.62所示。

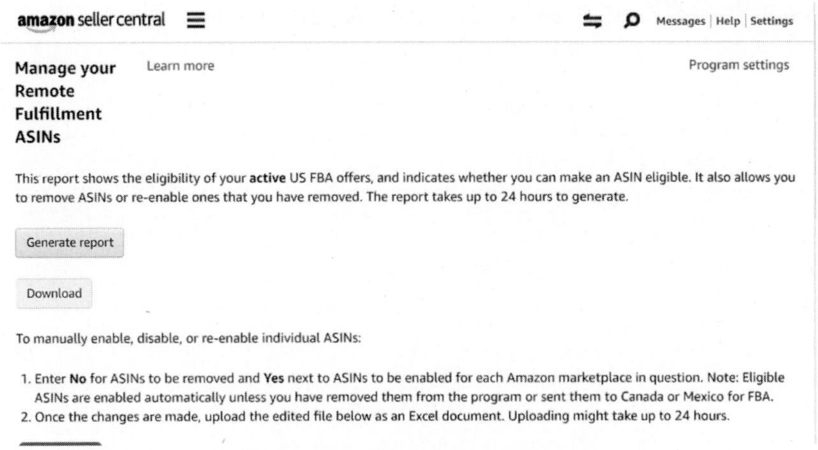

图 4.62　亚马逊物流远程配送页面

美国库存基本上变成了集中式缓存（有点儿类似欧洲站的泛欧计划），库存信息是同步的。因此，如果在美国有 300 个库存可用，则加拿大和墨西哥的客户也会看到 300 个库存的信息，随时可以购买。若任何一国的客户购买了一件，则三个国家的客户看到的库存就会变为 299 个。

亚马逊是这样描述该计划的：

- 借助亚马逊物流远程配送，你可以使用美国亚马逊物流库存向加拿大和墨西哥境内的买家销售商品
- 使用你现有的美国亚马逊物流库存，将买家群体扩展到加拿大和墨西哥，从而提高销量
- 亚马逊处理跨境配送事宜
- 进口关税和相关费用由买家支付

1. 如何注册使用

（1）进入后台，点击"Inventory"，就可以找到"Remote Fulfillment with FBA"，如图 4.63 所示。

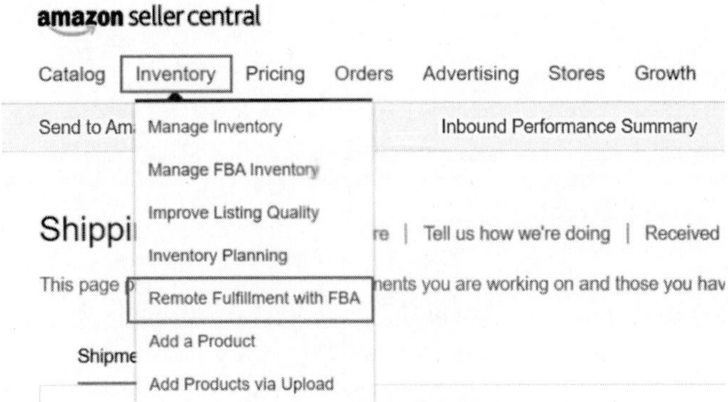

图 4.63　登录入口

（2）进入页面，轻松点击几下就可以注册了，如图4.64所示。

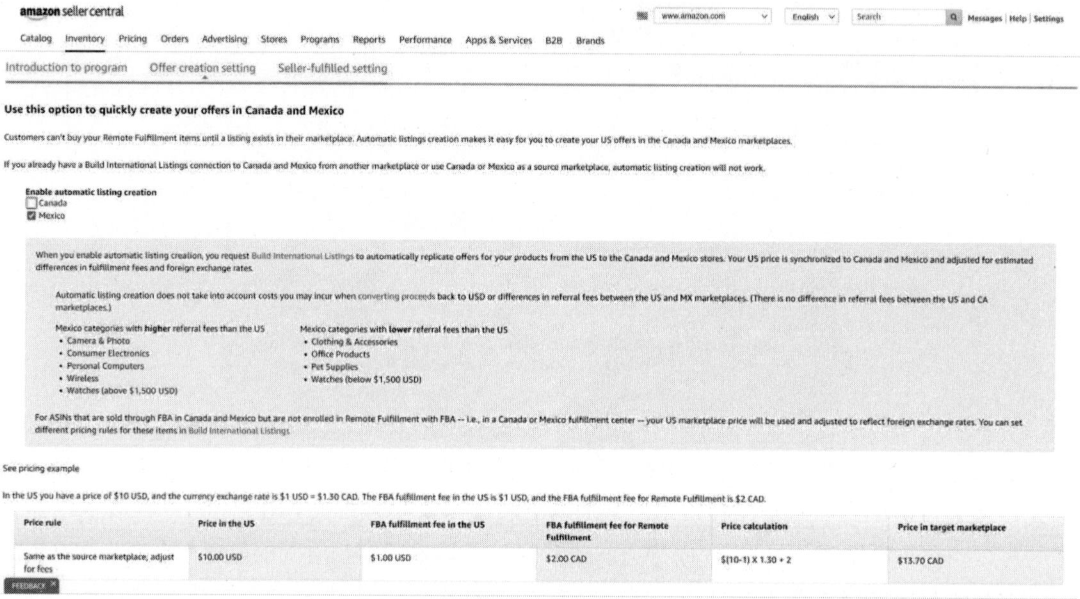

图 4.64　编辑页面

（3）检查那些 SKU 是否注册成功，如图 4.65 所示。

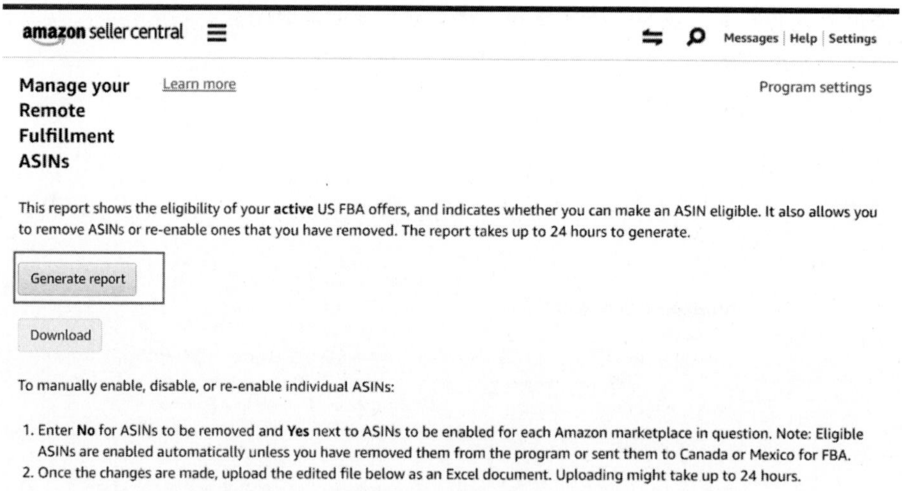

图 4.65　下载报告

（4）点击"Generate report"，就可以获得以下报告，如图 4.66 所示。

图 4.66 报告表格示例

在这里,你可以查看哪些产品已自动注册,哪些产品尚未自动注册,未注册成功的原因是什么,然后根据原因修复问题即可。

2. 使用远程配送的好处

(1)简单

你只要上传一个 Listing,就可以同时把产品卖到三个国家——美国、加拿大和墨西哥。Listing 会自动复制到加拿大站和墨西哥站,同时也会自动翻译为西班牙语,以方便墨西哥站的买家。

只要建立一个美国库存,页面显示的是美国 FBA 仓库中的库存数量,无须在另两个国家中的任何一个国家发货和存储库存,就可以完成在三个国家的自动配送服务。

(2)选品和测试市场理想方式

当准备卖一些新产品的时候,你无法知道这个产品是否会有爆款,或者市场是否会接受它。远程配送计划对于拥有大量产品的卖家非常有效。使用该功能,避免了自主选择哪种产品在加拿大或墨西哥销售,从而因销售不佳产生的资金损失。现在只要全部上传到一个美国站点,集中库存,然后使用远程配送功能,就可以等着看当地市场喜欢什么产品。

(3)减少库存积压和销售风险

很明显,许多亚马逊卖家不愿在加拿大或墨西哥开店,就是因为运输、仓储成本和库存压力,而且也不能保证他们的产品会有市场,因此风险很高。但是,使用亚马逊的远程配送,北美其他地区的亚马逊客户将可以直接购买美国库存,另外,也没有额外的运输或仓储费。

(4)增加销售潜力

远程配送是增加市场影响力最简单的方法。特别对于资金有限的小团队卖家来说,一国库存就可以覆盖多个国家,省事省心。

以墨西哥为例。全球新冠肺炎疫情的流行,使得墨西哥人开始接受在线购物,在线销售额猛增了54%。同时，与美国相比，这是一个竞争弱得多的市场，因此你的产品有更大的销售潜力。而在加拿大站，在购买习惯方面，加拿大客户与美国客户非常相似，在美国市场有吸引力的产品很可能也会在加拿大具有吸引力。

3. 使用远程配送的弊端

（1）附加费用和税金

虽然亚马逊声称，不会增加卖家的任何费用，但是你要清楚，如果从美国站售卖到加拿大站，属于以外币出售产品（美元转换为加币），因此在进行销售时，必须先将收入转换为美元。这样就会产生汇率和服务费。而亚马逊通常收取3%左右的汇率转换费。尽管这似乎是微不足道的，但从长远来看，它会增加相当大的费用。最后，还有税收要求，卖家可能要在墨西哥或加拿大缴纳一定的营业税。

如果你已经在北美市场上占有一席之地，卖得很好了，那么可以不使用这个功能，直接在加拿大站和墨西哥站开店，然后发货到对应国家的仓库。从长远来看，这样可以避免产生更多的费用。

（2）转化率可能会比较低

首先，使用亚马逊远程配送功能，客户必须承担额外费用，例如，运输费用和进口税费（或者进口保证金），对普通买家来说，这是一笔非常大的支出。另外，因为是跨国配送，配送时效没有本地仓库快，也让不少买家犹豫。

这就导致了产品的转化率降低，相比之前，本地库存可以解决以上问题。

（3）对产品销售排名和 / 或购买按钮的潜在不利影响

配送时效慢、没有本地仓等，会对产品的状态产生不利影响。研究发现，两个相同的产品，包括价格和评论。而如果其中一个产品是远程配送，产品出现在加拿大站或墨西哥站的购买按钮中的机会就大大降低了。当然也就会对其销售和亚马逊排名产生不利影响，如图4.67所示。

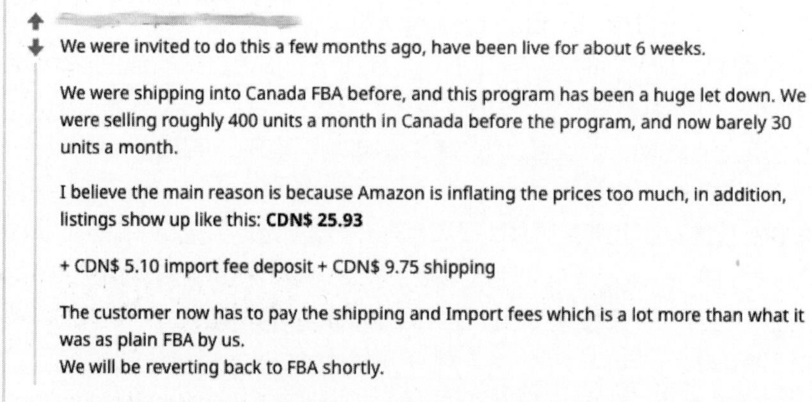
We were invited to do this a few months ago, have been live for about 6 weeks.

We were shipping into Canada FBA before, and this program has been a huge let down. We were selling roughly 400 units a month in Canada before the program, and now barely 30 units a month.

I believe the main reason is because Amazon is inflating the prices too much, in addition, listings show up like this: **CDN$ 25.93**

+ CDN$ 5.10 import fee deposit + CDN$ 9.75 shipping

The customer now has to pay the shipping and Import fees which is a lot more than what it was as plain FBA by us.
We will be reverting back to FBA shortly.

图4.67　卖家反馈不好的示例

如这个卖家反馈所示，同一种产品没有开通远程配送前每月可以卖出400个，开通后只能卖 30 个。虽然只是个例，但是如果卖家有能力，则最好使用本地仓。

另外有几个大家需要了解的信息：
- Prime：在加拿大站和墨西哥站都会拥有 Prime 标识。
- 税收：亚马逊将代收取和汇出税收。
- 运输时效：产品发送到墨西哥需要 6～9 天，发送到加拿大需要 9～12 天（时效比本地 FBA 会慢点）。
- 配送费用：你的订单里会看到 NARF 费用，而不是 FBA 费用。NARF 费用变化与美国运营中心运送并直接发送给加拿大或者墨西哥客户的产品相关联。
- 注册费用：加入此计划无须额外付费。履行费用有所不同，但这由客户支付。
- 退货：退货的处理方式与在美国销售相同，会退回美国 FBA 中心。
- 如果品牌注册了，A+ 页面也可以独立建立，旗舰店也可以独立建立，但是在墨西哥站需要使用西班牙语。
- 可以随时退出该计划。

既然有利有弊，那么可以先用 NARF 测试市场，如果销售不错，再专门发货物到该国的 FBA 仓库即可。

4.5　品牌工具——让销售提升一个等级

如果你已经注册了品牌（注册过程在第 2 章操作篇幅有详细介绍），那么一定要好好阅读这一节，因为合理使用品牌工具，可以让你的销售提升一个等级。

据亚马逊宣称，74% 的亚马逊消费者在选择商品时，认为品牌是一个重要的考虑因素；80% 的消费者通过亚马逊发现新品牌和新商品；约 53% 的亚马逊消费者，相较于别的网站，更愿意在亚马逊站点上购买自己不熟悉的品牌。

品牌卖家享有的品牌工具有以下几种：

（1）品牌旗舰店

（2）A+ 页面

（3）视频广告

（4）品牌推广

（5）展示型推广

（6）亚马逊品牌分析

（7）品牌分析

（8）虚拟捆绑商品

（9）管理实验

（10）品牌控制面板

（11）Vine 计划

（12）亚马逊归因

（13）举报侵权行为

（14）透明计划

（15）零计划

其中视频广告、品牌推广、展示型推广和亚马逊归因属于广告内容，本书的后半部分会详细讲述。A+ 页面已经在第 3 章的商品详情页面优化篇详细讲了，这里就不赘述了。

4.5.1 亚马逊品牌分析——最被低估的工具

亚马逊品牌分析（Amazon Brand Analytics，ABA）。亚马逊于 2019 年初推出了这个亚马逊品牌分析工具，目前仅注册品牌卖家可以使用此功能。

亚马逊品牌分析是一个免费的分析工具，可通过提取搜索词数据、可比的关键词受欢迎程度、点击次数最多的 ASIN 等数据，分析出有价值的信息，帮助品牌卖家做出有效的营销决策。但是，据 Kris 了解，非常多的卖家只会看看数据，并不知道如何利用，所以该工具常常被认为用处不大。ABA 主要有以下五个数据模块：

- 亚马逊关键词搜索（Amazon Search Terms）
- 重复购买行为（Repeat Purchase Behavior）
- 市场篮子分析（Market Basket Analysis）
- 商品比较和替代购买行为（Item Comparison and Alternate Purchase Behavior）
- 人数统计（Demographics）

1. 亚马逊关键词搜索

如图 4.68 所示。

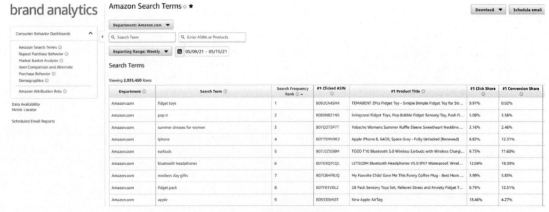

图 4.68　品牌分析页面

关键词搜索报告中每个组件的细分。

（1）搜索词（Search Team）：这是亚马逊购物者在搜索产品时使用的关键词。关键词可以是单个单词，例如"iPhone"，也可以是短语，例如"iPhone XS Case Red"。

（2）搜索频率排名（Search Frequency Rank，SFR）：它可以计算一个关键词相对于类似关键词的受欢迎程度。一定时间范围内，SFR 为第一的关键词比 SFR 为第五的关键词更受欢迎。亚马逊不提供特定关键词的搜索次数，但是相对排名仍然非常有帮助。

（3）#1 Clicked ASIN #1 点击的 ASIN：此字段显示的是获得搜索此关键词的购物者点击次数最多的 ASIN。但是并不意味着该产品位于自然搜索排名第一（可能是广告排名靠前的）。

（4）#1 Product Title #1 产品标题：这是点击次数最多的 ASIN 的产品标题。

（5）#1 Click Share #1 点击份额：亚马逊提供了点击次数最多的 ASIN 获得的总点击次数的百分比。该百分比是通过查看客户搜索给定关键词后的总点击次数计算得出的。这并不是该 ASIN 的总点击率（CTR）。

如果有 1 000 个客户搜索了关键词"手机壳"，并且每个客户都点击了两个产品（总计 2 000 次点击），而产品 A 获得了客户的 500 次点击，则基于搜索字词"手机壳"的产品 A 的点击份额为 25%（500÷2 000）。

（6）#1 Conversion Share#1 转化份额：它并不是代表在给定关键词搜索中获得最多转化次数的 ASIN。它是代表给定关键词搜索中点击最多的 ASIN 获得的总销售量的百分比。

如果搜索"手机壳"的客户共有 1 000 笔成交，而点击次数排名第一的 ASIN 获得了其中的 100 笔，则排名第一的转化份额就是 10%。因此，点击最多的 ASIN 未必带来最高的转化。

（7）当然，还有 #2 和 #3 点击率：亚马逊为每个关键词列出获 #2 和 #3 点击率的 ASIN，包括其产品标题、点击份额和转化份额。

2. 如何使用关键词搜索报告

（1）优化 Listing 关键词

当卖家要上传一个新品时，最先要做的就是关键词研究，看看该产品应该用什么关键词，这个关键词的搜索量如何。而大多数卖家都会使用第三方软件，其实这个关键词搜索报告也可以很好地使用，用来找到更多的相关关键词或者长尾词。

举个例子，卖家要上架一款 T 恤，那么想找出更多的相关词，就输入"T shirts"这个词语，如图 4.69 所示。

可以看到，"t-shirts"和"men's t-shirts"是最受欢迎关键词，搜索排名非常高。其次是大码的女性 T 恤（Oversized t shirts for women）。注意，搜索的时候是没有在 t 和 shirts 之间加横杠的，但是排名高的是带有横杠的，所以卖家设关键词也应该用到横杠。

根据这些信息，如果售卖的正好是白色女士大码的 T 恤，那么产品标题就可以写为：XXX White Oversized T-Shirts for women（XXX 为品牌）。如果还有一些词与出售的产品相关，如 funny、V neck 等，还可以加到五要点描述里，这样就能加大产品被搜索到的概率。

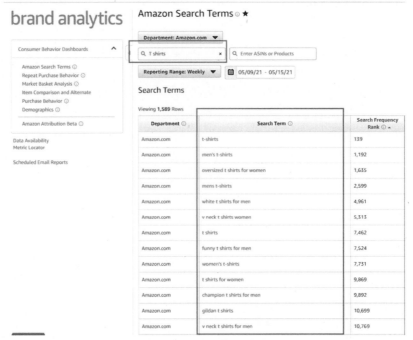

图 4.69　获得更多关键词

（2）研究竞争对手

通过搜索产品相关关键词，你就可以轻松找到该类关键词里点击占比和转化占比前三的产品。点击他们的 ASIN，研究他们的 Listing 写法、图片的制作、视频的制作，研究他们的评论，找到产品的优缺点。有些点击高，但是转化份额不是最高的，为什么？有些点击低，但是转化份额高，为什么？研究之后再运用到自己的 Listing 上，就能做得比他们更好了。如图 4.70 所示。

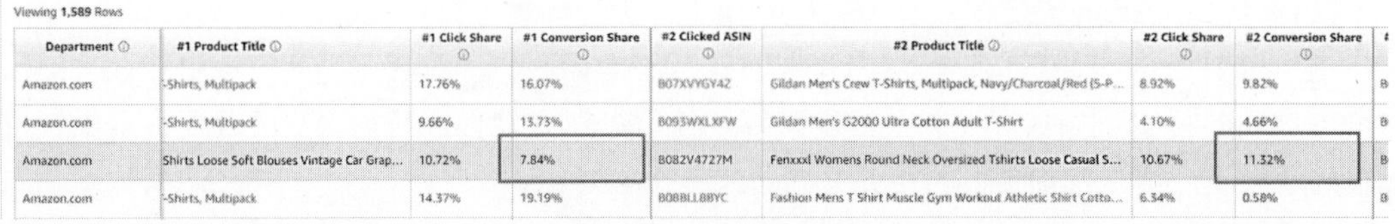

图 4.70　竞品分析

从这个示例看到点击第一名的 ASIN，还没有点击第二名的转化份额多，就可以分析其原因。

（3）找到广告投放对象

广告可以针对某个 ASIN 进行定向投放（本书后半部分中详细讲）。如果售卖的是 iPhone 11 case，那么输入关键词"iPhone 11 case"，就得到以下结果，如图 4.71 所示。这些相关 ASIN，一到三名都是获得点击多的产品，把它们的信息下载下来，就可以使用到广告定向投放里面。这样，客户看搜索页面的时候，就会看到你投放的广告。

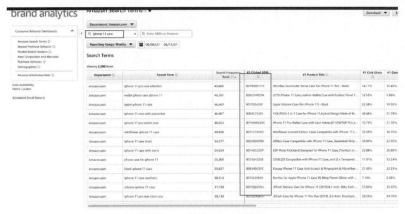

图 4.71　获得 ASIN 数据

（4）查询 ASIN 的关键词流量来源

如果你想知道竞品的 ASIN 的流量都来自哪些关键词，那么你只要在框内输入 ASIN，就能看到与这个 ASIN 相关的关键词（但销量很小的 ASIN 是没有数据的），如图 4.72 所示。

图 4.72　ASIN 的关键词来源

（5）计算产品关键词搜索量

以关键词"iPhone 11 case"为例，报告时间是一周，可得出以下结果，如图 4.73～图 4.76 所示。

图 4.73　搜索"iPhone 11 case"获得的结果

对于"iPhone 11 case"这个关键词,获得转化率和点击率前三名的就是这三个 ASIN。

#1 已点击的 ASIN	#1 商品名称	#1 点击共享	#1 转化共享
B082BBPKH8	ORIbox Protective Case for iPhone 11 pro, Heavy Duty Shockpr...	6.69%	6.86%

图 4.74　显示的第一名信息

#2 已点击的 ASIN	#2 商品名称	#2 点击共享	#2 转化共享
B07T2MQZCH	Spigen Liquid Crystal Glitter Designed for Apple iPhone 11 Cas...	6.05%	5.04%

图 4.75　显示的第二名信息

#3 已点击的 ASIN	#3 商品名称	#3 点击共享	#3 转化共享
B07XBKWWFV	i-Blason Ares Case for iPhone 11 6.1 inch (2019 Release), Dual ...	5.66%	5.89%

图 4.76　显示的第三名信息

用第一个 ASIN 计算:B082BBPKH8,通过第三方软件,可以知道日均销量 172,那么一周销量就是 172×7=1207,如图 4.77 所示。

图 4.77　通过第三方软件获得销售数据

如果前三名有你自己的产品,就不需要第三方软件了,可以从后台查看真实销量。

我们知道,销量 = 曝光 × 点击率 × 转化率。

那么这个 ASIN 单单从关键词"iPhone 11 case"获得的每周曝光量是销量 ÷ 点击率 ÷ 转化率。

每周曝光量 =1207÷6.69%÷6.86%=263000

由此得出,"iPhone 11 case"这个词,每周在亚马逊的搜索量达 26 万次之多,月搜索量超过 100 万次,市场巨大。而且这仅仅是一个词,关于手机壳的同类词还有很多。

用同样的方法,你就可以知道其他词的搜索量。那么在做 Listing 优化、广告优化的时候,就可以有针对性地选取关键词,各个击破,提升销量。

3. 重复购买行为

重复购买行为是基于你的品牌产品的,可提供重复购买产品的数据,如图 4.78 所示。

图 4.78 重复购买行为界面

在重复购买行为报告中查看给定产品和时间的以下数据指标：
- Order（订单）：首次订单和重复订单的总数。
- Unique Customers（唯一客户）：首次和重复的唯一客户总数。
- Repeat Customer % of Total（回头客的百分比）：基于唯一身份重复购买的客户数的百分比。
- Repeat Purchase Product Sales（重复购买订购产品的销售）：重复购买销售货值，可以快速计算重复购买的销售业绩。

这里其实主要看两个指标，订单和唯一客户。如果订单和唯一客户相同，则没有重复购买行为，如果不相同，则看看后面的百分比数据，看看重复购买的占比是多少。

4. 如何使用重复购买行为报告

（1）了解哪些产品促成重复购买次数最多。

（2）制定销售策略。例如通过广告来促成更多的重复购买。如发现某个 SKU 重复购买次数多，可以利用展示型广告（详见本书后半部分）吸引回头客，即亚马逊再营销广告。这是一种极好的推动重复购买的方式。

5. 市场篮子分析

市场篮子分析主要是显示购物者同时购买的其他产品，如图 4.79 所示。

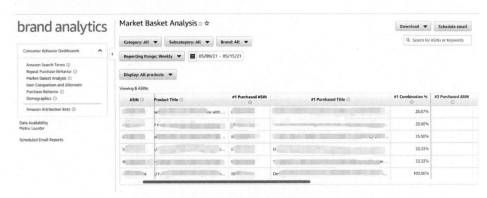

图 4.79 市场篮子分析页面

在市场篮子分析报告中查看给定产品和期间的数据指标：
- 产品（ASINPurchased ASIN）：与你的产品一起购买最多的产品的 ASIN。
- 产品标题（Purchased Title）：最常与你的产品一起购买的产品的标题。
- 组合率（Combination）：包括你的产品以及其他产品的订单组合购买的百分比。

需要提醒的是，产品 ASIN 和产品标题前面带有 1# 或者 2#，代表的是排名，组合购买占比最高的就是 1#。

如何使用市场篮子分析报告？

该报告提供的是类似消费者行为的信息。

这就可能给你的品牌推广或产品推广广告提供一些参考信息。基于此，卖家可以通过亚马逊广告发布一些 ASIN 用于产品定位广告。

也可以用于开发产品，如果你发现客户经常购买你的产品和特定竞争对手的产品，那么你可以干脆开发并上架此类产品，一起销售。

如果你已经有类似产品，可直接创建捆绑销售或者虚拟捆绑商品（详见下一节）。

需要提醒的是，这是一个不太精确的报告。客户可能出于多种原因先将商品保存在购物车中，然后结算时无意中一起购买了。所以卖家要自行分析报告的真实性。

6. 商品比较和替代购买行为

如图 4.80 所示。

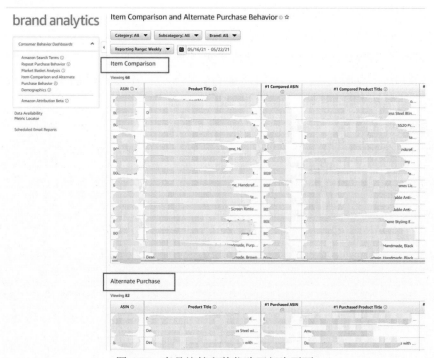

图 4.80　商品比较和替代购买行为页面

这份报告分为两类：

（1）商品比较（Item Comparison）：显示客户查看你的商品后，再看的其他产品的前五名。

（2）替代购买（Alternate Purchase）：显示客户查看你的商品，然后购买的其他产品的前五名，即客户都流失到哪里去了。

这个报告很容易读懂，需要注意的是，前五名可以是自己品牌的产品，也可以是竞争对手的产品。

如何使用商品比较和替代购买行为报告？

使用方式跟"市场篮子分析报告"相似，但这个更具针对性，因为这个消除了市场篮子分析中已经存在较长时间的不确定性。

最常见的用途是确定其他产品与广告一起定位，找到一些有价值的产品，做 ASIN 定位广告。如果发现客户购买的产品你也有，也可以直接创建捆绑销售或者虚拟捆绑商品，甚至开发类似商品一起售卖。

还有一点很重要，就是要研究客户流失的原因。为什么他们看了你产品，却购买了别家的产品？是图片不好还是价格不好？要根据研究结果优化 Listing 页面。

7. 人数统计 / 受众特征

如图 4.81 所示。

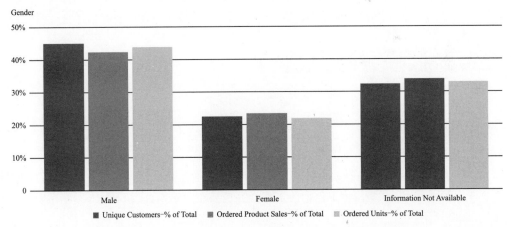

Gender	Unique Customers	Unique Customers-% of Total	Ordered Product Sales	Ordered Product Sales-% of Total	Ordered Units	Ordered L of To
Male	1148	45.02%	$60 615.08	42.45%	1 191	
Female	574	22.51%	$33 720.09	23.62%	594	
Information Not Available	828	32.47%	$48 443.11	33.93%	888	
Total	2550	100.00%	$142 778.28	100.00%	2 673	

图 4.81　人数统计页面

后台中文翻译为人数统计，其实翻译为受众特征更为合适。

这个报告就更好理解了，主要提供有关客户的关键特征的统计信息。

包括：

（1）年龄

（2）大约的家庭收入

（3）教育

（4）性别

（5）婚姻状况

但这是平均信息，也是按买家账户（而不是实际个人）进行细分的。例如，我用妻子的账户在亚马逊上购买了很多东西，包括我的42码男式足球鞋，而亚马逊的人口统计数据显示的是我妻子的账户信息，性别是女。所以数据跟真实情况有一点点差异。

如何使用人数统计？

通过更好地了解店铺的客户，卖家可以制定更多调整策略。

受众特征信息可以帮助卖家找到可能引起受众共鸣的新产品机会，也可以更好地开启个性化品牌广告，优化Listing，包括视频、图片、标题和A+描述等信息。例如，如果你知道所有客户都是老年人，那么在产品生活场景摄影中使用老年人模特，可以大大地提升转化。另外也要适当优化产品，例如说明书要写得清楚明白，字体要大，容易理解。

需要注意的是，如果你的销量很小，或者是个新品牌，那么这个数据可能不会出现。

4.5.2　虚拟捆绑商品——强强结合

1. 什么是虚拟捆绑商品

亚马逊是这样介绍的：

"使用虚拟捆绑商品（Virtual Bundle）工具，通过FBA，品牌所有者可以创建由2～5个互补的ASIN组成的'虚拟'捆绑包，这些捆绑包可从单个商品详情页面一起购买。捆绑的ASIN允许品牌所有者提供捆绑商品，而无需将商品包装在一起或更改FBA入库库存。"

如图4.82所示。

虚拟捆绑商品是将店铺里的2～5件商品作为一个整体打折销售。这些商品不是包装在一起，而是一起销售。捆绑商品让买家能够购买搭配好的商品，可以轻松地展示出卖家品牌下的更多商品。

如果你销售洗发水的同时也销售护发素，它们都是独立的ASIN，在FBA都有库存，那么可以把这两个ASIN捆绑在一起销售，并打一定的折扣。这样客户就可以轻松一键购买两样商品，而亚马逊会分别派送两个包裹给客户。

把热卖且互补的产品（如洗发水和护发素）捆绑销售，无疑增加了销售机会。添加2～5件良好搭配的商品，这就是强强结合。

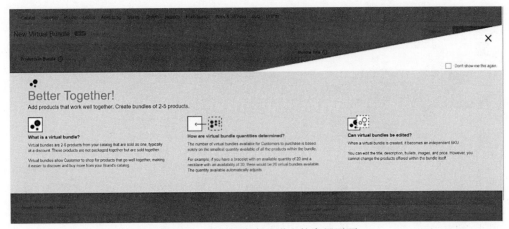

图 4.82　虚拟捆绑商品弹出的介绍页面

2. 创建虚拟捆绑商品的条件

并不是每个卖家都可以使用此工具，并且不是每个产品都可以使用。创建虚拟产品捆绑销售，必须满足以下条件：

（1）ASIN 必须属于你拥有的品牌，并且已在 Brand Registry 中注册。

（2）ASIN 必须是新品（不能是二手或翻新货），且是有效的 FBA 库存。

（3）虚拟捆绑商品不能包含以下产品：礼品卡，电子交付的产品（例如数字音乐、视频和电子书），以及二手和翻新的 ASIN。

（4）产品捆绑目前只能在美国站创建。

（5）每个捆绑商品必须至少具有两个不同的 ASIN。例如，捆绑售卖四瓶相同的护手霜是不行的。

3. 虚拟捆绑商品的好处

如图 4.83 所示。

（1）为客户提供价值和便利

捆绑商品能提供有吸引力的折扣，这是客户所喜欢的。同时客户可以不必逐一寻找多个产品，只在一个页面就可以看到想要的多个产品，还便宜了几美元，这是双赢。

（2）无须把产品包装在一起销售

不必一起打包、贴标签并运送到 FBA，这是最大的优势。因为这省去了很多时间和开销，只要在后台进行几分钟的设置即可完成捆绑销售。

（3）不需要新的 UPC

第 2 章讲过 UPC 代码内容，UPC 昂贵且重要，而当你新建一个捆绑产品，就是一个新的 Listing，但是不需要新的 UPC，这是一个巨大的好处。而它们带有自己的 SKU，依然可以在后台看到这类产品。

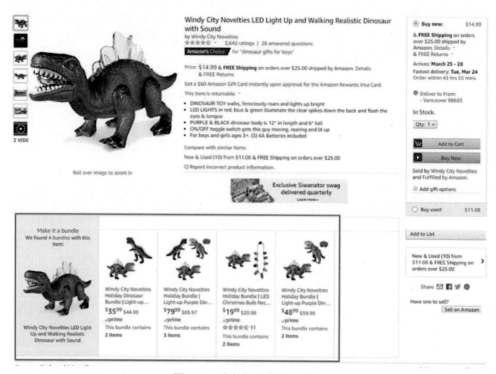

图 4.83 虚拟捆绑商品示例

（4）可修改捆绑 Listing

创建捆绑商品后，会以一个新的 Listing 形式显示在后台，你可以随时编辑标题、描述、价格、图片等任何信息，甚至是 A+ 页面描述。

（5）免费的广告，带动其他产品销售

将最畅销的产品与其他产品捆绑在一起，在增强品牌知名度的同时，也可以带动被捆绑产品的曝光和销售，并可以用于清理冗余库存。因为商品详情页面有大块的产品信息位置，相当于广告位置，所以要尽量最大化展示产品，最重要的是这是免费的。

4. 如何显示捆绑商品的库存数量

捆绑商品创建成功后，就成为独立的 SKU，也会显示 FBA 库存信息，买家看到可购买的捆绑商品数量基于捆绑商品中最小可售商品数量。

例如，如果你的捆绑商品中，有一个可售数量为 20 件的 A 和一个可售数量为 30 件的 B，则会显示有 20 件捆绑商品可售。可售数量也会根据各个商品的库存变化自动调整。

5. 如何设置虚拟捆绑商品

登录后台，从导航栏"Brand"下面找到"Virtual Bundles"，如图 4.84 所示。

图4.84 登录入口

进入"Virtual Bundle"页面,填写各个字段内容。我们把它分为5大块内容,如图4.85所示。

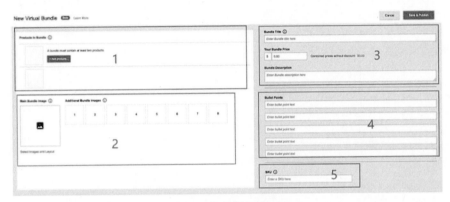

图4.85 编辑信息明细

(1)至少要选择两个ASIN,假如要在A产品上绑定B产品,那么A产品就是"主要内含商品",B产品就是"主要组件",然后当你打开A产品的详情页面,就会看到显示效果。B产品详情页面不会出现。

(2)主图和附图。如果你想将A和B两个产品绑定销售,那么主图应该是A产品和B产品,附图就是它们的图片描述。例如iPhone X手机壳A和手机膜B是怎么完美搭配的,就可以做这样的附图,一共9张图。

(3)填写捆绑组合后的标题,例如写iPhone X手机壳A和手机膜B。然后填价格,建议最好是比单独购买两个产品便宜,这样就会容易吸引人,如图4.86所示。

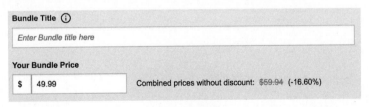

图4.86 标题

(4)填写五要点描述。组合的好处,为什么要这么组合购买,都可以写。

(5)编写一个全新的SKU,保存,之后就会产生新的ASIN。

最后保存,就完成了!事后你依然可以随时编辑标题、图片、要点、价格等内容,但是无法更换捆绑产品。

6. 捆绑商品的销售报告

目前在后台无法直接查看捆绑销售商品的销售报告。亚马逊会以邮件的方式发送到注册邮箱里（后台也可以更改接收邮箱），如图 4.87 所示。

图 4.87　销售报告下载

邮件包含过去 90 天内捆绑商品销售额的 CSV 明细的下载链接。点击"立即下载"就可以看到销售报告。只要卖家在过去 90 天内至少有一次捆绑商品销售，亚马逊就会发送电子邮件报告。该报告中每天销售的捆绑商品 ASIN 会在一行显示，如图 4.88 所示。

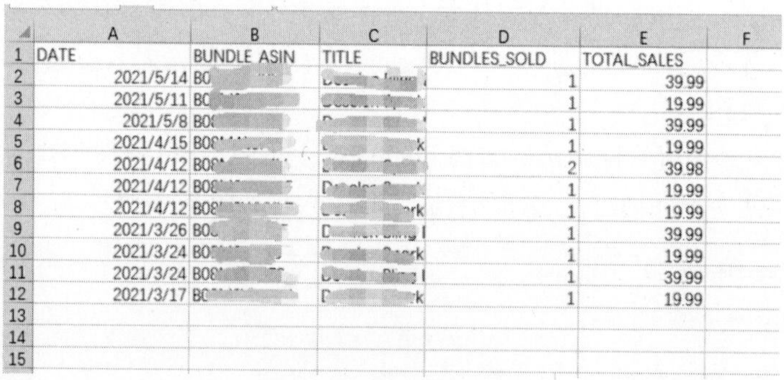

图 4.88　销售报告示例

该表格包含以下列：

（1）日期（DATE）：格式是年 / 月 / 日。如果某个日期没有显示，说明当日没有售出捆绑商品。

（2）捆绑商品 ASIN（BUNDEL ASIN）：新的 ASIN。

（3）捆绑商品名称（TITLE）：捆绑商品名称的前 100 个字符。

(4)售出的捆绑商品数（BUNDEL SOLD）：售出的整个捆绑商品（非组件）的数量。

(5)总销售额（TOTAL SALES）：总销售额＝捆绑商品价格 × 售出的捆绑商品数，这些是已售出的捆绑商品的销售额。

下载链接会在电子邮件发送6天后过期。如果错过了，可以等待下一周的电子邮件报告，该报告包含前几周的数据。

需要注意的是，任何得到该链接的人都可以下载该报告，因此要谨慎分享。

7. 虚拟捆绑值得使用吗

上文讲到其优势的时候，就说明了这个功能是值得使用的，这是一种零风险零花费增加产品的曝光率的最佳方式。但需要注意的是，要获得好的效果，必须要符合客户的购买意愿。

一个红色手机壳和一个蓝色手机壳捆绑在一起并不能提升销售，而手机壳和手机膜则更可能提升销售。

4.5.3　管理实验——一个 ASIN 两个版本的 Listing

1. 什么是管理实验

管理实验（Manage Your Experiments，MYE），亚马逊这样描述该项目：

"通过'管理实验'，你可以对品牌列表内容进行 A/B 测试（也称为拆分测试）。通过实验，你可以将两个版本的内容相互比较，以便查看效果更好的版本。在实验结束时，你可以查看哪个版本的效果最好，然后发布获奖内容。通过运行实验，你可以学习如何构建更有吸引力的内容，以吸引客户并帮助推动更多的销售。"

（1）什么是 A/B 测试

A/B 测试（也称为拆分测试）是指在可控条件下同时测试 A 和 B 两个变量，然后通过数据说明哪个更有效。

例如，你要发送电子邮件，并且要测试两个不同邮件标题哪个更可能让用户打开电子邮件（即更有效）。那么，当你向 200 个人发送电子邮件时，就可以用 A 标题发送给 100 个用户，而标题 B 则发送到另外 100 个客户。最后，就会有反馈数据，告诉你哪个标题的邮件被打开得最多，因此是最有效的。

同理，在亚马逊管理实验中，ASIN 内容不同的客户被随机分为两组。一个小组看到版本 A，而另一个小组看到版本 B。实验小组中的客户会在任何地方看到你的内容 A 或者 B。例如，实验产品标题将显示在搜索结果中、ASIN 的产品详情页面上和购物车 / 结算页面中（注意：实验不会影响搜索排名），但不会同时看到两个内容。

（2）使用管理实验的资格

该功能只提供给品牌注册的卖家。不符合条件的卖家想使用该工具的时候，会出现如图 4.89 所示的提示。

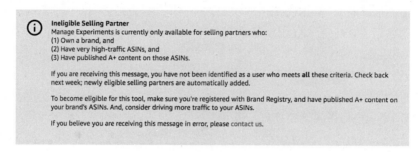

图 4.89　管理实验使用条件介绍

需要满足品牌资格和 ASIN 资格。

品牌资格：必须拥有一个注册品牌，或者你已经获得该品牌的授权，并负责在亚马逊商店中销售该品牌。

ASIN 资格：

①高流量的 ASIN，即 ASIN 属于你的品牌，并且最近几周获得了足够的访问量，才可以参与实验。因为流量太少，实验效果并不准确。流量的多少根据类别不同而不同，有些高流量的 ASIN 每周可能会收到几十个订单，有些甚至有上百个订单。

② ASIN 已经拥有 A＋页面，即参与实验的 ASIN 必须已发布 A＋页面内容。

如果拥有满足 ASIN 的条件，你会在添加 ASIN 实验页面看到它们，如图 4.90 所示。

图 4.90　系统允许使用该功能的 ASIN

如果 ASIN 因流量不高而没有达到要求，可以通过广告或其他方式为其吸引更多流量。

2. 如何创建管理实验

目前，可用于实验的内容有三种：产品主图、产品标题和 A＋内容。

在后台页面导航栏"Brands"下点击"Manage Experiments"，如图 4.91 所示。

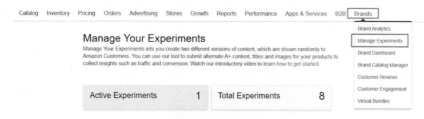

图 4.91　登录入口

在页面中选择要对其进行实验的 A+ 内容、产品标题或主图中的任意一个，如图 4.92 所示。

图 4.92　可选择的实验方式

然后弹出以下对话框，在框中选择合适的 ASIN 进行测试，如图 4.93 所示。

图 4.93　系统允许使用该功能的 ASIN

选定 ASIN 后，要输入实验名称、描述和实验时间段。名字要清晰易懂，理想的实验时间为 8～10 周，如图 4.94 所示。

图 4.94　设置实验时间

（1）对于主图，卖家只需要上传一张主图与当前使用的图片进行对比，只要在右侧上传新的主图提交即可。但请记住用于对比的图片要有明显的不同，以使测试结果更有意义。设置页面如图 4.95 所示。

图 4.95　设置图片

（2）如果要对产品标题进行实验，则可以将当前使用的标题复制到版本 B 中，然后进行更改以提供备用标题，如图 4.96 所示，也可以直接填写不一样的内容。为了获得更有意义的结果，建议进行大幅的修改，而不要一次只更改几个单词。

图 4.96　产品标题进行编辑

（3）这是 A+ 内容的设置页面，如图 4.97 所示。

图 4.97　对 A+ 页面进行设置

可以先在 A+ 页面创建一个新的版本，然后再回到这个页面选择改页面，这样就比较快了。完成提交后，实验将由亚马逊进行人工审核，一般需要 2～3 天时间。审核通过后就可以进入实验时间段。

（4）实验多长时间合适？

管理实验可选择 4 到 10 周之间的任何持续时间。在此期间，卖家可以随时取消实验。为了让 A/B 测试获取尽可能多的数据，建议尽量拉长实验时间，以方便做出优化决策。

3. 管理实验的最佳做法

进行实验时，产品主图、产品标题和 A+ 页面各有侧重点。产品标题和主图用于优化搜索结果的点击率。确切地说，产品标题实验和主图实验可用于优化 Listing 并帮助提升流量。客户进入详细信息页面后，会根据主要产品图片和相关的 A+ 内容来做出购买决定。因此，图片和 A+ 内容实验可以帮助提高转化率。

针对不同内容进行合适的 A/B 测试，可以提升对比效果。

对于产品主图，要求必须白底，所以可操作的空间不大，建议用两种方式进行对比：

1）两个不同角度的图片。

2）两种不同制作方式的图片，如一张精修图，一张渲染图。

对于产品标题，有三种方式对比：

1）同一个主关键词，但是不同的形容词，如"防水的手机壳"和"防爆的手机壳"。

2）不同关键词，同样的形容词。如"防水的手机壳"和"防水的手机套"。

3）不同的主关键词，不同的形容词。

对于 A+ 页面，可以采用这个方式：一个版本中突出显示生活场景，另一版本突出显示产品不同功能。

这里给出三点提示：

（1）标题信息：标题是最具吸引力的。尝试使用各种吸引人的标题，以激发客户更多地了解产品的兴趣。

（2）布局结构：优化 A+ 内容的排版方式，让页面更好看，客户看得更舒服，可以带动销售。

（3）早开始，晚结束：早点儿开始实验，时间拉长，收集尽可能多的数据，以做出最明智的决策。

对于 A/B 测试，建议使用单一的变量。如：使用一样的布局，不同的图片，而不是不同的图片和不同的布局。如果需要测试不同的布局，则可以等第一个实验结束后，再增加一个实验。

当然，还有其他 A+ 页面测试方式：

- 添加对比表
- 添加或删除公司 / 品牌徽标
- 移动现有的 A+ 内容模块
- 更新或替换文本描述
- 交换图片顺序
- 引入新的 A+ 内容模块

4. 管理实验结果验证

如图 4.98 所示。

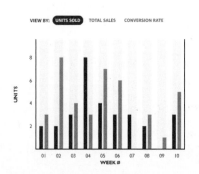

图 4.98　实验结果示例

实验期间，一般 1～2 周有初步的结果，但是建议在整个实验完成后再查看，这样比较精确。所以在实验完成之前，不要根据数据匆忙得出结论。结果总是可以随时间而变化的。

结果是累积的，并且侧重于销售状况。然后，亚马逊获取这些数据，并确定哪个版本是获胜者。

如图 4.98 所示，版本 B 有 92% 的可能性比版本 A 要好，一般来说，只要可能性超过 60%，就可以做出优化决策了。下面还有个 Potential One-Year Impact Estimate，计算出如果采用了新版本，对销售的影响。

有三种可能：
- 最好的情况 1：97.5% 的可能性
- 最可能的情况 2：50% 的时间
- 最糟糕的情况 3：2.5% 的时间

最好的结果是增加了 262 次销售，金额是 9 863 美元；最差是减少了 43 次销售，金额少 1 640 美元。所以可以看出，这个 B 版本是值得采用。

但是在一些实验中可能会看到非常微小的可能性数据或没有定论。如果内容的变量非常细微，不会影响客户的行为，或者没有足够的流量进行可靠的分析，则可能会发生这种情况。在这种情况下，可以重新修改变量，或者延长实验时间。

管理实验是一项很好的功能，它提供了一个 ASIN 拥有两个版本 Listing 的机会，使卖家在优化 A+ 内容、产品标题和主图以及其他变量上更容易，得出的结论更可靠。

所以这很值得花费时间和精力去操作。特别是当你已经是一个老卖家或者有比较好的销售状况的时候，这对打破销售瓶颈很有帮助。

4.5.4 品牌控制面板——管理好你的品牌工具

亚马逊为品牌卖家推出了品牌控制面板（Brand Dashboard），以帮助他们有效管理各种品牌功能。

什么是亚马逊品牌控制面板？

品牌控制面板是一种专供品牌方优化其亚马逊业务的工具。它能帮助卖家发现提升买家体验、流量和转化率的机会。

此工具仅面向品牌供应商及负责在亚马逊销售该品牌的品牌所有者开放。

截至 2021 年 5 月，卖家能够查看针对以下 4 个类别的改进建议，如图 4.99 所示。
- 品牌健康度（Brand Health）
- 搜索字词优化器（Search Terms Optimizer）
- 品牌优势（Brand Benefits）
- 买家评论（Customer reviews）

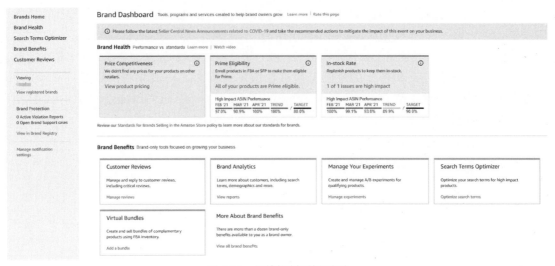

图 4.99　品牌控制面板页面

1. 品牌健康度

品牌健康度有三个指标：有竞争力的价格、主要资格和库存/有货率，主要帮助卖家监控并达到亚马逊的客户体验标准，如图 4.100 所示。

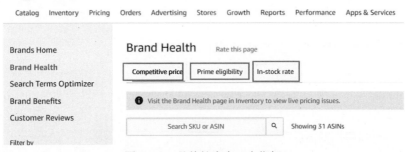

图 4.100　品牌健康度三大指标

（1）有竞争力的价格（Competitive price）：此数据的计算方式是以具有竞争力的价格的产品网页浏览量除以过去 30 天所有同类产品的总网页浏览量。

亚马逊指出，评估竞争价格的这个数据是与其他零售商（而非亚马逊上的其他卖家）相比。亚马逊会用技术扫描其他零售商平台，以查看卖家的任何产品是否在其他地方以较低的价格列出，如图 4.101 所示。

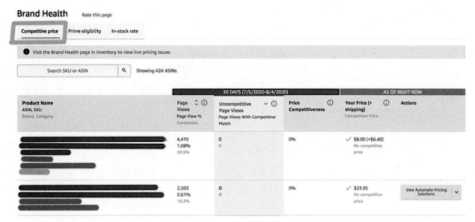

图 4.101　竞争价格视图的报告样式

上图是竞争价格视图的报告样式。

第一列：过去 30 天产品的页面浏览量、页面浏览量百分比和转化百分比。

第二列：非竞争性页面浏览量和竞争匹配的页面浏览量。

第三列：价格竞争力，30 天内具有竞争力的价格的产品浏览量 ÷30 天内同类产品总浏览量 ×100%。

第四和第五列：你的价格 + 运费，竞争价格和操作项。根据每列中的数据，亚马逊提供了"操作"选项，如手动更新产品价格。

最近有消息显示，当亚马逊在竞争对手的网站上发现某产品价格更便宜时，该产品会受到一定处罚，很可能会失去购物按钮，严重的会被下架，最终变为不可售状态，如图 4.102 所示。

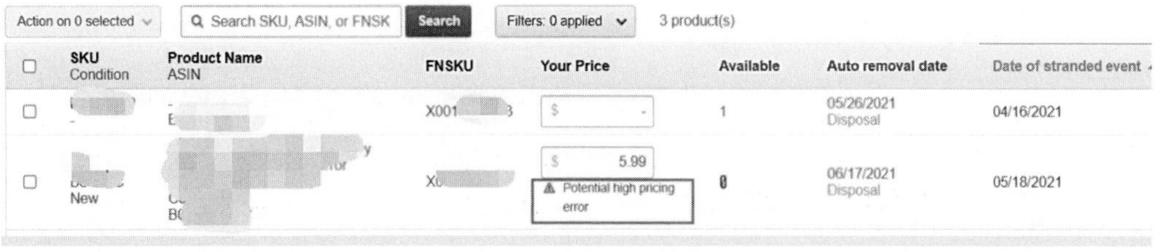

图 4.102　产品因价格过高被下架

（2）主要资格（Prime eligibility）：30 天内具有 Prime 资格的产品的浏览量 ÷30 天内所有产品的浏览量 ×100%。

该指标显示卖家有多少产品符合 Prime 资格，如果百分比低于 100，就能够看到有多少页面浏览量转到不符合 Prime 资格的产品。此外，此工具还可以选择符合商家条件的商品移入 FBA，如图 4.103 所示。

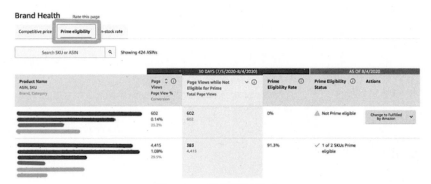

图 4.103　资格视图样式

上图是主要资格视图样式。

第一列：过去 30 天产品的页面浏览量、页面浏览量百分比和转化率。

第二列：页面浏览量，包括不符合 Prime 资格的页面浏览量和总页面浏览量。

第三列：Prime 资格合格率，它计算了第 1 列和第 2 列给定的百分比。

第四和第五列：Prime 资格状态和操作项。如果不符合 prime 资格，亚马逊会提供操作选项，如手动更新为 FBA 配送。

（3）库存/有货率（In-stock rate）：该指标显示了过去 30 天内的库存状况，计算方式为 30 天内有库存产品的浏览量÷30 天内该产品总浏览量×100%。即显示缺货的产品数量和库存产品的百分比。

利用此工具可以更好地优化库存，以确保卖家正确地储备能够推动销售和流量的商品，如图 4.104 所示。

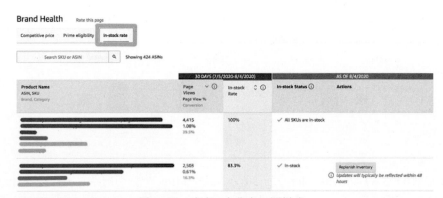

图 4.104　库存/有货率视图样式

上图是库存/有货率视图样式。

第一列：过去 30 天产品的页面浏览量、页面浏览量百分比和转化百分比。

第二列：库存率。

第三列：库存状态，显示有货还是缺货。

第四列：操作项，如手动操作补充库存。

2. 搜索字词优化器

该工具是作用于 Listing 后台的关键词字段，这些字词在商品详情页面上是看不到的，它可以为低价值字词（对排名没有什么提升作用的）提出替换/更新建议。

这是很好用的功能，它可以节省很多研究关键词的时间，帮助卖家选择效果更好的字词。但目前使用它的卖家却不是很多。如图 4.105 所示。

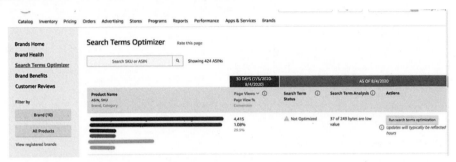

图 4.105　搜索字词优化器

如何使用搜索字词优化器？

卖家可以按品牌、SKU 或 ASIN 筛选合适的产品。此报告包含了产品在过去 30 天内的页面浏览量、页面浏览量百分比和转化百分比。

搜索字词如果在 224 字节以上，且是高价值搜索字词，则认为它已被优化。否则，"搜索字词状态（Search Term Status）"会将其报告为"未优化（Not Optimized）"。

根据这些数据，考虑是否需要通过最右侧的"Run search terms optimization"来改善搜索字词。点击即可进入以下页面，如图 4.106 所示。

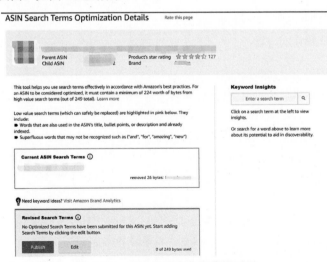

图 4.106　搜索字词优化器编辑页面

可根据提示进行关键词优化，直到提示关键词为高价值的即可。需要注意的是：ASIN 的商品名称、五要点描述中使用过并已被系统收录的词语，无须再次填写，否则会被视为低价值字词。

3. 品牌优势

该页面详细介绍了亚马逊品牌注册成功后，卖家可以使用的"强大套件"资源，包括有关 A+ 内容（EBC）、亚马逊直播（Amazon Live）、品牌旗舰店、品牌推广等信息，如图 4.107 所示。

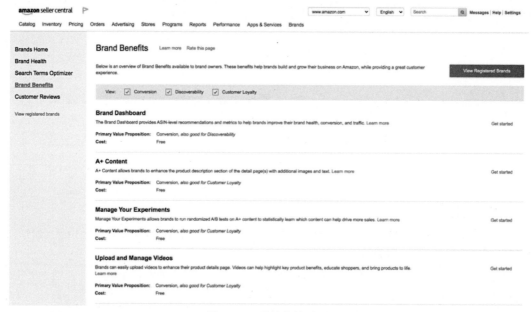

图 4.107　品牌优势页面

亚马逊品牌卖家获得的"强大套件"有许多好处，后文将详细介绍。

将来亚马逊还会持续更新更多套件功能。

本书会在广告部分详细讲述。

4. 买家评论

此页面能帮助卖家跟踪和查看 30 天内品牌所属产品的所有评论。它可以帮助卖家快速浏览评论并做出相应决策，而无须点开特定的 ASIN 页面来查看。

可以按品牌、星级、ASIN 的子级和时间来筛选评论，如图 4.108 所示。

2021 年开始，亚马逊关闭了评论的留言功能，也就是说，卖家无法回应评论的任何内容。目前为止，对于有恶意的差评，卖家只能报告滥用，只要评论不符合亚马逊的买家评论指南，都可以投诉举报。

品牌控制面板可以说是所有品牌优化工具的中心枢纽。只要进行了品牌注册的卖家都可以使用面板中的众多功能，以帮助其建立品牌知名度和增加产品销量。

图 4.108　买家评论页面

4.5.5　Vine 计划——合规且免费获得评论的最好方式

亚马逊 Vine 计划目的就是帮助卖家从可信的客户那里获得有价值的评论。研究表明，有 91% 的购物者会阅读评论，而有 84% 的购物者将评论的重要性等同于个人推荐。

亚马逊 Vine 计划能很好地为卖家提供合适的解决方案。不管是滞销品还是最近推出的新产品，只要符合资格条件，都可以申请 Vine 计划。

1. 什么是 Vine？

亚马逊 Vine 计划邀请亚马逊上最值得信赖的评论者发表关于新商品和预售商品的意见，以帮助客户做出购买决定。亚马逊首先根据评论者排名邀请他们加入 Vine Voices，成为会员，因为排名高的评论者已经获得了大众认可，亚马逊客户认为他们评论的质量和有用性值得信赖。

亚马逊会为 Vine 会员提供卖家提交的产品的免费测试。Vine 评论是独立意见，任何卖家都不能影响、修改或编辑评论，亚马逊也不会修改或编辑 Vine 评论，当然，首先它们得符合评论发布政策指南。

Vine 评价会出现带有绿色显示的标志指示，如图 4.109 所示。

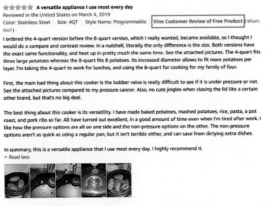

图 4.109　带有 Vine 标志的评价

2. 亚马逊 Vine 计划的优势

（1）免费，这是最吸引人的地方。

（2）提高流量质量，带来更好的转化。

（3）提高新产品或滞销产品的品牌知名度。

（4）可以建立品牌的信任度。

（5）更多评论的产品能获得更高的销售额，因此在亚马逊搜索结果中排名较高。

（6）如果是预售产品，通过它就可以很好地了解客户如何看待你的产品。这对改善产品质量有很大帮助。

（7）Vine 评论会比较详细，且大多会附上图片或者视频，比普通客户评论有更大信赖度。如图 4.110 所示。

但是，它有一点令大家比较头疼：不能保证评论是好评。卖家将无法控制评论者的发言，也无法与他们联系。其次，最多只能获得 30 个评价，如果你的产品已经获得 10 个评价，那么只能再获得 20 个来自 Vine 的评价。

图 4.110　一些普通的评论确实没有什么吸引力

3. 资格条件

想参加亚马逊 Vine 计划的卖家必须满足以下条件：

（1）在 Amazon Brand Registry 中进行品牌注册。

（2）商品详情页面上的评论少于 30 个。

（3）是新品，是 FBA，且有购物按钮。

（4）不能是成人用品。

（5）有可用的库存。

（6）商品详情页面有图片和描述。

4. 参加 Vine 计划所需要的费用

美国站收取 200 美元，欧洲站收取 170 欧元，另外有些费用还是要由卖家承担：

（1）产品必须免费赠送，所以消耗了产品成本。

（2）从 FBA 发送到客户手中的运费。

（3）如果客户退货，也可能承担退货费用。

5. 如何注册 Vine

（1）进入后台，找到导航栏"Advertising"，点击"Vine"，如图 4.111 所示。

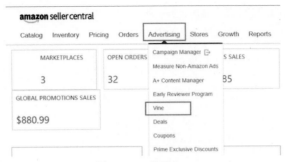

图 4.111　登录入口

（2）在 Vine 页面输入需要注册的 ASIN，或者点击系统推荐的 ASIN，如图 4.112 所示。

图 4.112　Vine 操作页面

（3）设置 Vine 计划数量，最大是 30，1～30 的任意数字都可以，如果有父子 ASIN，直接填写父 ASIN，那么子产品也就会随机计入数量，总数量不超过 30。最后点击"Enroll"完成注册，如图 4.113 所示。

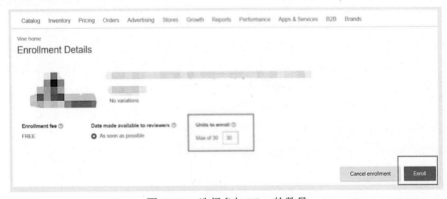

图 4.113　选择参加 Vine 的数量

（4）跟踪结果，在这里可以看到已经注册 ASIN 的状态，有多少数量已经发出，已经获得了多少评论，也可以随时停止 Vine 计划，如图 4.114 所示。

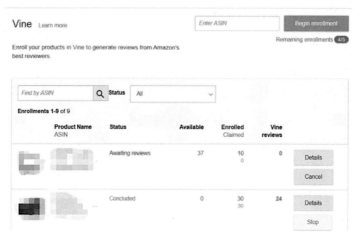

图 4.114　界面有停止按钮

需要注意的是，一次最多设置 5 个 ASIN，如果需要设置第 6 个 ASIN，必须要等前 5 个 ASIN 中有任意一个结束或者被取消，才会有新的名额。而且，客户什么时候会领取你的产品（亚马逊会把参加 Vine 计划的产品放在专门的平台上，供评论者领取），什么时候会留评论，都是无法控制的。

尽管有很多情况是卖家不能掌控的，但 Vine 是一项合法合规的服务，可以帮助推进新产品或滞销产品的销售。如果卖家对产品有足够信心，那不妨大胆尝试。

4.5.6　视频——亚马逊的未来

如果一张图片的作用相当于一千字，一个产品视频的作用很可能相当于一千张图片。

所有注册品牌的卖家现在都可以将产品视频添加到他们的列表中，这对销售产生了巨大的推动力。

- 96% 的消费者认为视频在他们做出购买决定时很有帮助。
- 79% 的在线购物者更愿意通过观看视频来获取产品信息，而不是阅读页面上的文字。

好的产品视频可以将转化率提高 80% 以上。

目前亚马逊上有超过 300 万卖家，因此即使是最细分的类别也面临很多竞争，过去可以独享红利机会的时代已经一去不返。如果想在激烈的市场上存活下来，就得充分利用所有可能的工具去获得竞争优势，而视频就是对卖家来说很重要的一个工具。

1. 视频为什么重要

（1）视频可以提高客户的信心，从而转化为更多订单，这是最重要的。

（2）与文本和图片相比，视频能让买家更好地了解产品如何使用，在呈现信息方面更具吸引力，更能引起客户的关注。

（3）视频可以提升品牌知名度，一些对客户有吸引力的内容可以传达到客户心中。

（4）带有详细信息的视频，可以避免一些潜在的负面评论。

（5）视频非常适合 SEO。许多公司都将视频内容放在首位，在相关视频列表里，视频会关联到其他同类产品的竞争对手的页面，这将增加客户搜索到你的产品的可能性。

视频比图片更有效，更容易让客户了解产品，如图 4.115 所示。

图 4.115　商品详情页面中关联的各种视频

2. 视频分类和上传方式

亚马逊的视频可以分为：产品视频、广告视频、评论视频。

（1）产品视频，是显示在商品详情页面的视频。在亚马逊上，所有商品详情页面上，产品图片都显示在页面的左半部分或下面部分。

视频会显示在第 7 张图片的位置，卖家在后台最多可以添加 9 张图片，而大多数类别中最多只能显示 7 张图片。因此，如果你想上传的产品视频可以被显示，只能上传 6 张图片，将第 7 个位置留给视频上传。如图 4.116 所示。

比较受欢迎的产品视频类型：操作方法视频、测评视频、对比视频、开箱视频、采访视频。

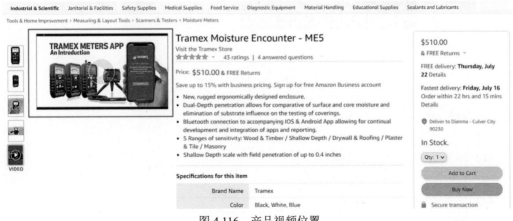

图 4.116　产品视频位置

（2）广告视频，是符合广告规则的产品视频，只有投放广告视频，才会出现在搜索页面，如图 4.117 所示。

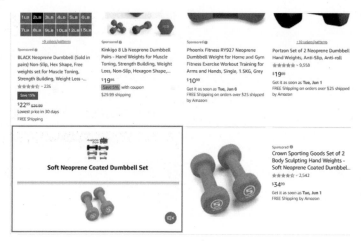

图 4.117　广告视频位置

（3）评论视频，只能由买家上传，且是符合评论规则的产品视频，它会显示在评论里，如图 4.118 所示。

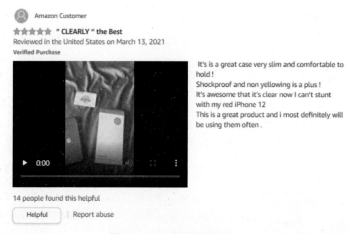

图 4.118　评论视频位置

3. 上传视频的位置

（1）商品详情页面图片位置（产品视频）。

（2）相关视频位置（产品视频）。

（3）旗舰店视频位置（产品视频或广告视频）。

（4）广告视频位置（广告视频）。

（5）Q&A 客户问答位置（产品视频）。

（6）A+页面位置（产品视频或广告视频），目前仅小部分卖家和供应商账户有这个功能。

4. 产品视频指南

产品视频指南规定得相当严格，违反这些准则将导致视频被删除，严重的，会暂停使用视频上传/内容工具或封号。

视频必须要需要注意以下内容：

（1）视频必须完全使用当地语言，如果是美国站，就要全英文；如果是墨西哥站，就要全西班牙语。

（2）视频提出的任何声明（暗示或明确）都必须有证据支持。也可以展示客户的评论和意见等，前提是明确注明来源。任何可以合理解释为事实陈述的声明都必须准确并得到证实。

（3）使用的任何产品都必须是属于卖家的，并且卖家必须是品牌所有者。

（4）不得对竞争对手的产品或品牌进行诽谤或贬损的陈述。关于竞争产品的陈述必须是事实。

（5）视频不得包含价格、促销信息、短暂性词语（包括诸如"便宜""热卖""特价"等字样）或时效性信息。

（6）不得包含有争议的、政治的、敏感的或性暗示的内容。

（7）不得引导客户离开亚马逊。

（8）如果要提到客户评论，则必须包含可以证实的准确产品信息。

（9）任何客户评论详细信息的发布时间必须少于一年。

当然，亚马逊也会随时更新相关政策，最新的指南可以在卖家后台找到。如果上传视频被拒绝，可以从以下方面找原因：

● 不支持或不正确的产品声明。
● 对竞争对手的贬损言论。
● 提供任何公司联系信息。
● 包括价格、促销、折扣声明或时效性信息。
● 修改制造商的保修条款，或提供你自己的保修卡信息。
● 提及包含不准确产品信息的客户评论、要求正面评论、使用超过一年的评论或编辑评论以改变其含义。
● 声称产品可以在不遵循均衡饮食和锻炼的情况下导致体重减轻。
● 引导客户离开页面或提供亚马逊外的任何网络链接或号召性用语。
● 暗示名人代言或侵犯他人知识产权。
● 有争议、对大众的误导或在政治上存在分歧等。
● 色情和暴力内容。

"产品视频可以包含产品详细信息，展示产品使用过程、操作方法，展示客户推荐，提供品牌信息，等等。"

广告视频指南跟产品视频指南有一些不同，后文广告部分将详细讲述。

5. 如何上传视频

（1）首先要准备一个符合规则的视频，然后在后台的"Inventory"下拉菜单，点击"Upload & Manage Video"项，如图 4.119 所示。

图 4.119　登录入口

（2）进入页面，就会看到系统建议一些 ASIN 需要提供视频，也可以直接点击"Upload video"进入上传页面，如图 4.120 所示。

图 4.120　点击上传

（3）上传视频，填写相关信息，如图 4.121 所示。

图 4.121　上传视频页面

需要注意：

①接受的视频格式是 MOV 和 MP4，小于 5GB，像素最小 480P。

②视频标题：一个简短且吸引力的标题，可让亚马逊客户轻松识别视频（最多 60 个字符）。

③相关 ASIN：这可以是视频中引用的或与之相关的单个 ASIN 或多个 ASIN。上传成功后，会在该 ASIN 页面看到这些视频。

④缩略图图片：如果不上传，系统会根据视频内容自动生成，建议最好自己上传，16∶9 的画面，建议 1920×1080 像素。接受的格式为 JPEG 和 PNG。

最后点击"Submit"就完成了。提交后，视频可能需要几个小时来处理和发布，大约需要 72 小时才能显示在商品详细信息页面上。

一个视频可以上传到多个 ASIN（卖家账户一次最多 300 个，供应商账户一次最多 2000 个），而一个 ASIN 最多可以上传 10 个视频。

根据最近的统计，在美国，45% 的人每周在 Facebook 或 YouTube 两个网站上的时间超过一个小时，全球 51% 的推广专员将视频列为投资回报率最高的内容类型。

视频比以往任何时候都更热门，是卖家推广产品、提高转化率和更好地与客户建立品牌联系的最佳方式之一。未来，亚马逊会进一步推动视频（包括直播）的各项发展。以后也会在更多板块提供展示视频的地方，除了已经允许卖家上传视频的"相关视频"和"Q&A 客户回答"板块，还会逐步开放 A+ 的页面的视频板块。

亚马逊卖家应该重点关注视频的运营技巧，包括视频的拍摄技巧、视频广告的运用技巧及站外的 FB 视频推广技巧等。

4.5.7 防止跟卖的三大法宝

只要是做亚马逊的，就离不开"跟卖"。不少卖家已因此深受其害，但也有不少卖家通过跟卖"发家致富"。

若是发现你的商品详情页面上有多个报价的时候（如图 4.122 所示），说明你的产品已经被跟卖了。

图 4.122　查看跟卖

1. 什么是亚马逊跟卖

跟卖在亚马逊页面里没有定义，仅仅是个功能，可以直接售卖已经在亚马逊上存在的产品，所以并没有专门的页面来定义。

简单地说，跟卖，指的是在不侵权的前提下，不同卖家共享一个产品页面的情况，其中包括商品名称、图片、五要点描述、商品变体（如尺寸或颜色）、买家评论，只有价格、SKU 和卖家店铺可以不一样。要实现跟卖，要求跟卖的卖家拥有跟产品页面上一模一样的产品，如图 4.123 所示。

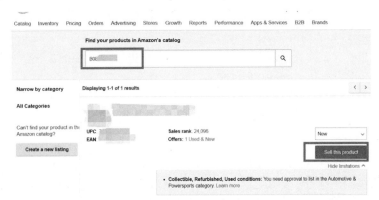

图 4.123　跟卖方式

搜索要跟卖的 ASIN，点击"Sell this product"，设置好销售价格，就可以跟卖成功。

这原本是个很好的功能，但这几年跟卖变成了贬义词，变成了恶性竞争的途径，变成了投机取巧的恶意跟风。

英文可以写为 Sell Yours on Amazon，也可以写成 Amazon Listing hijack（国外最常用这个）、Selling the same items、follow sell、Amazon with selling 等。

2. 为什么亚马逊不会取消跟卖

首先，当你上传了产品到亚马逊售卖，那个产品页面就是属于亚马逊的，不是属于你的，所有权是亚马逊的，你只是有编辑权而已。所以，亚马逊要给谁使用这个页面都可以。但是编辑权你是可以争取的，例如你的品牌卖家，或者有更大权限的账号。

其次，亚马逊是出了名的"重产品，轻店铺"，更看重的是产品质量、产品的销量、能给其带来的流量和知名度。第一个上传这个产品的卖家，其价格不一定是最优惠的，服务也不一定是最好的。所以亚马逊允许这样的竞争。

最后，跟卖最大的好处是提升用户体验，这也是亚马逊一直追求的东西，因为这样减少了重复产品页面出现的情况。要知道，一个搜索页展示的产品是有限的。相比之下，淘宝、京东之类的国内平台，页面上就有很多重复的产品，甚至搜索页面上的一半产品都是一样的。亚马逊这样做，客户在搜寻产品时受到干扰也会减少，可以很快找到更多产品，亚马逊自己管理这些 ASIN 也更方便。

综上所述，亚马逊不会取消跟卖。

3. 如何防止跟卖

虽然亚马逊的出发点是好的，但是所有卖家都不会希望自己的产品被竞争对手跟卖，因为这不仅会抢走部分销售，也会增加负面评价的风险。

页面的编辑权被抢，自己无法编辑，就直接失去了竞争的机会。

因此，卖家要学会防止跟卖。

（1）利用品牌工具

目前有三个工具可以使用，对防止跟卖比较有效：

- 透明计划（Transparency）
- 零计划（Project Zero）
- 知识产权加速器（Intellectual Property Accelerator）

①透明计划

参加透明计划的品牌卖家可购买 UPC 代码的二维码，然后把二维码贴在每个产品上。亚马逊会在入库前和发货前验证二维码（无论你使用亚马逊 FBA 还是第三方物流发货），以防范假货。如图 4.124 所示。

图 4.124　透明计划的二维码形式之一

透明计划的建立是为了打击造假者，而唯一的突破口就是 UPC 代码。亚马逊提供的每个代码都是分配给特定项目的唯一二维码。例如，如果有 100 只手表要销售，那么每只手表都要贴上一个代码，一共 100 个唯一的 UPC 代码。

每个产品还可以链接到亚马逊的品牌注册页面，以检测品牌是否正品，如图 4.125 所示。

图 4.125　被保护的 ASIN

当你想跟卖一个已经注册了透明计划的 ASIN 的时候，按钮就不是"Sell this product"，而是"Apply to sell",这就需要你提供二维码的信息和相关照片,如图 4.126 所示。

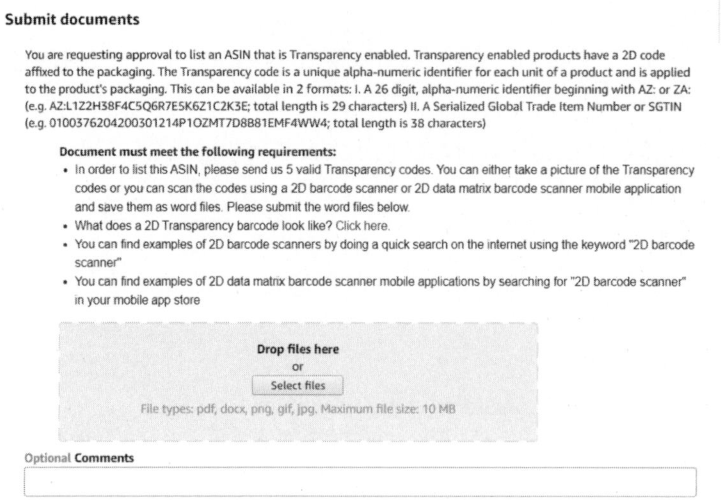

图 4.126 需要提交申请才能跟卖

如果不是品牌卖家,是根本拿不到这个二维码的,这就很好地解决了跟卖的问题。

透明计划的加入资格:只要完成了亚马逊品牌备案 2.0,就可以申请了。

透明计划的收费:透明计划本身是不收费的,但是耗材要收取费用。

主要费用有两项:一个是向亚马逊购买二维码标签的费用,另外一个是打印二维码标签的费用(亚马逊会推荐一些打印机构)。

透明计划本身的蓝色标是需要付费购买的。

一次性购买标签数量小于 100 万张,收费标准是 0.05 美元一张;

一次性购买标签数量在 100 万张到 1 000 万张之间,收费标准是 0.03 美元一张;

一次性购买标签数量大于 1 000 万张,收费标准是 0.01 美元一张。

打印费,一个二维码标签大概 0.07 元人民币。

这个花费相比跟卖造成的损失,性价比其实很好。只是如果产品多,贴标签很麻烦,备货速度也慢了不少。

②零计划

亚马逊一直致力于减少假冒产品。以前,卖家必须向亚马逊提交删除假冒产品的申请请求,后来亚马逊推出了零计划,加入亚马逊零计划的卖家有权自行移除假冒产品,而无需等待亚马逊将其下架。

品牌卖家可以向亚马逊提出申请加入零计划,提交相关信息,经审核通过之后就可以加入这个计划。加入零计划的好处是,品牌卖家以后在亚马逊上看到疑似假冒伪劣产品的 Listing 可以直接删除,不需要经过亚马逊的审核。这个计划旨在将侵权产品全面清除归零,所以叫"零计划"。

相比透明计划，这个项目可以为卖家节省大量时间和金钱。

亚马逊零计划的优点：

自动保护（Automated Protections）：亚马逊系统通过 AI 技术，根据完成品牌备案的商家的信息，如品牌 Logo、商标等进行快速侦测，扫描超过 50 亿条商品列表，平台自动寻找疑似假冒商品，主动拦截假冒商品。

自行删除假冒商品（Self-service Counterfeit Removal）：品牌卖家可以自行删除假冒商品，即通过亚马逊提供的自助工具快速有效地删除假冒商品（跟卖），不需要向亚马逊发出申请，这能更好地维护商家的知识产权和 Listing。

产品系列化（Product Serialization）：为品牌商家的每一件商品提供唯一二维码，通过扫描二维码来验证商品的真伪。如果有其他商家跟卖使用该二维码的 Listing，亚马逊系统会对违规商家进行审核。（收费：0.01～0.05 美元/产品）

注意：禁止滥用此工具，否则亚马逊有权收回此资格。

零计划的申请资格：

- 到 Amazon Brand Registry 注册商标。
- 成为商标的所有者。
- 拥有一个可以访问品牌注册页面的亚马逊账户。
- 在过去六个月内提交了接受率至少 90% 以上的潜在侵权报告。

但是，现在很多卖家都因为不符合第四条而无法申请，要投诉成功并不那么容易。而一旦获得这个工具，权力就比较大了，不少服务商就是用这个工具兜售他们的"赶跟卖"服务的。

③知识产权加速器

知识产权加速器可帮助卖家更快地在亚马逊商店中获得知识产权（IP）权利和品牌保护。

IP Accelerator 将企业与受信任的 IP 律师事务所的网络连接起来，这些律师事务所以具有竞争力的价格提供高质量的商标注册服务。如图 4.127 所示。

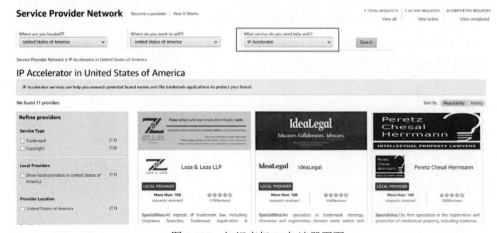

图 4.127　知识产权 IP 加速器页面

在亚马逊后台可以找到亚马逊推荐的律师事务所。

亚马逊为使用 IP Accelerator 的企业提供了在亚马逊商店中使用品牌保护和品牌建设功能的机会,以在其商标注册正式发布前的几个月甚至几年更好地保护和发展其品牌。

如果已经通过 IP Accelerator 律师事务所提交商标申请,会获得以下好处:

主动品牌保护:亚马逊将使用你提供的品牌信息来实施保护措施,尝试主动识别和删除可能损害你的品牌或潜在不良商品。

强大的搜索和报告工具:卖家可以使用"举报违规行为"工具,该工具提供基于文本和图像的搜索功能,并具有专为品牌设计的多种功能,从而简化了报告潜在侵权行为的过程。

其他品牌建设优势:卖家还能够利用专为品牌设计的强大工具,例如,增强品牌 A+ 页面、品牌商店、赞助品牌和品牌仪表板,进一步在亚马逊上建立和发展销售业务。

费用如下:

- IP 加速器服务费(最高)
- 在商标局记录进行品牌查询(是否可以注册):500 美元
- 一条龙的品牌审查服务,包括商标局记录查询和注册:1 800 美元
- 提交美国商标申请:600 美元(包含政府费用)

这些服务国内也有,目前还是国内的服务便宜点儿。但是只有参加了 IP 加速器才有这种服务。

除此之外,卖家还可以申请其他相关服务,其他服务会收取额外费用,包括搜索多个品牌和申请其他类型的知识产权(例如,外观设计专利、版权申请或制定整体品牌保护策略等)。

申请 IP 加速器的资格:只要有亚马逊账号就可以申请。

这三个计划都可以通过亚马逊官方链接直接申请注册,也可以联系专门的客户经理申请。

4. 产品差异化

如果你不想参加上面三个计划,就要做好产品差异化。

(1)品牌差异,在亚马逊品牌注册备案品牌 2.0

只要拥有以下国家的品牌证书,就可以申请:美国、巴西、加拿大、墨西哥、澳大利亚、印度、日本、法国、德国、意大利、新加坡、西班牙、荷兰、沙特阿拉伯、英国、瑞典、欧洲联盟、阿拉伯联合酋长国。

如何注册,请参阅第 2 章的品牌备案内容。

(2)将品牌印在产品和包装上

备案品牌后,还应该在产品上打上品牌,让亚马逊跟卖者难以复制你的产品,也让客户能轻松分辨你的产品是否为仿冒品,还可以提升品牌知名度,如图 4.128 和图 4.129 所示。

图 4.128　品牌印在产品上

图 4.129　品牌印在包装上

（3）尝试捆绑销售

例如，你同时售卖苹果 12 的手机壳和钢化膜，就可以打包一起销售，创建一个 Listing。这样，如果有人想跟卖你的产品，他们需要付出更多成本来复制产品。

但是，要确保捆绑产品的意义，不合适的产品不要捆绑在一起销售。

（4）建立独立站

在独立站销售一样的产品，包括图片也一样。因为，独立站可以帮助亚马逊用这个作参考来验证你的产品所有权，并删除其他假冒卖家。

最好你的网站域名就是品牌名，如果品牌名是 ABC，那么你的网站应该是 www.abc.com。

（5）亚马逊简易包装

亚马逊为卖家提供一种特殊的包装认证，称为"Frustration-Free Packaging"，中文称之为简易包装。这是由 100% 可回收材料制成的包装，易于打开，旨在以原始包装运输产品，无需额外的运输箱。

亚马逊进行包装认证的主要目的是减少多余材料的使用，并在产品包装中使用可回收材料。卖家完成整个流程后，亚马逊将在产品包装上贴上自己的官方认证印章。简易包装也是有效防止跟卖的方式，但是认证过程有点复杂，可以联系客服了解详情。如图 4.130 所示。

（6）定制产品

定制产品的费用是很高昂的，当然也有一些比较省钱的方式，例如你定制颜色（或者跟厂家商量包下其中一种或几种颜色），定制添加一些特别的配件，这样成本就不会那么高，又能使跟卖的卖家提高跟卖成本。

图 4.130　简易包装的样式

5. 举报侵权行为

就算你做了产品差异化，有人也会跟卖，就为了挣钱走人。遇到这种情况的话，就只能举报侵权了。

举报分几步走：

（1）先向跟卖者发送警告信

单击跟卖亚马逊卖家的 Sold by 进入他们的亚马逊页面，如图 4.131 所示。

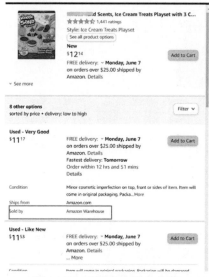

图 4.131　查看跟卖卖家信息

选择右上角的"Ask a question"提问，如图 4.132 所示。

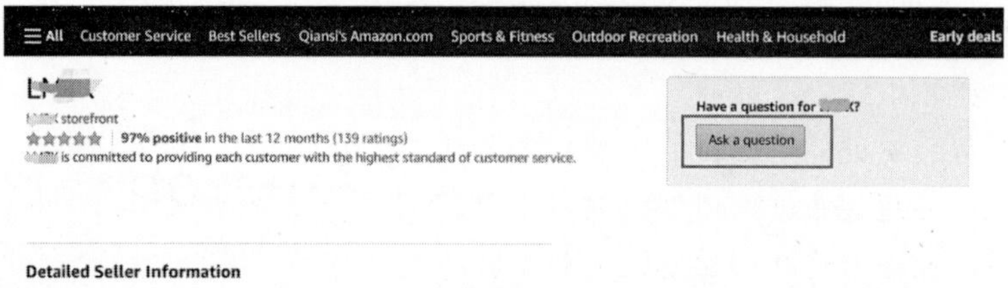

图 4.132　联系卖家入口

这样就可以提交你的信件了。

大家可以网上搜索各种警告模板。如果你有律师服务，也可以联系他们获得帮助。这里提供一个供大家参考：

To whom it may concern,

Consider this your first and last warning to remove ASIN _____ from your Amazon seller account. Your account WILL be suspended if you do not comply. We have successfully gotten 12 other sellers like yourself permanently shut down in the last month for doing exactly what you are doing.

Is one product Listing worth losing your entire Amazon seller account and business? I'm sure that it's not.

Do the right thing and remove ASIN _____ or face legal action and the permanent loss of your Amazon account.

You have been warned.

敬启者：

将此信视为你从亚马逊卖家账户中删除 ASIN _____ 的第一个也是最后一个警告。如果你不遵守，你的账户将被暂停。上个月，我们已经成功地让 12 位像你一样的其他跟卖卖家永久关闭，因为他们的做法和你现在做的一样。

一个产品页面值得让你失去整个亚马逊卖家账户和销售业务吗？我确定不是。

做正确的事，并删除 ASIN_____ 否则将面临法律诉讼和你的亚马逊账户的永久丢失。

你被警告了。

（还可以加上期限，比如"请在 24 小时内删除"）

（2）向亚马逊投诉跟卖者商标侵权

若警告无效，还要向亚马逊投诉。不过首先你得有品牌备案。登录品牌注册页面，如图 4.133 所示。

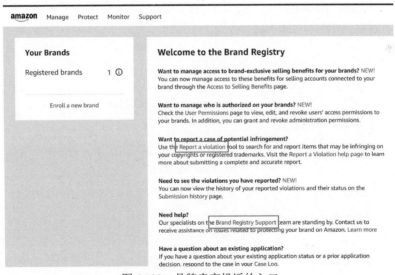

图 4.133　品牌卖家投诉的入口

可以通过"Report a violation"和"Brand Registry Support"向亚马逊举报商标侵权。

（3）购买假冒产品并举报（俗称的 Test-buy）

前面两个是以卖家身份去操作，有时候亚马逊并不是很在意卖家，如果可以找到当地的朋友购买产品，那么用客户的身份投诉，亚马逊就会非常重视了。

①选择最快的运输方式购买跟卖的产品。

②当收到货后，拍几张照片证明该物品是假货，如没有得到你的品牌授权。

③以客户身份直接打电话给亚马逊，投诉他们，同时要求全额退款。亚马逊一定会处理的。

④通过购买了该产品的买家账户发送电子邮件至 Seller-performance@amazon.com，并附上你的照片、订单号和店面 URL，进行详细阐述，内容如下：

- 跟卖卖家的用户名
- 跟卖卖家页面 URL
- 产品 ASIN
- 产品标题
- 购买假冒商品的订单 ID
- 假冒和正品的产品图片对比

还需要解释以下内容：

- 这个跟卖卖家在做什么，比如，销售假冒产品
- 跟卖卖家的产品与你的产品有何不同
- 为什么跟卖卖家的行为会导致购物体验不佳等

⑤等待就好。在 48 小时内，亚马逊就会迅速做出回应。

Test-buy 是目前最有效、最快速的方式。

难点就是，你得有当地的朋友。但是如果他们的产品是允许配送至中国地区的，那么也可以用进口的方式购买，如图 4.134 所示。

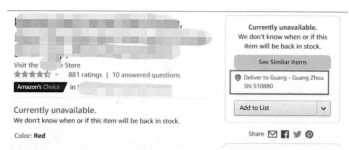

图 4.134　如果设置了一个中国地址，没有显示报价，则不能配送到中国

另外请注意，千万不要投诉过多，否则整个 ASIN 都会下架审核。

跟卖真的很令人头疼，这对卖家的销售会造成严重损害（但是亚马逊的二手跟卖是不受影响的）。从一开始就要保护好自己的品牌和产品，未雨绸缪，这样才是最正确的方式。

4.6　促销工具——加速销售的最好方式

亚马逊给卖家提供了大量不同的折扣和促销工具，从 Prime 专享折扣到社交媒体促销代码，从优惠券代码到促销代码，应有尽有。

它们各有优势，能应用于各种场景，其中哪个最有效？我们一起来看看。

4.6.1 促销代码

促销代码，也称为折扣代码（Discount Codes）或百分比折扣（Percentage Discounts），是客户可以用来抵扣一定比例的购买金额的促销代码，如图 4.135 所示。

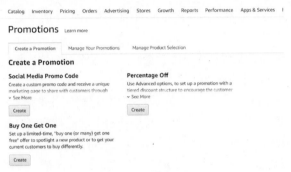

图 4.135　促销页面

这里面包括三个促销方式。

1. 社交媒体促销代码

社交媒体促销代码，顾名思义，就是用于社交媒体的促销信息。卖家可以对某些产品提供百分比折扣，然后会生产一个独特的 URL，用于在 Facebook、Twitter、Instagram 等社交媒体渠道上分享。

如果你的站外社交媒体账号有很多粉丝，那么将价格合理的优惠与之结合起来，就可以推动大量的销售。当社交媒体促销代码生成时，潜在客户会被带到单独的登录页面，这些页面可以包含一种或多种产品，如图 4.136 所示。

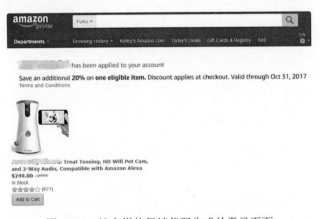

图 4.136　社交媒体促销代码生成的登录页面

感兴趣的客户只要登录页面，就可以看到促销价格，直接点击"Add to Cart"就可以购买。这对于客户来说更加容易使用，并且可以避免将流量直接引导到商品详情页面（要知道商品详情页面还有其他竞争对手的广告展示位置）。这就对整体转化率有利，因为它减少了质量不佳的商品详情页面的流量。要获得创建社交媒体促销代码的资格，必须成为卖家反馈（Feedback）至少为 4 星或更高的专业卖家。

2. 社交媒体促销代码的优点

不影响转化率：如上述所述，把客户带到单独的着陆页，而不是商品详情页面，这会减少转化率不佳的问题。

将粉丝转化为客户：将社交媒体流量直接链接到以有吸引力的促销价格购买产品的着陆页，实际上，就是将你在站外吸引的粉丝转化为购买客户。

可以覆盖特定人群：提供的折扣只能通过卖家的促销代码营销临时页面才可以查看和访问，也就是说，只有得到 URL 的人才可以看见，而亚马逊上的商品详情页面没有任何变化。运用这种方式，就可以将促销活动谨慎地定位到你想要覆盖的特定受众人群。

自由设置：你可以选择一件产品销售或者多件产品同时促销，可以任意决定降价多少，还可以决定客户以给定的折扣购买多少件产品。

3. 社交媒体促销代码的缺点

（1）不会出现在搜索结果中，因此对点击率没有帮助。

（2）仅 30 天有效，超过时间需要重新设置。

4. 如何设置社交媒体促销代码

（1）创建促销活动

①进入卖家后台，点击"广告"，然后点击"促销"，如图 4.137 所示。

②查找"创建促销"选项卡，然后从促销类型中选择"社交媒体促销代码"。

③点击"创建"按钮，如图 4.138 所示。

图 4.137　登录入口

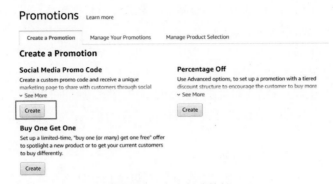

图 4.138　点击创建按钮

（2）设置促销活动，如图 4.139 和图 4.140 所示。

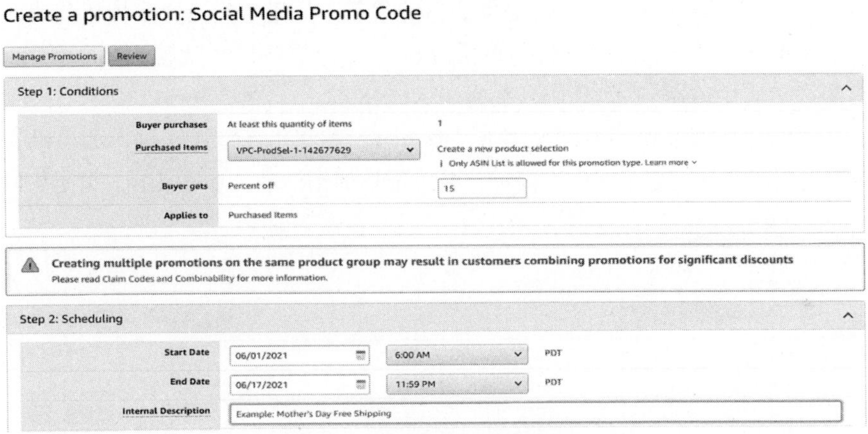

图 4.139　设置促销条件和时间

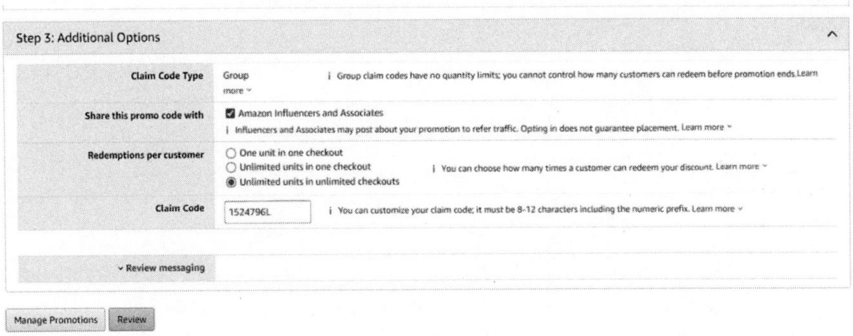

图 4.140　设置优惠码形式

① 设置促销条件，决定以折扣价提供多少商品。

② 选择以折扣价提供的特定产品。可以从"Purchased Items"下拉列表选择。可以选择仅

对一种产品提供折扣，也可以选择一系列产品。如果选择一系列产品，可以单击右侧"Create a new product selection"创建新产品选择列表。

③确定促销中提供的折扣百分比，一般比正常价格低 5%～80%。需要注意的是，如果你想打 7 折，那么折扣应该写 30%。

④设置促销持续日期。促销活动将在设置的日期内运行。时间可以短至 1 天，最长 30 天。

⑤设置时间，选择促销开始和结束的确切时间。请注意，最早的促销活动是创建促销 4 小时后开始。

⑥创建促销标题。这是为了你方便跟踪。

⑦选择客户付款方式。如果促销较为保守，可以选择允许客户在一次结账中仅购买一件产品；如果销售更多产品，可以允许客户在一次结账中购买无限数量的产品；还可以选择允许客户在无限次结账时购买无限数量的产品。

⑧创建代码。可以直接使用亚马逊提供的自动代码。如果希望设置个性化代码，也可以自己编辑，但是要遵循一种格式：代码长度必须为 8～12 个字符，并以代表折扣百分比的数字开头，例如你是打 7 折（30%），则代码开头为 30XXXXX。

⑨提交。填写完所有选项后，必须单击"Review"按钮重新审核一遍，如果没有问题，点击"Submit"提交，亚马逊会在 4 小时内审核并批准该促销活动，如图 4.141 和图 4.142 所示。

图 4.141　预览效果

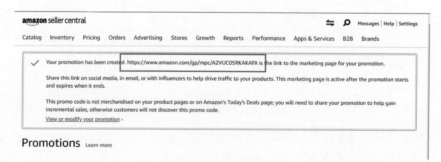

图 4.142　获得的链接

（3）宣传你的链接

①获取 URL。社交媒体促销活动获得批准后，就会获得 URL。

②分享。可以通过社交媒体或电子邮件分享它。分享的时候需要备注有效期，该 URL 营销页面只能在促销期间访问。

在社交媒体上分享链接时，最佳做法是包含诸如"限时（limited time only）"或"售完为止（while supplies last）"之类的短语来传达交易的性质。

可惜的是，目前来看，社交媒体促销代码工具是使用率最低的促销工具，因为绝大部分卖家都没有建立很好的社交媒体渠道。

3. 折扣代码

跟社交媒体促销不同的是，折扣代码是会显示在商品详情页面上的，如图 4.143 和图 4.144 所示。

图 4.143　折扣代码信息出现在商品详情页面中部

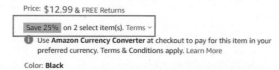

图 4.144　折扣代码信息也会显示在商品详情页面的报价下面

折扣代码功能很强大，既可以为所有人提供一个代码（例如给一个特定的群体发一个代码）或根本没有代码，也可以单独给每一个人发送折扣代码（每个代码都是唯一，使用完就无效了）。

（1）亚马逊促销代码的优点

①可用于亚马逊站内或者站外的营销活动。

②可以为一种产品提供多个促销代码。

③可以提供一次性促销代码（无法重复使用）。

（2）亚马逊促销代码的缺点。

①它们不会出现在搜索结果中，对点击率没有帮助。

②如果使用不正确的百分比可能会造成巨大损失。

③设置很烦琐（极容易出错）。

折扣代码确实有点危险，如果你在亚马逊经营多年，一定听说过有不少卖家的库存被购买致断货的事，因为他们不小心公开发布了大量优惠券代码或者折扣设置错误。所以一定要正确理解设置过程中每个字段的意义。

（3）如何设置折扣代码

为了防止设置出错而带来巨大损失，这个设置过程会详细介绍。

①登录卖家后台，从"Advertising"下拉菜单中选择"Promotion"，如图 4.145 所示。

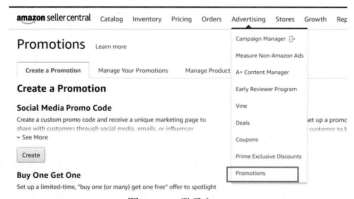

图 4.145　登录入口

②在促销页面选择"Percentage off"折扣，如图 4.146 所示。

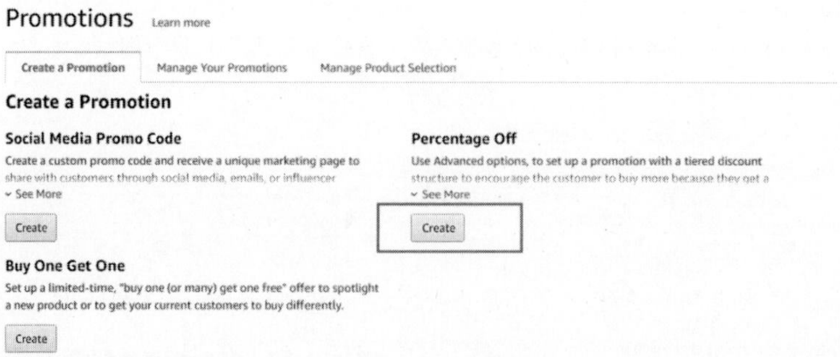

图 4.146　创建促销

③在"Conditions"部分，从下拉菜单中选择"At least this quantity of items"，设置客户必须购买多少数量的产品才能获得折扣。如果想客户只需要购买一个产品就获得折扣，填 1；对于需要多个产品购买才有折扣，填 2 或更多，如图 4.147 所示。

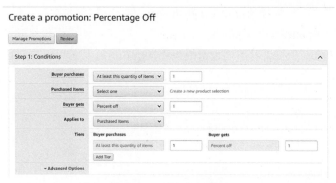

图 4.147 填写促销条件

在"Purchased items"下拉菜单中选择已经存在的产品,如果没有,点击末尾选择"Create a new product selections"创建新产品列表。

④从下拉菜单中选择"SKU List"(其他也可以),然后点击"Create Product Selection"。之后你可以开始设置哪些产品要打折,如图 4.148 所示。

在"Create Product Selection"页面上,输入产品的名称,中英文都可以,这是给卖家自己查看的,不会显示给客户。如:"全系列苹果手机壳",还有内部描述,更详细的信息等,怎么写都可以。

图 4.148 创建新产品列表

然后输入产品上的 SKU(或多个编号)。一个 SKU 一行,确定 SKU 后,单击"Submit"提交,如图 4.149 所示。

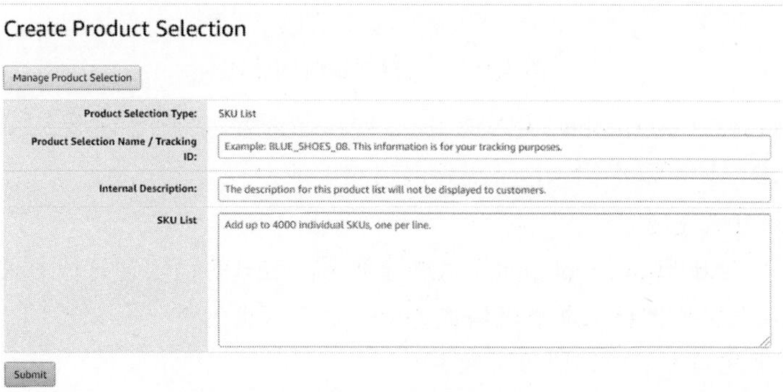

图 4.149 填写 SKU 信息

提交 SKU 后,返回创建促销页面。在"Purchased items"下拉菜单中,选择刚刚命名的产品系列,如"全系列苹果手机壳"。

在"Buyer gets"行上,选择要提供的 Percent off。例如,如果希望打 6 折,则输入数值"40"。

在下一行选择"Applies to""purchased items"(注意:如果你想排除某些项目或为出售的多个产品提供分层折扣,例如,对不同数量提供不同折扣,可以在"Applies to"行下方的"Tiers"设置)。

如图 4.150 所示。

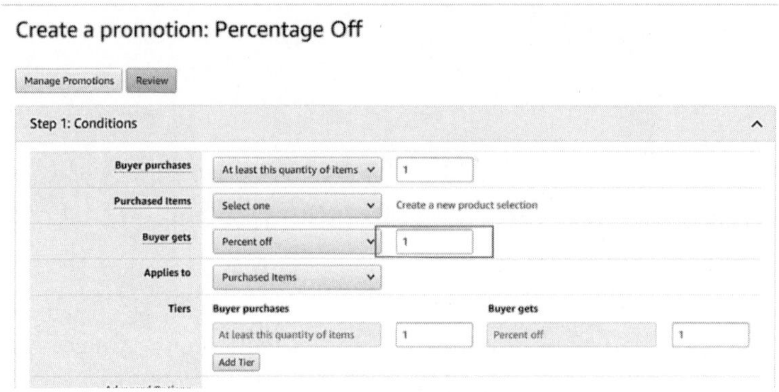

图 4.150　填写促销折扣

至此,第一部分 Conditions 条件就完成了。

接着,进入第二部分 Scheduling,选择促销的开始和结束的日期和时间。自主选择需要促销的时间(注意:最快的开始时间是设置结束后至少 4 小时),如图 4.151 所示。

图 4.151　设置促销时间范围

然后设置"Internal Description"内部说明,方便自己查看,客户是看不到这个的。在"Tracking ID"行输入追踪 ID,你可以不输入,亚马逊会自动生成。

这样,第二部分就完成了。

到了第三部分"Additional Optional"附加选项下,这里的代码有三种形式:

- Single-use 一次性代码(每个代码都是唯一的,只能使用一次)
- Group 团体代码(不限制使用次数)
- None 无须代码(结算的时候产品将自动打折)

系统默认选择"None",每个客户直接以折扣价购买产品。如果选择"Group"选项,促销活动会有生成代码(代码也可以自行编辑),该代码可供多人使用。这样,如果你的折扣和产品都比较吸引人,那么你的整个库存可能会很快售罄。

如果选择将促销活动限制为每位客户使用一次的 Single-use，则能有效防范库存被快速消耗完的风险。但每个客户都获得唯一的代码，这样就需要卖家将代码一个个给予不同的客户，这是比较麻烦。

如果勾选的是"Single-use"或者"Group"，那么你需要再选择声明代码，声明代码有两个："Preferential（优先制）"或"Unrestricted（无限制）"，如图 4.152 所示。

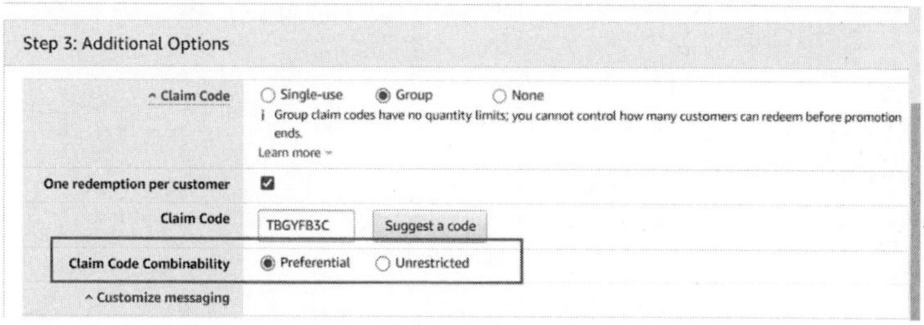

图 4.152　声明代码两种形式

如果你同时执行多个促销活动，勾选使用很重要。

Preferential，意思是一个产品有多个促销的时候，客户只能获得其中一个优惠折扣——折扣价值最高的一项将被优先应用。

例如，如果一个 SKU 有一个 50% 折扣的一次性代码和一个 25% 折扣的团体代码，则将应用一次性 50% 的代码。

Unrestricted，意味着客户可以在同一个订单上申请多个促销活动，也就是说，可以叠加折扣。在上面的示例中，客户可以同时使用这两个代码获得最高 75% 的折扣。

然后，点击"Customize messaging"，会出现以下页面，如图 4.153 所示。

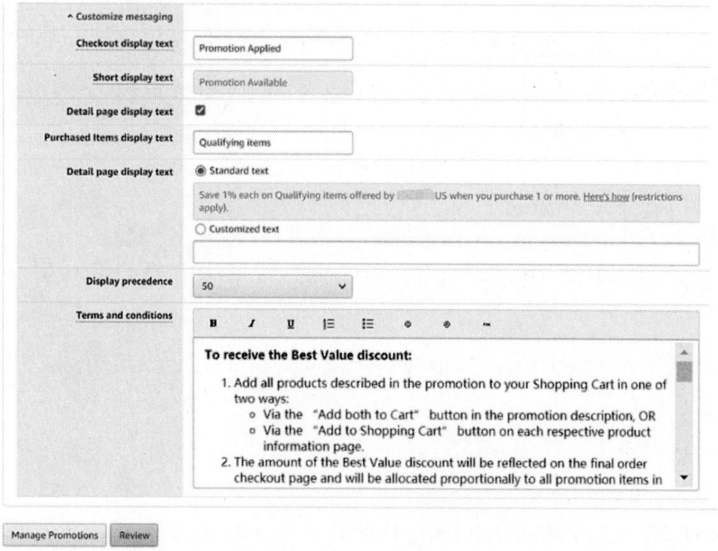

图 4.153　自定义促销信息

一般情况下，我们建议取消选中"Detail page display text"，因为这个信息会让客户看到，而这个信息很详细，会减缓客户下单的速度，甚至会被这么长的内容吓退。当然有些必须要写的内容，也可以适当修改，让客户看到简单明白的信息。

"Purchased Items display text"是展示产品的名称，可以使用默认，也可修改，如：iPhone case red。

在页面底部，单击"Review"，就可以看到你所有的设置，请认真检查，否则可能会带来严重损失。

选择"Submit"提交后，系统需要4个小时来处理。你还可以随时查看状态，在"Manage Your Promotion"管理促销页面可以看到。

需要提醒的是，当你使用"Single-use"一次性按钮后，需要在完成设置后，再回到管理促销页面，下载一次性代码，如图4.154所示。

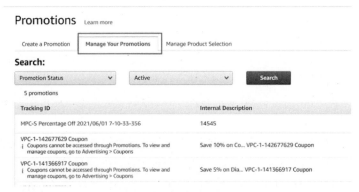

图4.154　管理促销

再次提醒，如果第一次设置折扣代码，务必认真对待，很多人因为设置错误而受到损失。以前还可以找客服取消订单，但是会造成客户体验很不好。现在无法取消了，因为是你自己犯错，亚马逊不再为你买单，也不能牺牲用户体验。

4. 买一送一

当客户进行符合条件的购买时，此促销活动会为客户提供一个（或多个）免费产品。请注意，你还可以为符合条件的购买或提供的产品设置任何数量。例如，可以创建买二送一或买一送三的促销。

此类促销适合必需品或消耗品，如纸巾、洗发水、沐浴露等日常用品，效果会比较好，对清理库存也很有好处。

如何设置买一送一折扣，如图4.155所示。

设置第一部分的"Conditions"条件选项：

- Buyer purchase（买方购买）：一定数量的物品（例如1个产品A）或特定的价值（产品A值15美元）

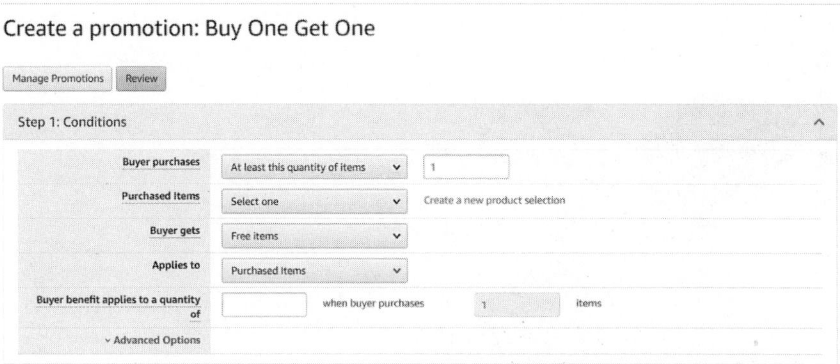

图 4.155 设置促销条件

- 购买的物品（Purchased items）：选择需要促销的产品
- 买家获得（Buyer gets）：只能选择"Free Items"
- 适用于（Applies to）：选择"Purchased Items"
- 买家获得的数量（Buyer benefit applies to quantity of）：这是比较细的地方。例如，你希望买家购买1件商品可免费获得1件商品，那么就填1，如果是买一送二，就填2。

其余的促销设置与折扣代码设置一样相同，请直接参阅上述内容。

4.6.2 优惠券代码

亚马逊优惠券代码是卖家提供给客户的折扣。这些信息将直接出现在搜索结果和商品详情页面上。为了引起买家的注意，优惠券显示为带有剪刀状的亮橙色标志（而搜索页面则是绿色填充字），如图 4.156 所示。

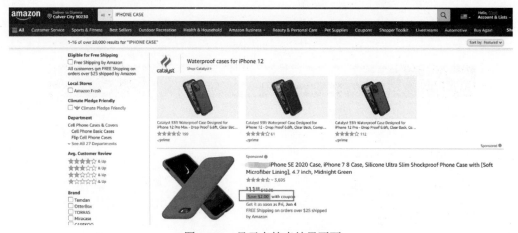

图 4.156 显示在搜索结果页面

优惠券出现在商品详情页面中，这对买家更具吸引力，如图 4.157 所示。

图 4.157　显示在商品详情页面

亚马逊优惠券会显示为该产品标价下方的按钮，客户只需单击即可领取优惠券，结算时就可以直接使用，比输入折扣代码的方式要简单方便。

显示在广告上，也会增加点击率，如图 4.158 和图 4.159 所示。

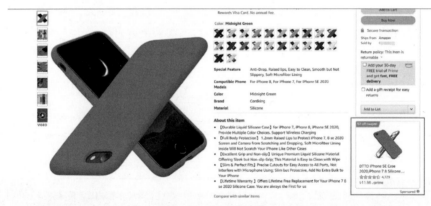

图 4.158　显示在广告上

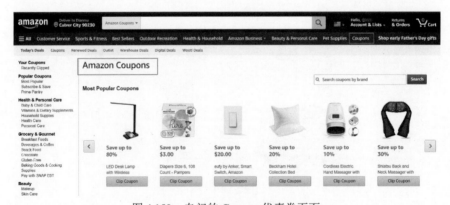

图 4.159　专门的 Coupon 优惠券页面

为什么优惠券会有那么多展示位置？因为亚马逊向卖家收取每张领取的优惠券 0.60 美元的费用。如果客户领取一张优惠券，卖家会被扣除 0.6 美元。其实就像为商品支付广告费用，因为它增加了客户购买商品的可能性。

所以在给商品定价时，应该考虑这个因素，特别对于低于 10 美元产品，0.6 美元就占了 6% 的费用了。

1. 亚马逊优惠券的优点

虽然这个功能要收取费用，但是优点还是比较明显的：

（1）展示方式非常多，有效增加点击率。

（2）使用方便，客户点击领取优惠券按钮，结算直接获得优惠。

（3）有利于转化率的提升，是一个良性循环：领取优惠券的客户越多，销售就会越多；销售越多，亚马逊的排名就越高，排名高又带来更多的销售。

（4）可以用于清理滞销库存。

2. 如何设置优惠券

（1）点击卖家后台"Advertising"下拉菜单的"Coupons"，如图 4.160 所示。

图 4.160　登录入口

（2）点击右侧的"Create a new coupon"，当然如果有很多优惠券设置，也可以批量操作，选择"Create in bulk"。弄明白单个的设置，批量操作就可以自行理解了。

（3）通过以下页面，输入"SKU/ASIN"，也可以用关键词进行搜索。可以父子 SKU 一起添加，一个优惠券最多添加 200 个 ASIN。选择好后，添加进去，如图 4.161 所示。

图 4.161　编辑页面

（4）这是比较重要的部分，设置优惠券的预算和折扣，如图 4.162 所示。

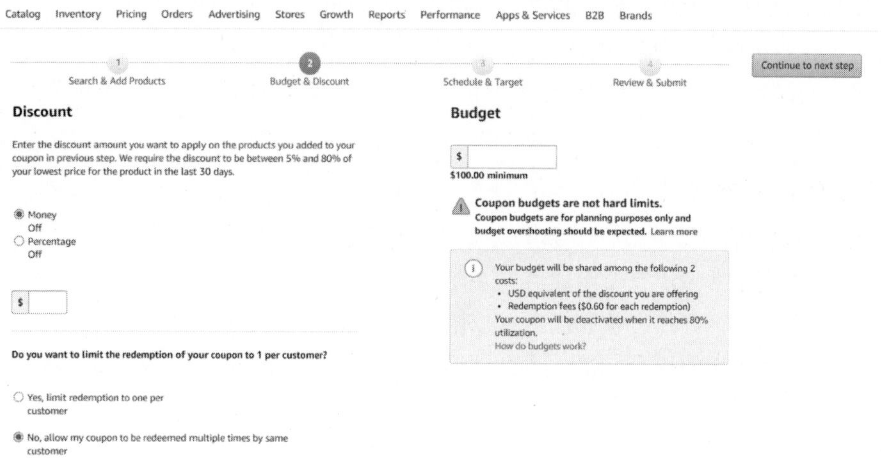

图 4.162　设置折扣

选择你需要的折扣方式，然后在下面的框中输入数字。

3. 亚马逊有两种不同类型的优惠券

金额减免（Money Off），为客户提供固定金额的优惠。如果填写 5，则原价减免 5 美元（不是售价 5 美元）。

折扣减免（Percentage off），为客户提供一定比例的购买优惠。如果填写 20，就是原价减免 20%，即我们常说的 8 折。一定要注意这个折扣的意思。卖家可以为商品设定比最低价格低 5%～80% 的折扣。

下面还有另一个选项，可以选择将优惠券限制为每位客户只能购买 1 个或没有限制，看你们的需要，选第一个有助于获得更多新客户。

设置预算，就是决定你要在优惠券上花费多少总金额，记住，这里包括优惠券领取费（0.6 美元）和折扣的总减免金额。

例如，假设售价 25 美元的产品，提供了 20% 的优惠券。买家将节省 5（25×20%）美元，而你还得支付优惠券领取费 0.6 美元，总共 5.6 美元。如果你计划提供 50 张优惠券，那么你应该写的预算为 280 美元。当优惠券预算用完 95% 时，亚马逊会将优惠券下线，这样能有效防范库存售罄的风险。

确定总预算后，点击"Continue to next step"操作下一步。

4. 标题、受众和时间

如图 4.163 所示。

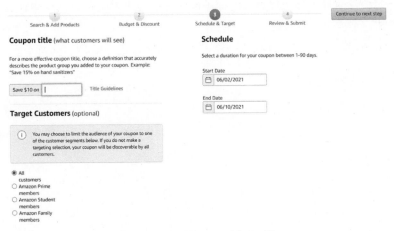

图 4.163　填写标题、受众和时间

（1）优惠券标题：优惠券标题是显示给客户的，例如"在（优惠券标题）上节省 $X/X%"。如果你想不出任何吸引人的地方，可以单击"Title Guidelines"（标题指南）以获取更多帮助。如图 4.164 所示。

图 4.164　用有限的字符把售卖的产品讲清楚

（2）目标受众：这部分是可选的。有四种类型客户：
- 所有客户（All customers）
- 亚马逊 Prime 会员（Amazon Prime members）
- 亚马逊学生会员（Amazon Student members）
- 亚马逊家庭会员（Amazon Family members）

可以根据自己产品的特征选出合适的群体，这样是有助于曝光和销售的。

（3）促销时间：输入优惠券的开始和结束日期。你可以选择 1～90 天之间的任何时间。当然，如果预算用完，促销就会停止了。

提示：一定要注意你设置的优惠券时间的同时还有没有其他促销活动也在启动，否则有可能会有优惠叠加，造成不必要的损失。

如果没有问题，继续下一步，预览效果，没有问题就直接点击"Submit coupon"提交审核，如图 4.165 所示。

图 4.165　提交审核

你可以随时登录 Coupons 页面，跟踪优惠券的使用兑换情况，也可以重新编辑每一个活动，如增加预算、延长促销时间等。如图 4.166 所示。

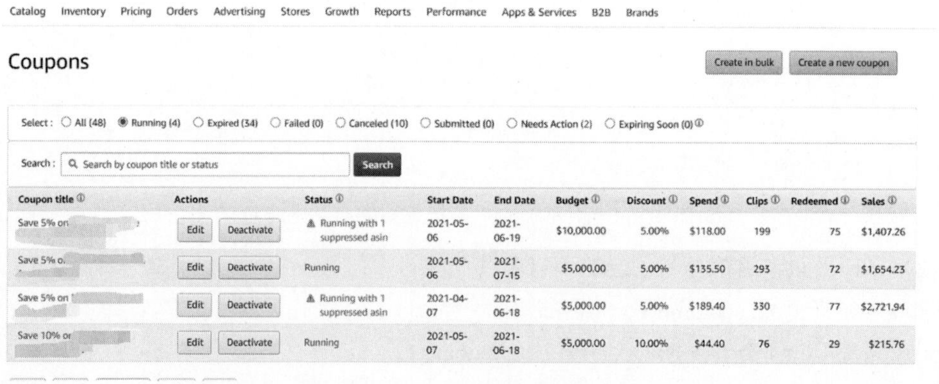

图 4.166　查看促销界面

优惠券是一个很好的促销工具，也是目前比较受欢迎的工具之一。它可以增加关注度和流量，提高销量，也可以避免支付长期仓储费，并为卖家带来更大的客户群。它也可以作为一种收集指标的方法，用来了解哪些促销策略对哪些产品最有效。

4.6.3 秒杀

此类秒杀（Deals）主要是系统推荐的（当然如果你有亚马逊专属经理，也可以让他们手动帮你报名，而且他们报名还是免费的），如果有符合条件的 ASIN，在后台就可以看到，卖家可以自行选择任何一个 ASIN 来参加秒杀，如图 4.167 所示。

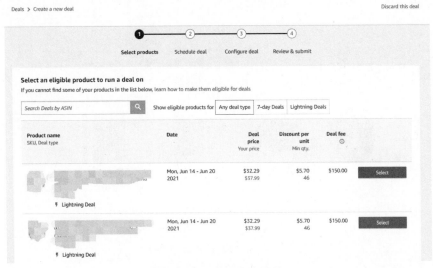

图 4.167　选择秒杀页面

秒杀时间段也可以自己选择，如图 4.168 所示，但是在 Prime 会员日或者黑色星期五这样的旺季，就只有一个时段选择了。

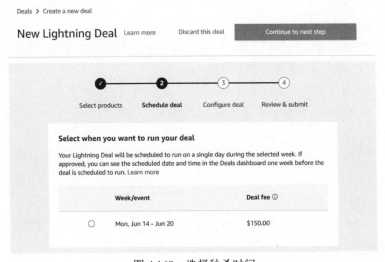

图 4.168　选择秒杀时间

亚马逊秒杀类型主要有以下三种：
- 闪电秒杀（Lightning Deal）
- 7 天秒杀（7-day Deal）
- DOTD 秒杀（Deal of the Day），也叫镇店之宝秒杀

这些秒杀都会有专门的页面展示，都展示在 Deals 页面：展示优先级别是 DOTD，之后是闪电秒杀，最后是 7 天秒杀，如图 4.169 所示。

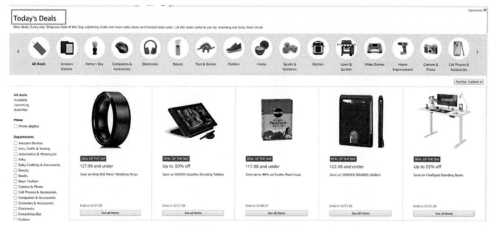

图 4.169　秒杀页面

这三类操作设置比较简单，这里就不讲了。我们主要讲这三类秒杀的特点。

1. 闪电秒杀和 7 天秒杀

将它们放一起讲，因为它们除了折扣持续时间不一样，其他都一样。

（1）都是限时折扣。

（2）闪电交易持续 4～6 小时，而 7 天秒杀持续一周。

（3）它们都出现在亚马逊秒杀页面上，这是整个亚马逊访问量最大的页面之一。

（4）只有某些产品符合条件（下文详细介绍）。

（5）闪电秒杀并不便宜。通常情况下，每笔交易的费用为 150 美元，但在 Prime 会员日、黑色星期五、第四季度等高峰流量事件期间，这会提高到 300～500 美元/次，甚至会高达 750 美元。

（6）秒杀对于提高品牌知名度非常有用，几乎可以保证产生大量流量，但这并不一定转化为订单。

2. 亚马逊会主推什么类型的秒杀

对买家来说，最具吸引力的秒杀是折扣最低且销量最好的商品，所以亚马逊会在促销的首页或靠近首页的位置进行推广。但是亚马逊的秒杀相互竞争，且位置会不断变动。

想要你的秒杀有机会显示在突出位置，应在以下几点下工夫：

（1）请包含尽可能多的变体（例如尺寸、颜色、款式等），买家喜欢供货能力强的秒杀商品。

（2）请提供尽可能低的价格，买家喜欢低价商品。

3. 申报秒杀的条件

无论是系统推荐的，还是找亚马逊经理帮忙报的秒杀，都要符合以下条件：

（1）必须是企业卖家（不支持个人卖家）。

（2）为了给买家提供满意的购物体验，符合条件的合格商品会自动显示在【秒杀活动管理】中。

（3）产品质量：商品评级必须至少为 3 星，但此标准可能因商城而异且在一年中的不同时段会有变化。

（4）变体：秒杀应包含尽可能多的商品变体（如：尺寸、颜色、款式等）。

（5）限定品类：不符合条件的商品包括但不限于：电子烟、酒类、成人用品、医疗器械、药物和婴儿配方奶粉。

（6）配送方式：商品必须在美国所有州（包括波多黎各）内符合 Prime 要求。你可以在配送设置中选择亚马逊物流（FBA）或卖家自行配送网络（MFN）Prime。

（7）必须是新品：只有新品符合参与秒杀的条件（不能是二手货）。

（8）库存和价格：库存数量足够（亚马逊指定最低数量要求和最高秒杀价格）。

使用建议：这类秒杀活动通常更适合成熟品牌，刚起步的卖家通常应该考虑其他促销选项。Kris 做了多次这类促销，大部分促销的利润都无法覆盖 150 美元，如图 4.170 所示。

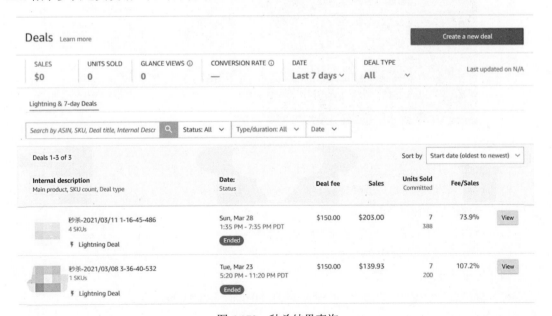

图 4.170　秒杀结果查询

4. DOTD 秒杀

DOTD（Deal of the Day），俗称镇店之宝，也被称为"秒杀王中王"。秒杀页面有"Deal of the Day"的标签，时间持续 24 小时，如图 4.171 所示。

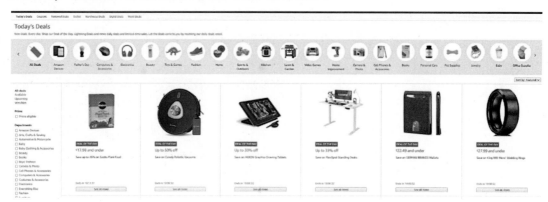

图 4.171　DOTO 页面

每天主推 6 个产品，非常稀缺，非常难申请。

该页面因为展示位置好，首页也会推送，在移动端，打开亚马逊的 APP 时，在显眼的位置上可以看到 Deal of the Day，所以从单位时间流量、转化率效果和销量来说，上面说的 Lightning Deals 和 7-day Deals，与 DOTD 完全不在一个层面，如图 4.172 所示。

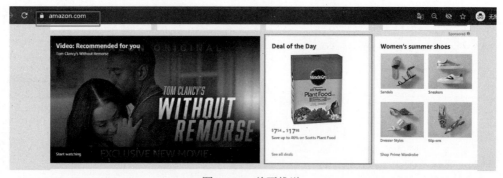

图 4.172　首页推送

因此 DOTD 秒杀的要求也特别高。DOTD 折扣标准（非节假日时段），每个国家站点不太一样，具体的需要通过亚马逊经理获得，以下以美国站为例：

（1）当前价格 20% 折扣。

（2）折扣后等于或者低于过去 365 天最低价格。

（3）过去 60 天最低价格 20% 折扣。

（4）星级 ≥ 4 或没有评论。

（5）折扣后总价值（折扣价 × 数量）要在 150 000 ～ 200 000 美元。

以上条件必须同时满足。

5. DOTD 的其他条件

（1）商品详情页面符合亚马逊的指导方针。

（2）FBA 有足够的库存支持 5～7 周的销售。

（3）产品必须是当季的、广受好评的，且有吸引力（热销的会更有机会申请通过）。节假日时段会更严格。

虽然 DOTD 效果比较好，但是随着这几年竞争加剧，亚马逊也增加了展示名额，同时展示的时段也会影响到销量。Kris 试过几个产品，效果一般，没有很明显的变化。幸好这个找经理提报秒杀是免费的，也不会亏。

除此之外，还有其他的秒杀，如 BD（Best Deal）、Outlet Deal（奥特莱斯，4.3 节讲到过），BD 其实跟 7-day Deal 差不多，这里就不细说了。

DOTD、BD、LD、Outlet Deal 都可以找亚马逊经理提报。需要注意的是，任何类型的秒杀活动操作不当，都可能被打入黑名单，可能限制提报的机会。主要原因包括但不限于（红线，勿踩）以下几种：

- 上线前没有将厂商指导价清零。
- 上线时未及时改价或者改的价格高于 deal price。
- 上线时显示虚高折扣。
- 上线后操纵价格（例如：故意在某个时间段拉高价格之后又降低）。
- 上线后使用了不合规的主图。
- 上线后出现断货（或下架）而没有管控好前台价格。

4.6.4 Prime 独家折扣

Prime 专享折扣是针对通过 FBA 销售的符合 Prime 条件的产品的促销活动，这些折扣仅适用于 Prime 会员。这些产品将在搜索结果和购买框中显示删除线定价和优惠信息，如图 4.173 所示。

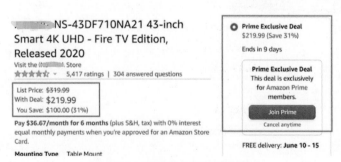

图 4.173　删除线显示促销信息

亚马逊每年年中都会举行会员日折扣活动，而 Prime 专享折扣就是专门为这个设计的促销活动。卖家可以在这期间选合适产品来参加。在 Prime 会员日,这些折扣会包括一个额外的显示标志,以提高点击率和转化率,一般在搜索结果和商品详情页面上写着"Prime Day Deals"或者"PRIME EXCLUSIVE DEAL",如图 4.174 和图 4.175 所示。

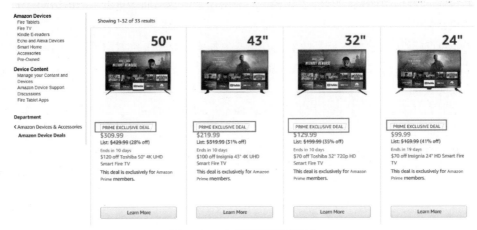

图 4.174　专门促销页面显示

图 4.175　商品详情页面显示

据 Kris 的经验,此标志在 Prime 会员日最有效,因为这个不仅可以在搜索结果中获得更显眼的展示,还可以在亚马逊的专门促销页面(也是流量最大的页面)获得更显眼的展示。

1. 专享折扣的优缺点

(1)优点:

- 在搜索结果和购买框中显示删除线定价和节省费用信息,有助于提升点击率和转化率
- Prime 会员日期间显示额外标志
- Prime 会员日期间有专门页面显示

（2）缺点
- 折扣必须在 20%～80%
- 折扣要求高，利润微薄
- 仅 60 天有效期

注意，提报的 ASIN 不能同时参加 Best Deals、Lightning Deals 或 Deal of the Day。而且会有叠加折扣。

2. 设置 Prime 专享折扣的条件

（1）商品必须为符合亚马逊 Prime 配送条件的亚马逊物流商品。

（2）Prime 专享折扣必须符合所有常规资格标准。

（3）商品的星级评定必须至少为 3.5 星，或者无星级评定。

（4）折扣价必须比非 Prime 会员的非促销价至少优惠 20%。

（5）折扣最多只能比非 Prime 会员的非促销价格减少 80%。

如果有亚马逊卖家反馈（feedback）评分，卖家反馈评级必须至少为 4。这是过去 365 天的平均评级，如果在过去 365 天内的评级少于 10 次，就会参考终身周期（开店至今）平均评级。

Prime 专享折扣价的 ASIN 必须比过去 30 天内最低价格要低 5%。过去 30 天内的最低价格是该 ASIN 在此期间的最低订单价格，包括所有卖家（也会参考跟卖）的全部优惠、促销和销售价格。

每月最多可以提交 10 000 个 ASIN。

3. 利用表格模板提交 ASIN 折扣

（1）在卖家后台找到"Advertising"并选择"Prime Exclusive Discounts"Prime 专享折扣，如图 4.176 所示。

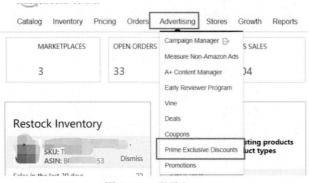

图 4.176　登录入口

单击"Create Discount"进入页面创建折扣。

（2）编辑折扣信息，如图 4.177 所示。

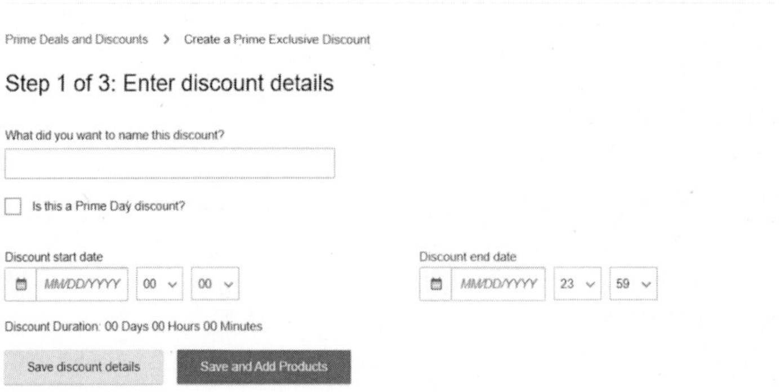

图 4.177 编辑折扣信息

填写促销名称，方便自行跟踪。

选择指定折扣的开始和结束日期（最多 60 天），也可以勾选“Is this a Prime Day discount?”，这样就只在 prime 会员日期间才会显示促销。

（3）填写 SKU 或者下载模板，点击“Save and Add Products”。

可以直接填写信息，但是最多只能填 30 个 SKU，如果参加的 SKU 比较多，可以批量操作，我们主要介绍批量操作的方式。

（4）填写模板信息，如图 4.178 所示，上传模板。

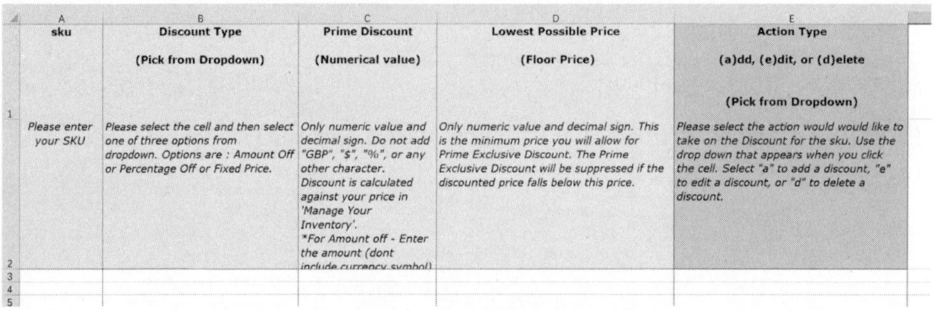

	A	B	C	D	E
1	sku	Discount Type (Pick from Dropdown)	Prime Discount (Numerical value)	Lowest Possible Price (Floor Price)	Action Type (a)dd, (e)dit, or (d)elete (Pick from Dropdown)
2	Please enter your SKU	Please select the cell and then select one of three options from dropdown. Options are : Amount Off or Percentage Off or Fixed Price.	Only numeric value and decimal sign. Do not add "GBP", "$", "%", or any other character. Discount is calculated against your price in 'Manage Your Inventory'. *For Amount off - Enter the amount (dont include currency symbol)	Only numeric value and decimal sign. This is the minimum price you will allow for Prime Exclusive Discount. The Prime Exclusive Discount will be suppressed if the discounted price falls below this price.	Please select the action would would like to take on the Discount for the sku. Use the drop down that appears when you click the cell. Select "a" to add a discount, "e" to edit a discount, or "d" to delete a discount.
3					
4					
5					

图 4.178 模板页面

这里简单介绍下表格内容。

SKU：填写需要参加活动的 SKU。

折扣类型（Discount Type）：单击单元格，然后从下拉列表中选择两个选项之一。选项有：折扣金额（Money off）或百分比折扣（Percentage off）。

金额或百分比折扣（Prime Discount）：只填写数字值和小数点。不要添加“GBP”“$”“%”或任何其他字符。折扣后的价格是根据管理库存中的价格自动计算的。例如，你希望折扣是“折扣金额”，如 3 美元，请填写 3。或者，你希望折扣是“折扣百分比”，如 20%，请填写 20。

最低可能价格（Lowest Possible Price），即底价：也是只填写数值和小数点。这是 Prime 专享折扣的最低价格。如果折后价格低于此价格，则 Prime 专享折扣将被取消。例如，你的产品最初售价 14.95 美元，而促销是减价 3 美元，填写 11.95 或者更低。或者促销是 20 % off，则填写 11.96 或者更低。

操作类型（Action Type） (a)dd、(e)dit 或 (d)elete：也是从下拉菜单中选择一个。选择“a”添加折扣，选择“e”编辑折扣，选择“d”删除折扣。

（5）上传文件。文件上传后，会有相应提示，还将收到一封电子邮件，其中包含上传的产品的验证状态。在提交之前，你还可以在 Review 页面上查看和编辑。

注意：我们建议首先添加 10 ～ 15 个或更少的产品以进行测试。在完全成功上传后（所有上传的项目都被激活），你可以继续上传其余的 Prime 专享折扣。

如果你无法在这些说明或数据定义中找到所需的答案，可访问 Prime 专享折扣帮助中心以了解更多信息。

谨慎起见，可以阅读以下的数据定义，如图 4.179 所示。

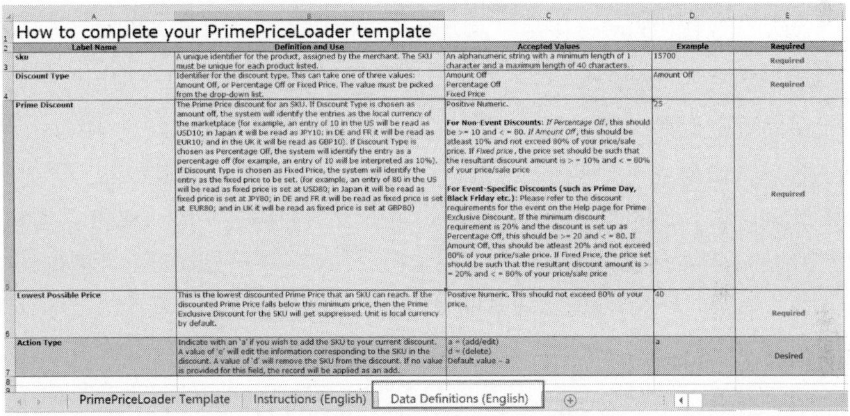

How to complete your PrimePriceLoader template

Label Name	Definition and Use	Accepted Values	Example	Required
sku	A unique identifier for the product, assigned by the merchant. The SKU must be unique for each product listed.	An alphanumeric string with a minimum length of 1 character and a maximum length of 40 characters.	15700	Required
Discount Type	Identifier for the discount type. This can take one of three values: Amount Off, or Percentage Off or Fixed Price. The value must be picked from the drop-down list.	Amount Off Percentage Off Fixed Price	Amount Off	Required
Prime Discount	The Prime Price discount for an SKU. If Discount Type is chosen as amount off, the system will identify the entries as the local currency of the marketplace (for example, an entry of 10 in the US will be read as USD10; in Japan it will be read as JPY10; in DE and FR it will be read as EUR10; and in the UK it will be read as GBP10). If Discount Type is chosen as Percentage Off, the system will identify the entry as a percentage off (for example, an entry of 10 will be interpreted as 10%). If Discount Type is chosen as Fixed Price, the system will identify the entry as the fixed price to be set. (for example, an entry of 80 in the US will be read as fixed price is set at USD80; in Japan it will be read as fixed price is set at JPY80; in DE and FR it will be read as fixed price is set at EUR80; and in UK it will be read as fixed price is set at GBP80)	Positive Numeric. **For Non-Event Discounts:** *If Percentage Off*, this should be >= 10 and < = 80. *If Amount Off*, this should be atleast 10% and not exceed 80% of your price/sale price. If *Fixed price*, the price set should be such that the resultant discount amount is > = 10% and < = 80% of your price/sale price **For Event-Specific Discounts (such as Prime Day, Black Friday etc.):** Please refer to the discount requirements for the event on the Help page for Prime Exclusive Discount. If the minimum discount requirement is 20% and the discount is set up as Percentage Off, this should be >= 20 and < = 80. If Amount Off, this should be atleast 20% and not exceed 80% of your price/sale price. If Fixed Price, the price set should be such that the resultant discount amount is > = 20% and < = 80% of your price/sale price	25	Required
Lowest Possible Price	This is the lowest discounted Prime Price that an SKU can reach. If the discounted Prime Price falls below this minimum price, then the Prime Exclusive Discount for the SKU will get suppressed. Unit is local currency by default.	Positive Numeric. This should not exceed 80% of your price.	40	Required
Action Type	Indicate with an 'a' if you wish to add the SKU to your current discount. A value of 'e' will edit the information corresponding to the SKU in the discount. A value of 'd' will remove the SKU from the discount. If no value is provided for this field, the record will be applied as an add.	a = (add/edit) d = (delete) Default value – a	a	Desired

PrimePriceLoader Template | Instructions (English) | Data Definitions (English)

图 4.179　工作表数据定义页面

（6）检查结果。如果产品未通过审核，你会收到一条消息，类似于下面看到的消息（Invalid. Product rating）。这表明产品评级不符合条件，如果遇到这种情况，只需单击删除产品，然后再次单击提交折扣即可。如图 4.180 所示。

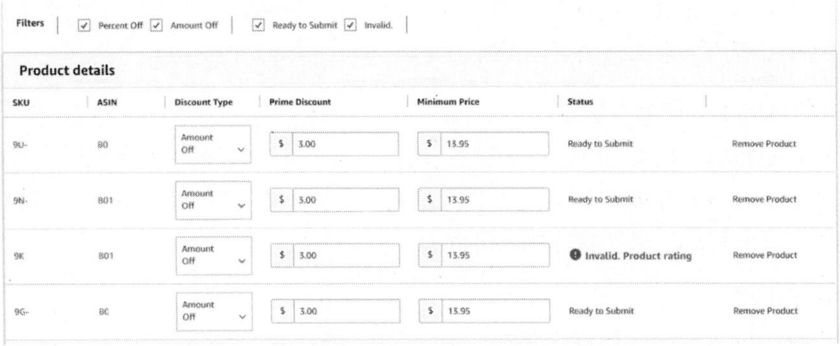

图 4.180　查看结果

需要再次提醒，Prime 专享折扣是会和其他促销叠加的，所以在设置之前要仔细检查产品折扣，以防止客户将它们合并叠加以获得大幅折扣。

尽管 Prime 专享折扣挤压了利润空间，但是确实能吸引更多的人购买，额外折扣标识能引起客户对产品的关注（特别要注意秒杀截止日期），也有利于提高点击率和转化率。

4.6.5 使用促销活动的贴士

以下是一些使用促销活动的建议，希望可以帮助卖家在促销活动中获得最大收益，并减轻促销活动造成的任何潜在损失或损害。

1. 使用一次性代码提供高折扣

如果你不愿意以折扣价出售所有剩余库存，建议将折扣代码设为一次性使用。团体代码可以反复使用，而社交媒体代码的链接是可以分享的，特别是当它们提供很大的折扣的时候。甚至你的竞争对手也可以使用这些代码购买你所有的库存，然后原价销售给他们的客户。

2. 在大促销期间设置最大订单数量

需要注意的是，即使是一次性代码，默认情况下也可用于购买多件产品。该代码只能使用一次，但并不代表用它不能在同一订单中购买 99 件。如果代码是 70% 的折扣，客户购买 99 件也可以享受 70% 的折扣。所以，最佳解决方案是在后台对该产品设置最大订单数量，限制客户在一个订单中可以购买的最大数量，这样可以避免竞争对手和跟卖者大量购买并转售你的产品。

3. 使用促销建立客户群体信息

发送折扣代码是获得电子邮件的绝佳方式。如果你通过 Google、Facebook、YouTube 等发送邮件，你就可以利用这个机会建立客户资料。

不要直接提供折扣代码和亚马逊链接，而是将客户引导到预先设置好的着陆页（最好是独立站），当他们选择使用他们的电子邮件地址登录的时候才可以看到折扣代码，这样你就可以获得客户的邮件信息了。

要知道，一旦有了足够多的客户资料，你可以使用它来推出新产品、追加销售或交叉销售你的其他产品，或者为未来的促销活动增加流量。

4. 不要用折扣来激励评论

激励性评论是指客户如果对产品发表评论，卖家就会向客户提供一些东西。很多卖家认为，做促销都没有什么利润，就希望换点儿评论来平衡一下。但是这违反了亚马逊的评论政策，亚马逊对违规卖家采取行动的速度非常快，要慎重。

5. 不要折扣过高

在很多促销活动中，亚马逊已经限制了最高折扣，例如，折扣不能超过 80%。即使你不是提供折扣来换取评论，在客户获得大幅折扣后发表的评论，在亚马逊看来也是可疑的。这样哪怕你什么都没做，也可能因为被认为操纵评价而封店。

最好的折扣百分比是多少？25%～35% 的折扣适合大多数产品。这足以引起客户的关注，但也不会让卖家利润锐减。

如果真的想清仓销售，可以使用高达 50%～70% 的折扣（不要忘记设置最大订单数量）。

高折扣并不总是最好的。根据我们的经验，超过 70% 的折扣对客户的吸引力反而会降低。超高的折扣会降低产品的形象，使客户不太愿意购买。

6. 注意你的利润

如果你不想亏本促销，那么必须计算好自己的产品价格和成本，还有促销费用，特别是闪电秒杀和 7 天特惠秒杀，每笔交易的费用为 150 美元，而在 Prime 会员日、黑色星期五、第四季度等高峰流量期间，会增加到 300～500 美元/次，甚至会到 750 美元。要保证你的利润能覆盖这些促销花费。

总结：工具是为了让你保持更好的思维方式。

亚马逊为卖家开发了各种各样的工具来为其产品提供折扣，最终也是为了客户，亚马逊希望卖家以更低的价格销售产品。但这些工具确实是让客户关注卖家并推动更多销售的绝佳方式。

因为卖家不得不时不时地参加各种折扣活动，以此来增加销售额和现金流，所以报价的时候，要把这部分费用计入成本。

4.7 总　　结

在本章的很多个小节里，Kris 都提到了"这是很多卖家会忽视的功能"。确实，如果你没有精细化运营账号的经验，就会忽略本章的很多内容，而这些工具，是帮助你在运营中建立策略思维的最好方式。

买家之声是防止产品下架的工具，但是很多卖家都是只有产品被下架了才会去了解这个页面，这是很被动的。卖家应该时刻查看，当产品开始有黄色警报的时候，应该去优化产品，修改页面描述或者客户服务。

而商品信息质量控制面板很关键，有利于提高产品排名和转化率，而且该工具很好地告诉卖家，需要做哪方面的优化，只要按照提示完成就可以了，省事省心。

库存规划需要关注的点比较多，也是卖家避免缺货、避免滞销的好工具，可以让卖家在备货上得到实际性的建议。

品牌工具更是想要在亚马逊长远发展的卖家必备的，集齐所有品牌工具，起码可以让产品优势提升一个档次，在品牌打造、品牌保护和品牌销售上都有很大帮助。

促销工具则是刺激销售的最佳方式，合理利用各种促销，配合广告使用，会有意想不到的效果。

4.8 常见问题

产品总是断货，应该如何备货？

如果是新品，不确定是否能卖得好的情况下，不要备太多货。如果确实容易断货，最好的解决方式，就是新品走快递，这样可以有效控制断货时间。但如果是大件产品，走快递确实比较贵，这个需要根据实际情况去衡量。

如果是出单比较稳定的产品，该如何备货呢？

其实备货 FBA 是很复杂的。计算公式是"预计销量 - 库存 = 备货数量"，看起来简单，但是，这个公式里有三个问题：

- 预计销量如何算？
- 掌握库存真的是直接看后台的库存吗？
- 算出的备货数量就是要发货的数量吗？

我们一个个来解决这些问题吧。

1. 预计销量如何算

我们以一个案例来讲述比较容易理解。

如果某个 SKU，销售情况如下：

- 30 天日均销量是 18.40
- 14 天日均销量是 18.57
- 7 天日均销量是 19.00
- 3 天日均销量是 21.33

FBA 库存显示还有 400 个库存。

某些第三方的软件建议保持 90 天的备货量，所以补货数量是 1 339。

19.33（日均销量）×90 天 -400 =1 339

那么这个 19.33 是如何得出来的呢？

日均销量 =（3 天销量 /3 + 7 天销量 /7 + 14 天销量 /14 + 30 天销量 /30）/4

这个公式是不错的，是每个销售时段的平均数的平均数。

但是 Kris 认为，在这个案例里，我们不应这样算。

我们可以看到，平均数是慢慢变大的，证明销量是一直稳定上升的，如果按平均数来算，备货量就不够了。对这种情况，Kris 建议直接用最大的数 21.33 来算（如果有其他情况就要具体分析），所以正确的补货数量应该为：

21.33（日均销量）×90 天 -400 =1 517

2. 掌握库存真的是直接看后台的库存吗

刚刚那个案例中，400 是 FBA 的库存，那么这个就是实际库存吗？为什么有些人发货过去了，货还没有到就断货了呢？

因为很多人都会忽略，货物在途的时候，销售还是持续的。

如果每天卖出 20 个，那么 400 个库存只能维持 20 天（400/20），所以补货的货物必须要在 20 天内入库上架可售。

所以，备货时，要维持 90 天所需的数量，就要把运输途中的数量加上去。

还是用上面的案例。

假如要发快递给仓库，所需天数是 10 天入库。

那么备货的数量应该是 1 517+（21.33×10）=1 730。

这才是充足的数量。

所以，如果还是按照第三方软件推荐的备货 1 339，就会有断货风险。

需要注意的是，如果还有在途的，没有入库的产品，库存的计算还需要减去在途的数量。

为什么要充足备货？

- 避免断货
- 避免发货太多，仓储费用过高

为什么是充足，而不是精准？因为无法精准，你无法计算很多不确定因素。

不确定的因素包括：

- 扣关
- 延误
- 入仓
- 排队
- 拒收
- 货物丢失等

把这些不确定因素所消耗的时间尽量都算到里面，就可以做到充足备货。

上面说的快递为什么是 10 天？其实一般 5～7 天就可以到了，加了 3～5 天就是给不确定因素预留时间。

3. 算出的备货数量就是要发货的数量吗

不是的，要分批发。

为了避免全部发过去因扣关、延误、转运等因素造成时效问题，建议分批发过去。如果你算出来要发 1 000 件货，可以分三次发，每次发 300 件左右即可。

如果是海运，就可以一次性发了，因为海运一般是有足够的时间的。

如果是走快递或者空加派，以美国为例，时效若为 10～15 天，入库时间要再加 3～5 天。

如果是走海运，以美国为例，时效若为 25～45 天，入库时间要再加 3～5 天。

4. 总结公式

预计销量＝日均销量×90（日均销量计算很重要，注意什么时候取最大值，什么时候取平均值）

库存 = FBA 库存 –（日均销量 × 到货天数）+ 运输途中数量

最后：预计销量 – 库存 = 备货数量

5. 产品供应链

补货是个供应链系统，不是算出来补多少就有那么多货物给你，必须要有工厂支持。卖家要有计划地给工厂下单，保证可以持续供应货物。

我们把产品供应链分为生产和销售两个过程，再细分就可以有四个过程，如图 4.181 所示。

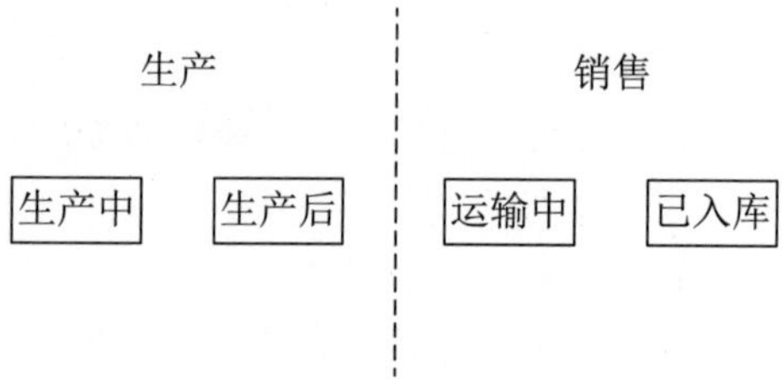

- 生产中：工厂正在生产的过程
- 生产后：已经生产完成，需要打包，贴标签，准备发货
- 运输中：发货到入库前的状态
- 入库后：可销售状态

图 4.181　生产与销售过程

6. 6336 备货原则

Kris 根据自身经验，总结出一个不断货的供应链原则：

- 生产数量是预计够 90 天销售的数量
- 可销售库存数量是足够 90 天销售的数量

再细分：

- 生产中够 60 天的数量，生产后够 30 天的数量（共 90 天）
- 运输中够 30 天的数量，入库后够 60 天的数量（共 90 天）

如图 4.182 所示。

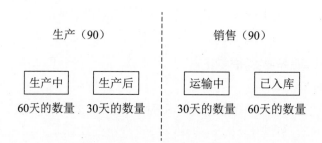

图 4.182　生产与销售时间

这样，就不会有断货的情况了。

注意：以上方法建议用于单个 SKU 至少日销量 10 个以上且销量稳定的产品，销量太少的话，只能自己看着办了。

Kris 常常给同事讲的一句话是："数据是死的，人是活的"，不要单单看数据来备货，数据只是作为人分析的工具而已，做决策的是我们自己。

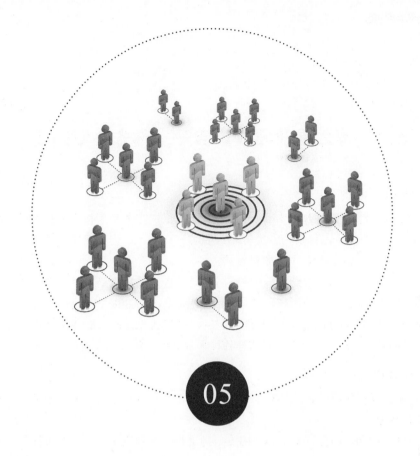

第5章 广告篇：亚马逊广告的核心理论

亚马逊作为最大的电商市场之一，和谷歌、脸书一样，也拥有自己的广告系统——亚马逊广告，其前身是 AMS 亚马逊营销服务。最近几年，亚马逊广告业务快速增长，同时竞争也异常激烈，卖家需要一个战略性的、灵活的广告计划，才可以得到最佳的投资回报。因此本书会花接近一半的章节来详细阐述广告相关的知识和策略。

本章主要讲的是亚马逊广告的基础且关键的理论。

5.1 什么是亚马逊广告——你未必都知道

1. 什么是亚马逊广告

亚马逊广告本质上是一种服务,是亚马逊为卖家提供的主要基于按点击付费的营销工具。其工作方式与谷歌上的按点击付费广告类似:只要客户点击了广告,卖家就需要付费(无论商品是否被购买),而展示/曝光是不需要付费的。

亚马逊的广告业务正在快速增长,各种不同场景广告产品也应运而生,尤其是当它在整个生态系统中实现产品多样化时。例如,亚马逊 DSP(Demand-Side Platform,需求方平台)允许卖家以编程方式大规模购买展示广告和视频广告,并在 Amazon.com、Fire TV Sticks、IMDb.com、Kindle、Freedive、APP、第三方网站等各种平台上针对目标受众投放。

2. 在亚马逊上做广告有很多好处

(1)广告主能获得优质的、品牌安全的竞争环境,相比其他平台,亚马逊的竞争环境更为公平,因为规则严谨。

(2)缩短销售周期,即更容易出单,因为亚马逊是一个购物平台,浏览页面的人都是以购物为目的。

(3)改善销售历史记录和产品可见性,即增加曝光,提高销售量。

(4)提高品牌知名度,获得更多品牌可见性。

(5)通过广告数据,可以获得更多客户购物的数据,有助于做出产品销售决策。

(6)跟踪广告结果并能够做出以数据为基础的营销策略。

但是,我们需要清楚的是:

广告的主要功能是引流,就是获得更多的曝光和点击,而转化率则涉及更多因素,广告对转化率的影响不大。

亚马逊的广告模式:

亚马逊广告是一种按点击付费的模式(Pay-Per-Click,PPC),而 DSP 亚马逊广告也有按曝光量计费的。

eBay 上的广告支持 PPS(Pay-Per-Sales,按销售付费)模式。

你可能也听说过亚马逊广告 CPC(Cost-Per-Click,每次点击费用),那它们有什么区别呢?

3. PPC 和 CPC 的区别

PPC 是一种广告模式,是营销策略的重要组成部分,如果使用得当,可以增加漏斗(参阅

第一章超级转化率模型）顶部潜在客户数量。从功能上讲，卖家只在客户点击广告时才为广告付费，从而激励搜索系统将其展示给最相关的受众。

CPC，一旦投放了广告，衡量广告的效率和相关性等数据就很重要，这是CPC派上用场的地方。CPC能衡量PPC广告每次点击的总成本。

例如，你为PPC广告支付了100美元并且因它获得了100次点击，那么每次广告点击（CPC）就花费1美元。

总花费 ÷ 总点击次数 = 每次点击费用

所以，关键点是：
- PPC= 方法 / 模式
- CPC= 效果指标

PPC和CPC是同一枚硬币的两个面。PPC是一种特定的营销模式或方法，而CPC是一种衡量绩效的指标。

因此正确说法是：亚马逊PPC广告和亚马逊广告CPC。

4. 亚马逊广告的类型

亚马逊卖家有多种广告格式和展示位置可供选择，例如，亚马逊商品推广、品牌推广等。我们简单介绍几种基本类型，如图5.1所示。

图5.1 亚马逊广告的三种类型

（1）商品推广

商品推广（Sponsored Products）是显示在搜索结果和商品详情页面上的。它们是针对单个产品的按点击付费、以关键词为目标的展示广告。而点击的链接指向商品详情页面。

要衡量商品推广广告的效果，一般使用广告点击次数、支出、销售额和广告销售成本(ACOS)的报告工具。

（2）品牌推广

品牌推广（Sponsored Brands）以前叫头条广告（Headline Search Ads），是能够展示在搜

索结果页面上方、下方和旁边等位置推广多个产品的广告。它们也基于按点击付费,还可以引导客户点击到定制产品页面或品牌旗舰店上。

卖家最多可以在广告中展示三种独特的产品和页面,自定义并允许平台测试广告的图片、标题和着陆页的表现。

品牌推广最适合名牌商品的卖家和拥有品牌旗舰店的店铺。如果有多个产品表现良好,卖家很容易赢得较好的广告位。

同样,检验效果的指标也是广告的点击次数、支出、销售额、关键词转化率和广告销售成本。

(3)展示型推广

展示型推广(Sponsored Display)也是按点击付费的广告,其主要目标是向客户进行交叉销售或追加销售。

展示型广告出现在商品详情页面、买家评论页面、优惠列表页面顶部和搜索结果下方。客户还可以在亚马逊相关的站外网站看到,从电子邮件中也能看到,如追踪电子邮件和推荐类电子邮件。

衡量效果的主要指标有点击次数、支出、销售额、广告销售成本、商品详情页面浏览量、平均每次点击费用(ACPC)等。

当然还有其他广告类型,如品牌旗舰店 Store、帖子 Posts、亚马逊直播、DSP 等,后续会详细介绍。

5. 总结

无论你是想获得更多销售还是想提高品牌知名度,在亚马逊上投放广告都是很不错的选择。选择合适的产品来做广告,选择最受欢迎以及具有竞争力的价格的产品,同时配合清晰、简洁和有说服力的产品页面,包括准确和描述性的标题、有用和相关的产品信息及高质量的图片,具有很大的销售转化潜力。

亚马逊的业务正在快速增长,卖家之间的竞争也非常激烈,要突出重围,广告几乎成了所有卖家的选择。但是亚马逊上做广告既是机遇也是挑战,因此,卖家需要一个战略性的、灵活的广告计划才能在激烈的市场竞争中脱颖而出。卖家还需要在瞬息万变的市场现实中保持适应能力和应变能力。本书关于广告的内容,就是为了应对这些情况,给卖家提供各种解决思路。

5.2 亚马逊广告的竞价逻辑

我们知道亚马逊广告是按点击付费的,但是卖家往往会遇到这个情况:预算花不出去,没有曝光,没有点击。这是怎么回事?

没有曝光,就意味着客户看不到你的产品,为什么看不到?是因为没有广告排名。广告跟自然流量一样,也是有排名的。如果没有排名,或者排名非常靠后,那么就没有曝光了。

如何获得高排名的广告?得先了解亚马逊最基础的逻辑——它的竞价逻辑是什么?

5.2.1 理解广告的拍卖系统原理

这是整个广告系列章节的基础，是卖家都要懂得的基础理论，跟飞轮理论一样重要。

正确理解广告拍卖系统是运营广告的核心。

在亚马逊上投放广告其实用的是一种拍卖系统（Auction Style System），卖家在系统上对搜索关键词进行出价。出价最高的卖家加上高质量的广告通常会赢得搜索关键词，但是赢得这个搜索关键词的卖家，只付第二高的费用。

什么意思？假设有三个卖家分别是 ABC，他们要竞拍 LOVE 这个词，出价分别是 A 5 元、B 3 元、C 2 元。A 获得这个词，但是他只需要付 3 元。

要了解这个拍卖系统，我们得先向大家介绍全世界最常见的拍卖博弈方式。

1. 英国式拍卖

英国式拍卖，就是给出一个底价，谁喊价高谁获得竞品，这是最常见的拍卖方式。大家在电视电影里也经常看到，拍卖古董珠宝等，最后没有人加价了，就锤子敲一下，按最高喊价成交。这个方式使价值不易确定或无法明确价值的物品实现价值最大化。

缺点是对于可以确定价格的产品，可能无法达到最大化。例如，一个珠宝价值 100 万元，但是喊到 80 万元就没有人加价了，这样对拍卖者是有损害的。

2. 荷兰/日本式拍卖

荷兰式拍卖，是一种降价拍卖，从最高价开始往下喊价，直到有人说"我要了"，就获得竞品。缺点是这样就有人搭便车，一开始不喊价，直到有合适的价格才出价。

日本式拍卖，是荷兰式拍卖改良版，只有上一轮出价者，才能参与下一轮出价。

哪些拍卖适合采用荷兰式拍卖或者日本式拍卖呢？一般用于政府采购，例如买方说，我要采购一万台电脑（详细配置已经写明），谁给的价格低，就跟谁合作。

缺点是买家利益不一定能最大化。例如，买家通过市场调查，知道有供应商有能力以 4 万元的价格供货。但是这个供应商参与竞标时，他知道其他供应商的底价都比他高得多，最终他只喊到 5 万元，其他供应商就不喊价了。那买家就无法以最低价采购商品了。

3. 密封式拍卖

密封式拍卖是最好的解决办法。以上说的英国式拍卖、荷兰/日本式拍卖都可以采用密封式拍卖，也叫暗拍。汽车牌照的拍卖，就是密封式的英国式拍卖。

密封式拍卖，就是让参与者完全不知道别人的出价，只好直接叫出最接近自己心理价位的报价，以提高成交机会。

4. 维克瑞拍卖

维克瑞（Vickery）拍卖，这是诺贝尔经济学奖获得者维克瑞教授在 1961 年提出的，又称第二价格密封式拍卖（Second Price Sealed Bid）：出价最高者竞拍成功，但是只需要按第二高的报价支付，而不是按他自己的报价付款。

亚马逊、谷歌、百度、阿里巴巴等，几乎所有互联网公司的竞价排名广告，用的都是维克瑞拍卖。

这是唯一效率最高，拍卖者利益也最大的拍卖方式。

如果只是普通密封式拍卖，会让竞拍者保守地给出略低于自己心理价位的最高价。但如果出价最高者赢得拍卖，却只需要支付第二高价，就会激发他们都一次性给出高于自己心理价位的更高价，不用反复叫价，效率也最高，最后真正的成交价，会远高于预期。

第二价格密封式拍卖是一个非常聪明的方式。因为它可以让你诚实！这样能减少多次博弈的浪费，提升拍卖效率。

那怎么让你诚实呢？举个例子，如图 5.2 所示。

（单位：元）

示例	你的出价	竞争对手出价	是否获得关键词	收益	备注
1	80	110（大于100）	否	0	什么都得不到，出价80或者100的价格都没有区别
2	80	75（低于80）	是	25	只要付75，但是密封式，你无法保证对方低于的价格
3	80	90（大于80）	否	0	什么都得不到
4	100	90（低于100）	是	10	只要付90
5	120	90（低于100）	是	10	只要付90，你出价100或者120都没有区别
6	120	130（大于120）	否	0	什么都得不到，出价100或者120都没有区别
7	120	110（低于120）	是	-10	获得关键词，但是你是亏钱的

图 5.2 拍卖过程示例

假如你现在要竞标一个关键词"iPhone case"，竞标胜出这个词就是你的了，你的心理价位是 100 元，但是你出价低于 100 元，比如 80 元。

别人的出价 110 元（大于 100 元），你出 100 元和 80 元没有区别，你都竞拍不到。

别人的出价 75 元（低于 80 元），你出 100 元和 80 元也没有区别，这个词就是你的，而且无论你出价 100 元还是 80 元，你最后付款只要付 75 元（第二高价）。

别人的出价在 80 元到 100 元之间，比如 90 元，那么你出价 100 元就能竞拍到这个词，而且只要付 90 元，还能有 10 元的盈余。

如果你出价 80 元收益就是 0，什么都得不到。

如果你出价高于 100 元，比如 120 元，别人出价低于 100 元，比如 90 元，你出价 100 元和 120 元无区别，都能赢得这个词。

如果你还是出价 120 元，别人出价高于 120 元，比如 130 元，你出 100 元和 120 元无区别，收益都为 0。

别人出价在 100 元到 120 元之间，比如 110 元，你出价 100 元收益为 0，因为什么都没有得到，而你出价 120 元，则要付 110 元，你的收益为 -10 元（110 元减去心理价位 100 元），还不如出 100 元。

所以 Telling the truth is the best! 诚实才是最重要的！

因此，你愿意为这个词出多少价，先估一个值，然后你认为这个词值多少钱你就出多少。

5.2.2 如何算出关键词的最佳竞价

那么要怎么估算这个值呢？先了解 CPC 竞价的计算。

CPC=AOV×CR÷ROAS

AOV（Average Order Value），平均订单值，就是平均单价。

CR（Conversion Rate），转化率，这里指的是广告的转化率。

ROAS（Return on ad Spend），广告投资回报率，其实就是 ACOS 的倒数。

这个公式也可写为：竞价 = 平均单价 × 转化率 ÷ 广告投资回报率

而你的目标是：竞价 = 平均单价 × 广告转化率 ÷（1÷目标 ACOS）= 平均单价 × 广告转化率 × 目标 ACOS

目标竞价，就是你竞拍这个关键词的估价。

让我们看一个简单的例子：

假设平均订单价值为 29.99 美元，广告转化率为 10%，而你的目标 ACOS 为 20%。

根据公式：竞价 = 平均单价 × 广告转化率 × 目标 ACOS

得出：29.99×10%×20%=0.5998。

这就是说，如果每次竞标出价 0.5998 美元（当然也可以设为 0.6 美元），将达到 20% 的目标 ACOS。如图 5.3 所示。

	竞价计算	变量	数值	
第一步	AOV平均单价	29.99	美金/加币/欧元等
第二步	CR广告转化率	10.00%	
第三步	目标ACOS	20.00%	
	平均收益 Average Revenue	2.999	
	目标竞价CPC	0.5998	
如果点击为 1000			
广告花费	转化订单数	收益	目标ACOS
599.8	100	2999	20.00%

图 5.3 竞价计算器

这里提供一个 Excel 计算模型——竞价计算器，大家可以参照该方式来计算。把数值按照上面的方式输入表格就能计算出竞价。

基本上，要看的是广告转化率，设定好目标 ACOS 就可以了。

这个竞价计算器非常好用，我们简单介绍以下用法：

从表格来看，转化率为 10%，每次转化的收入为 29.99 美元，目标 ACOS 为 20%。我们就可以算出每次点击带来的收入，即 10% 乘以 29.99 美元，等于 2.99 美元。即每获得一次点击，都会产生 2.99 美元的收入。

2.99 美元的 20% 是多少？是 0.5998 美元。

那我们再来看，如果产生 1 000 次点击会有什么效果。假设转化率在 1 000 次点击后依然保持不变，就将会花费 599.80 美元（1 000 乘以 0.5998 美元）。

由此产生的订单是从 1 000 次点击中获得的，10% 的转化是 100 单。因而将产生 2 999 美元的收入（100 乘以 29.99 美元）。

这就是竞价计算器的功能，能很清楚地看到花费和收益的变化。

需要提醒的是，以上表格只适用于转化率不变、竞价不变的情况。实践中，转化率在星期一可能是 10%，星期二可能是 12%，星期三可能是 8%，星期四或星期五是 3%，都不确定，而且亚马逊的数据报告会延时 24～48 小时。不过你也可以算出平均转化率再使用这个计算公式。

这个表格的主要作用只是方便卖家做出基础判断，了解底层逻辑关系而已。另外，每个词的广告转化率都不一样，这个是关键，我们要找到每个词的广告转化率。

而这些不确定性，都是在后文中要逐步解决的。

总结一下：

亚马逊竞价广告系统实质上是个拍卖系统，而它采用就是第二价格密封式拍卖（Second Price Sealed Bid）的方式。这是世界上各种拍卖方式中效率最高的。出价最高和高质量的广告就获得竞拍的关键词，但是只需要支付第二高的价格。

但是也要对关键词做出合理的估算，这样才能避免不必要的损失。因此我们设计出了这个竞价计算器工具，可以帮助卖家很方便地计算出目标竞价。

5.3 亚马逊广告排名原理

上一节我们讲了，亚马逊的竞价系统是基于第二价格密封式拍卖原理，也讲了如何算出竞价。那么就按这个原理出价就可以了吗？就可以抢到广告位置了吗？

不是的，亚马逊广告系统还要更复杂一点。也就是说，亚马逊广告的排名，不仅仅是基于出价多少，还基于相关性和广告质量得分。

本节主要讲影响广告排名的因素。首先，要明白为什么要了解广告排名，排名靠前有什么好处？

5.3.1 为什么要争取排名靠前？

我们知道，一般情况下，亚马逊给的每一页的广告位置有好几个。如图 5.4 所示。

一个关键词搜索页面出来，上面有四个广告位置：页面中部、底部及其他广告位置，那为什么要争取排名靠前呢？

图 5.4　广告位置

因为不同位置，点击率不一样。如图 5.5 所示。

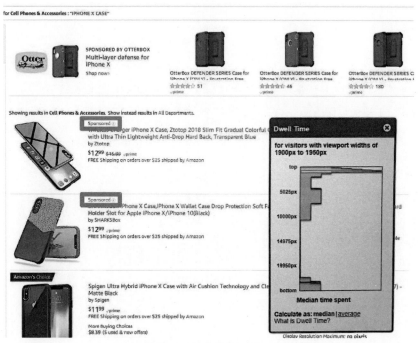

图 5.5　客户停留时长

从图上可以清楚看到，当鼠标滚到广告位置的时候，右侧小程序（这是衡量客户对页面某个部分关注度的程序，只有用亚马逊内部软件能看到）显示红框位置标识最长，即客户停留观看时间最长，而其他位置几乎没有怎么停留。

就是说，客户只关注排名靠前的一两个产品，它们获得的点击几乎占了整个页面点击的 50% 以上。

所以，卖家想要在广告上有所突破，就要努力争取获得广告排名的前一两名。

5.3.2 广告排名基础原理

卖家很自然地想取得顶部广告的位置增加点击。跟 A9 算法一样，我们也无法知道亚马逊广告排名的具体算法，但是基础的原理，本质的东西，我们还是能通过经验总结出来，对于各位卖家进行广告的优化也很有帮助。如图 5.6 所示。

图 5.6 这四个广告的排名顺序是由什么决定？

在广告方面，全球互联网广告做得最成功最成熟的，就是谷歌的 AdWords，谷歌的广告每年的收入为 322 亿美元以上。亚马逊广告也借鉴了谷歌 AdWords 的原理。

简单地说，亚马逊也跟谷歌一样，只会按广告的评级来排名，而评级则由这两个因素来确定：每次点击费用出价（竞价）和绩效得分。

- 每次点击费用出价：关键词的最高出价
- 绩效得分：广告对客户的有用性（用户体验）和相关性。

（很多亚马逊运营者喜欢把这个称为"广告权重"，其实是一个意思，绩效分高，权重就大。）

结合每次点击费用出价和绩效得分，就可以获得广告评级。

广告评级 = CPC 出价 × 绩效得分

广告评级高的广告，就可以获得更高的排名。

我们并没有研究出亚马逊是如何计算绩效分数的，但可以肯定的是，这一切都归结于两个重要指标：相关性、点击率/转化率（购买率）。点击率高，购买率高，那么亚马逊就认定其广告绩效得分是高的。

1. 什么是相关性

相关性，本书第 1 章已经详细讲过了，但是 Kris 仍然要强调这个。因为我们发现有些卖家为了获得更多的曝光，使用了一些完全不相干的关键词，这样对卖家的广告一点好处都没有。

相关性，简单地说，就是关键词要跟产品相关，分类品类要跟产品相关。如图 5.7 所示。

相关性与竞价的关系

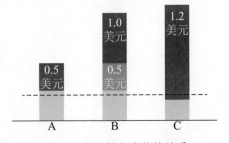

图 5.7 相关性与竞价的关系

灰色部分代表相关性。三个卖家分别对同一个关键词出价 0.5 美元、1.0 美元、1.2 美元，请问谁会抢到最佳广告位置？

答案是出价 1.0 美元的广告。0.5 美元的出价太低，1.2 美元出价高，但是跟产品不相干。

那么出价 1.0 美元的广告，发生点击的时候，是 1.0 美元一次吗？不是，是 0.5 美元左右（第二价格密封式拍卖原理）。

2. 亚马逊是如何界定相关性的呢

如果卖家建立了一个广告，而它比竞争对手的点击率和购买率更高，那么亚马逊会将该广告视为高质量广告之一，一个为客户提供足够的体验的广告。亚马逊获得了收益（点击付费），卖家有订单，客户也可以找到他们想要的东西，这是三赢局面。这就是亚马逊界定相关性的方式。

打个比方：

如果卖家的产品是 Wine Glasses（酒杯）。而为了更多的曝光，他却选择了 Glasses 这个词做关键词，那么就会出现在 Eyes Glasses（眼镜）或 Drinking Glasses（水杯）的搜索广告里。这就不满足相关性了，这样就会降低广告的绩效得分。

亚马逊会提供的是激励性广告。

广告点击收入也是亚马逊的主要收入之一，但是亚马逊并没有为了更多赚取利润而采取激进的价高者得的方式。

对于广告评级高的，亚马逊会进一步鼓励卖家更频繁地投放该广告。逻辑很简单：

更多点击广告→更好的用户体验→亚马逊赚取更多收益→ 亚马逊奖励卖家广告具有更高排名和更低点击付费，如图 5.8 所示。

其本质就是亚马逊的飞轮理论应用到广告上。

衡量用户体验的指标包括购买率、发货、售后、评价等多个因素。

高出价并不意味着良好的广告排名。

不要随意出价。如果你的广告绩效得分不高，那么出价多并不起作用。

举个例子：

A 广告出价 5 美元，它的绩效得分（权重分）为 5。

B 广告出价 4 美元，它的绩效得分（权重分）为 7，那么 B 广告将赢得最佳广告位。

- A 广告评级等于 25（5 美元 ×5＝25）
- B 广告评级等于 28（4 美元 ×7＝28）

B 广告的排名会更高，并获得更多点击。

可惜的是，只有亚马逊才知道每个广告的绩效分数。

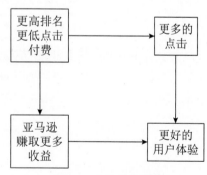

图 5.8　广告飞轮模型

卖家只知道，亚马逊广告评级受多种因素的影响。

除了以上提到的相关性、产品分类、历史点击率和转化率，还有：

- 购买按钮：没有 Buy Box，产品页面就不会获得展示。没有五要点描述的 Listing，亚马逊不会让它获得购物按钮。
- 产品售价：合适的价格很重要。
- 产品描述：让客户想知道他们正在购买什么。如果产品描述含糊不清，则客户可能会转移到具有更好描述的产品页面（参阅本书第 3 章）。
- 评论体系：Review is the King（评价为王）。
- 图片：尽可能高质量。

3. 总结

亚马逊广告排名是相关性、绩效得分（权重分）和第二价格密封式拍卖原理共同作用的结果。

亚马逊一直都关注如何对广告进行排名，并时不时会更新调整算法，但他们对广告排名的具体原理并没有公布。

可以这么理解，亚马逊上的广告排名应用的是适者生存法则，而且要符合亚马逊的规则。配合 A9 算法，卖家必须要完善几乎所有的因素，才能提高广告排名并获得更多销售。

提示：如果你的广告评级很低（得不到好的排名，没有人点击，没有人购买），Kris 建议删除广告重新建立新的广告。同样的出价，一个新的广告会比有"案底"的广告排名好。

5.4 亚马逊广告结果指标详解

要确保亚马逊广告有足够的盈利能力，卖家必须正确理解广告活动每天生成的数据指标。而通过数据分析，制定可靠的亚马逊广告策略是成功的关键。为此，亚马逊提供了许多指标来帮助卖家分析广告效率，如图 5.9 所示。

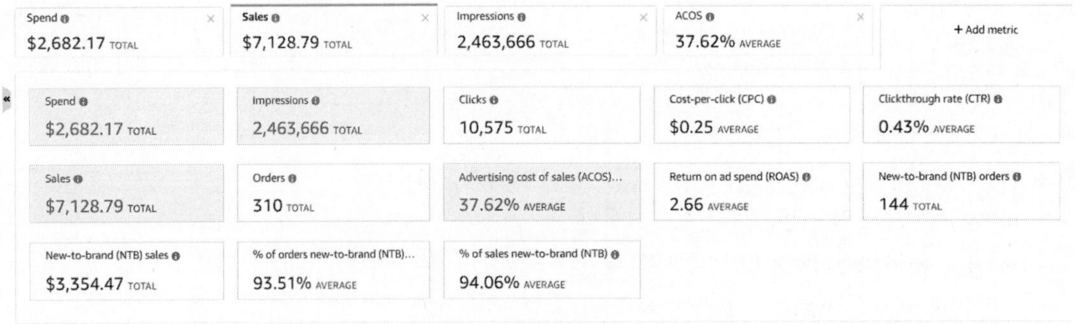

图 5.9　广告的各项指标

亚马逊常用的数据指标包括：
- 曝光量（Impressions）
- 点击次数（Clicks）
- 点击率（CTR）
- 广告支出（Spend）
- 广告销售额（Sales）
- 每次点击费用（CPC）
- 转化率（CVR）
- 广告平均销售成本（ACOS）
- 广告投资回报率（ROAS）
- 品牌新买家订单数量 [New-to-brand（NTB）orders]
- 品牌新买家销售额 [New-to-brand（NTB）sales]
- 品牌新买家订单百分比 [% of orders new-to-brand（NTB）]
- 品牌新买家销售额百分比 [% of sales new-to-brand（NTB）]

我们来看看每个指标的意义。

1. 曝光量

曝光量（Impressions）是指广告展示的次数，只要广告展现在页面上了，就算一次（不管客户有没有看见）。这个指标很关键，但它并不是真正成功的指标，因为展示了多少次跟客户没有太大关系。它会告诉你触达多少潜在客户，有多少次机会被点击，但只是广告获得曝光，就像在繁华路边的广告牌，具体有多少潜在客户会看到，不知道。最好的一点是，无需为展示次数付费，因此展示次数当然越多越好，这不会影响广告预算。

2. 点击次数

点击次数（Clicks）次数是关键的，也是你必须要看的数据，这是表示潜在客户点击广告的次数。而且，每次点击都会产生成本，因为亚马逊会向卖家收取每次点击费用。

3. 每次点击费用

每次点击费用（Cost-per-click，CPC）是卖家为广告产生的每次点击支付的费用。不同类别的每次点击费用差异很大，具体取决于类别的竞争程度。由于亚马逊广告采用拍卖模式，因此不同时间给点击支付的费用可能会发生变化。广告的CPC指标告诉你每次点击支付的平均费用。计算方法是总广告支出除以点击次数：

每次点击费用 = 总广告支出 ÷ 点击次数

这个数据也是决定竞价多少的关键。作为卖家，正确目标应该是击败竞争对手以获得最佳广告位置。这个数据是通过你控制每次广告点击支付的最高费用（即竞价）来实现的。所以要时刻根据CPC来调整竞价策略（后面会详细讲解）。

4. 点击率

点击率（Click Through Rate，CTR）是点击次数和展示次数的百分比，是评估广告效果（不是销售业务成功）的关键指标。它根据关键词的类型而有所不同，例如品牌搜索词与非品牌搜索词。

高点击率表明你的广告吸引了客户的注意力，这可能表明你的目标关键词需要调整以提高相关性。因为点击率也是评估竞价的关键词相关性的重要指标。大量曝光，但是获得了低点击率，往往表明你对相关性不大的关键词进行了出价。

CTR 的计算公式是点击次数除以展示次数：

点击率 = 点击次数 ÷ 展示次数 ×100%

5. 转化率

转化率（Conversion Rate，CR）（也有人写作 CVR）是衡量广告活动销售业务成功与否的一个重要指标。它表示有多少客户在到达商品详情页面后购买了产品。CR 的计算方法是转化（购买）次数除以广告点击总数。该指标可以表明你的广告与商品详情页面的相关性。如果此数字较低，则可能意味着你的关键词定位或产品列表需要改进。

6. 广告销售额

广告销售额（Sales）或广告收入是根据广告购买或广告转化的总销售额产生的收入。它是根据收到的金额计算的，包括折扣、退货和退款，即总收入。需要减去成本和费用后，才可以确定你的净收入。所以，销售额大，不代表一定盈利。

7. 广告支出

广告支出（Spend）是你花在广告上的总金额。它还可以按账户、广告系列、广告组和关键词进行衡量和细分。广告支出主要影响预算的设置，而预算的多少取决于你的广告策略。

8. 广告平均销售成本

广告平均销售成本（Advertising Cost of Sales，ACOS）是广告支出与销售额的比率，是亚马逊用来衡量广告效率最直接的指标。

ACOS 的计算方法是广告支出除以广告销售额：

ACOS = 广告支出 ÷ 广告收入 ×100%

较低的 ACOS 表明你在广告上花费的销售额比例较小。但是，如果你的目标是提高产品的可见性，则给定时间段内更高的 ACOS 会是理想的策略。

所以，ACOS 的好与坏取决于多个因素，包括你的业务目标、广告活动结构、产品生命周期、利润率等。

总的来说，新启动的广告活动可能具有较高的 ACOS，而这类活动正在建立并收集展示次数和点击次数的数据。处于盈利阶段的活动将收集数据并获得牵引力，以便能够以较低的 ACOS。

在广告支出之后,确定每种产品的目标净利润率是很重要的,由此可以确定每种产品的目标 ACOS 是多少(后面我们会详细解读)。

9. 广告投资回报率

广告投资回报率(Return On Ad Spend,ROAS)也是活动与广告支出相关的有效性的指标,它是 ACOS 的倒数。ROAS 的计算方法是总广告销售额除以总广告支出。ROAS 小于 1,会被认定这个广告是负面的。它可以应用于每个广告系列、广告组、关键词,以衡量广告盈利能力。与 ACOS 不同的是,ROAS 为指数,而非百分比数字。后面会讲到它们之间的详细异同点。

10. 总广告销售成本

总广告销售成本(Total ACOS,TACOS)这个指标在亚马逊广告上并没有出现,因此很多新手并不知道这个运营指标,但是这个指标很重要,可以衡量与产生的总收入相关的广告支出。通过它可以真正深入了解你的广告系列的整体表现,可以分析广告如何直接影响你公司的增长,更具体地说,如何影响自然销售。

TACOS 的计算方法是总广告支出除以总销售额:

TACOS = 总广告支出 ÷ 总广告销售 ×100%

TACOS 与 ACOS 不同,因为它更全面,可以让你更全面地了解广告带来的收入增长,它是最真实地表明你的广告系列的效果的有效指标。

11. 品牌新买家指标

品牌新买家指标(New-to-brand,NTB)为卖家提供了一些有关客户复购率的信息。为确定订单是否为品牌的新买家,亚马逊会记录客户过去 12 个月的购买历史,如果他或她在该时间范围内未从购买这个品牌的产品,则该订单被视为品牌新买家。

NTB 指标适用于品牌注册卖家、供应商账号以及亚马逊 DSP 用户,它可以帮助卖家更好地了解他们的受众以及谁购买了他们的产品。

NTB 指标还回答了一个对品牌很重要的问题:能否将亚马逊广告视为扩展销售渠道的方式?

如果很大比例的客户是 NTB,也许你的广告销售成本(ACOS)会比较高,但该指标仅适用于一种类型的广告,即品牌推广。如果你开展品牌推广的广告活动比其他类型的广告都多,那么 NTB 比例也会很高。

这里包含好几个指标:

品牌新买家订单数量 [New-to-brand(NTB)orders]:品牌产品在过去 12 个月内的首次订单数量

品牌新买家销售额 [New-to-brand(NTB)sales]:新品牌订单的总销售额

品牌新买家订单百分比 [% of orders new-to-brand(NTB)]:新品牌订单占总订单的百分比

品牌新买家销售额百分比 [% of sales new-to-brand(NTB)]:新品牌销售额占总销售额的百分比

如图 5.10 所示。

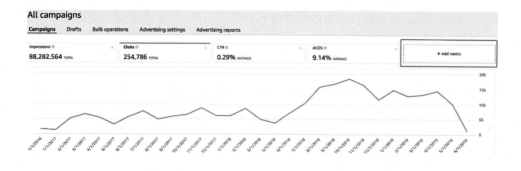

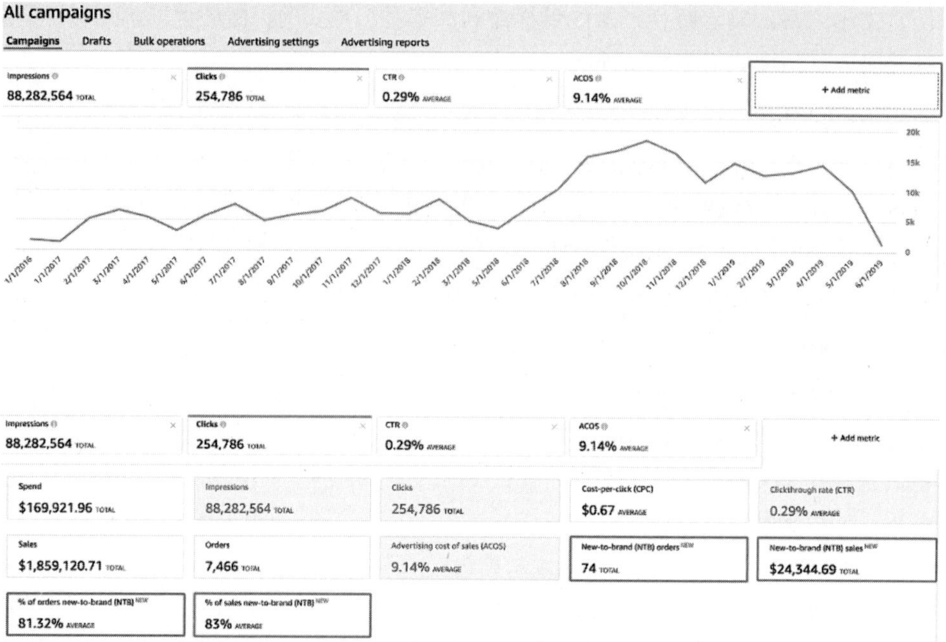

图 5.10　品牌新买家指标

大家很容易忽略这个数据，因为它一般隐藏在"Add Metrics"里。

NTB 有两种不同的使用策略，策略不同，对这些指标要求就有所不同。

（1）拉新：获得更多新品牌订单

如果你的广告目标是吸引更多新品牌订单，那么就应该考虑能让更多人搜索的关键词（高搜索量关键词或者铺设更多关键词）。

这有助于你最大限度地增加能看到你的广告的潜在客户的数量。确保出价足够高，这样才可以得到更多的展示机会。

但也请确保更多的预算，因为每次转化费用可能会更高。但是，如果销售的是消耗品（例如纸杯、牙线、纸巾、尿片，甚至美食等），一些新客户会再次购买，则广告后期表现会比较好。

以下是使用此策略时 NTB 指标的示例，如图 5.11 所示。

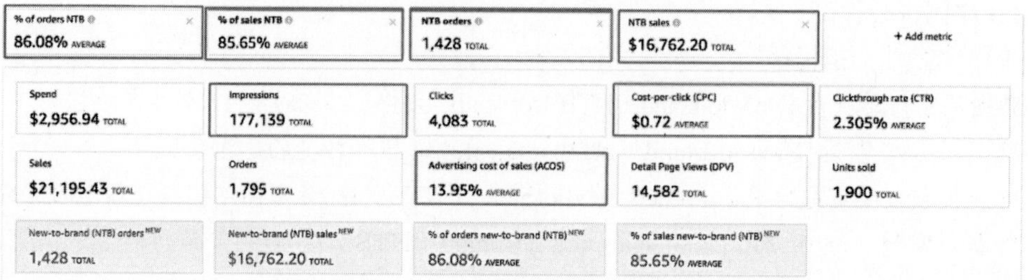

图 5.11　NTB 指标的示例 1

对应这种策略，订单 NTB 的百分比和销售 NTB 的百分比一般在 80% ～ 97%。

（2）复购：触达熟悉你品牌的客户

如果目标是接触熟悉你品牌的客户，则应考虑启动品牌关键词广告系列（带自己品牌的词）。这种策略也用作防御，因为如果你不为自己的品牌词出价，竞争对手可能会这样做。

这些类型的关键词通常具有较低的展示次数和点击次数，当然也会有较低的每次点击成本和 ACOS，以及较高的转化率，并且新品牌订单的变化范围在 30% ～ 70%，如图 5.12 所示。

图 5.12　NTB　指标的示例 2

可以清楚地看到两种不同的策略下，NTB 指标之间的差异是巨大的。

也就是说，在相同的时间范围内，品牌关键词广告系列的展示次数和点击次数要少得多，而高搜索量关键词广告系列的 CPC 和 ACOS 更高。

在未来，品牌新买家指标对品牌卖家是一个机会。卖家能够真正看到通过亚马逊广告获得的所有销售，有多少来自新客户。设置好自己的广告目标，采取行动。在 NTB 指标的协助下，制定广告营销策略，让你的品牌触达到更多的新客户。

5.5　必须理解的两个指标：ACOS 和 TACOS

上一节简单介绍了 ACOS/ROAS 和 TACOS，知道它们大概的计算方式和作用，但是这远远不够，卖家还需要知道更多的信息，对这两个指标的理解关系到整个广告思维方式和投放决策。

5.5.1　理解了 ACOS，就完成了一半广告知识

做亚马逊运营的，只要一接触广告，都知道 ACOS 这个指标非常重要。由于它极其重要，我们花两小节来全面地介绍 ACOS，如图 5.13 所示。

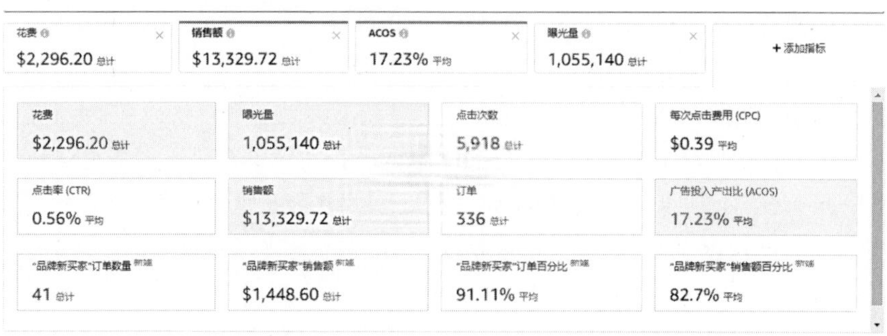

图 5.13　广告指标

如上图所示，第一行是花费、销售额、ACOS 和曝光量，而 ACOS 就是花费和销售额的比值。只要学透了这个 ACOS，那么你就完成了一半的广告课程内容！

1. 广告投入产出比

广告投入产出比（Advertising Cost Of Sales，ACOS）。

官方解释是：在指定时间范围内，某种类型的广告活动因为广告被点击而产生的支出在由广告产生的销售额中所占的百分比。

其实就是广告总花费除以由广告带来的销售额计算得出：

ACOS= 广告支出 ÷ 广告销售

ROAS（广告投资回报率），则是广告销售 ÷ 广告支出，是 ACOS 的倒数。ACOS 为 20%，ROAS 就是 1÷20%=5，意味着投入 1 块钱，回报 5 块钱。

还有一个角度，ACOS 也反映获得客户的成本，这就是亚马逊增加了"品牌新买家指标"的原因。

获得客户的成本 =ACOS× 平均售价

假设，你的产品售价 10 美元，ACOS 是 20%，那么你的广告每获得一个客户的成本就是 2 美元（10 美元 ×20%）。

做广告，要考虑广告能带来多少销售，也要考虑能带来多少客户，其成本是多少。这对制定广告策略很有帮助。

2. 广告数据最少要 14 天分析一次

这是关于数据的准确性的问题，我们简单介绍一下。

商品推广（SP）广告：

ACOS 计算的是：包括 7 天内被购买的推广商品及库存中其他商品带来的由广告产生的归因销售额（Sales Attribute）。

意思是，如果客户单击你投的广告系列广告之一，在 7 天之内购买了你店铺中的任意产品，亚马逊会将销售归因于该广告系列。

注意：产品 ASIN 定位归因与 SP 遵循相同的规则。

品牌推广（SB）广告：

ACOS 计算的是：包括 14 天内被亚马逊或第三方卖家售出的推广商品及同品牌其他商品带来的由广告产生的归因销售额（Sales Attribute）。

销售额仅归因于客户点击的最后一个广告（最后一次点击）。

品牌推广遵循亚马逊所谓的"品牌光环"销售归因原则。这意味着，如果客户点击你的广告并购买带有你的品牌名称的任何产品，而不仅是你的品牌推广广告中包含的产品，亚马逊仍将把销售归因于该广告系列。

展示推广（SD）广告：

ACOS 计算跟品牌推广广告一样的销售归因。

DSP 推广（Demand-side Platform）销售归因是根据浏览量，归因窗口时间是 14 天。

注意：图片或者视频需要停留 2 秒以上才计算为一次展示。

另外，广告销售数据最长可能需要 12 小时才会更新。因此，"今天"日期范围内的销售数据可能会延迟。

Kris 建议你等到所有销售数据填充完毕后再评估广告活动绩效。因为未成功支付的款项和 72 小时内取消的订单的金额会从销售总额中删除。

3. 什么是销售归因

销售归因，是跟踪、组织和分类进入系统的订单的一种方式，是一个复杂的系统，iPad POS 也应用了这个方式。

借助销售归因知识，你可以更好地利用这些指标来有效地提高展示次数、点击次数和转化次数。

最后我们总结一下销售的归因窗口时间：

- 商品推广：7 天的点击
- 品牌推广：14 天的点击
- 展示型推广：14 天的点击
- 亚马逊 DSP（包括站内和站外）：14 天的浏览

这就是为什么要看准确的广告数据报告都要等 14 天的原因，因为销售归因就需要那么长时间。

如果有促销活动会怎样归因？

主要是销售金额会有变化。

这里有一个例子：

假设你要宣传的商品价格为 100 美元。如果出售了，亚马逊报出 100 美元的销售额。

假设你的 COUPON（结账前折扣）优惠了 15 美元，客户点击了它。在这种情况下，亚马逊计算销售金额为 85 美元，亚马逊报告就显示出 85 美元的销售额。

但是假设你启动了 15 美元的促销代码（也叫折扣代码），然后客户使用了该代码。在这种情况下，亚马逊计算销售金额为 100 美元，亚马逊报告则显示的是 100 美元的销售额。

4. ACOS 的计算逻辑

ACOS= 广告支出 ÷ 广告销售

还可以演化一下：

广告支出 = CPC 点击费用 × 点击量

广告销售 = 销售量 × 平均单价 =（点击量 × 转化率）× 平均单价

ACOS=（CPC 点击费用 × 点击量）÷（点击量 × 转化率）× 平均单价

请务必记住上面的公式，因为对后面理解优化技巧很有帮助。理解了这个公式，当你发现 ACOS 太高或者太低时，就知道如何优化了（后面也会详细讲解）。

5.5.2 ACOS 多少合适？越低越好吗？

ACOS 能最直观、最方便地评估广告系列的效果。而且依据 ACOS 可以确定广告活动是盈利还是亏损。

ACOS 的表现形式是百分比，20%、30%、50%……那么问题就来了，ACOS 达到多少合适？究竟有没有一个标准。如果你以盈利为目的，是有标准的；如果你想提升品牌知名度，或者打造新品，一开始就决定增加预算来获得知名度，那就没有标准。

如果以盈利为目的，那么你的 ACOS 标准就不能高于你的盈亏平衡点。

1. 什么是盈亏平衡点

盈亏平衡点就是指产品在广告支出之前的利润率，即你的产品毛利率。

只要你的广告支出低于产品的利润率，你的广告投入就不会亏。

例如，一个售价为 15 美元的产品在扣除可变成本（亚马逊费用、FBA 费用、商品成本和运费）后可获利 5 美元。即计入 PPC 广告费用前该产品的利润率为 33%（5/15=33%）。这是你的盈亏平衡点，只要你保证在 PPC 上的花费不超过 33%，就不会赔钱。

也就是说，每个 SKU 广告的 ACOS 的多少都是不一样的，如果这个 SKU 利润有 40%，那么 ACOS 低于 40% 就盈利。而另外一个 SKU 利润只有 20%，那么这个广告的 ACOS 就必须低于 20%。

但是要想使利润最大化，是否 ACOS 越低越好呢？

2. ACOS 越低越好吗

有些网上文章曾经给出这样的广告逻辑，如图 5.14 所示。

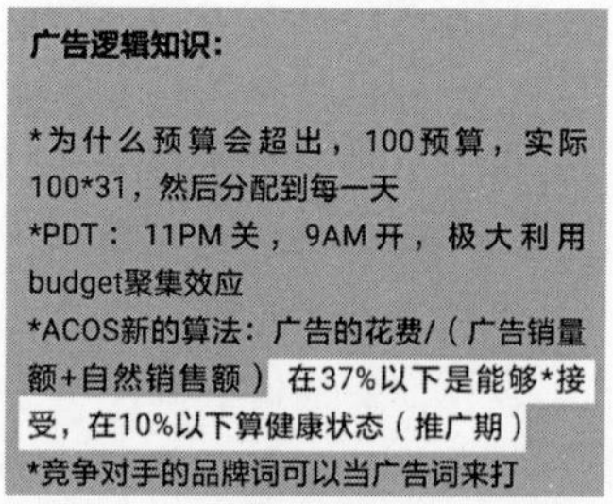

其中有这样一条："广告的花费在 37% 以下是能够接受，在 10% 以下算健康状态。"这个是很多卖家喜欢的学习方式，就是直接看结果，按照结果去做就行。

但是 Kris 建议各位要学习理论基础，弄懂这个结果是怎么来的。因为这样才可以真正了解知识本身的逻辑。

> **广告逻辑知识：**
> *为什么预算会超出，100 预算，实际 100*31，然后分配到每一天
> *PDT：11PM 关，9AM 开，极大利用 budget 聚集效应
> *ACOS新的算法：广告的花费/（广告销售额+自然销售额）在37%以下是能够*接受，在10%以下算健康状态（推广期）
> *竞争对手的品牌词可以当广告词来打

图 5.14 网上文章给出的广告逻辑举例

那么，例子中的结果错了吗？不一定。因为这位卖家的产品的利润率就是37%，所以ACOS低于37%就是对的。

但是这对其他卖家未必适用，因为每个产品的利润率不一样。我们在获得知识的时候，一定要搞清楚完整的信息，不能照搬别人的结果。

那么如果ACOS是10%就是最好的ACOS吗？

没有标准，但是有一个测试方式。

ACOS = 广告总支出 ÷ 总销售额 ×100%

例如，如果总销售额为20美元，广告支出为2美元，那么ACOS为10%。

"ACOS较低就表示广告支出占销售额的百分比较低。"

但是就因为这句话，许多卖家在优化PPC时，都专注于优化他们的竞价，以获得较低的ACOS，因为他们都错误地认为广告花费较少 = 更多的利润。

卖家必须清楚，做广告不是为了提高销量，广告的最终目标是最大限度地提高产品的总净利润。一味拉低ACOS并不总是做广告的最佳策略，也就是说，ACOS不是越低越好。

不是越低越好，那多少最好？

3. 案例分析

以下提供一个来自Sellics网站的简单案例，帮助大家理解。

这个示例，主要反映逐步提高每次点击费用对产品在亚马逊上的总利润潜力的影响。

背景：亚马逊的某产品售价为15美元，PPC之前的产品利润为5美元，产品的利润率为33%，ACOS刚刚好盈亏平衡，如图5.15所示。

Situation 背景	
Price 售价	$15
Profit before PPC 广告前利润	$5
Impressions 曝光量	1000
CR 转化率	10%

Ad Performance 广告表现						PPC Spend 广告花费	
Ad Rank 广告排名	CPC 竞价	CTR 点击率	Clicks 点击数	Units 销售数量	Sales 销售金额	Ad Spend 广告花费	ACOS
1	$0.50	5	50	5	$75.00	$25.00	33%
2	$0.40	4	40	4	$60.00	$16.00	27%
3	$0.35	1	10	1	$15.00	$3.50	23%

图 5.15 示例数据

这是一个数据分析案例，具有一定的严谨性，所以在开始讲解案例前，为了消除各位的疑虑，简单讲一下这些虚拟数据是否有效。

首先，为了方便大家计算和理解，我们固定了两个变量：转化率和曝光量。曝光量实际上是随着竞价的提高而提高的，点击率数据也会随之提高。这是因为：

通过提高每次竞价，广告在亚马逊的搜索结果页面中排名会更高，因此，展示次数保持不变，但点击率有所提高。因此，提高每次点击费用出价会为该产品广告带来更多点击数。

数据是符合实际的。

为了进一步简化计算，还需要假设一个采购订单等于一个产品销售，即一个客户一次只买一件产品，而不是多件产品，如图5.16所示。

Situation 背景	
Price 售价	$15
Profit before PPC 广告前利润	$5
Impressions 曝光量	1000
CR 转化率	10%

Ad Performance 广告表现						PPC Spend 广告花费		Profit 利润		
Ad Rank 广告排名	CPC 竞价	CTR 点击率	Clicks 点击数	Units 销售数量	Sales 销售金额	Ad Spend 广告花费	ACOS	Profit Before Ads 广告前利润	Unit Profit After Ads 广告后单个利润	Profit After Ads 广告后总利润
1	$0.50	5	50	5	$75.00	$25.00	33%	$25.00	$0.00	$0.00
2	$0.40	4	40	4	$60.00	$16.00	27%	$20.00	$1.00	$4.00
3	$0.35	1	10	1	$15.00	$3.50	23%	$5.00	$1.50	$1.50

图 5.16 示例数据

请务必认真看每个列表之间的计算关系，很关键！

表格结果分析：

单从 ACOS 来看，广告 2 和广告 3 都属于好的表现，因为广告花费低于 33% 的利润平衡点，都可以继续投入。而广告 1 刚好达到盈亏平衡，当然如果你不在乎利润，只要销量，也可以做。

但是，如果你的目标是最大限度地提高产品的总利润，那么应该关注的关键指标是销售所有产品（每件产品的保证金 × 总销售数量）后的总利润（扣除广告支出之后）。

所以广告 2 才是最佳的选择，而不是 ACOS 最低的。

以上列表能很好地帮助卖家确定是否要在 PPC 上花费更多的费用，以提高广告排名和销量，从而帮助卖家获得更高的整体利润。

但这个不能在广告产品活动页面中查看，只能自行计算。

记住以下公式，方便手动计算：

投入广告后的利润 = 总销售 × 产品利润率 − 广告费用

4. 总结

如果是利润为导向的广告，那么 ACOS 的上限就是该 SKU 的毛利率。但并不是 ACOS 越低，利润越高，卖家应该追求实际总净利润，总利润 = 单个产品利润 × 销售数量。而一味拉低 ACOS，往往导致竞价低，或者曝光少，就会影响销售数量，总利润也不会高。卖家应该通过测试，持续优化，寻找到合适的 ACOS。

以上就是在亚马逊做广告必须要理解的最基础的知识："好"或"坏"的 ACOS 没有固定

的标准，因为它与卖家的策略和收入有关。当有人说"良好的 ACOS"时，通常意味着较低的 ACOS 并且实现最大的盈利。

5.5.3 ROAS，硬币的另一面

ROAS（Return On Ad Spend），即投资回报率，它是一个衡量营销活动效率的指标。上面讲到，它就是 ACOS 的倒数。ACOS 20%，ROAS 就是 1/20%=5。所以它们是硬币的两面，本质是一样的。

ROAS 可以使用以下公式计算：

ROAS = 广告总收入 ÷ 广告成本

假设一个广告系列花费了 2 000 美元，活动结束后（或者选取一定的活动期间），你会看到广告活动已经带来了 10 000 美元的销售额。

计算 ROAS，就是 10 000÷2 000=5。

这表示在该广告系列上花费 1 美元，产生了 5 美元的销售额。所以 ROAS 越高越好。

请记住，这不是你的利润（不是你投资 1 美元，挣了 5 美元），因为它没有考虑任何其他相关成本。

如果 ROAS 低于 1，基本会赔钱。

ROAS 在衡量广告系列的效率时至关重要，但不能单独用来判断广告系列的效率。

（1）ROAS 可以通过对品牌词（含有自身品牌的关键词）进行出价产生积极影响，品牌词通常比通用/类别定位效果好得多。这样会让 ROAS 数据很好看，但不意味着你的订单多和利润高。

（2）ROAS 应该与其他指标结合使用来确定广告系列是否有效——转化率和点击率非常有帮助。

（3）对于为了提升认知度/兴趣度的广告活动，ROAS 很可能低于 1 甚至为负数。这有可能是销售归因造成的，这种情况下，可以配合 TACOS 来验证，以更清晰地分析所有广告活动对产生销售的影响。

ACOS 和 ROAS 的区别：

ACOS 和 ROAS 本质上是没有区别的，只是数字的表现形式不一样。

但是有消息称，现在亚马逊开始慢慢淡化 ACOS，很多新账号广告数据都是显示 ROAS 了（当然 ACOS 也是可以调出来的），不排除未来取消此指标的可能。因为 ROAS 看起来更让人"舒服"，如果 ROAS 是 2，就是投入 1 元，获得 2 元回报（实际上 ACOS 是 50%），给人的感觉好像还不错。这样卖家会更愿意在广告上投入，亚马逊的广告收入也会增多。

Kris 自己是比较倾向用 ACOS 来分析指标的，因为本人是利润导向的，而 ACOS 和毛利率是挂钩的。当然如果你有其他广告目标，例如提升品牌知名度和影响力，或者是打造新品，用 ROAS 也未尝不可。

5.5.4 TACOS，不仅仅是广告指标，也是公司业绩指标

上节提到，ROAS 会有可能出现小于 1 或者为负数的情况，那么我们就能判定广告效果不好了吗？

对于售价很低的产品，例如售价为 6.99 美元的产品，利润率是 30%，一次点击费用 0.6 美元，转化率为 20%，那么 ACOS 就已经达到 43% 了（0.6÷20%÷6.99），那这个 ACOS 就算高了，高于盈亏平衡点 30%。那么，我们就可以判定这个广告不好吗？

其实，亚马逊上广告和自然搜索排名之间是有一定关系的。

我们知道，亚马逊平台的销售方式，就是通过展示高转化率和畅销的产品给有兴趣查询的客户来实现销售。因此，亚马逊会优先考虑销量可能最高的产品，即具有良好销售和评价历史的产品。

因此，当销售额和评价量提高时，产品的自然排名就会攀升。

在亚马逊做广告，可以通过付费流量的方式，获得更高的流量，从而实现销量的提升，产品自然搜索排名也就会上升。

于是一个旨在展示亚马逊上广告和自然搜索排名关系的指标 TACOS 就应运而生。

1. 什么是 TACOS？

总广告销售成本（TOTAL Advertising Cost of Sales，TACOS）。如果说 ACOS 根据单独的广告产生的销售额来衡量广告支出，那么 TACOS 就会根据总体收入（所有收入）来衡量总广告支出，从而使你对业务的健康状况的了解更加清晰（因为有飞轮理论的作用）。

但是很可惜，亚马逊并没有在任何报表里面给出这个指标，这是需要卖家自行计算的。

TACOS 的计算公式：

TACOS =（广告支出 ÷ 总销售收入）× 100%，以百分比的方式展示。

为了方便各位理解，我们设计了一个案例。

背景：

- A 产品售价 20 美元
- 纯利润是 5 美元（减去佣金、成本、物流费用等），盈亏平衡点是 25%
- 一个月广告费花了 500 美元
- 广告直接产生订单 50 单（期间没有做任何站外引流操作）
- 广告前，A 产品自然销量月均 75 单
- 广告后，A 产品自然销量月均 140 单

用 ACOS 分析：

1）广告单个订单的成本是 10 美元（500 美元 /50 单）

2）ACOS 是 50%（10 美元 ÷20 美元 × 100%），高于盈亏平衡点 25%

造成的结果是，单个订单广告利润为 -5 美元（5-10 美元利润）

单从这个角度看，每卖出一个产品亏 5 美元。

但是，广告前后的自然销量多了 65 单（140 单 -75 单），销量提升 87%（65÷75×100%）。

也就是说，这65单可以算是广告产生的间接订单。

所以，115单（50单直接销量+65单间接销量）可以算作PPC广告系列的销售量。

新的分析结果如下：

1）广告单个订单的成本是4.34美元（500美元÷115单）
2）ACOS是21.7%（4.34美元÷20美元×100%）
3）单个订单广告利润为0.64美元（5-4.34美元）
4）广告总利润是0.64×115=73.6美元

因此，这个广告还是有利可图的。

如果用TACOS分析，那就简单多了。

1）广告总支出是500美元
2）总销售额是20美元×（140单自然销售+50单广告销售）=3 800美元

所以TACOS就是500÷3 800×100%=13%，远低于盈亏平衡点。

这证明广告带来的自然销售非常强劲！

TACOS也是衡量飞轮理论是否奏效的有效指标。如果ACOS不变，TACOS持续下降，证明飞轮理论有效。

2. 什么是好的TACOS？

理论上说，TACOS越低越好，但是现在市场竞争激烈，不可能不打广告就获得大量的销售。而做了广告活动，就会有ACOS，我们知道ACOS不是越低越好，所以TACOS也不是越低越好。找到最优的TACOS百分比才是最好的。

根据Kris的经验，大多数成功的卖家都是通过广告获得其总销售额的10%～20%，即TACOS为10%～20%。对于成熟的产品，8%～15%的TACOS表现是非常强劲的；如果TACOS达到60%～70%，甚至更高，就过度依赖广告了，需要调整策略。

（1）低TACOS：低TACOS意味着你有良好的飞轮效应，即健康的品牌知名度、受欢迎的产品以及可能有大量重复购买。TACOS过低也表明你有很大的提高产品知名度的空间。可以尝试增加广告投入，在保持ACOS不变的情况下，增加更多销售。

（2）高TACOS：如果产品的TACOS始终很高（比如超过40%），则需要使用各种广告策略来调整（如竞价、关键词、匹配方式等）。对于新产品，这应该是可以接受的。推出新产品时，主要目标是增加销售额，所以TACOS会比较高。但是，随着时间的推移，TACOS应该会减少。

3. TACOS趋势

随着时间推移，TACOS可能会持续变化，卖家应该密切关注，查看TACOS的变化方式可以得到关于PPC策略的有价值的信息。

（1）TACOS下降或持平：表示产品销售额正在稳定而强劲地增长。它还表明有机销售越来越好，意味着品牌知名度也在增长。较低的TACOS也可能是产品重复购买增加的结果，而TACOS下降可能表明重复购买增加甚至有站外免费流量（如有人免费做好的测评）。这应该是每个卖家都希望看到的结果。

（2）TACOS 增加：表明在广告上投入了更多资金，但自然销售额并没有以相同的速度增长，销售额过度依赖广告支出而不是自然销售额。如果你的产品是新品，要大力推广，这是正常的。但如果不是，TACOS 一直持续上升，需要进一步优化商品详情页面以确保它们是最新的并经过全面优化，以提高转化率，广告效果也要优化（后面章节会详细介绍）。

明智的卖家应该把 TACOS 与 ACOS 一起用作衡量业务成功的指标。TACOS 提供了账户的全局视图，还帮助卖家弄清楚应该做什么来改进长期战略。所以应该在业绩报告中增加 TACOS 数据。

有时候尽管 ACOS 很高，但如果卖家可以用低于 20% 的 TACOS 运行，只要保持 TACOS 目标，还是可以继续提高品牌知名度并且有机会改善自然销售额。

简而言之，TACOS 有助于进行业务的长期分析，卖家希望通过广告来创造并维持可衡量的长期增长，而该指标能很好地解决这个问题。因为它不仅可以量化广告对销售的影响，也可以衡量广告对整体业务的影响，这是关系到整个公司业务策略的指标。

所以卖家不能忽略这个指标。

5.6 总结：核心理论是指导广告操作的依据

这是广告篇的第 1 章，本章讲的是广告核心理论，就如本书第 1 章一样，我们都是以理论为基石，对后面的广告操作才有指导依据。

1. 亚马逊广告为什么重要

我们为什么要使用亚马逊广告，不做广告能否持续出单？

答案有三种：不能、也许能、能。

（1）不能

看看搜索结果页面，就可以发现页面上已经充斥大量广告位置：

- 品牌推广，顶部 1 个 + 页面底部 3 个
- 商品推广，顶部 4 个 + 中部 6 个 + 底部 2 个
- 展示型推广，首页左侧或者右侧 1 个 + 底部 1 个

一个搜索页面上，共 18 ~ 20 个广告，几乎占了展示结果的 50% 的位置。

而首页顶部的展示位置（无论是自然购买还是广告购买）对于客户来说都是最重要的。这些展示位置可以激发信任，并告诉客户这是与他们搜索的关键词最相关的产品。

这就是为什么大多数人甚至不会转到搜索结果的第二页的原因（根据亚马逊的统计，大约 70% 的客户从未点击过搜索结果的第二页）。

想要出单，就需要让你的产品出现在首页，并且在最高顺位的搜索结果中。而由于最高顺位结果是付费展示位置，因此你必须使用亚马逊广告才能占据它们。

（2）也许能

如果你拥有强大的品牌知名度，并且消费者直接搜索你的产品，那么仍然有可能在亚马逊上出单。但是你需要确保针对搜索引擎优化产品 Listing，并且要把自然排名做得很好。

但是，如果你的竞争对手用了你的品牌名称来做广告，你很可能会因此而遭受损失。

不久之后，你的产品也会因竞争对手获得的点击量超过你，而在自然排名中下降，这将导致你的品牌为他们带来更好的自然排名，最终为他们带来更多的销售量。

（3）能

拥有强大的品牌或较高的产品知名度仍然可以帮助你即使不投广告也在亚马逊上持续出单，但是这种持续时间不会很长。

所以你还需要寻找其他策略来弥补。而取代广告的最直接策略是价格折扣（秒杀、促销等）。这样可以帮助你实现更多销售，而不仅仅是把钱投资在付费广告上。

价格永远是客户最关注的。启动 7 天特惠或闪电秒杀（Lightening deal）会让你的产品再次活跃起来，而亚马逊系统也会将其展示到搜索结果页面中或者专门的秒杀页面中，使之获得更多的曝光机会。

这样，你的产品将比其他产品拥有更大的知名度，因为秒杀页面其实是首页之后在亚马逊上访问量最大的页面。

你可以通过秒杀促销出售更多产品，折扣必须足够吸引人，但是要先权衡自己的产品是否有足够的利润。

秒杀可以帮助你在亚马逊上出售产品，但你同时也可以一直保持盈利吗？这个很难说，起码 Kris 遇到的大多数卖家都是用秒杀来清货的。

总之，现在对大多数卖家来说，"在亚马逊上销售"已等同于"在亚马逊广告上投资"，要在亚马逊上销售，你就必须投资付费广告。

2. 亚马逊广告有什么好处

其实上文已经讲到亚马逊广告的好处了，因为很重要，已经离不开了。广告在搜索结果中占据了大量空间。哪怕作为一个知名度的品牌，并在某些关键词上占据主导地位，但是没有投放广告，那么你的竞争对手可能会从你的地盘掠夺市场份额！

虽然广告的价格持续升高，投资回报率也有所下降，但它带来了许多不容忽视的好处。

增加流量：广告可以帮助产品出现在有大量客户浏览的搜索结果页面的第一页上。这种可见性将有助于增加产品列表的流量。如果 Listing 经过优化，具有引人注目的标题、强大的图片和视频、有竞争力的价格和积极的评论评级，增加的流量就可以转化为订单。

提升产品知名度：虽然最终目标是销售，但如果广告转化效果不佳，也并不意味着它不成功。如果你销售的是高售价的产品，或者这是个客户最初不确定的新产品或创新产品，又或者客户需要"考虑购买"，那么即使无法转化为销量，它仍能通过出现在搜索结果页面上来提高知名度。但对于着眼短期目标的卖家来说，他们几乎无法接受这点。

增加销售额：产品页面流量的增加应该会导致销售额增加。它还可以产生光环效应，并促进该品牌其他商品的销售。但这需要确保产品页面针对转化进行了优化，以最大限度地提高销售额。

提升排名：销售额的增加可以帮助产品提升销售排名并自然地提高其知名度。销量排名受销量影响较大。通过增加销售额，有助于提高相关关键词的销售排名。

获得市场份额：通过投放广告把流量引导到某些特定关键词的页面，你将比那些可能没有投放任何广告的竞争对手或那些在管理广告方面做得很差的竞争对手更具竞争优势。Kris 见过不知名的品牌从更知名的品牌手中夺走市场份额，因为他们通过成功的广告活动带来了流量。

3. 学好广告运作的方式是什么

就是一定要了解亚马逊的基础理论基础。

本章讲了很多理论，广告的竞价拍卖逻辑、广告的排名原理和影响因素、广告的一些重要指标分析等，都是后面章节内容的基础。

Kris 遇到过很多新手，第一次做广告就做得好，出单很多，花费也很小，就以为是自己的功劳，以为自己啥都懂了，广告原来就那么简单。可是随着时间推移，当销量出现下滑的时候，他们却无法找到原因，因为他们不知道广告竞价逻辑，不知道广告的影响因素，也不知道关于广告的哪些指标可以分析。

浑水摸鱼只能短期，着眼长期运营的卖家，一定要学好关于广告的一些理论知识。

5.7 常见问题

为什么竞价会越来越高，原来出价 0.5 美元就有曝光，现在出价 0.8 美元都没有流量了？

答：如果你有两三年亚马逊运营的经验，你就会发现，几年前的广告费并不是很高，效果也很好，为什么现在变了呢？除了更多人参与竞争，还有其他原因吗？

回想一下亚马逊竞价逻辑的篇章，你就明白，这几年广告费越来越高，就是这个拍卖系统的性质导致的，密封式的竞价导致卖家无法知道竞争对手的竞价，只能试探性出价，结果造成价格越来越高。

打个比方，你要竞价某个关键词，你打算出 0.6 美元，但没有曝光，因为人家有 0.7 美元、0.8 美元的出价，你就抢不到广告位。由于你无法知道他们的出价，你猜想人家可能会出到 1.5 美元，然后你出 1.5 美元，你有曝光了。但是你的竞争者不知道你的出价，于是他们直接出到 2.0 美元。如此相互猜测，竞价就慢慢抬高了。

因为系统的竞价是每天更新的，如果有可能，你也应该每天跟踪。

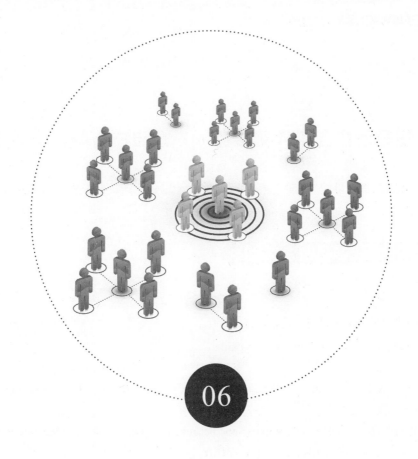

第6章 广告篇：亚马逊广告的准备和投放理论

在前章了解了亚马逊广告一些核心理论后，就可以开启广告投放了。但想让广告有良好的效果，了解基础理论还不够，还要理解广告投放里的一些方式和逻辑。

因此，本章我们将会深入介绍广告的投放逻辑，为卖家的广告决策提供理论依据。

6.1 亚马逊广告条件和准备——开启广告前必须要了解

所有卖家和产品都可以做广告的,但必须要符合一定条件。我们来看看都有哪些条件,以及需要做哪些准备。

6.1.1 启动广告必须要符合的条件

一些新手卖家往往一开店就会启动广告,但是他们可能会收到这样的提示,如图6.1所示。

1. 亚马逊主要会给出以下四种不符合条件的提示

(1)"Your offer is not eligible for advertising."(你的报价不符合广告条件。)

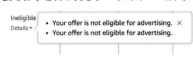

图 6.1 广告不符合条件的提示

(2)"This product does not meet the category condition requirement for advertising."(该产品不符合广告的类别条件要求。)

(3)"Your ad is not eligible for impressions because your Listing is not in the Buy Box."(你的广告不符合展示条件,因为 Listing 不在 Buy Box 中。)

(4)"Your ad is not eligible for impressions because it is missing an image."(你的广告不符合展示条件,因为它缺少图片。)

2. 当然,条件要求不仅仅是这些,开启广告前,卖家要确保账户满足以下条件

(1)激活状态的专业卖家账户

这个很容易做到,因为几乎所有卖家都能申请专业卖家账户(即公司资料注册的账户)。

(2)最强的配送能力

商品首先能运往所售地区的任何地址,并能提供最快的速度。如果你用的是自发货,而竞争对手跟卖你的 Listing,使用了 FBA,那么他就具有更强的配送能力,你就失去了广告机会。

(3)有品牌注册

商品推广广告不用品牌注册都可以使用,但是品牌推广和展示型推广广告则要注册了品牌才可以使用的。

(4)产品在有效品类

产品必须属于特定类别才能在亚马逊上投放广告,即亚马逊已经明确哪些产品无法做广告推广,具体可以查看卖家后台页面,如成人用品和二手或翻新产品等是不符合广告条件的。仔细检查你的产品是否属于正确分类,如果放到禁止广告的类别,就不能做广告了。

（5）获得 Buy Box

或者说具有"首选产品"资格。

1）什么是 Buy Box？

Buy Box 就是亚马逊购买按钮（因为是黄色，也称为黄金购物车），是商品详情页面上的那个白色框，购物者可以点击"Add to Cart"（添加到购物车）或"Buy Now"（立即购买）。如图 6.2 所示。

图 6.2　购买按钮示例

如果你是获得了购买按钮的卖家，那么客户添加到购物车或者直接购买的产品，就是你的产品。否则就是跟卖者的产品或者没有任何报价。

2）为什么亚马逊购买按钮很重要？

亚马逊上有两种卖家：亚马逊自己（自营）和第三方卖家。我们国家的商家做亚马逊运营的绝大部分都属于第三方卖家。当多个第三方卖家提供相同的产品时，它们都会出现在同一个商品详情页面上（即跟卖）。于是，卖家都在争夺黄金购物车，每个卖家都希望他的产品在客户点击"加入购物车"或"立即购买"时被选中。

据统计，有超过 80% 的在亚马逊电脑端上进行的购买是通过购买按钮完成的，而在亚马逊移动端上通过购买按钮完成的比例更高。如图 6.3 所示。

假设一下，你自己就是客户，你是否愿意单击超链接查看其他卖家的报价？你有没有注意到那行文字——"other sellers"，如果它没有被框出来？

很多客户都不会注意到它，甚至眼都不眨就直接点击"添加到购物车"。所以说，亚马逊购买按钮有不可否认的力量。需要注意的是，哪怕你的产品没有被跟卖，也有可能失去购买按钮。所以需要了解获得购买按钮的条件是什么。

3）获得购买按钮的条件

在考虑如何获得购买按钮时，有四个主要方面需要关注。

- 价格：亚马逊希望为客户提供最具竞争力的价格，因

图 6.3　移动端很难查看到其他报价

此会重视最低报价。如果跟卖价格比你低，你很可能会失去购买按钮。哪怕没有跟卖，你的价格比同类产品都高很多，也可能失去购买按钮。
- 配送：为客户提供 Prime 或免费送货可提高竞争力，因为 prime 有最快 1 天到达服务，从而增加客户购买你产品的可能性。
- 客户体验：提供出色的客户服务可以生成有助于提高知名度和转化率的评论。确保销售高质量的产品并快速响应客户的投诉和问题，如果产品差评过多或客户不满意度过高，也可能失去购买按钮。
- 保持有货。如果缺货，也会失去购买按钮。

需要注意的是，广告标记为不合格，也会暂停或关闭广告。
- 不合格（Ineligible）：你无法为这些产品做广告，甚至无法启动和操作广告系列。
- 暂停或终止（Paused or Terminated）：广告正在投放，但随后某些原因阻止它们在未来继续投放。

上文讲了不合格广告的条件，那么什么情况会暂停或终止呢？

暂停或终止广告的可能原因包括：
- 库存不足（缺货）。
- Buy Box 被竞争对手或跟卖者抢走。
- 账单问题（例如过期的信用卡）。
- 每次点击费用出价过低、关键词不相关、广告定位范围太窄或者使用违禁词语。
- 广告系列的预算过低。

老实说，与谷歌广告等其他 PPC 平台相比，亚马逊上的广告相对容易管理。因此，亚马逊在这方面往往更加挑剔，把门槛设置得更高更严格。再加上亚马逊的高杠杆地位，卖家应该了解规则并尽力遵守。因为这是让产品扩大知名度的最佳方式。

6.1.2 启动广告需要做的准备

当卖家符合启动广告的条件时，就应该着手做好广告的准备，确保能为广告带来更好的效果。主要有以下三个内容。

1. 确定要推广的产品

推广的产品应该具备以下条件：

（1）能最高概率赢得"首选产品"的产品：起码 50% 以上，最好能达到 100% 的购物车获得率。

（2）能够吸引高流量的产品：有爆款潜力的，竞争度小且受欢迎的产品。也可以是店铺的主力商品、潜力商品、新贵商品。

（3）价格具有竞争力：价格永远是客户最关注的重要因素之一。

（4）能够产生点击和转化的产品：星级评价高，商品详情页面优化好。

（5）库存充足：广告会加速销售，要确保不缺货。

2. 优化好商品详情页面

这个内容，在本书的第 3 章已经详细介绍过。页面优化应该包括以下内容：

（1）准确的描述性标题。

（2）合规的主图和 3 张以上副图，最好能添加视频。

（3）相关且有用的五要点描述。

（4）正确的分类节点。

（5）优化隐藏关键词（Search term）。

（6）有商品描述和 A+ 页面（如可使用 A+）。

3. 确定广告目标

不同的广告目标，需要有不同的广告策略。可以根据产品的不同时期，为广告活动制定不同的目标。一般产品可以分为四个时期：起步期/新品期、加速期/成长期、品牌期、成熟期/稳定期。

起步期/新品期：扩大流量，在品类里"刷"存在感以支持新产品或特定产品的推广。这样的时期主要关注的指标是曝光量和点击率。

加速期/成长期：主要关注的是点击率和转化率。可以通过广告推行亚马逊优惠活动/优惠券；使用交叉销售，通过商品广告组合实现多样化促销；升级销售，推广价格更高的商品或提高销量。

品牌期：防守和捍卫品牌，提高忠诚度和信任度，同时抢占竞争对手市场份额。这个时期主打品牌推广广告。

成熟期/稳定期：增加广告类型，例如使用展示型广告或者 DSP 等，测试特定商品或广告创意的效果，以达到延长产品生命周期的目的。

6.2 亚马逊广告竞价策略

亚马逊广告竞价是一种拍卖系统，采取第二价格密封式拍卖（Second Price Sealed Bid）的方式，卖家按搜索条件（如某个关键词）出价，出价最高且有资格获得购买按钮的卖家通常会赢得拍卖。然后，当客户在亚马逊上搜索该关键词时，赢得拍卖的卖家的广告会展示给他们，即获得曝光。

在客户点击广告之前，卖家不需要为广告付费。只有客户点击了广告，把流量引到商品详情页面，卖家才需要付费。

能在搜索结果的第一个页面顶部能展示自己的广告，就已经是非常了不起了，而正确的竞价就是决定性因素之一。PPC 系统既复杂又昂贵，因此全面了解亚马逊提供的竞价功能以及如何利用它们非常重要。

6.2.1 赢得拍卖的竞价实际是多少

亚马逊上每个广告的每次点击费用 (CPC) 是在所谓的第二价格拍卖中确定的。每个竞拍广告的卖家都要为其广告提交一个默认出价（他们愿意为每次点击支付的最高出价）。但他们所出的最高价格，未必就是需要支付的价格，按照第二价格拍卖理论，竞拍成功者只按第二高的价格付费。但是亚马逊只是采取这个拍卖方式，而价格没有完全迎合该理论，实际情况貌似要复杂点。

亚马逊是如何算出 CPC 实际价格的呢？现在主流的说法有两种：
- 直接采取第二出价的费用
- 采用谷歌广告的计算方式算出

1. 直接采取第二出价的费用

出价最高的人赢得最高的广告排名（广告排名第一），并且还将支付 CPC 费用，但出价最高的人不会支付他们出价的金额，而是支付比第二高价多 0.01 美元的费用。Kris 查阅了很多资料，无法知道为什么要加 0.01 美元，而不是直接按第二高价付费。Kris 理解可能这是亚马逊的一个规则，就像收取佣金一样。

例子：
- 卖家 3 出价 4.00 美元，获得排名第一
- 卖家 1 出价 3.50 美元，获得排名第二
- 卖家 2 出价 3.10 美元，获得排名第三

在上面的示例中，卖家 3 以 4.00 美元的出价赢得了拍卖。如果他的广告被点击，则支付的点击费用为 3.51 美元。而获得排名第三的卖家 2 也遵循同样原理，支付 3.11 美元，比下一个卖家的出价多 0.01 美元。

2. 采用谷歌广告的计算方式

我们知道广告排名跟该广告的绩效得分（或者说权重分）有关，所以也有人认为，亚马逊也会参考谷歌广告（Google Ads）的做法，把广告排名和绩效加入权重计算 CPC 费用。

Google Ads 中每次点击费用的实际公式是：

实际 CPC = 次高竞争对手广告排名 ÷ 竞拍者的广告绩效得分 +0.01 美元

广告排名（Ad Rand）= 竞价 × 广告绩效得分

以下是来自 wordstream.com 的例子，如图 6.4 所示。

	最高竞价	绩效得分（系统测算）	广告排名（竞价*绩效得分）	实际CPC	计算公式（广告次排名/绩效得分+$0.01）
广告1	$2.00	10	20	$1.61	16/10+$0.01
广告2	$4.00	4	16	$3.01	12/4+$0.01
广告3	$6.00	2	12	$4.01	8/2+$0.01
广告4	$8.00	1	8	$8.00	最高费用

图 6.4 数据示例

如上图所示，广告 1 的广告排名是 20（2 美元 × 绩效得分 10），分数最高，所以排名第一要付的实际 CPC，是次高分的 16 分除以它的广告排名分 20，再加 0.01 美元，即 16÷10+0.01=1.61 美元。

第二、三、四名的费用也是如此计算。

但是请注意，无论哪种方式，你看到的 CPC 花费未必是实际的花费，那是因为每天的 CPC 都不一样，你得到的结果是平均 CPC 花费。你每天的实际花费，是随着竞争对手的竞价变化而变化的，今天花费 0.5 美元，明天花费 0.7 美元，那么你看到的显示就是 0.6 美元，即（0.5+0.7）÷2。

此外，因为亚马逊从来不公开竞争对手的竞价，所以我们无法判定亚马逊运用的是哪种计算方式，但我们知道的是，你的 CPC 费用未必是你的出价。

3. 如何预估竞争对手出价

尽管我们无法确切知道竞争对手的出价，但是我们可以猜测到，方法是利用"建议竞价"，如图 6.5 所示。

图 6.5　建议竞价

亚马逊广告系统为许多关键词和广告组提供建议竞价（如果没有，是因为该关键词比较少人竞价，数据不足，或者广告比较新）。如果你想大致了解赢得特定关键词竞价的成本，那么就应该深入了解建议竞价。

建议竞价（包括竞价范围）是根据竞争对手的情况，也根据卖家的广告情况给出的合理价格，因此建议竞价是可以获得展示位置的价格。通过建议竞价，卖家可以大概知道广告的展示效果。如果你的竞价比它高，那么你基本就是头名展示了，如果低于它，那么曝光是不足的。直接跟进这个价格，你的曝光一定会有增长。

但是，请记住，建议竞价每天更新，有时可能会非常高（例如 10 美元以上），如果预算有限，或者没有足够的转化，请不要盲目跟进亚马逊的建议竞价。

6.2.2 动态竞价和固定竞价策略

本节我们会解释在亚马逊上竞价方式的基础知识。我们将分别介绍动态竞价和固定竞价之间的区别，并阐述适合它们的策略，帮助你找出合适的出价。动态竞价属于半自动的广告模式。

1. 动态竞价和固定竞价

亚马逊提供了三种竞价方式：动态竞价—只降低（Dynamic Bids - Down Only），动态竞价—提高和降低（Dynamic Bids - Up and Down），固定竞价（Fixed Bids）。

动态竞价—只降低（Dynamic Bids - Down Only）：如果你的广告不太可能转化，亚马逊会降低你的出价——最高为100%，最低可以到0。使用此功能，对于不太可能转化为销售的点击，你的出价将实时调整降低。

例如，你正在为手表做广告，对关键词"跑步手表"出价1.00美元。如果亚马逊发现你的广告不太可能转化，如相关性较低或展示位置的效果不佳，系统可能会将该拍卖的出价降低至0.20甚至是0美元。其实，2018年10月之前（未发布动态竞价之前），卖家创建的任何广告系列都使用了此策略。

动态竞价—提高和降低（Dynamic Bids - Up and Down）：如果转化的可能性很高，亚马逊会提高你的出价——最高100%，如果转化的可能性不大，则降低它。100%的涨幅只针对首页展示位置（其他所有展示位置的上限为50%）。

使用此功能，对于搜索结果首页顶部的第一个展示位置，出价最多能提高100%，对于任何其他展示位置，出价最多能提高50%。因为此功能是根据转化的可能性上下调整出价，与其他两种策略相比，它更可能会给广告竞价者带来更高的回报。

例如，依然是为手表做广告，对关键词"跑步手表"出价1.00美元，亚马逊会为你找到广告更有可能转化为销售的机会，如高相关的搜索或者最可能购买的时间段。然后，广告出价可能会调整为1.40美元。但如果它发现该广告不太可能转化或转化机会较少，出价可能会降低到0.20美元甚至为0。

但是，在该拍卖竞价中。还是以1.00美元为默认出价，亚马逊会将搜索结果顶部位置的出价调整为最高2.00美元（最高100%），所有其他展示位置的出价最高为1.50美元（最高50%）。如图6.6所示。

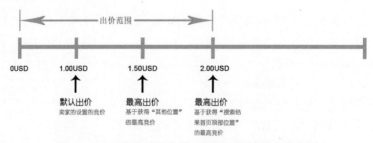

图6.6　1.00美元动态竞价–提高和降低的出价范围

如果此时你的广告还是没有曝光量，证明此关键词拍卖单价的最高出价高于 2.00 美元。

固定竞价（Fixed Bids）：这个很容易理解，你的出价就是你默认出价，不会根据转化的可能性而改变。

图 6.7 清楚地表述了三种竞价的情况。

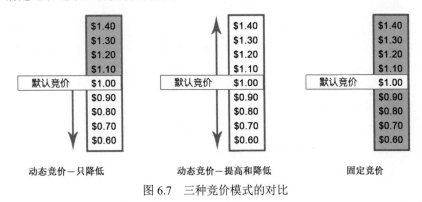

图 6.7　三种竞价模式的对比

2. 动态竞价和固定竞价的使用策略

动态竞价—只降低：这是亚马逊之前的默认策略，所以在很长一段时间里，这是一个很好的策略，因为这是以利润为目标的广告策略的最佳选择。它可以在不太可能发生转化的情况下保留广告支出，控制预算。如果你的预算有限，又想获得利润，那么这是最佳策略。

动态竞价—提高和降低：此方式仍然保持一定的利润，如果你的产品在市场中的价格往往变化很大（竞争很大或者准入门槛低），这就是一个好策略，因为它比其他选项有更大的灵活性。但需要密切关注支出，并确保出价高出 100% 时依然有一定的利润。

固定竞价：除非针对某些广告位置固定投放建议少用此功能。因为竞价是每天都在波动的，依据我们多年的经验，肯定会发生很大一部分点击费用过高的情况，因为无论转化的可能性如何，亚马逊都会将你的出价应用于任何一种展示位置。当然如果你的出价一直很低，如 0.20 美元，这样损失不大，也未尝不可。

其他策略建议：

（1）亚马逊建议，可以将已有销售历史并一直表现良好的现有广告的竞价方式从"只降低"改为"提高和降低"，这样可能会获得更多销售。

（2）当已经使用动态竞价—提高和降低，开始时可以尝试直接调整竞价。这样才可以跟踪确切效果。

（3）不要同时运行"只降低"和"提高和降低"来比较结果，因为它们会在同一场拍卖中互相竞争。

（4）不要设置新的"提高和降低"广告系列，而是尝试与旧的"只降低"广告系列直接调整进行比较。较旧的广告系列可能会表现得更好，因为它有更多的历史数据支持。

（5）不要复制现有的广告活动并将其设置为"提高和降低"。当你复制新的广告活动时，只是复制投放关键词等操作,不会复制销售历史数据,也就是设置了一个新的广告。

3. 亚马逊如何判定转化的可能性?

动态竞价都是半自动投放方式,亚马逊会根据自己的 AI 系统判定情况,从而调整适合的出价。但亚马逊如何决定哪些曝光会更有可能或不太可能转化?

以卖家的角度看,可以对关键词的效果,哪些图片或者 A+ 更吸引人,一天中的哪个时间产生最佳转化率以及其他一些后台数据(例如品牌分析力的人数统计数据)等,做出相应研究。但是这还不够,亚马逊还有大量的数据没有公开给卖家。

亚马逊还有拥有关于每个客户的大量信息:产品利基、一天中的任意一小时、一个月中的任意一天,以及有助于搜索转化的各种其他数据。

其实就是第 1 章讲的人群画像,这涉及非常细节的数据,包括客户是不是刚刚当上了父母,是否刚刚购买了新车等。当然还有相关性强弱的数据。大量的数据可以帮助 AI 系统进行分析决策。

亚马逊一般会把数据分为以下 3 类来进行分析。

(1)关于搜索客户的数据(人群画像),如:

- 该客户每次搜索产品时都会买吗?还是仅仅使用亚马逊比较价格?
- 该客户最喜欢购物的时间是什么时候?会不会第一眼看到的东西就买?还是在决定购买之前通常会筛选一些产品?
- 该客户是否考虑商品详情页面上的商品推广?
- 该客户搜索产品时是什么状态,兴奋,平淡,还是沮丧?(当然现在 AI 未必会知道,只是它们会努力知道所有的情况。)

(2)关于产品相关性的数据,如:

- 客户大多在一天中的什么时间购买特定细分的产品?
- 一个月的什么时候或一年中的什么时候购买哪些产品较多?
- 哪些关键词在该类产品中的转化率最高?
- 什么样的人通常会购买该产品(性别、年龄、兴趣、身份等)?

(3)产品本身的数据,如:

- 是否有比其他产品更详细、更细节的产品信息(如多了一层抛光,表面有个可爱的图腾等)?
- 产品在不同位置的表现如何?
- 广告和类似广告的表现历史怎样?
- 产品历史销售和评价怎样?

人类的大脑很难理解和分析这么多不同的线索,这就是 AI 系统的优势所在。AI 系统会使用各种数据来判断哪个曝光/点击最有可能获得销售。AI 系统的问题在于它需要大量的历史数据才能准确地做出判断,而亚马逊的使用规模就为其提供了大量数据,也会让 AI 系统变得更加聪明。

因此,把竞价交给亚马逊的 AI 系统来做,是最有效率的方式。

6.2.3 按展示位置竞价策略

按展示位置竞价设置，如图 6.8 所示。

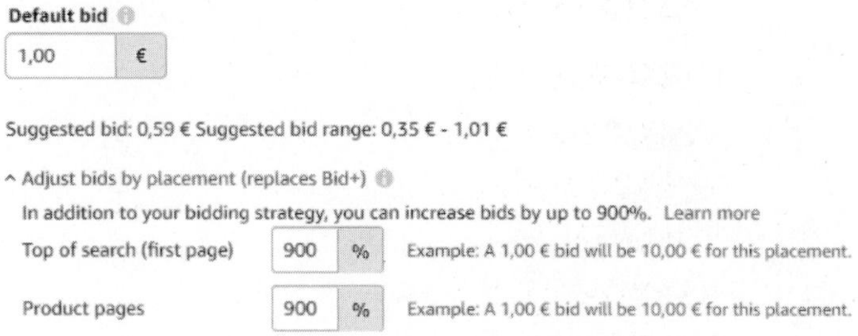

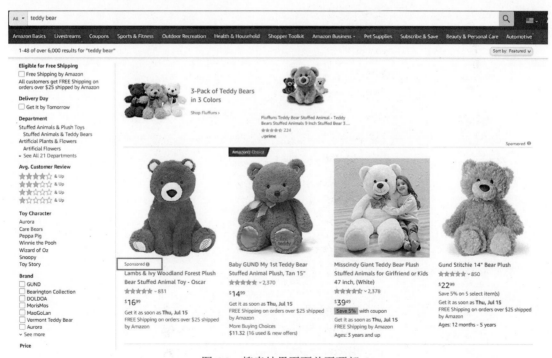

图 6.8　按展示位置竞价设置

1. 展示位置有哪些

除了动态竞价，亚马逊还提供按展示位置竞价设置的工具，卖家可以根据展示位置进一步提高出价。搜索结果页面第一页的顶部和商品详情页面这两个位置的设置，只要选择百分比数字即可调整，具体取决于你想花费的金额。在针对这些特定展示位置时，这些调整可以让你的出价更具竞争力。如图 6.9 和图 6.10 所示。

图 6.9　搜索结果页面首页顶部

图 6.10　商品详情页面

（1）搜索结果页面首页顶部 [Top of search（first page）]

搜索结果页面的第一页第一行，这是亚马逊上最具竞争力的广告位——点击率和转化率都很高。

（2）商品详情页面（Product pages）

在此展示位置，产品会出现在产品页面和添加到购物车页面上的"Sponsored Products Related to this Item"与此项目相关的赞助产品中。

（3）其余位置（Rest of search）

这是第三个展示位置，是除了以上两个位置的其他位置。这里只能采用默认出价（Default bids），不能调整百分比。如图 6.11 所示。

Placement	Campaign bidding strategy	Bid adjustment	Impressions	Clicks	CTR	Spend	CPC	Orders
Total: 3			17,110	112	0.65%	$84.36	$0.75	
Top of search (first page)	Dynamic bids - down only	20 %	742	44	5.93%	$30.74	$0.70	
Product pages	Dynamic bids - down only	0 %	13,440	27	0.20%	$20.79	$0.77	
Rest of search	Dynamic bids - down only	-	2,928	41	1.40%	$32.83	$0.80	

图 6.11　通过百分比调整广告位置

例如，如果你选择为首页顶部位置加价 20%，默认出价是 1.00 美元，那么你的出价只有提高到 1.20 美元才能赢得这个位置。

注意，系统允许最大的百分比是 900%。如果默认出价 1.00 美元，选择的竞价方式是提高和降低，那么出价的最大范围是从 0.00 到 10.00 美元。如图 6.12 所示。

图 6.12　针对"搜索结果首页顶部"展示位置的出价范围

2. 如何计算首页顶部位置的最高出价？

计算最高出价的公式：默认出价 +（默认价格 × 设置的百分比）

如果设置百分比 900%，默认出价 1.00 美元，那么最高出价就是：

1.00+（1.00×900%）=10.00（美元）

如果你还设置了动态竞价，动态竞价最高会达到 100%，那么最高出价就是：

10+（10×100%）=20.00（美元）

3. 如何根据实际竞价计算出最大出价范围

假设你做了以下的竞价设置。

- 默认出价：1.00 美元
- 使用竞价策略：动态竞价 - 提高和减低（即 +100% 首页顶部，+50% 所有其他展示位置）
- 搜索结果首页顶部位置：+900%
- 商品详情页面：+400%（最高可以 +900%）

那么竞价的出价范围，如图 6.13 所示。

图 6.13　同时针对动态竞价和展示位置的出价范围

计算方式如下：
- 其他位置 + 动态竞价最高竞价：1.00 +（1.00 × 50%）= 1.50（美元）
- 商品详情页面位置最高竞价：1.00 +（1.00 × 400%）= 5.00（美元）
- 商品详情页面位置 + 动态竞价最高竞价：5.00 +（5.00 × 50%）= 7.50（美元）
- 搜索结果首页顶部位置最高竞价：1.00 +（1.00 × 900%）= 10.00（美元）
- 搜索结果首页顶部位置 + 动态竞价最高竞价：10.00 +（10.00 × 100%）= 20.00（美元）

所以最大的出价范围可在 0.00 ~ 20.00 美元浮动。基本没有人会出到 20.00 美元，所以你最大设置为 900%+ 动态竞价，这两招同时使用，那大概率可以抢到首页顶部位置。

同样道理，你也可以轻松抢到商品详情页面的广告位。

4. 按展示位置竞价的策略

如果你想在所有页面霸屏，就让首页顶部位置和商品详情页面位置的出价有足够大的触及竞价范围，其他的交给 AI 系统来处理就行。前提是你有足够的预算。

如果预算有限，你发现首页顶部位置或者商品详情页面位置中的某一个表现更好，那么把资金投入其中一个位置即可。

6.2.4　按匹配方式竞价策略：自动广告和手动广告匹配方式

从操作方式来看，亚马逊广告可分为自动广告和手动广告两种类型，而它们的竞价匹配类型也不尽相同。

1. 自动广告匹配方式

很多新手卖家（甚至部分老卖家）都认为这是最简单的方式，在开启自动广告的时候，直接设置一个默认竞价，就认为完成了。

其实，自动广告的每个广告组都有四个子组的匹配方式：紧密匹配（Close match）、宽泛匹配（Loose match）、同类商品 / 替代商品（Substitutes）和关联商品 / 补充商品（Complements）。

卖家可以为每一个匹配方式单独设置一个竞价，根据实际情况相应地调整出价，如图 6.14 所示。

	Active	Automatic targeting groups	Match type	Status	Suggested bid	Bid
☐		Total: 4			Apply all	
☐	⬛	Close match	-	Paused Details ▾	$0.89 $0.67-$1.41 Apply	$ 0.40
☐	⬛	Loose match	-	Paused Details ▾	$0.89 $0.67-$1.41 Apply	$ 0.49
☐	⬛	Complements	-	Paused Details ▾	$0.78 $0.38-$1.06 Apply	$ 0.30
☐	⬛	Substitutes	-	Paused Details ▾	$0.59 $0.30-$0.97 Apply	$ 0.30

图 6.14　自动广告的四种匹配方式

例如，对宽泛匹配进行 -20% 的调整，就会将每个宽泛匹配的展示位置拍卖竞价调低 20%。

我们分别看看这四种类型的例子。

（1）紧密匹配（Close match）：客户使用与你的商品最紧密相关的关键词进行搜索时，系统会向其展示你的广告，如图 6.15 所示。

例如，当客户搜索"White Binder（白色文件夹）""3 Ring，1/2 inch Binder（3 扣 1/2 英寸文件夹）""Legal Size，3 Ring Binder（标准尺寸 3 扣文件夹）"的时候，带有"3 Ring Binder"这个关键词的产品都会被展示在客户面前。这是最相关的产品。

（2）宽泛匹配（Loose match）：客户使用与你的商品并不是很密切相关的关键词进行搜索时，系统会向其展示你的广告，如图 6.16 所示。

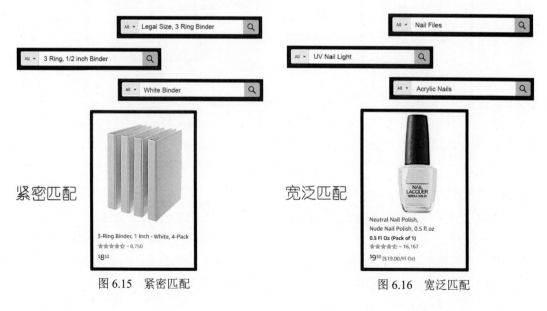

图 6.15　紧密匹配　　　　　　　　图 6.16　宽泛匹配

例如，当客户搜索"UV Nail Light（紫外线美甲灯）""Nail Files（指甲锉）""Acrylic Nails（亚克力美甲）"的时候，带有"Nail Polish"的产品都可能被展示到客户面前（因为都含有 Nail 这个词）。

（3）同类商品 / 替代商品（Substitutes）：客户查看与你的商品类似的商品的详情页面时，系统会在该页面向其展示你的广告。Substitutes 是替代的意思，亚马逊的中文翻译是同类商品，其实直译为替代商品更容易理解。如图 6.17 所示。

例如，当客户搜索"Puma Shoe""Under Armour Shoe"和"Adidas Shoe"等品牌的鞋子时候，"Nike Shoe"也可能会展示在客户面前，因为此品牌的鞋子可以很好地替代客户搜索的词。

（4）关联商品 / 补充商品（Complements）：客户查看与你的商品有互补关系的商品的详情页面时，系统会在该页面向其展示你的广告。Complements 是互补的意思，亚马逊的中文翻译是关联商品，其实直译为互补商品更容易理解。如图 6.18 所示。

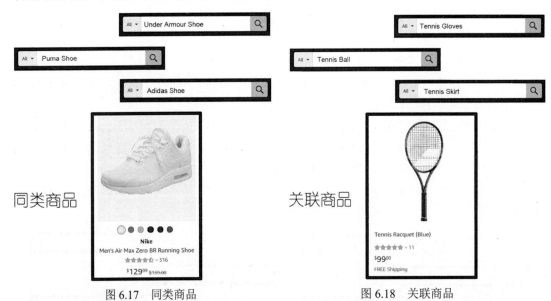

图 6.17　同类商品　　　　　图 6.18　关联商品

例如，当客户搜索"Tennis Ball（网球）""Tennis Gloves（网球手套）"和"Tennis Skirt（网球裙）"等各种跟网球相关的产品时，"ABC blue Tennis Racket（ABC 蓝色网球拍）"也可能会展示在客户面前，因为系统会认为，购买网球的人也可能需要购买网球拍，它们是互补产品。

需要提醒的是，这四种匹配方式仅在商品推广广告的自动投放里才能使用。

2. 自动广告匹配方式策略

除了上述四种自动广告匹配方式的区别，我们还要知道它们的几种广告效果。

（1）紧密匹配：如果竞价合适，一般会显示在首页顶部展示位置，且转化率更高。不过，首页顶部展示位置在总展示次数中所占的百分比并不大（曝光量不会太高，毕竟能紧密匹配的词不多）。

（2）宽泛匹配：与紧密匹配相比，点击率和转化率较低，在后三种匹配方式中每次点击费用最低的。

（3）关联商品/补充商品：流量最少，主要展示在商品详情页面上。

（4）同类商品/替代商品：从广告报告里可以看到搜索词通常是 ASIN，而不是实际的搜索关键词，所以如果你想减少 ASIN 的投放，可以尝试关闭同类商品/替代商品。

基于上述特点，就可以根据自己的产品情况来设置调整竞价策略。

（1）根据它们的不同表现来调价支出状况

对于表现不好的匹配方式，可以降低竞价，甚至可以关闭。这样，省出来的预算，系统会自动分配给 ACOS 表现好的匹配方式。

需要注意的是，如果是新广告，系统需要时间认识你的产品和分析广告效果，所以建议开启几周后再调整。

（2）针对某一特定群体投放

没有必要四种匹配方式都开启。如果你的产品可用的关键词非常少，例如 SD card，如果主打这个词，竞争会非常激烈，花了钱也未必有效果，那么可以尝试使用互补商品匹配方式，因为 SD 卡可以用在相机、手机、U 盘等产品上。例如客户搜索相机并购买的时候，很可能购买 SD 卡。通过互补商品匹配的方式，就可以增加销售的机会。

3. 获得新关键词

如果你对一个新品无法找到更多相关关键词，可以开启紧密匹配和宽泛匹配，然后下载搜索关键词报告，从而筛选出大量相关的关键词。

手动广告的匹配方式：

在手动广告中，卖家需要输入要投放广告的关键词/产品，以及每个关键词/产品的出价。整个过程是手动的，所以可以很好地监控每个关键词和产品，并定期更改出价以优化广告系列。

亚马逊不仅为自动广告优化提供了匹配类型，也为手动广告提供了关键词匹配类型，它允许你针对哪些客户搜索展示进行优化调整。它对产品推广和品牌推广的手动定位都提供广泛匹配、词组匹配和完全匹配类型。三种匹配类型都针对各种关键词，并根据预期的影响进行出价。如高流量、高影响力的关键词应该有更高的出价，而更广泛的关键词应该获得到较低的出价。

由于优化是手动的，你也可以更好地控制广告支出。正确使用手动广告匹配方式，是降低广告销售成本并实现长期盈利的首选解决方案。

根据你的广告活动目标，可以选择三种关键词匹配类型搭配使用。

（1）广泛匹配（Broad match）

当购物者以任何顺序搜索你投放的关键词以及其他形式变体时（例如复数形式、首字母缩略词、词干、缩写和重音符号），你的广告将被触发展示。客户搜索的词可以包含任意顺序的关键词或同义词。可以使用广泛匹配关键词来扩大产品覆盖范围并增加广告系列的曝光率。

虽然广泛匹配关键词不能保证卖家获得最佳回报，但它们是收集数据的好方法。可以从广泛匹配开始寻找新关键词并提高广告可见性。

广泛匹配新增了匹配术语"+"。

这是需要特别提醒的，因为很多卖家会忽略这个术语，而这个术语的用处很大。

这是亚马逊从谷歌借来的一个术语，它们的功能相同。只要在单词前面添加了"+"，就必须在客户搜索了带该符号的词时，广告才被展示。

例如，广泛匹配关键词是"+men's running shoes"，那么触发该关键词的每次搜索都必须至少包含"men"一词（men是必须的，但是running和shoes不是必须）。因此，诸如"men's fitness equipment（男士健身器材）"之类的搜索也可能触发你的广告。

如果你想保证所有三个词都要匹配，则需要在关键词词组中的每个词前添加"+"，如下所示："+men's +running +shoes"。你可能会问，那不是跟词组匹配一样？不一样的，因为三个词虽然同时要有，但是可以是无序的，如"running shoes men"也会触发广告。

（2）词组/短语匹配（Phrase match）（需要提醒的是：直到本书出版前，该功能仅适用于品牌推广）

当客户以相同的顺序搜索关键词以及后缀或前缀，你的广告就会展示。

词组匹配对于一些特定搭配的词组非常有效。如果你销售的是"wine glass（红酒杯）"，你使用了广泛匹配，那么客户搜索"eye glasses（眼镜）"或者"drinking glasses（水杯）"，都会出现你这个产品，但是它们是完全不相关的词。所以如果通过词组短语的方式匹配，就可以直接锁定"wine glass"这个词，只有在这个词前和后添加其他词语才会被展示，例如"high wine glass""wine glass red"等。

相比广泛匹配，使用词组匹配可能会有点局限性，但是依然可以帮助你吸引更多购物者，同时仍然可以优化定位，依然有足够的广告覆盖率。

（3）完全/精准匹配（Exact match）

只有当客户搜索的词和你投放的关键词完全匹配时才会显示该广告。搜索词不能包含任何其他字词或短语（词语是ABC，客户只搜ABC才会显示，ABCD和ACB都不会显示）。这是最精细的定位选项，具有完全匹配的高转化关键词通常会产生更好的投资回报率和更低的ACOS。但是它的曝光率也是三者中最低的。

尽管它是最严格的匹配类型，但它通常与客户的搜索更为相关，一般适用于极具针对性的客户群体投放广告。

注意：亚马逊搜索的所有匹配方式都不区分大小写和单复数。

为了更方便读者对比理解，下面提供一个具体的实例，如图6.19所示。

手动广告匹配类型策略：

三种不同的类型，适合不同的广告目标。

如果是新产品，想获得更大的曝光量，挖掘更多的相关词，则可以使用广泛匹配，而如果你产品必须用一个词组才能明确标示，如"wine glass""Ping pong balls"等，就需要用词组匹配，以此来获得有效的销售。

匹配类型	关键词	广告会展示的词	广告不会展示的词	会包含
广泛匹配	running shoes	running shoes, men's running shoes, waterproof men's shoes running, running shoes women's	Loafers, sandals, men's sandals	同义词、首字母缩略词、拼写错误、变体、单数和复数
词组/短语匹配	running shoes	waterproof running shoes, grey running shoes, men's running shoes, running shoes for women	running waterproof shoes, trekking shoes, running men's shoes	拼写错误、单数和复数、首字母缩略词和缩写
完全/精准匹配	running shoes	running shoes, running shoe, runing shoes	waterproof running shoes, men's running shoes, women's running shoes	单数、复数和拼写错误

图 6.19　三类匹配的对比

如果产品针对的人群是特定的，词语是特定的，精细化很强的，则精准匹配更加合适。

但是，想三种匹配方式都使用的话，最好单独开三组广告，且每个组都不要相互有干扰词。也就是如果 A 词在精准匹配组里，就要在广泛匹配和词组匹配选项里否定它。这样的数据才会更精准，也更容易分析。如图 6.20 所示。

关键词	广泛匹配广告组	短语匹配广告组	精准匹配广告组
shoes for girls	使用	否定	否定
girl shoes in red colour	否定	使用	否定
shoes for girls and boys	否定	否定	使用
girl shoes with pink lace	使用	否定	否定
girl shoes	否定	使用	否定

图 6.20　互不干扰广告组

需要注意的是，亚马逊对这三种匹配方式有这样的提醒：

"If you set multiple match types for the same keyword, and your match types have different bids, then the match type with the highest bid will be used for any matching shopping query."

"如果你为同一个关键词设置了多种匹配类型，并且你的匹配类型具有不同的出价，那么任何匹配的购物查询都会使用出价最高的那个匹配类型。"

亚马逊为了让卖家在广告上取得成功，为不同的广告都提供了对应的竞价方式，以帮助卖家获得有竞争力的出价策略，选择表现好且有利可图的关键词至关重要。

同时也需要结合自己的广告目标，是 ACOS 利润目标还是品牌知名度目标。而无论什么目标，亚马逊广告都有一系列广告类型来帮助你完成你的目标。

6.3　广告预算——我们应该在广告上花多少钱？

前面几节虽然讲的都是竞价相关内容，但是会提到"如果你预算有限""如果你预算充足"之类的前提，所以很多广告策略都是根据预算目标来调整的。那么什么是预算呢？

6.3.1 亚马逊如何花费广告预算?

预算(Budget),就是亚马逊允许广告商/卖家设置他们在 PPC 活动中的支出上限。设置新广告系列时,必须为所有广告系列设置每日预算,如图 6.21 所示。

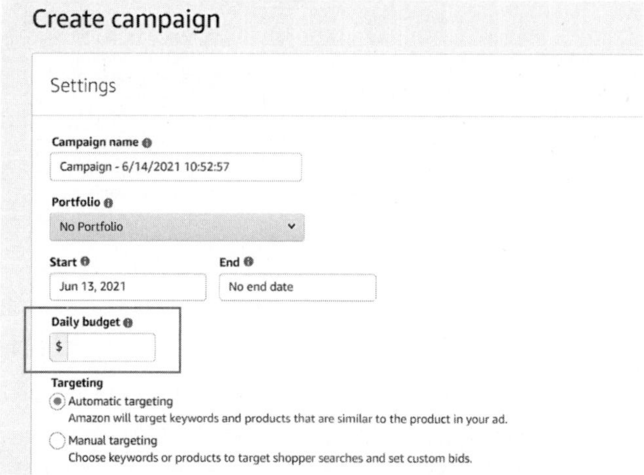

图 6.21 设置每日预算

每日预算因卖家而异,也因活动而异,具体取决于卖家的目标和策略。首先得了解亚马逊是如何花费每日预算的。

虽然设置了每日预算,但是广告的最大总支出是在整个日历月内统计的。

每月总预算 = 每日预算 × 日历月的剩余天数

例如,你在 1 月 6 日创建了一个每日预算为 30 美元的 PPC 广告系列。该月最后剩余天数的总预算为 30 美元 ×26 天 = 780 美元(剩余 26 天,包括 1 月 6 日)。

另外,预算是分布在整个月的。如果你一天花费了 20 美元,则剩余的 10 美元将会结算到下一天,那么下一天有 40 美元(30+10)的预算,两天的平均是 30 美元。也就是说,你设置的每日预算其实是平均预算。

6.3.2 三种设置亚马逊 PPC 预算的方式

亚马逊 PPC 活动预算有三种类型,分别是:
- 每个广告系列的平均每日预算(广告系列级别)
- 固定每日账户预算(账户级别)
- 广告组合预算(自定义方式)

1. 每个广告系列的平均每日预算

如图 6.22 所示。

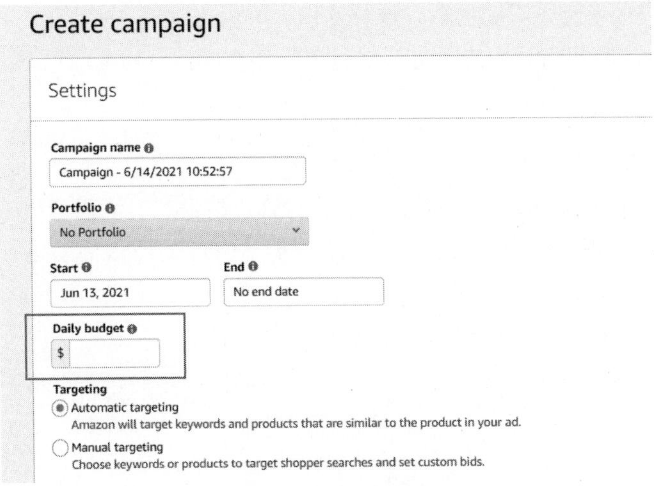

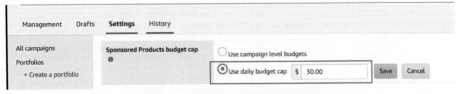

图 6.22　预算设置

跟上节讲的一样，创建新的广告活动时，必须要为该活动填写每日预算。

根据 Kris 的经验，亚马逊会每天都尽力把你的预算花完。但如果每日预算还是有剩余，则剩余预算将添加到该月的剩余天数。

这可以让你的资金在一个月内合理滚动，而不是在一天内花完所有的总预算，这是合理的，因为很难有产品每天的曝光量和点击率都差不多，如周末或者其他节假日跟平时就会有所不同。它能确保你的每日预算和总支出之间的平衡。

2. 固定每日账户预算（账户级别）

如图 6.23 所示。

图 6.23　设置每日预算的固定金额

与单个广告系列的平均每日预算不同，你可以为整个账户所有的商品推广类型的广告设置固定的每日账户预算。这可确保你的支出不会超过平均个人广告系列预算的总预算。

与平均每日预算不同，这不是平均值，而是一整天的固定值，所以剩余资金不会流入第二天。

但这仅对所有商品推广广告有效，品牌推广和展示型推广并没有这个设置。一旦你的总支出达到固定的每日预算上限，你的所有商品推广广告系列就会停止（除非你继续增加预算），直到第二天。

示例：

你有 3 个商品推广广告活动在运行，每个广告活动的平均每日预算为 20 美元。而你的账户的每日预算固定为 50 美元。一旦三个广告总支出在一天内达到 50 美元，3 个广告系列都会停止投放，直到第二天。所以每日账户预算最好设置为各个广告系列平均日算之和，或者略低点。

3. 广告组合预算

（1）什么是广告组合

广告组合（Portfolio），也叫投资组合。它也允许创建自定义活动分组，以便根据你经营业务的方式让广告遵循合理的结构。例如，你可以根据 ACOS 对广告活动进行分组。你还可以根据类别、季节、品牌等设置你的广告组合。

广告组合适用于商品推广，品牌推广活动和展示型推广。

使用此工具,在设定的日期范围内管理多个广告系列的总预算就变得很简单。如图 6.24 所示。

图 6.24　广告组合预算设置

（2）设置每月预算上限，如图 6.25 所示。

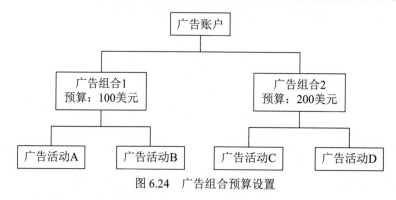

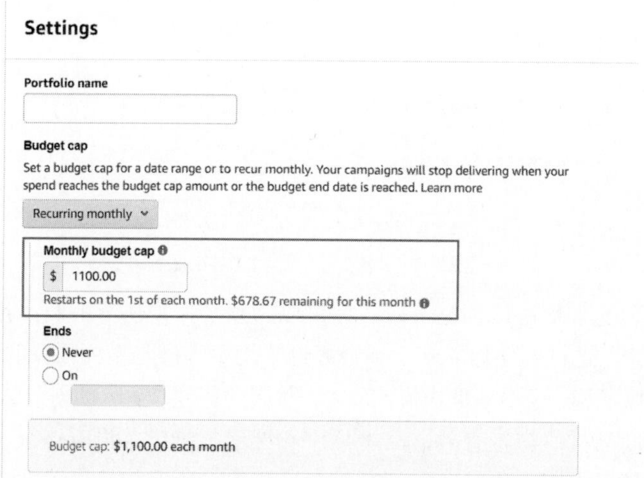

图 6.25　每月预算设置

你可以为你的投资组合设置每月固定预算，该预算每个月的第一天会重置。如果你已经设置了每月预算，系统会显示你当月剩余的预算，以方便你随时调整你的预算。

如果支出已经超出预算,则所有组合里的广告系列都会全部停止,直到下一个月的第一天。即,如果你设置的组合预算过低,可能在第一个月的 15 日就用完了,那么剩下的 15 天所有广告就会一直停止,直到下一个月的 1 日才会重新启动。

预算超支提醒:

好消息是,任何预算的设置,只要超支,或者接近超支,系统都会提醒卖家。

当快要达到预算时,系统就会发送电子邮件,告诉卖家某个广告系列超出预算,还会提供建议预算调整,如图 6.26 所示。

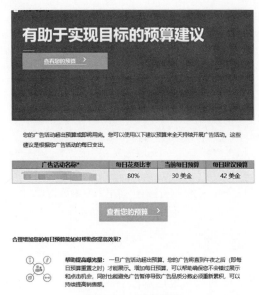

图 6.26 提醒邮件

对于每日预算,系统还会在广告活动界面发出提醒。你可以随时增加预算,广告系列就会继续向客户展示。如果不调整,你的预算将在第二天开始时重置,届时你的广告也将继续投放。如图 6.27 所示。

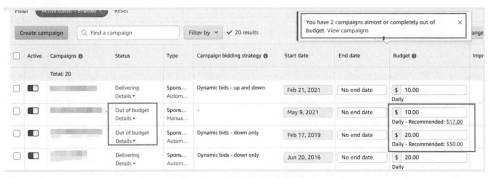

图 6.27 广告活动界面提醒

当收到通知时，请检查是哪个广告超出了预算，是每个独立的广告系列预算、广告组合预算，还是商品推广总预算。有时候需要多方调整才能让广告重新被展示。

当然，你还可以主动自行筛选快要超出预算的广告系列，如图 6.28 所示。

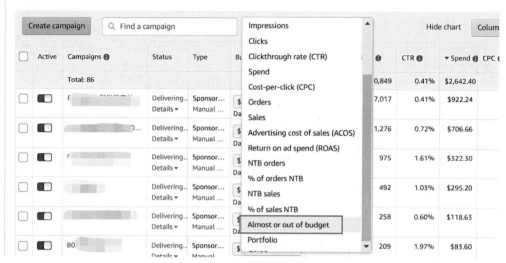

图 6.28　自行筛选超出预算的广告

6.3.3　如何合理分配预算

之前讲到，广告支出已经成为亚马逊运营的三大支出之一。支出过高可能是广告效果不佳造成的，更多的是因为没有合理分配好预算。很多卖家遇到的问题是，在预算有限的情况下，有些广告转化一般，但是花费很高；而效果好的，则总是预算超支。

所以，合理分配预算很重要。

1. 根据点击目标设置预算

我们知道，预算就是限制广告支出的，而亚马逊广告支出只跟点击有关，所以，要控制好预算，就要预计好广告的点击数。

如果你为新品开启广告，先考虑商品推广广告，同时设置每天 20～30 次点击的预算是一个完美的起点。如果你设置的出价是 0.5 美元，那么你的预算就是 10～15 美元/天。

随着广告时间的延长，你会拥有更多广告数据，根据收入调整预算是确保预算可控的最佳方式。

2. 根据转化目标设置预算

据数据显示，亚马逊上的广告的平均转化率为 10%，也就是说，产品广告获得的每 10 次点击中，只有一次转化为销售。

如果你的目标是，广告每天带来 5 个订单，那么你就需要 50 次点击。如果你出价为 0.5 美元，那么你的每日预算就应该设置为 25 美元。

当然，最精准的是你有自己产品的真实转化数据。

3. 限制广告系列关键词数量

一些关于广告的分析文章建议卖家的广告系列使用 30 个以上的关键词，这样效果会更好。但是前提是卖家有足够预算，或者默认"预算没有上限"。

以 Kris 的经验来看，关键词再多，效果好的也就那么几个，大部分都是无效点击。所以我们始终建议你的广告系列仅仅选择有价值且高相关性的关键词。

大量使用关键词会将你的预算分散，并且针对不同关键词的点击量和销售额将分散得太细。如果没有获得足够的数据，无法了解哪些关键词有用，哪些应该否定，则对优化不利。

建议从 10 到 20 个关键词开始，再根据广告的应用情况扩展一些词。把有限的预算花在少数关键词上，可以在短时间内为你提供有用的数据，从而让广告系列盈利。

4. 基于广告类型分配预算

在做店铺运营计划的时候，要计算利润，制定营销计划，还要确定推广的总预算。

推广总预算就是你运营这个店铺，准备拿出多少钱来做广告推广的预算。这个总预算没有什么好的标准，都是根据每个卖家情况来确定。

但是，我们也发现一个很好的经验，就是广告总预算应约为总收入的 10%。如果月总收入为 10 万美元，那么广告总预算每月应该为 1 万美元。

现在常用广告类型有商品推广、品牌推广和展示型推广，如果三种类型都要开启，应该如何分配总预算呢？

以下是在亚马逊销售得比较成功的品牌中最常见的广告类型的预算细分。

- 70%～75% 用于商品推广
- 20%～25% 用于品牌推广
- 5% 用于展示型推广

但是，随着展示型推广新功能的不断引入，预计在 2021 年后将有更多预算逐步应用于此广告系列类型，可能会达到 10%～15%。

我们初步建议新手将 70%～75% 的预算投入商品推广广告中。因为商品推广广告的展示位置比较多，容易抢到曝光位置，在点击量和转化率方面也能提供大量数据。

不过，经过 Kris 的测试，品牌推广的效果和作用慢慢凸显出来，特别是当视频广告推出之后，如果你是品牌卖家，也可以在品牌广告上多做点投入，甚至可以提高到 30% 以上。品牌推广在点击和转化方面的优势也比较明显。

5. 亚马逊 DSP 的预算分配

这是亚马逊内外的程序化展示广告，包括视频和音频广告，后台看不到这个设置，需要找账户经理开通。如果你站内 PPC 已经做得不错,但是 PPC 活动收益到达了瓶颈,你就可以使用 DSP。

亚马逊 DSP 经理建议,如果你在亚马逊广告上花费 5 美元,应在亚马逊 DSP 上花费 1 美元。即,如果你在亚马逊广告上每年投入 5 万美元,应该为 DSP 每年大约投入 1 万美元。

6. 其他预算分配建议

对于表现好,有利可图的广告活动,建议将预算设置为略高于每日平均预算支出(约 20% 的幅度),以防止突然出现点击高峰而导致广告被停止。要知道,卖家无法 24 小时查看广告,如果在卖家休息睡觉的时候广告被停止,那么会带来不小的损失。

对于目前表现不好的,无利可图的广告活动,或者只是暂时看不出结果的,建议将预算设置为你愿意花费的最大值,直到有足够的数据来分析优化广告(建议至少获得 100 个点击再优化)。

在广告系列开始时,你也许无法知道平均每日预算应该设置多少。你可以先为每个 ASIN 分配 10 美元作为基准,即如果广告里有 3 个 ASIN,就应该设置为 30 美元,同时防止广告费用突然上涨导致被停止。

一旦收集了足够的数据(例如 100 个点击)来判定是否要增加或减少预算,你就可以开始调整预算了。例如,如果几天后你发现你的新广告系列非常有利可图,但是在中午之前已经用完了分配的 30 美元,就可以考虑增加预算了。

设置账户级别预算和广告组合预算要注意,平均每日预算可以为每个广告活动单独分配缓冲区(即提高 20%)。相反,如果你将账户级别或广告组合的预算作为支出上限,设置过低时,则可能出现单个广告系列很容易就吃光整个预算的情况,从而导致所有的广告都被停止。

但是,在账户级别和广告组合设置预算上限也很有用,在流量高的日子(例如亚马逊 Prime 会员日、黑色星期五和圣诞节等),你的预算可能会大大超支。因为如果你仅仅设置每日预算,在前一天乃至前几天未使用的预算,会在流量较高的日子里全部花完,总支出可能会大大超过预算总额。设置账户级别或广告组合预算上限可限制特定日期的广告费用。

通常情况下,在广告最初阶段,只需将预算设置为每天 10 美元,就能获得一定的广告展示次数、点击次数和销售额,就能有足够的数据分析成效。

最后,需要注意的是,亚马逊是无论如何都倾向于用完你的每日预算的,如果你开启的是自动广告或者广泛匹配,那么系统可能会不断给广告推送可能不相关的词,造成支出的浪费。所以对于此类无法控制关键词的广告,预算一定要谨慎。

结论:

亚马逊 PPC 活动预算设置可以决定卖家在广告上花费多少钱,也能用于帮助保护卖家,避免产生过高的广告成本,并有效地为卖家的所有单个广告活动合理分配支出。

另外,在 2021 年 7 月,亚马逊推出"预算规则(Budget rules)",这是非常有效且自动化的工具,能有效避免预算超支导致的广告暂停。如图 6.29 所示。

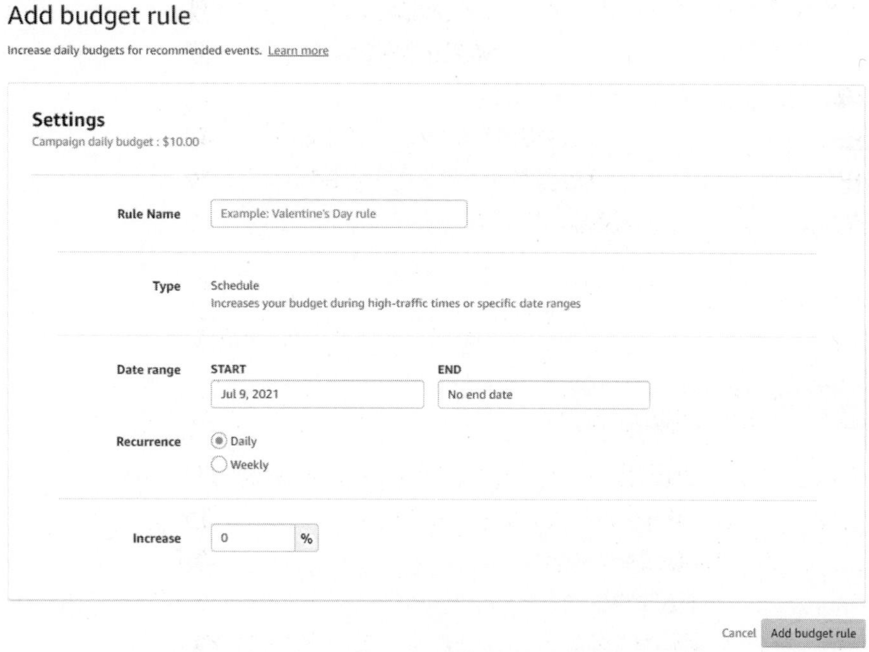

图 6.29　预算规则

一个广告活动设置多个预算规则。如果多个规则都满足设置的条件，那系统将启用预算增加最多的规则。例如，设置一个"第四季度跑鞋"的广告活动，该广告活动设置有两个规则：①从 11 月 1 日至 11 月 30 日将预算增加 20%；② 11 月 27 日（黑色星期五）将预算增加 100%。在 11 月 26 日评估这些规则时，应用第 2 个。

设置预算规则后，你可以在"广告活动管理"中查看调整后的每日预算和规则状态，并可通过亚马逊广告 API 查看此规则。

亚马逊的建议：永远不要设置你不满意的预算。你可以先设置较低的预算，在确定最适合你的广告业务发展的预算后，再适当增加投入。

然而，预算在广告活动优化或提高 PPC 活动的盈利能力方面并没有起到很大的作用。所以卖家应该专注于高效的 PPC 活动结构、关键词出价优化、否定关键词等操作，并合理利用关键词匹配类型来配合操作。

6.4　亚马逊广告的投放方式：关键词投放和商品投放

上节讲过关键词的三种匹配方式，而这三种方式都属于关键词投放，即通过手动输入关键词来投放广告。除了关键词投放，还可以使用商品投放的方式。也就是说，按投放方式区分，亚马逊广告可以分为关键词投放和商品投放。如图 6.30 所示。

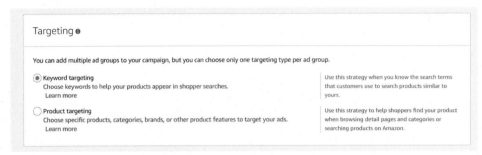

图 6.30　广告投放的两种方式

6.4.1　什么是关键词投放

关键词投放，又叫关键词定位（Keyword Targeting）。客户在亚马逊平台上搜索特定产品时输入关键词，如果你的广告对该关键词进行了投放，无论你选择精确匹配还是广泛匹配，你的广告都有可能被展示出来，会在搜索结果页面和商品详情页中得到展示。

例如，如果你的商品为手机壳，你可以选择关键词"手机壳"。当客户使用"手机壳"一词搜索商品时，你的广告就有可能展示在搜索结果页面和商品详情页中。

你还可以让亚马逊为你推荐它认为与你的产品相关的词，如图 6.31 所示。

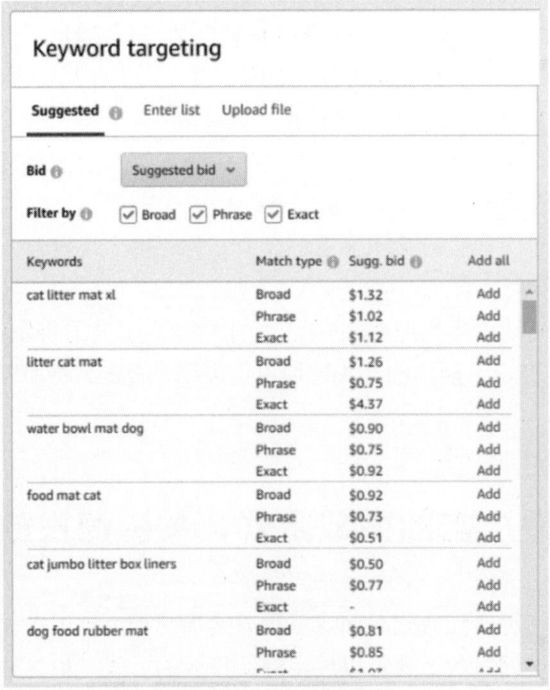

图 6.31　推荐的关键词

在为关键词定位出价时，你可以使用亚马逊的建议竞价，也可以自己设置竞价。你还可以选择关键词广告系列是广泛匹配、词组匹配还是完全匹配。

将关键词、竞价和匹配方式三种策略进行不同的组合，可以实现多种广告目标。

6.4.2 如何获得产品关键词？

如果你能知道客户搜索你的产品所用的词，那么使用关键词投放是最好的策略。但是很多卖家并不知道客户搜索产品时用什么词，特别是跨境卖家，还有语言和地域差异问题，很难获得很多客户真正需要的关键词。例如牛仔裤可以叫 (blue) jeans 和 denims，而且英式英语和美式英语中，有些词语描述也不一样。

所以必须要通过有效的方式来获得关键词。以下几个方法，可以帮助卖家。

1. 基于系统推荐

如图 6.32 所示。

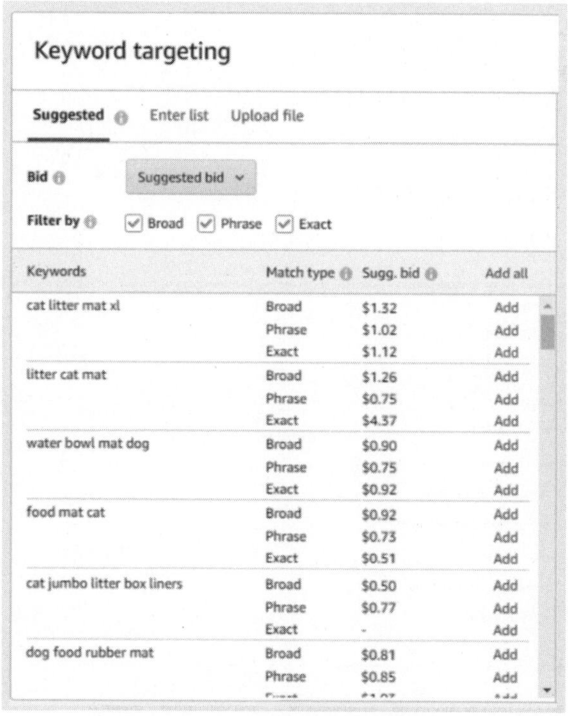

图 6.32　系统推荐的关键词

如图 6.32 所示，亚马逊会在你选择商品投放的时候，给予一些关键词建议，这主要基于你过去推广的产品（或类似产品）的实际购物搜索和广告展示。这是大数据的好处，所以要利用好它，但是不是所有词对你的广告都有用，也不是所有匹配方式都合适，所以这也需要卖家自己斟酌。

2. 基于广告报告

如果你想清楚知道你的客户在点击你的广告时（更重要的是，在他们购买你的产品时）实际输入了什么，查看"搜索词报告"是关键。亚马逊甚至建议卖家要积极查看报告，并对转化率最高的搜索词进行更积极的出价。如图 6.33 所示。

图 6.33　后台搜索词报告下载

如果你使用词组匹配和广泛匹配，那么从这些报告里会获得相当多有价值的关键词，跟系统推荐不同，你可以直接看到这些词对你的产品的影响，如点击多少、转化多少，都是真实的数据，参考价值相当大。

3. 基于亚马逊搜索栏中输入的信息建议

当客户开始输入某些搜索词时，亚马逊会提示其他客户经常搜索的词，如图 6.34 所示。

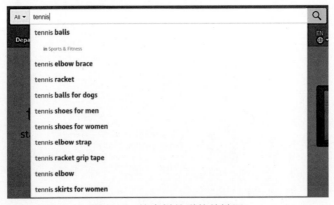

图 6.34　搜索栏关联的关键词

这是一个免费的亚马逊关键词工具，它其实是方便客户搜索产品用的，但是对于卖家来说也是好的一个工具。合理利用它，可以让你快速、免费地了解潜在客户实际使用亚马逊搜索的情况。

要知道，其实很多第三方关键词软件都是参考这个数据的，但是它们不免费。

在仔细梳理建议的搜索词后（需要输入销售的产品的不同信息，输入不同的英文），你将获得一个强大的初始关键词库。

4. 基于"一起购买"互补品信息

如果你不是新手，你一定会知道，互补品是客户经常一起购买的产品。

用亚马逊的术语来说：你在"经常一起购买"下看到的所有内容都是对商品详情页面上显示的产品的补充（Everything you see under "Frequently bought together" is a complement to the product displayed on the details page）。如图 6.35 所示。

图 6.35　经常一起购买展示

你可以通过这种方式，找到你的产品的互补品的关键词，然后添加到你的关键词库里。例如，你销售的是花生酱，你就很清楚潜在客户也在搜索果冻、面包等词。

又比如一些关键词很少的产品，例如你卖的是吉他拨片，你会很清楚客户购买吉他、贝斯等都会用到，所以可以把这些相关词添加进来。

除了对自己的产品了解，还要做一些研究。到竞争对手的商品详情页面，查看客户同时购买的产品，这也会相当有效。

5. 基于标题和描述查找组合关键词

假设你销售一种茶壶。

产品标题是：Queen's Own Stainless Steel 3-Liter Stovetop Kettle

要点描述是：This stylish tea kettle from Queen's Own has a loud, clear whistle and features an always-cool handle for easy pouring. It's 100% BPA and Teflon-free with a non-toxic coating. This kettle can be used on electric, gas, and induction stoves.

那么你就可以获得以下关键词：

- Stainless Steel Teakettle 不锈钢茶壶
- Kettle for induction stove 电磁炉用水壶（注意功能词也可以使用）
- Whistling teakettle 吹口哨的茶壶（煮开了水会叫）
- Teakettle for stovetop 炉灶用茶壶（也是功能词）

- Kettle with cool handle 带柄的水壶（产品特点词）
- Queen's Own teakettle Queen's Own 茶壶（品牌词不要忘了，也很重要）

这种方法对于个人能力要求比较高，需要对产品、对当地语言都熟练掌握，而效果其实不错。

6. 基于谷歌搜索

除了亚马逊，你还可以用谷歌查找关键词，如果你会使用 Google AdWords 工具，那当然也好。

有数据显示，47% 的在线购物者从亚马逊开始搜索，35% 从谷歌开始。也就是说，这两者就占了 82%，非常可怕的市场占有率。

如果能把两者的关键词数据结合起来，那简直犹如获得倚天剑和屠龙刀。

如果你还有自己的独立站，除了 Google AdWords 工具，还可以使用 Search Console 或 SEMrush 之类的工具查看你的网站的搜索评分，以及各个关键词的排名。然后依据这些优化你的亚马逊产品 Listing 和广告中的关键词。

这是一种双重保险的策略，独立站可以帮助你在潜在客户意识里建立品牌（或产品）知名度。想象一下：购物者从 Google 开始，搜索关键词 A，登录你的网站，然后四处逛逛。几天后，当他准备购买时，他会在亚马逊里搜索，还是关键词 A，然后就在搜索结果中看到你的产品。他立即通过他本周早些时候浏览的那个很棒的网站认出了它，然后点击了你的产品并进行了购买！

而这个关键词 A，就是谷歌和亚马逊搜索完美配合的结果，如此可以为你的销售业务带来前所未有的优势！

7. 利用第三方关键词工具

尽管有多种方法获得关键词，某些第三方关键词研究工具依然可以帮助卖家在关键词研究上再进一步。市面上有很多收费的软件都不错的，例如 Merchantwords。

但是如果你需要免费推荐，我们也可以推荐一些免费且好用的关键词工具。

（1）WordStream 的关键词工具：免费的，它可以帮助你了解消费者如何搜索产品、他们进行这些搜索的频率以及你想在竞争者中脱颖而出将面临多大的挑战。

（2）ads.google.com/home/tools/keyword-planner：谷歌关键词规划师，免费的，任何拥有 Google Ads 账户的人都可以免费使用。如果你打开谷歌账户并导航到工具下拉菜单，你会看到关键词规划师这一个选项。你可以在那里搜索任意数量的关键词，并查看每月搜索它们的频率以及竞争的强度。

（3）Sellics 的关键词工具：这也是免费的，这是 Sellics 专门为亚马逊开发的专用工具，称为 Sonar。有了它，你可以查看某个关键词的每月亚马逊搜索量以及相关关键词和相关产品。Sonar 不仅是一种研究工具，而且是一种具有竞争力的研究工具。

8. 基于品牌分析

对于品牌卖家来说，品牌分析工具也是非常好用的关键词工具，具体如何使用已经在前面品牌工具章节详细介绍过，读者可以翻阅了解。

总结：

借助以上 8 种正确的亚马逊关键词研究方式和正确的亚马逊关键词工具，你就会获得更多精准的关键词，你就会比以往任何时候都更容易获得有价值的潜在客户。

此外，收集整理更多的关键词，把它们都利用起来，充分优化产品标题和商品详情页面，你将会以前所未有的速度提高你的产品的可见性、点击量和转化率。

6.4.3 什么是商品投放？

商品投放（Product Targeting），又叫产品定位。商品投放是指你在亚马逊上定位特定竞争对手（也可以是自己的品牌）的产品，并将你的产品作为广告投放在他们的商品详情页面或者搜索结果上。

做商品投放时可选择与你所推广的产品具有相似特征的特定品牌、类别或产品。客户在浏览亚马逊类别或浏览商品详情页面时会找到你的广告。

商品投放的逻辑是：当你投放的商品是自然搜索结果第一名时，商品投放广告就可能出现；当自然搜索结果第一名的商品符合所投放的品类时，按品类投放的广告就可能出现。

通过商品投放，你可以在一个广告系列中定位单个产品和类别，或定位一组品牌和产品。所有展示位置都可提供给你，你可以按品牌、评论评分等级和价格差异来优化定位，如图 6.36 所示。

图 6.36　商品投放

同时你也可以使用"Negative Product Targeting"排除一些你不希望出现在一起的投放的品牌、ASIN 等，如图 6.37 所示。

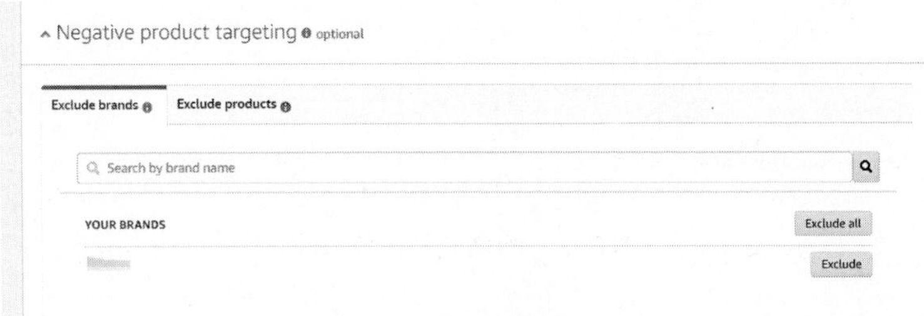

图 6.37　排除品牌

商品投放的另一个好处是可以查看关于类别和 ASIN 表现的报告。这些报告可以帮助你确定哪些活动在你的广告活动中有效，哪些是不足的，以此来帮助你充分优化你的广告系列。

6.4.4　关键词投放和商品投放的区别

亚马逊对定位（投放）的解释："Targeting uses keywords and products to help your ads appear in search and detail pages.（定位使用关键词和产品来帮助你的广告出现在搜索和详情页面中。）"

这句话就解释了它们异同点。

- 相同点：都是手动广告，都是为了共同目标——展现在搜索和详情页面中。
- 不同点：使用投放方式不同，一个是关键词，一个是产品和类别。细化方式也不一样，关键词投放有三种匹配方式，商品投放通过特定的指标来细化（如评分的等级、价格的高低等）。

关键词投放适用于商品推广和品牌推广。

商品投放适用于商品推广、品牌推广和展示型推广。

需要提醒的是：对于商品投放，所有广告类型（商品推广、品牌推广和展示型推广）都可以按品牌、评论评分评级和价格差异优化定位。但是，只有商品推广和展示型推广才能按 Prime 资格进行优化，品牌推广目前还没有此功能，如图 6.38 所示。

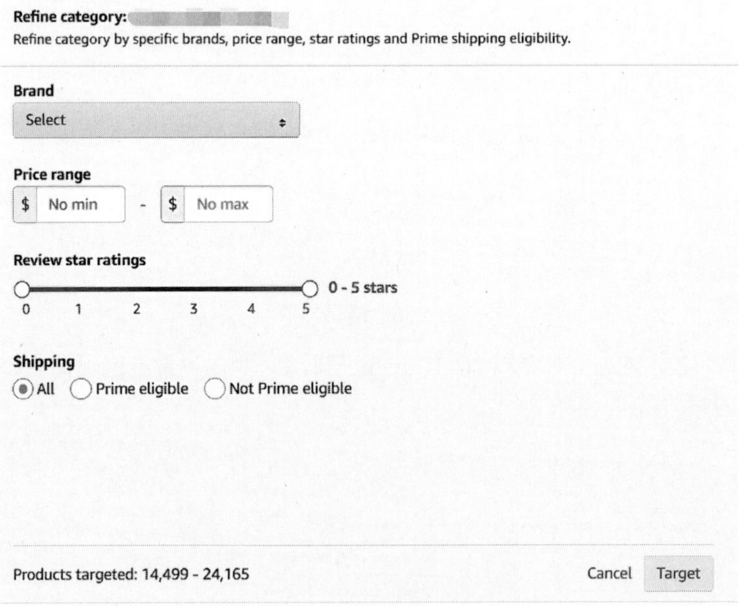

图 6.38　细化商品投放条件

6.4.5 关键词投放和商品投放的策略

1. 关键词投放策略

关于匹配方式的选择,在竞价策略中已经讲得比较详细了。这里主要讲如何合理使用关键词,只有选对了关键词,广告才能达到目的。

(1)首先要特别了解你的受众和产品

你必须考虑你的亚马逊受众如何进行搜索,他们如何寻找你正在销售的产品?了解他们的语言甚至生活方式。此方式对于关键词比较少的产品特别合适,如 SD 卡,因为这样才可以拓展更多互补商品的关键词。又比如"球"或"瓶子",它们有没有可能拓展为互补品,也许客户会寻找"蓝色瑜伽球"或"绝缘水瓶"。这就需要你对自己的产品非常了解。这是查找相关关键词的良好起点。

(2)只使用相关的关键词

我们已经在本书多处讲到相关性的重要性,任何一个卖家在亚马逊上销售产品时,目标都是获得转化。选择最佳且高相关的关键词以获得有价值的流量至关重要。建议仅使用与你的产品 Listing 相关的关键词。

故意使用不相关关键词而获得流量,你可能会受到亚马逊的处罚。这也会损害你的广告排名,因为如果你的产品出现在不相关的搜索结果中,就不会获得很多转化。

(3)不要使用主观关键词

新手卖家,特别是从淘宝、天猫转战亚马逊的,可能会认为最好包含一些关键形容词,使自己的产品听起来比其他产品更好,如"best-seller""amazing""fantastic"和"the best of 2021"等。但在亚马逊上,你必须避免使用这些主观关键词,这不仅没有效果,还是违规的。

(4)研究竞争对手

当尝试对关键词进行排名测试时,你会发现有些竞争对手做得比你好。研究他们,看看他们如何展示他们的产品,看看是否有办法让你的产品从与他们的产品的竞争中脱颖而出。看看他们如何运用关键词来描述自己的标题、五要点描述和 A+ 等。

2. 商品投放策略

在选择要定位投放的产品时,必须要谨慎行事,因为一旦选错了产品,广告基本毫无表现。商品投放,说直白点,就是"抢竞争对手流量",如果你没有拿出优势产品去投放广告,怎么抢流量?

一方面,不能选择高性能产品(竞争对手各个方面都比自己优秀)投放广告,因为受众可能不会关注你的广告。另一方面,你也不能在流量很差的产品上投放广告,因为这些广告也没有多少人能看到。你当然也不能选择对手具有更多评论或价格更优惠的产品投放。

所以,投放中级产品,或者在产品价值或评级方面能击败对手的产品,即相比之前,你的产品有点优势,它们又能为广告带来一定流量。

这样做的效果是，它会使你的产品看起来更出色，并吸引人们来看你的产品。选择合适的产品，你的广告就可以更轻松地在该商品详情页面上吸引到客户。

亚马逊还会根据你要投放的产品建议你投放的类别和产品 ASIN，方便从中进行选择，你也可以自己搜索类别、品牌和 ASIN。

还要细化你的投放目标，可以通过一个选项卡来细化你的选择，通过选择要显示的品牌、价格范围、星级、运输状态来优化建议。如图 6.39 所示。

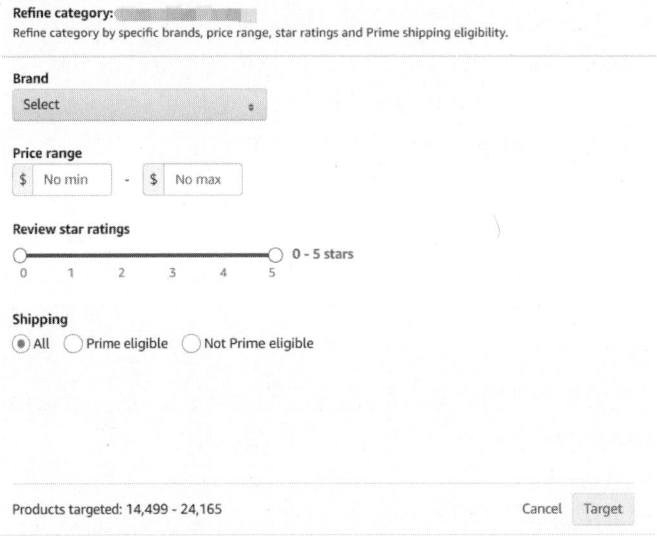

图 6.39　选项卡上会显示"Products targeted"数量

仔细考虑你希望你的产品与哪些产品一起出现。如果你的产品评价只有 3 星，那么它在 5 星产品旁边可能表现不佳。同样，如果你不提供免费送货服务，而竞争对手提供免费送货服务，那么表现也不会太好。

最后就是竞价。如果选择按类别定位，Kris 的经验是更保守地出价。商品投放一般以获得高曝光量和点击量为主，因为投放的目标很广泛，所以竞价过高对预算有限的卖家不利。

无论是关键词投放还是商品投放，都建议每个广告系列的关键词在 30～50 个，通常你会发现只有一小部分目标关键词最终非常有效。

总结一下 ASIN 定位策略：

产品 A 投放到替代性 ASIN B 上（例如两个不同的手机）：如果 B 是自己的店铺的 ASIN，则是交叉推广/防御竞争对手的广告；如果 B 是竞争对手的 ASIN，则是抢占竞争对手的流量的广告。

产品 A 投放到补充类 ASIN B 上（例如手机和手机壳）：如果 B 是自己的店铺的 ASIN，则是交叉销售/防御竞争对手的广告；如果 B 是竞争对手的 ASIN，则是捎带抢占竞争对手的流量的广告。

如何寻找需要定位的 ASIN：

最简单的方式就是直接使用系统推荐的 ASIN，直接点击"Target"即可选取投放，如图 6.40 所示。

图 6.40　系统推荐的 ASIN

如果不够，还可以从以下三种方法里，找到可以在广告系列中定位的 ASIN。

（1）找替代性 ASIN，在你的产品的商品详情页面上查看"Products related to this item"，即与此产品相关的商品的板块，然后选取自己具有对比优势的产品 ASIN 来投放。如图 6.41 所示。

图 6.41　替代性 ASIN

（2）找互补性 ASIN，也是在你的产品的商品详情页面上，查看"Customers who viewed this item also viewed"，即查看过此产品的客户也查看过的板块，然后选取自己具有对比优势的产品 ASIN 来投放。如图 6.42 所示。

图 6.42　互补性 ASIN

（3）最后就是利用品牌分析功能了。可以从品牌分析提供的购物行为和捆绑购买信息里获得 ASIN（具体参阅品牌工具章节内容）。如图 6.43 所示。

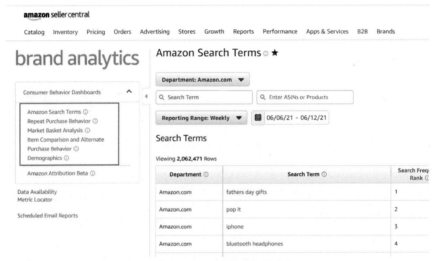

图 6.43　品牌分析

最后，广告投放一到两周后，就需要跟踪优化，以达到最佳效果。除了竞价、选取关键词和产品投放的优化，还要对表现不佳，或者花费过高的关键词或者商品进行排除，即否定投放。

6.4.6　否定投放策略

如果你每个月都做销售报表，你可能会发现，亚马逊广告已经是仅次于库存、配送费的第三大支出，因此广告效益至关重要。而否定投放可以帮助你提升你的广告效益。

1. 什么是否定投放

否定投放，就是把不相关的或者转化不佳关键词或产品从广告里排除，使被排除的关键词或产品不参与竞价拍卖。换句话说，否定投放就是用来告诉亚马逊，你不希望在这些词或产品上展示你的广告。

假设你在亚马逊上销售硅胶刮刀,并且将关键词"spatula"作为词组匹配类型出价。如果没有否定关键词功能,你的硅胶刮刀广告可能会出现在搜索"wooden spatula(木刮刀)"的结果页面中,因为该搜索也包含"spatula"。客户可能会点击你的广告,但当他们意识到这不是他们想要的,会立即离开。亚马逊依然会收取该点击费用,但你却没有获得销售额。所以要把"wooden spatula"这个词组否定了,因为这是不相关的词。

2. 否定投放的好处

否定投放可以通过提高广告的整体相关性来帮助提高广告系列的效果,因为它可以缩小你的定位范围(定位更精准),以确保你的广告仅针对相关搜索展示。

好处包括:

(1)减少浪费的广告支出:这是显而易见,这是防止广告预算被那些带来了大量展示次数和点击次数,但转化次数很少的搜索词占用。

(2)更高的点击率(CTR):否定投放会带来更高的点击率,从而使你的广告在更高的广告展示位置中更频繁、更显眼地展示。

(3)增加转化:否定投放为你的广告列表带来更高质量的流量以提高转化率(留下的词都是相关且表现好的),因为你的广告只向对你的产品感兴趣的客户展示。

(4)降低广告销售成本(ACOS):这是上述三个好处的结果。提高转化率将自然降低你的ACOS,因为你不再在无用的点击上浪费金钱。

(5)将预算集中在推动转化的流量上:你可以将节省的支出重新分配给高度相关的关键词,以进一步降低ACOS,即以更少的广告支出获得更大的销售额。

3. 如何找到否定投放的关键词和产品

最佳方法是分析亚马逊搜索词报告。可以通过以下三个简单的方式剔除无用词和ASIN。

(1)低点击率无转化:据悉亚马逊广告的平均点击率为0.4%,可以以此做基准来否定。你可以删除任何获得大量展示但点击率低的关键词或ASIN。当然,如果花钱不多,却获得了大量的展示,也可以考虑保留。

(2)高点击率无转化:亚马逊广告的平均转化率约为10%,也可以以此做基准来否定。如果你的广告获得了大量点击但没有转化或转化很少,则表明存在相关性问题,当然也有商品详情页面的关系。

(3)高花费低转化率:这是最主观的指标,因为它要基于你的广告预算和利润率。

虽然看起来比较简单,但实际使用可能会比较复杂,很多都是模棱两可的情况,这就需要你把商品详情页面优化到极致,评论系统等都做得很好,才会更加容易操作。

4. 使用否定投放的3种方式

如图6.44所示。

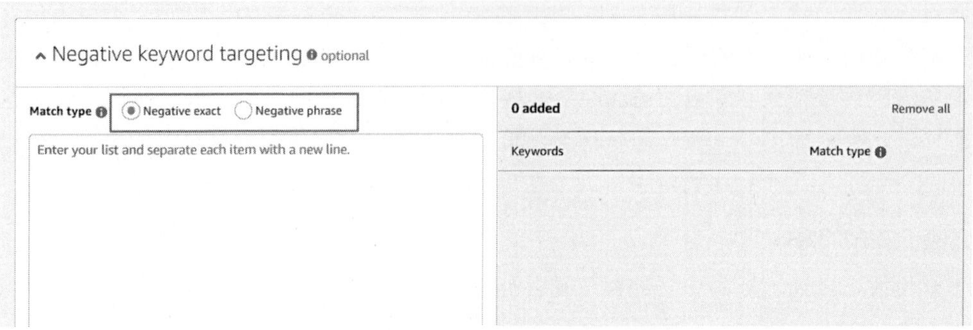

图 6.44　否定投放的两种形式示例

（1）精准否定（Negative exact）

精准否定关键词或它的变体（包括复数形式），只有完全一样的词才会被否定。

如果精准否定的是"soft toothbrush（软牙刷）"这个词，如果在搜索栏中准确使用了"soft toothbrush"或"soft toothbrushes"，你的广告就不会展示，而在"red soft toothbrushes"的搜索中依然会被展示。

当没有一个明显的词导致浪费广告支出时，精准否定更有用。还有一些长尾词，比较精准的词，精准否定通常是最安全和最有效的方法。

（2）词组否定（Negative phrase）

词组否定会禁止你的广告在包含的该搜索词的序列或变体（包括复数和轻微拼写错误）的客户搜索结果中展示。

例如，将"soft toothbrush"作为否定词组，那么你的广告就不会对"red soft toothbrush"或"soft toothbrush for adults"等字词展示。即对于凡是包含"soft toothbrush"的任何词都不会被展示。

对于一些有明显区分的产品，如有材质区分的产品，假如你的水杯是玻璃制品，那么你就可以把"不锈钢"这个直接词组否定。

使用词组否定会产生更大的影响，也会带来额外的风险，因此在使用这种优化方式时务必小心。使用较少的词组否定有助于增加展示次数。

（3）商品否定（Negative product targeting）

如图 6.45 所示。

图 6.45　商品否定示例

否定关键词是阻止所有不相关搜索词的方式，商品否定则用于阻止与你无关的品牌或产品。

首先，要防止在不相关的搜索上投放广告。例如，你销售玩具火车（Toy Trains），而正好有一个名为"ToyTrains"的服装品牌，那么你就要否定该品牌。

当然，还有最常见的，就是你的自动广告报告里出现很多 ASIN，而且大部分 ASIN 都是无效的。你可以输入 ASIN 查看页面，如果你发现你的产品与展示广告的 ASIN 产品页面之间几乎没有相关性或没有相关性，那么你的广告很可能不会从该 ASIN 转化。在这种情况下，你就需要去否定。

还有一个比较好用的策略：单字词组否定策略，就是使用一个单词来做词组否定。如果使用得当，这是防止你的广告出现在不相关搜索中的最有效方法之一。

上文已经讲过，假设你销售的是硅胶打蛋器，你可以将所有与你的产品无关的材料添加为一个单词否定词组，例如不锈钢、钢、塑料等。

又比如，你销售一个"蓝色小部件"，你可以将所有与你的产品无关的颜色添加为单个单词否定词组，例如红色绿色黄色等。这种额外的控制级别可以极大地提升广告的效果，但前提是实施得当。

另外需要提醒的是：
- 词组否定：每个否定关键词最多不得超过 4 个单词和 80 个字符。
- 精准否定：每个否定关键词最多不得超过 10 个单词和 80 个字符。

否定关键词和否定商品的目的几乎相同，即排除不需要的和不相关的点击。在广告投放设置（手动和自动）中，这些选项都应当用起来，因为它们有助于降低你的广告成本，提升你的预算使用效果，并增加你的广告支出回报。

6.5 总结：进一步加深对投放基础理论的认识

本章讲述了很多亚马逊广告核心的操作方式和策略。首先得符合广告投放的一些条件，包括是激活状态的专业卖家账户，有最快速的配送能力（最好是 FBA），产品不是禁止投放的品类，要赢得购物按钮等。其中，品牌推广和展示型推广要品牌注册卖家才可以使用。

然后我们讲到竞价的逻辑和策略，这里介绍了多种竞价方式，包括动态竞价、按展示位竞价、按匹配类型竞价，它们策略各有不同，卖家要针对自己的策略组合使用，如目标是 ACOS 利润还是品牌知名度。

卖家需要了解广告的两种主要投放方式：关键词投放和商品投放。它们的目的都是在搜索结果页面和商品详情页面得到展示，只是使用投放方式不一样。关键词投放是对关键词进行竞价，收集关键词就很重要，我们提供了 8 种不同的方法。而商品投放针对性更强，可以针对竞争对手（或自己）的品牌、ASIN 和品类投放，达到抢流量的目的。

使用亚马逊广告，我们最关心的是支出状况，因为它已经是亚马逊运营前三大支出之一。

而预算就可以很好地规划支出，让卖家清楚知道什么类型广告应该投入多少。卖家要针对每日预算、账户级别和广告组合的不同情况来设置预算，防止不必要的支出，也要避免因预算超支而被暂停投放。

至此，广告篇前两章内容已经讲明广告涉及的方方面面，大家对于广告已经有更深的认识。下一章将介绍亚马逊广告具体广告的工具，其中包括商品推广、品牌推广、展示型推广，以及帖子、品牌旗舰店、直播等广告方式。

6.6 常见问题

旺季期间，竞价和预算怎么调整？

答：以下是亚马逊广告官方给出的建议，很有参考价值，这里简单摘录：

购物活动（例如假日，Prime 会员日等）为卖家创造了独特的机会，因为顾客在此期间有强烈的购买意向。转化率就是最好的证明，例如，在 2019 年假日期间，产品推广广告的转化率提高了 24%，广告支出回报率（ROAS）提高了 14%。

以下三种有针对性的广告策略可以让卖家在全年的购物活动中抓住这些机会。

1. 选择正确的竞价策略

使用动态提高和降低竞价的策略，它会根据转化销售的可能性提高或降低你的竞价。该策略可以在特殊购物日带来更好的效果。在 2019 年黑色星期五和网络星期一所在的周末，与使用"仅降低"竞价策略的广告活动相比，使用动态提高和降低竞价策略的广告活动促成的订单数量高出了 79%，ROAS 高出了 12%。

2. 优化高峰日的预算

在 2019 年的网络星期一，每个广告活动的平均销量是平日的两倍。但是，超出预算的广告活动数量也是平日的两倍。所以卖家不应该在如此关键的日子里发生预算超支（会失去很多销售机会）。在高峰日之前查看广告活动预算，确保不会出现预算超支，或者使用亚马逊广告的建议预算来帮助决策。

3. 优化高峰日的竞价

在 2019 年的网络星期一，产品推广广告的转化率与平日相比提高了 64%。但是，由于投放在假日促销的广告卖家也增加了（竞争激烈了），因此每次点击费用也比平日高 27%。如果要抢得机会，请在高峰日之前查看你的竞价，以确保其保持竞争力。也可以使用亚马逊广告的建议竞价作为调整辅助。

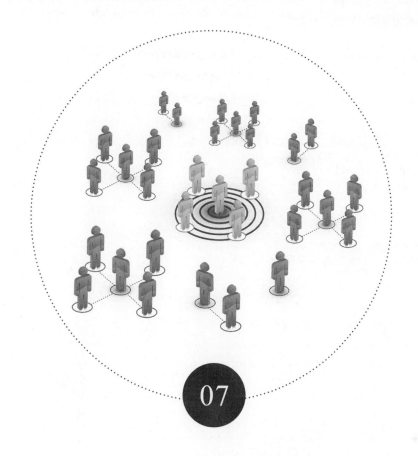

第 7 章 广告篇：亚马逊广告工具介绍

本章主要介绍亚马逊广告目前向卖家开放的各种广告工具，有免费的，也有收费的。卖家需要深入了解每一个广告工具使用的细节和广告报表，当然还有它们的异同对比等。

7.1 商品推广（SP）——所有亚马逊卖家的首选

商品推广是简单且容易上手的广告工具，无论是个人账户卖家还是企业账户卖家，都可以使用。

7.1.1 商品推广广告概述

我们一起来了解下，商品推广广告类型如图 7.1 所示。

图 7.1 商品推广广告位置（黑框处）

1. 什么是商品推广

商品推广（Sponsored Products，SP），是关键词和商品投放类广告，广告展示方式和自然搜索结果非常相似（只是多了一个 Sponsored 的标识，如图 7.2 所示），点击广告会登录到商品详情页面。

SP 广告可以分为自动广告和手动广告两种。所有亚马逊卖家都可以在卖家后台使用此功能，所以这些广告是卖家的广告首选。

SP 广告是卖家使用频率最高的广告类型，可轻松帮助你的产品在亚马逊搜索结果中提高销量和知名度。因为它们几乎出现在每个页面上（搜索结果页面和商品详情页面上），而且 SP 转化率也比较高（其转化率为 10%）。

亚马逊的数据显示：在启动商品推广活动后的第一年内，ASIN 的浏览次数平均每周提升了 54%，订单数量平均每周提升了 40%。

图 7.2　商品推广标识

2. SP 广告的展示位置

SP 广告广告会展示在两个地方：

搜索结果页面：在搜索结果的开头、中间、结尾或旁边。

商品详情页面：在商品详情页面上显示轮播（带翻页箭头），如图 7.3 和图 7.4 所示。

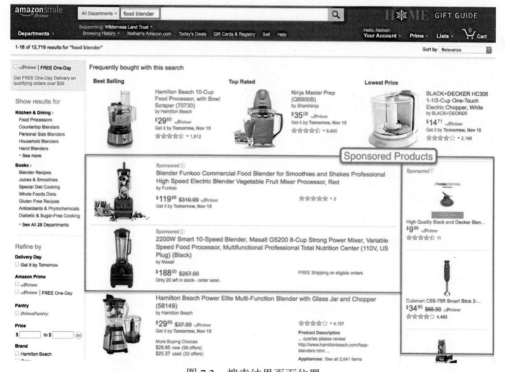

图 7.3　搜索结果页面位置

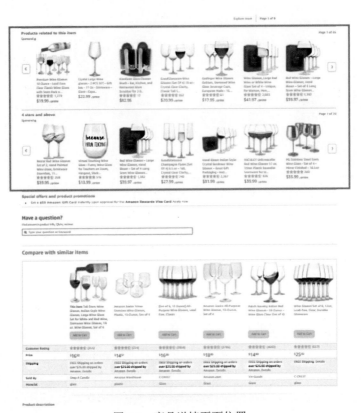

图 7.4 商品详情页面位置

7.1.2 自动投放和手动投放的区别

自动投放和手动投放如图 7.5 所示。

图 7.5 自动投放和手动投放

自动投放（Automatic targeting）：你只需要选择要投放的产品 ASIN 和出价，亚马逊会自动投放在与你的广告中的产品相似的关键词搜索结果页面和商品详情页面上。使用自动投放操作方式，卖家无需具备任何广告经验。

手动投放（Manual targeting）：你需要选择关键词或产品来投放广告，并设置自定义出价和匹配类型。

这两种投放方式都可在桌面端和移动端，以及亚马逊移动 APP 上展示。

1. 它们有什么区别

自动投放这种广告非常适合初学者，因为设置简单，卖家不需要选择关键词，把关键词直接交给亚马逊体统来完成，只要设置好自己的出价即可。而且自动投放的广告报告也非常适合做关键词研究。

手动投放。可以让卖家对竞价和效果有更多控制，并能最大限度地提高收入或达到你的目标 ACOS。

但是手动广告操作相对比较复杂，首先你得有足够相关的关键词，还要对三种匹配类型有足够了解，才可以给出合适的出价，而这些在关键词研究没有做好之前很难知道。

2. 自动投放的好处

（1）创建简单，非常适合 PPC 初学者。

（2）省去研究关键词的时间。

（3）可以扩展一些新关键词，一些你从未想到客户会搜索的长尾词。

3. 手动投放的好处

（1）适合有时间设置手动广告系列且有点经验的卖家。

（2）可以最大限度地优化 ACOS。

（3）手动对关键词出价可以实现更精确的定位，转化率也会更高。

（4）找到表现不佳的词也容易，可以轻松使用降低出价或暂停策略。

（5）亚马逊会为你推荐一些可能有用的关键词，节省时间。

选择要宣传的产品并选择要定位的关键词或产品属性，或者让亚马逊的系统自动定位相关关键词，你可以控制在出价和预算上花费的金额，并可以衡量广告的效果。

当客户点击你的广告时，他们会被带到所宣传产品的商品详情页面。

7.1.3 什么是优选商品

优选商品是商品推广独有的广告推荐选择，英文是"Advertising Ready"，直接翻译就是已经为广告做好准备的产品。当你选这个，就会显示系统推荐合适做推广的产品。如图 7.6 所示。

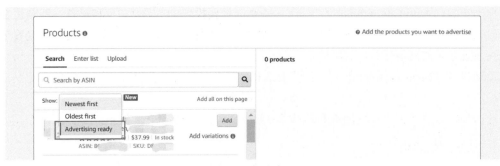

图 7.6 优选商品

这些是亚马逊根据你的 Listing 优化状况和可能带来的销售效果进行的推荐。如果卖家不知道选什么产品来做广告,使用这个功能,让系统告诉你。

只要被系统认定为优选商品,就证明该产品能在客户的整个购买过程中令客户体验良好,即拥有优秀的商品详情页面,能帮助客户了解你的产品以及品牌特色。

与没有被优选的产品相比,它有以下优势:

- 使用优选商品做广告能帮助提升你的产品与客户搜索的相关性,从而提升产品曝光量和可见性。
- 使用优选商品做广告能提升客户在访问商品详情页面后下单转化的机会,提升广告销售。

据亚马逊研究,全球 2020 年 2 月—7 月的数据显示:

成为优选广告商品 1 个月后的 ASIN 展示量是成为优选广告商品前 1 个月的 4.7 倍,点击量是成为优选广告商品前 1 个月的 2.9 倍。同时,成为优选广告商品 1 个月后的 ASIN 所获得的广告销售额是成为优选广告商品前 1 个月的 2.5 倍。

7.1.4 商品推广策略

商品推广主要有两个方面的策略,一个是动态竞价策略,一个是匹配方式的策略。这个在上一章已经详细讲述,可以参阅了解。

这里主要建议使用自动投放和手动投放协同操作。

方法也很简单,先创建一个自动投放广告系列,等待数据足够后,找到表现好且有利可图的产品,然后将它们输入手动投放的广告中,可以根据不同关键词效果,使用不同竞价和匹配策略。

这里提供一个简单广告结构给各位参考:

对于每个产品或产品集(可以是父子产品,也可以是具有高度相似性的关键词和利润率产品合集),我们推荐以下结构:

- 1 个自动投放广告系列(里面只有 1 个自动广告组,广告组里可以是单个产品,也可以是产品集)

- 1个手动投放广告系列（包含两个广告组，1个关键词+广泛匹配的广告组和1个针对ASIN目标的广告组）

其目的就是自动投放广告系列以最少成本进行持续的目标研究，也可以定期将高效关键词和ASIN移到手动投放广告系列中。这种方法结合了自动投放（低工作量）和手动投放（高精度）的优点。

同时，如果你已经在手动投放广告中使用了这些词，我们建议在自动投放广告中要否定掉这些词，以得到比较简单的对比效果。

7.1.5 商品推广报告

亚马逊为了让卖家更好地优化广告系列，提供了一系列工具和报告，让卖家能够轻松分析广告活动效果并衡量广告成效。广告运行一段时间后，就可以到后台下载，然后深入了解推广的商品或定向的销售额和业绩，以及不同广告位的效果差异等信息。使用这些广告分析来确定你投放的广告是否成功，并依此优化你的广告活动。如图7.7所示。

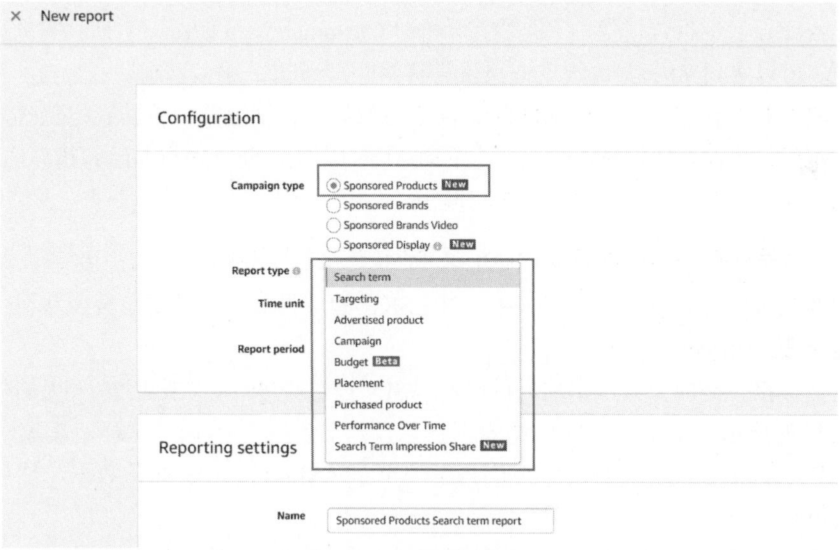

图7.7　商品推广的报告

并且，亚马逊一直在持续更新新的报告，直至2021年7月，针对商品推广已经推出了高达9种不同的报告。

我们分别简单介绍以下9种类型的广告报告。

1. 搜索词报告（Search term）（最多60天数据）

这个应该是最常使用的报告，其中包含有关客户寻找你的产品使用的关键词，甚至有竞争对手ASIN的重要信息。

搜索词报告能回答以下几个问题：亚马逊客户用来搜索和购买你和竞争对手的产品的确切关键词是什么，哪些关键词带来最多的转化，哪些词会有最大的搜索量，哪些词对 ACOS 最有利，哪些词应该否定等。

因此，搜索词报告非常有用。使用它能为你的 PPC 广告系列添加高收益、特定的关键词，并剔除表现不佳的关键词。

请注意，报告中显示的展示次数可能与卖家后台数据中列出的不符。这是因为搜索词报告仅包含至少一次客户点击的关键词，有展示而没有点击的，不会显示在报告中。

由于亚马逊在报告中使用了 Excel 表格，如果你对 Excel 操作很熟悉，那么你可以很轻松地根据要分析的问题对其进行过滤筛选。例如，你可以筛选出有点击但没有销售的关键词，并将它们添加到"否定关键词"中。

另外，在报告中，你会看到带 ASIN 的信息，这些是商品投放的结果。如果你觉得不合适，也你可以否定商品投放 ASIN。

如果你关注你的关键词策略，应该下载此报告。

2. 定向策略报告（Targeting）（最多 90 天数据）

这个报告跟搜索词报告很像，只是少了一个"Customer Search Term"列。它列出的数据的时间范围最多可以达到 90 天，而搜索词报告只有 60 天。

定向策略报告的作用是查看你的匹配定位策略效果，包括自动投放的新定位选项（即广泛匹配、紧密匹配、替代商品和补充商品），手动广告的广泛匹配、词组匹配和精准匹配。

如果你关注你的匹配策略，应该下载此报告。

3. 推广的商品报告（Advertised Product）（最多 90 天数据）

推广的商品报告提供所有广告系列中 ASIN/SKU 的广告概况，只要是至少获得一次展示的 ASIN，都会有数据指标。

基本上，该报告是向卖家展示他们的哪些 ASIN 在过去 90 天（或者 90 天内的任意自定义时段）内获得的展示次数最多，它们的表现，以及广告花费等数据。这样，卖家既可以查看整个账户的广告效果，也可以查看每个广告组的单个 ASIN 或 SKU 细分数据，然后可以针对 ASIN 进行优化。

如果你关注某个产品的广告表现，例如爆款或者新品，应该下载此报告。

4. 广告活动报告（Campaign）（最多 18 个月数据）

广告活动报告主要展示的是广告系列的整体效果。它还提供了去年的曝光量、去年的点击量、去年的支出等信息，以方便你做纵向对比，从宏观角度分析需要优化的地方。

对于品牌推广，只能查看过去 60 天的活动报告数据；对于商品推广，可查看过去 18 个月的活动报告数据。

如果你的广告系列很多，那么可以通过这个报告查看所有广告的概况。

5. 预算报告（Budget）（最多 90 天数据）

这是 2021 年 6 月推出的新报告，证明预算对于各位卖家越来越重要。本书也有专门章节来阐述预算的相关知识。

本报告主要看三列内容：Budget（预算），Recommended Budget（建议预算），Average Time in Budget（平均时间预算使用率）。

如果你不知道如何设置自己的预算，可以查看该报告。

6. 广告位置报告（Placement）（最多 90 天数据）

做商品推广广告，根据你的出价，广告可能会显示在亚马逊搜索结果页面的顶部、中间或底部附近的某个位置，或者出现在竞争对手的商品详情页面上。而广告位置报告会根据广告的位置来比较广告的效果。

报告会告诉你，广告在搜索结果页面顶部展示时效果怎样，在商品详情页面里效果怎样。你可以利用这些信息并调整出价，以增加赢得搜索排名靠前的机会。

如果你关注广告位置的表现，应下载此报告。

7. 已购买商品报告（Purchased Product）（最多 60 天数据）

有时候你会发现，客户点击了你某个 ASIN 的广告，却购买了另外的 ASIN 的产品，特别是有父子 ASIN 的时候，这种情况就更常见。例如点击了红色的产品，结果发现黑色的更好，客户就购买了黑色的。

已购买商品报告会准确显示客户在点击你的广告后实际购买了哪些非广告产品。查看之后，你可以决定是否需要将这些产品、特定变体或 ASIN 添加到你的广告系列中，或者为这些产品重新创建独立广告。

如果你的产品变体比较多，应下载此报告，看看是否有新的机会。

8. 按时间查看效果报告（Performance Over Time）（最多 90 天数据）

这是最简单的报告。你仅能查看商品推广所有活动的点击次数、每次点击费用和花费数据。它不像其他报告那样详细，基本没有什么可以分析的数据。

Kris 认为此报告目前对于运营人员是多余的（除非以后有更新），没有必要下载，直接看后台界面数据是一样的，而老板或者管理者需要下载。如图 7.8 所示。

图 7.8　广告后台界面的某一段时间的数据

9. 搜索词展示量份额报告（Search Term Impression Share）（最多 65 天数据）

这是一份新增的数据报表，也是比较重要的报告。此报告展示你的广告的每个关键词的展示量所占的份额,和相对于其他广告竞争对手的数字排名。基本上,此报告就是将你的广告与竞争对手的广告进行比较。这样就可以让你清楚知道自己广告的情况。

例如,你投放了一个"棒球帽"关键词为目标的商品推广广告,此报告会显示某个时间(可自定义)它在所有以"棒球帽"投放广告的卖家中展示次数排名。如果报告显示你的广告在 5 月 1 日的展示量份额为 25%,则意味着你的广告赢得了当天"棒球帽"关键词的所有商品推广展示量的 25%。你也可以自行算出该关键词的总展示量,如果报告显示是 1000 次曝光,那么总曝光量 =1000÷25%=4000,该关键词在该时段的总曝光量就是 4000 次。

它还告诉你更高的出价是否会获得更多的展示机会。例如,如果某个关键词的 ACOS 还不错,并且展示次数份额为 100% 或接近该值,则不需要提高出价。

但是,如果你的展示量份额较低(例如低于 70% 或 80%)并且 ACOS 较低,那么需要通过提高出价来获得那些潜在的展示量,让你获得更多的收益。

如果你关注自己的关键词的排名和竞争对手的情况,应下载此报告。

7.2 品牌推广(SB)——品牌卖家专属广告

品牌推广,顾名思义,就是注册了品牌的卖家才可以使用的推广工具。我们的经验是,品牌推广是三个类型中点击率最高的。

7.2.1 品牌推广概述

品牌推广有助于提高品牌知名度,因为卖家可以通过它将流量直接引导到自己的亚马逊店面或自定义亚马逊登录页面。一旦客户点击,客户看到的一切都与你的品牌有关,而看不到竞争对手的商品。目前只开放给已经在亚马逊注册了品牌,且有品牌旗舰店的卖家账户。如图 7.9 所示。

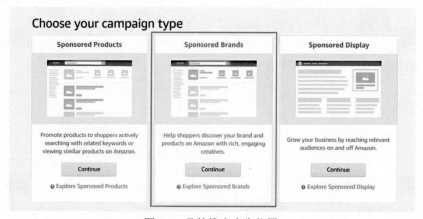

图 7.9 品牌推广广告位置

什么是品牌推广广告？

品牌推广（Sponsored Brands）广告，通常称为 SB 广告。可以使用关键词定位和商品定位两种方式，目的是在购买你的产品的客户群中提高品牌知名度。这些广告会出现在亚马逊搜索结果页面的顶部和底部，以及商品详情页面底部，会展示你的品牌 Logo、自定义标题和多种产品。如图 7.10 ～图 7.12 所示。

图 7.10　搜索结果页面顶部

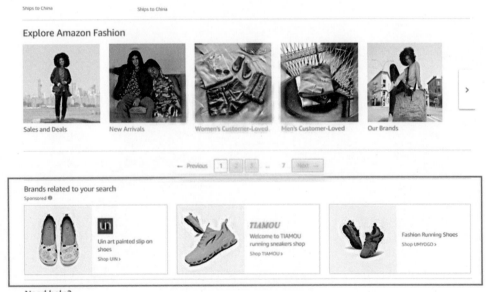

图 7.11　搜索结果页面底部

图 7.12　商品详情页面底部

2020 年初，亚马逊发布了一项新功能，允许品牌卖家创建会出现在搜索结果页面中的视频广告。这让品牌推广广告近年来越来越受欢迎。目前，有 34% 的亚马逊第三方卖家使用它们，其中 66% 的卖家销售额累计达到 100 万美元。

亚马逊的数据显示，同时使用商品推广和品牌推广的品牌在同类别中的曝光量份额增加了 30%。

7.2.2　品牌推广的三种广告形式

品牌推广里有三种不同类型的广告形式，下面详细介绍它们，如图 7.13 所示。

图 7.13　品牌推广的三种广告形式

1. 商品集（Product collection）

这是亚马逊横幅广告，通过关键词投放，让广告显示在搜索结果页面的顶部横幅位置或者底部，或商品详情页面的顶部。

你可以选择将流量直接引入你的亚马逊品牌旗舰店（Amazon Store），包括任何子页面。也可以直接新建一个产品页面（New landing page），无需单独建立页面，只要选择了产品（至少 3 个产品），系统会自动生成该页面。如图 7.14 所示。

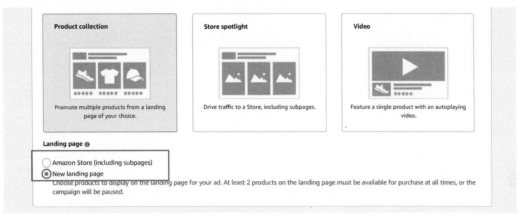

图 7.14　两种着陆页设置方式

如果你想提升品牌自然流量或商品广告曝光比较低的产品的流量，商品集是一个不错的选择。你可以将表现良好的产品添加在组合中，以增加客户点击你的广告的机会。

商品集广告展示示例：

商品集广告会分别展示在桌面端和移动端。桌面端搜索结果页面的顶部（Top of search: Desktop ad）和底部（Search footer: Desktop），移动端搜索结果页面的顶部（Top of search: Mobile ad）和底部（Search footer: Mobile）。如图 7.15 ～图 7.18 所示。

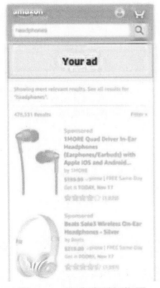

图 7.15　移动端顶部位置

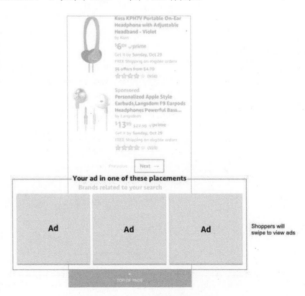

图 7.16　移动端底部位置

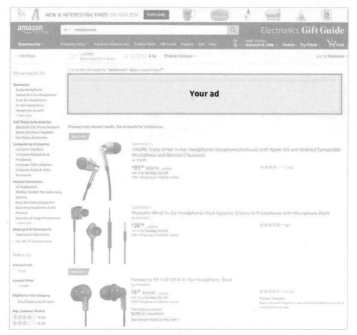

图 7.17　桌面端顶部位置

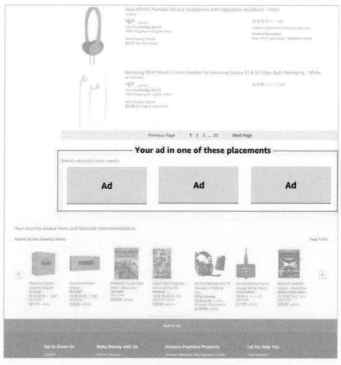

图 7.18　桌面端底部位置

商品集提供大量自定义的选项，让你有更大的自主性和操控性，可自定义以下内容，如图 7.19 所示。

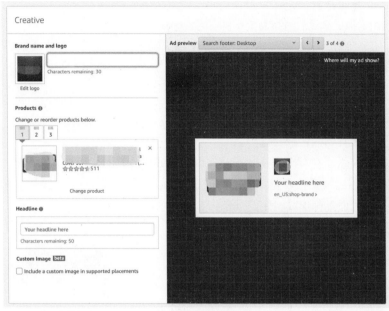

图 7.19　编辑界面

商品集广告自定义设置：

- 品牌 Logo 和名称：需要上传你已经在亚马逊注册过的品牌 Logo 图片和品牌名。
- 标题：显示在横幅上方自定义的不超过 50 个字符的标题，这是提升点击率的关键，请仔细研究再填写。
- 选择产品：至少需要选择三个以上的产品。
- 自定义图片：这个图片只出现在移动端上，一个漂亮的大图片可以占据亚马逊购物应用程序的页面上的大部分面积。众所周知，使用高质量自定义图像可以显著提高点击率和转化率。强烈建议卖家使用。

你可以在设置框右侧随时预览展示效果，以及时调整优化。

最后，选择你需要的投放方式即可（关键词投放还是商品投放），如图 7.20 所示。

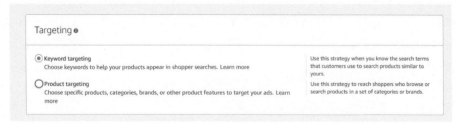

图 7.20　两种投放方式

2. 品牌旗舰店焦点（Store spotlight）

品牌旗舰店焦点与商品集非常相似，主要区别在于你只能以旗舰店的首页作为着陆页面，而在商品集中，你可以选择自定义登录页面和旗舰店任何页面。

展示位置和自定义设置都跟商品集一样。

而以 Kris 的经验看，品牌旗舰店焦点只能链接店铺首页，所以广告表现的好坏取决于你的页面设计和品牌知名度。

3. 视频（Video）

这个功能非常好，无论点击率还是转化率都比其他类型要好，甚至比商品推广广告都要好，这也是亚马逊未来主打的广告形式之一。

根据亚马逊的说法，视频广告是该平台迄今为止效果最好的广告形式。

将产品广告与创意视频片段相结合，在搜索结果页面最显眼且购买意愿最高的位置展示，在桌面端和移动端页面上都能吸引用户注意力。如图 7.21 所示。

图 7.21　桌面端和移动端展示

Kris 猜测，随着视频广告的优势凸显，展示位置未来可能也会出现在搜索结果页面的顶部和底部，甚至更多其他位置，如图 7.22 所示。

当视频界面的 50% 以上显示在页面上时，视频就会自动播放。默认是静音播放，在视频的右下角还有一个静音按钮，客户可以使用它来控制音频播放。如果视频没有音频，则不会显示静音按钮。

视频文本建议：因为视频默认静音，最好附上文本字幕。文字字体，亚马逊建议使用 Helvetica，最小尺寸为 80px，以便文本在小屏幕上也易于阅读。文字要容易被识别，例如将白色文本放在黑色背景上。

制作好视频的提示：

- 视频前 2 秒很重要，请直接展示你的产品
- 保持视频简短（视频长度最好为 15～30 秒）

- 优化视频格式（产品突出，高清且流畅）
- 添加结束提示（例如视频最后加上品牌 Logo，因为视频会无限循环）

图 7.22　2021 年 6 月开始，部分品类的视频广告可以展示在商品详情页面上

操作很简单，只是增加了一个视频上传的对话框。其他操作跟手动投放是一样的，都可以选择关键词投放和商品投放，策略也可以参阅之前相关章节。如图 7.23 所示。

图 7.23　上传视频界面

视频和音频技术参数要求：
- 视频时长：6～45 秒
- 视频尺寸：1920×1080 像素、1280×720 像素、3480×2160 像素
- 视频大小：小于 500MB
- 视频格式：.MP4 或 .MOV
- 纵横比：16∶9

- 视频编解码器：H.264 或 H.265
- 帧率：23.976 fps、24 fps、25 fps、29.97 fps、29.98 fps 或 30 fps
- 视频比特率：至少 1 Mbps
- 视频扫描类型：逐行扫描类型
- 音频编解码器：PCM、AAC 或 MP3
- 音频格式：立体声或单声道
- 音频比特率：至少 96 kbps
- 音频采样率：至少 44.1khz

因为视频广告很重要，所以再下一章还会扩展讲述。

7.2.3 品牌推广使用策略

亚马逊的数据显示，在 2020 年 Prime 会员日期间，在品牌推广上同时使用 2 种不同广告形式的卖家的销量平均比仅使用 1 种广告形式的卖家高 50%。

如果要选择两种类型，Kris 建议使用视频广告 + 商品集。

品牌推广最大的优势就是自主性、创意性非常强，广告的效果基本取决于你的广告创意，我们建议以下方式：

（1）如果需要链接到旗舰店，要充分利用此广告类型的全部容量（允许上传多少产品就放多少产品）。

（2）花时间研究并创作引人入胜的图片和标题，这是提高点击率的关键。

（3）利用来自商品推广活动的表现好的关键词。

（4）完善高质量的旗舰店页面设计（后面会讲到）。

另外，亚马逊市场竞争不断变化，创建品牌推广广告只是开始，后面需要不断调整和测试，测试新的创意策略，以充分发挥品牌推广广告的潜力。

品牌推广广告可帮助你提高品牌知名度和销售额。其广告位置足够大，是客户在寻找商品时首先看到的部分。所以，最好能竞争到在搜索结果页面顶部位置显示。品牌推广也是广告中最重要的工具之一，无论如何都要使用它！

7.2.4 品牌推广报告

亚马逊不断改进其广告功能和指标，以帮助卖家和品牌开展有利可图的有效广告活动。亚马逊还为品牌推广提供了一种独特的报告指标，称为（New-to-Brand，NTB）指标，它能告诉你销售是来自新客户还是现有客户。

品牌推广报告分两类：品牌推广报告和品牌视频推广报告。

品牌推广报告共有 7 种，如图 7.24 所示。

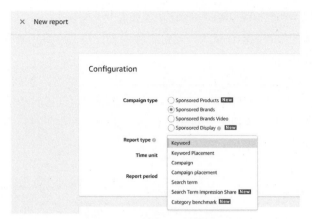

图 7.24　品牌推广的报告

1. 关键词报告（Keyword）（最多 90 天数据）

这是最常下载的报告之一，主要用于查看卖家投放的关键词、ASIN 或者品类品牌的广告数据，但是看不到客户真正搜索的关键词。如果你需要这个数据，应该下载搜索词报告，关键词报告 + 客户搜索词有一列的报告。

如果你关注自己投放的关键词或商品的状况，应下载此报告。

2. 关键词广告位报告（Keyword placement）（最多 90 天数据）

与商品推广不同的是，品牌广告位置只有两个地方，Top of Search（顶部位置），和 Other Placements（其他位置）。此报告告诉你，你的关键词会被分配到哪个位置，它们的展现量点击率和转化率表现如何，以帮助你考虑是否通过竞价来获得表现更好的位置。

如果你关注投放的关键词或商品位置的影响，应下载此报告。

3. 广告活动报告（Campaign）（最多 60 天数据）

请参阅商品推广广告活动报告的说明，它们是一样的。

4. 广告活动广告位报告（Campaign placement）（最多 90 天数据）

其实就是关键词广告位报告的汇总，主要是看每个广告系列分别在 Top of Search（顶部位置），和 Other Placements（其他位置）的展现量点击率和转化率的变化。

如果你开启了很多广告系列，可以下载该报告来浏览概况，否则还是直接看关键词广告位报告，因为信息会更明细。

5. 搜索词报告（Search term）（最多 60 天数据）

请参阅商品推广广告活动报告的说明，它们是一样的。

6. 搜索词展示量份额报告（Search term impression share）（最多 90 天数据）

请参阅商品推广广告活动报告的说明，它们是一样的。

7. 类别基准报告（Category benchmark）（最多 90 天数据）

这是 2021 年更新的报告，Kris 认为，这份报告中有一些非常有用的数据。它提供了关于如何与竞争对手竞争的一些新思路。

该报告会显示品牌以及品牌推广广告出现的所有类别和子类别。例如，如果销售的是扳手，那么品牌可能会出现在"工具和家居装修"类别中，然后是"电动工具和手动工具""手动工具"和"扳手"子类别。使用品牌类别基准报告，你可以比较广告在所有子类别中的表现以及每个子类别的基准数据，如图 7.25 所示。

Start Date	End Date	Brand	Category	Impressions	Peer impression 25th Percentile	Peer impression 50th Percentile	Peer impression 75th Percentile	Click-Thru Rate (CTR)	Peer CTR 25th Percentile
17-Oct-20	15-Nov-20		Sports & Outdoors	1,214,171	676,193	973,905	1,590,127	0.28%	0.33%
17-Oct-20	15-Nov-20		Sports & Outdoors > Outdoor Recreation	1,210,766	676,193	792,285	973,905	0.28%	0.34%
17-Oct-20	15-Nov-20		Sports & Outdoors > Outdoor Recreation > Cycling Equipment	1,210,766	570,290	676,193	792,285	0.28%	0.48%
17-Oct-20	15-Nov-20		Sports & Outdoors > Outdoor Recreation > Cycling Equipment > Bike Components & Parts	791,454	344,507	676,193	685,371	0.30%	0.48%
17-Oct-20	15-Nov-20		Sports & Outdoors > Outdoor Recreation > Cycling Equipment > Bike Components & Parts > Bike Handlebars, Headsets & Stems	476,996	239,008	276,632	333,606	0.38%	0.32%

图 7.25　品牌类别基准报告示例

品牌类别基准是按百分比区分，每个类别分三段：25% 的竞争对手的数据，50% 的竞争对手的数据，75% 的竞争对手的数据。

如果你的曝光数据大于 75% 的竞争对手，那么证明你的品牌展现量战胜了 75% 的竞争对手。

该报告非常有用，因为它可以确定你的广告是否处于给定类别的良好位置。例如，你可能认为你的 ROAS 太低，但如果它高于你的产品所在类别的 ROAS 的 75%，那么你的表现就非常好。如果转化率等指标低于 25%，那么你可能是需要改进你的广告策略。

如果你关注自己的品牌推广效果和竞争状态，应下载此报告。

品牌推广视频广告报告有 4 种，如图 7.26 所示。

图 7.26　视频广告的报告

- 关键词报告（Keyword）
- 广告活动报告（Campaign）
- 广告活动广告位报告（Campaign Placement）
- 搜索词报告（Search term）

这些报告跟上述的一致，只是数据是针对投放视频广告的效果，数据展示方式是一样的，这里就不多说了。

7.3 展示型推广（SD）——站内站外广告双管齐下

展示型推广（Sponsored Display，SD），主要目的是获得展示和曝光量。它带来的曝光量是其他两类广告无法比拟的。如果想好好地转化，就得花点时间去研究。

7.3.1 展示型推广概况

展示型推广有助于提高产品知名度，也有助于对客户进行再营销，该类广告不仅会在各种亚马逊页面上展示，而且还会在第三方网站和 APP 上展示，目前只开放给已经在亚马逊注册了品牌的卖家账户。展示型推广广告的位置如图 7.27 所示。

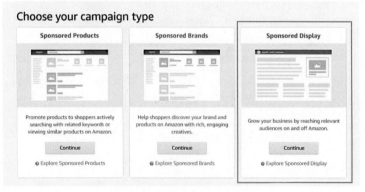

图 7.27　展示型推广广告位置

1. 什么是展示型推广

它可以使用商品投放和受众投放两种方式，它是唯一允许卖家通过高级产品和类别定位来接触受众的广告类型，也是唯一能在亚马逊站外展示的广告类型。

通过再营销浏览定向（View remarketing），卖家可以投放广告到在亚马逊和第三方网站上浏览过该商品详情页面的客户群。

亚马逊研究表明，只有 4% 的客户在找到产品列表后立即购买，一般客户则需要经过大概

6～7 次浏览才会购买。这是一种仿效 Facebook、Google 和原生广告网络，并且行之有效的广告方式。获得更多的曝光量，在客户心中埋下种子，当客户想要购买的时候，该产品就有更大的可能被购买。

2. 展示型推广广告展示位置

这是三类广告中展示位置最多的广告。展示型广告为亚马逊卖家提供了在亚马逊主页、商品详情页面和搜索结果页面上的优越展示位置。广告会同时出现在桌面端、移动端和亚马逊 APP 上。如图 7.28 所示。

（1）亚马逊搜索结果页面首页，如图 7.28 所示。

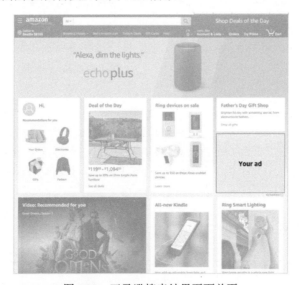

图 7.28　亚马逊搜索结果页面首页

（2）桌面端商品详情页面右侧，如图 7.29 所示。

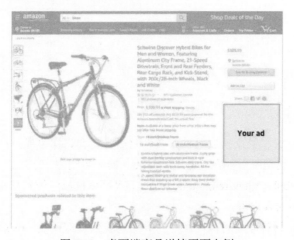

图 7.29　桌面端商品详情页面右侧

(3)桌面端商品详情页面中间,如图 7.30 所示。

图 7.30　桌面端商品详情页面中间

(4)移动端商品详情页面中间,如图 7.31 所示。

(5)移动端搜索结果页面首页顶端,如图 7.32 所示。

图 7.31　移动端商品详情页面中间　　图 7.32　移动端搜索结果页面首页顶端

(6)搜索结果页面首页左侧,如图 7.33 所示。

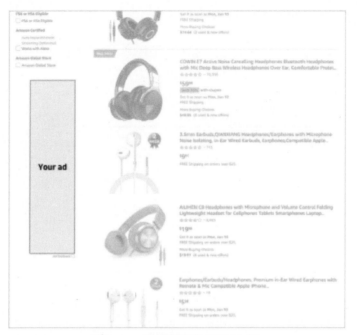

图 7.33 搜索结果页面首页左侧

(7) 搜索结果页面首页底部,如图 7.34 所示。

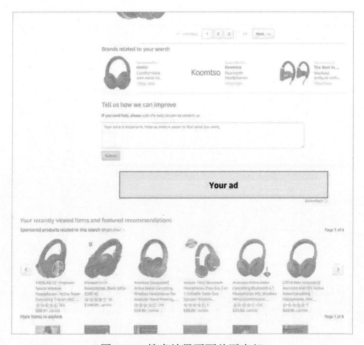

图 7.34 搜索结果页面首页底部

(8) 商品详情页面底部,如图 7.35 所示。

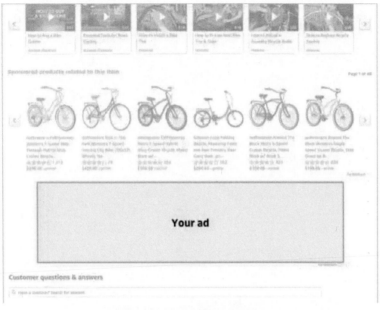

图 7.35　商品详情页面底部

(9) 订单完成页面右侧,如图 7.36 所示。

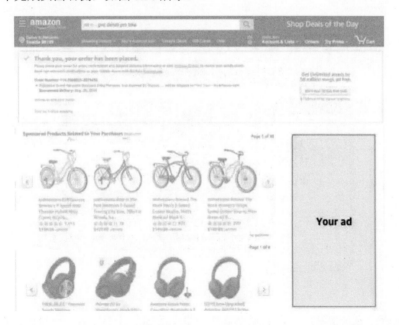

图 7.36　订单完成页面右侧

（10）商品详情页面顶部，如图 7.37 所示。

图 7.37　商品详情页面顶部

（11）亚马逊网站外的第三方网站和应用，如图 7.38 所示。

图 7.38　亚马逊网站外的第三方网站和应用

从位置来看，展示型推广广告的曝光量几乎是无敌的，几乎任何一个页面都有展示位置。但是注意，曝光并不是客户看到才算曝光，而是系统展示了，就算曝光了。

7.3.2 展示型推广的优缺点

1. 优点

（1）展示型推广广告可帮助你重新定位对你的产品或类似产品有兴趣但不在亚马逊上购买的客户。

（2）可以让犹豫不定的客户有购买你的产品的信心。

（3）目前设置广告比较简单。

（4）曝光量非常可观，但是目前还是按点击付费（未来可能会有部分功能按展示量收费）。而免费的曝光，对提升品牌知名度也很有好处。

（5）目前展示型推广广告的竞争还是比较弱，所以CPC仍然相对较低。

2. 缺点

（1）广告投放地点和时间缺乏透明度。

（2）无法使用否定投放功能。

（3）自定义的素材广告无法修改，需要重新建立新广告。

（4）目前没有合适的报表分析。

（5）可能新功能不是很完善，导致点击率和转化率非常低。

7.3.3 展示型推广的竞价方式和投放方式

1. 新增的竞价方式

2021年6月，亚马逊为展示型推广推出两种新的竞价方式，如图7.39所示。

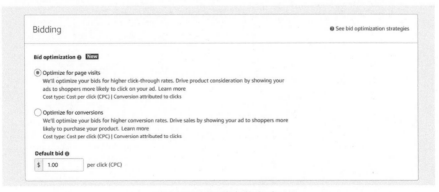

图7.39 两种竞价方式

（1）针对页面访问次数进行优化（Optimize for page visits）：亚马逊会自动优化竞价以获得更高的点击率。通过向更有可能点击广告的客户展示广告来提高其商品购买意愿。

（2）针对转化进行优化（Optimize for conversions）：亚马逊会自动优化竞价以获得更高的转化率。通过向更有可能购买商品的客户展示广告来提高销量。

简单地说，一个是为了获得更多点击，一个是为了获得更多销售。选择哪个基于你的广告目标策略。如果是新品，选择获得更多销售，达成这样的目标有点乏力，获得更多的点击更有助于提升产品的相关性排名。提高销量更合适有足够评价，销量比较稳定的产品。

2. 展示型推广投放方式

展示型推广有两种投放定位方式，商品投放（Product targeting）和受众投放（Audiences）。商品投放跟商品推广和品牌推广没有什么不同，这里主要讲的是受众投放。如图 7.40 所示。

图 7.40　两种投放方式

受众投放有三种方式：

（1）浏览过你的产品或类似产品的商品详情页面的消费者。

（2）再营销浏览定向（Views remarketing）。

（3）亚马逊消费者（Amazon audiences）。

如图 7.41 所示。

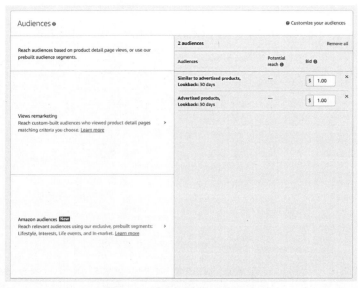

图 7.41　受众投放的三种方式

有浏览记录的消费者：推广对象是浏览过你的产品或类似产品的商品详情页的消费者（过去30天内），很简单，就是投放到对你产品或者类似产品有兴趣的消费者面前。

再营销浏览定向：吸引浏览过你的推广广告的商品详情页面、品类、品牌和其他特征的消费者。这里可以定向到两类：类别和商品。

亚马逊消费者：这是最新的功能，亚马逊提供了独家细分消费者群体，卖家可以更精准地定位投放并吸引相关受众，以提高知名度和购买意向。例如你是销售纸尿裤的，那么你就可以定位到"New Parent"的群体。

3. 广告创意素材设计

展示型推广的创意素材目前能编辑的很少，没有品牌推广那么丰富，只有品牌 Logo 和标题可编辑。这多少会影响到广告的效果。

写好标题（Headline）是提升点击率的好方法。如图 7.42 所示。

图 7.42　广告创意素材设计界面

7.3.4　展示型推广策略

1. 交叉销售和追加销售

如果你要使用商品投放的方式，那么定位的 ASIN 可以从自动广告里选取好的，也可以选择替代性和互补 ASIN，可以针对竞争对手、互补品甚至是你自己品牌的详情页面进行交叉销售和追加销售。

2. 利用好创意素材

虽然，目前只能编辑标题（50个字符），但是优秀的标题确实能提高点击率，标题里有些词语是可以用的例如"Exclusive（独家的）"或者"New（新的）"，甚至可以用"Buy Now"或者"Save Now"。可以多尝试。

3. 配合促销折扣

优惠券可以直接显示在广告里，这样能吸引更多的客户。当然你也可以使用买一送一的等折扣方式。如图7.43所示。

4. 广撒网

相较于商品推广和品牌推广，展示型推广CPC竞价还是较低的，花费不太高，就可以利用这个机会投放更多的产品，你的广告出现的频率就高。曝光多了，产品知名度就高。哪怕客户不惦记你的产品，也会在客户心里留下印象，当他们需要的时候，就可以马上想起来了。

5. 投放到最好的广告展示位置

尽管展示型推广有很多展示位置，但目前来说，效果比较好的就以下三个位置，如图7.44～图7.46所示。

（1）买家评论页面，如图7.44所示。

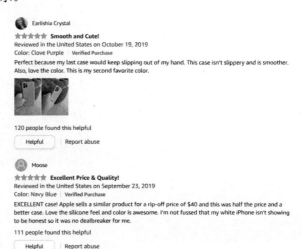

图7.43 促销显示方式

图7.44 买家评论页面的广告

（2）商品详情页面的中部，如图7.45所示。

图 7.45　商品详情页面的中部

（3）五要点描述下方，如图 7.46 所示。

图 7.46　五要点描述下方

广告展示位置取决于你选择的定位。这些选项是：

浏览过的消费者：针对在过去 30 天内查看过你的广告产品或类似产品的商品详情页面但尚未购买的客户。

兴趣：针对在亚马逊上表现出对与你的广告产品相关的产品类别感兴趣的购物活动，例如搜索相关产品，而不管是否浏览过你的产品。

产品：针对亚马逊上与你的广告产品相似或互补的特定产品。

类别：针对亚马逊上与你的广告产品相似或互补的一系列产品类别。

通过选择最合适的位置，可以为你的广告带来更多的点击量和曝光机会。

6. 尽量延长广告时间

亚马逊研究表明，展示型推广广告活动应至少持续 90 天。一项对 266 位首次展示广告客户的研究显示，投放时间超过 90 天或更长时间的广告客户在流量方面的表现优于类别趋势的可能性要高 20%，在销售方面优于类别趋势的可能性要高出 36%。所以建议活动至少 90 天或者无结束日期。

展示型推广广告提供了一种很好的挽留客户的方式——重新定位在亚马逊上查看过你的页面的客户，并给产品第二次机会进行销售。

尽管展示型推广广告目前还有很多需要完善的地方，但并不妨碍它未来会成为功能强大的广告。

7.3.5 展示型推广报告

展示型推广的报表有以下四种

（1）广告活动报告（Campaign）

（2）定向策略报告（Targeting）

（3）推广的商品报告（Advertised product）

（4）已购买商品报告（Purchased product）

如图 7.47 所示。

图 7.47 所示　展示型推广的报告

这类数据报告在商品推广章节有详细介绍，它们是一致的。但是 Kris 认为，随着展示型推广的功能不断完善，这些数据报告是远远不够，例如不同受众的数据、站内站外点击的数据等，都需要通过数据报告来分析，才能优化投放策略。

7.4 品牌旗舰店——免费的独立站

很多卖家都希望有自己的独立站官网，亚马逊为你提供了这个免费的机会，Kris 强烈建议卖家一定要建立品牌旗舰店，这绝对会让你的企业品牌形象有更大的提升。

7.4.1 品牌旗舰店概述

随着亚马逊对品牌卖家越来越重视，亚马逊现在提供了许多广告营销工具（包括品牌推广、产品视频和 A+ 内容等），以提高品牌知名度，并让卖家在亚马逊上创造自己独特的品牌体验。

这些工具中，自由度最高、可定制方式最多的工具之一是品牌旗舰店。

1. 什么是品牌旗舰店？

品牌旗舰店（Amazon Brand Stores/Stores），这是一种免费的自助品牌服务工具，它允许卖家在亚马逊上设计自己的品牌店面。新老客户可以在这里体验卖家的品牌并浏览他们的产品。它提供了非常灵活的结构和内容展示方式。

要使用亚马逊品牌旗舰店，卖家需要在亚马逊进行品牌注册。

客户可以通过品牌推广广告或点击任何商品详情页面标题下的品牌名称来访问品牌旗舰店，如图 7.48 所示。

图 7.48　品牌旗舰店的入口

2. 品牌旗舰店如同独立站

旗舰店拥有自己的导航菜单，也可以建立不同的子页面，亚马逊品牌旗舰店的目标是让卖家展示他们的品牌和产品。

这其实就是在亚马逊上拥有自己的私人网站，换句话说，这里没有广告、没有竞争对手、没有其他品牌的产品信息。你可以在这里建立自己的品牌身份，网站完全由你的公司设计和定制，并以你想要的任何展示方式作为品牌特色。它如同独立站一样，而不仅仅是亚马逊上的一个工具。如图 7.49 所示。

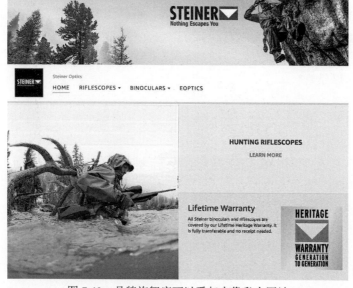

图 7.49　品牌旗舰店可以看起来像私人网站

你还可以获得独立的 URL，如 https://www.amazon.com/your-brand（"your-brand"是自定义的品牌，也可以是任何不被注册的单词）如图 7.50 所示。建议使用独特的、易于记忆的 URL。

如果你的 SEO 做得还可以，那么还可以在 Google 上搜索到你的品牌旗舰店。假设你输入"Neil DeGrasse Tyson Amazon"，就可以看到排名靠前的是该品牌旗舰店的页面。如图 7.51 所示。

图 7.50　自定义品牌链接

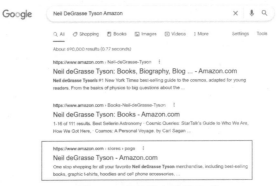

图 7.51　容易被谷歌搜索到

很多卖家都在花钱建独立站，但是却忽视了亚马逊的"独立站"——品牌旗舰店。虽然它没有真正的独立站那么自由，但它是最经济实惠的，重要的是还免费使用！

7.4.2　品牌旗舰店的好处

如果你想不断追求新的业务增长，那么必须探索不同的广告方式，包括付费的和免费的，并制定自己的策略。免费的最值得投资，因为几乎不会像付费广告一样持续花费，而品牌旗舰店就是最好的选择。

那么它有什么好处呢？

1. 有更多的方式提升你的品牌形象，从而与你的客户建立情感联系。
2. 可以建立季节性推广和促销活动的单独着陆页，能够随时更新内容和消息。
3. 增加重复购买次数并提高整体客户满意度。
4. 有效提高亚马逊广告效果。据亚马逊的数据，使用广告导入网站页面相比非网站页面的广告，可能会将 ROAS 提高多达 22%。
5. 借助商品详情页面上的品牌名称，提高你的亚马逊品牌旗舰店的可见性。
6. 有独立的 URL 网址，能够从外部吸引流量，并开发潜在客户。
7. 有可能在亚马逊的自然搜索结果中获得更高的排名。
8. 在移动端和桌面端都有良好的用户体验（有专门供移动端使用的部件）。
9. 可作为新品产品发布和预售的渠道。

7.4.3 品牌旗舰店建站指南

创建品牌旗舰店是不需要任何编码，使用可拖放的模块或预先设计好的模板，利用图片和视频等多媒体就能创建自定义的多页面带导航栏的品牌旗舰店，且0代码基础的人也可以创建。

1. 品牌旗舰店的构成

店铺可以由一个或多个页面组成。每个页面都包含多个内容模块。店铺可以有3个层级，且每个层级具有丰富的页面模板。如图7.52所示。

图 7.52 三个层级页面

2. 页面模板

店铺包含以下四个模板，你可以通过默认的模板快速创建页面。

（1）产品网格模板（PRODUCT GRID）：合适展示大量产品。

（2）展柜型模板（PRODUCT HIGHLIGHT）：展示产品及相关内容。

（3）组合展示模板（MARQUEE）：通过一组商品创建品牌或子品牌页面。

（4）空白：如果你的设计能力很强，也可以直接选择BLANK（空白页面），完全自定义。

如图7.53～图7.56所示。

图 7.53 模板选择

图 7.54 产品网格模板

图 7.55 展柜型模板

3. 品牌旗舰店页面管理器

店铺操作界面有四个部分,如图 7.57 所示。

(1)页面管理器用于店铺页面的创建、选择、移动和删除。

(2)预览窗口提供当前页面的实时视图。它也可以用于在模块管理器中选择需要编辑的模块。

(3)模块管理器用于店铺页面模块的添加、编辑、移动和删除。

(4)状态栏提供店铺的当前审核状态,并显示有关的错误消息。

4. 页面管理器

页面管理器用于创建者为其店铺做添加、编辑、移动和删除等设置,如图 7.58 所示。

(1)品牌旗舰店设置:打开"品牌旗舰店设置"面板,可以在其中更改品牌旗舰店的商标或颜色。

(2)添加页面:创建新页面。

图 7.56 组合展示模板

（3）页面导航器：显示店铺中页面的层次结构。点击可打开页面并进行编辑。

图 7.57　操作界面的四个部分

图 7.58　页面管理器

5. 预览窗口

该页面预览提供所选页面的实时视图，如图7.59所示。

（1）预览类型：可在桌面端预览和移动端预览之间切换。

（2）全屏预览：以全屏模式打开所选页面。

（3）内容模块选择：点击某个模块即会将其选中，之后可在模块管理器中进行编辑。

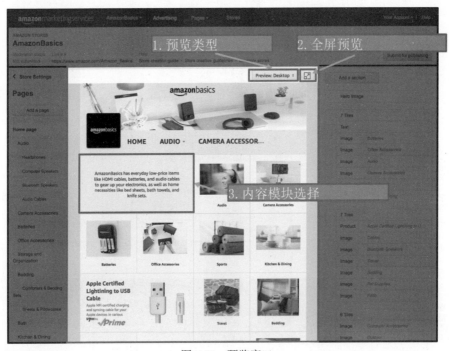

图7.59 预览窗口

6. 模块管理器

模块管理器允许品牌旗舰店创建者对当前页面上的内容模块进行添加、编辑、移动和删除，如图7.60所示。

（1）内容模块列表：当前页面上所有内容模块的列表。点击模块可打开并进行编辑。

（2）添加分区：可以添加填充模块的新分区。

（3）分区设置：可以删除或替换分区。

7. 状态栏

状态栏提供有关现有店铺和当前草稿的反馈，如图7.61所示。

（1）审核状态：显示店铺的当前审核状态。

（2）草稿状态：显示上次草稿保存到服务器的时间。

（3）提交以供发布：提交当前的店铺草稿以供发布。在发布之前，亚马逊将对草稿进行审核。

图 7.60　模块管理器

图 7.61　状态栏

审核状态有以下四种：
- 未提交：店铺的当前草稿未提交或没有可用的店铺。
- 处理中：当前草稿正在接受审核。
- 已批准：先前的草稿已获得批准并在亚马逊上发布。
- 失败：先前的草稿审核失败。亚马逊将向你发送一封电子邮件，解释失败的原因。

8. 审查并发布

一旦完成店铺创建，就可以点击"提交以供发布"按钮进行提交。店铺将被提交以供审核，草稿在审核期间无法进行修改。

审核过程可能需要几天时间（一般为 24 小时）。为了保证顺利审核通过，发布前应检查以下内容：

（1）拼写或标点符号错误。

（2）所有更改都包含在草稿版本中。

（3）使用移动端预览，以确保你的店铺针对移动端的体验进行了优化。

（4）检查图像和视频，以确保其中的任何文本都可以轻松查看（包括在移动端上）。

了解以上 8 个步骤，就可以很轻松地创建品牌旗舰店了。

7.4.4 品牌旗舰店有效功能介绍

要创建优秀的品牌旗舰店，是需要一些创造力的，比如使用模板和内容搭配，以符合自己的产品和品牌的特色。亚马逊为店铺增添了不少新功能，可以帮助旗舰店获得更多曝光的机会，这里为大家介绍比较有效的功能。

1. 可购物图片

这是仿效 Instagram 推出的购物标签，鼠标悬停（或点击）在图片上的某个产品，就显示该产品的一些基本信息，例如价格、评级、名称等，还显示购物按钮，可以在这里将其直接加入购物车，如图 7.62 所示。

（1）可以在图片中突显多达 6 种产品，但要避免让产品彼此之间相距太近。

（2）在图片中放置标识 ASIN 的点时，请确保将每个点都直接放置在产品上或产品旁，而不改变产品的整体外观。

（3）检查移动端体验，确保小部件的 CTA 没有遮挡其他重要元素。

图 7.62　可购物图片

据亚马逊宣传，最有效的功能之一的部件就是可购物图片。这个功能方便你提前安排发布信息和进行季节性更新等操作。

2. 视频小部件

借助视频，你可以更轻松地讲述自己的品牌故事，宣传引起客户共鸣的鼓舞人心的内容，并分享畅销品和新品。若要打造一致的购物体验，可以使用品牌推广视频广告活动中的相同视频。如图 7.63 所示。

图 7.63　视频小部件

（1）对于视频封面图片，请使用清晰且富有吸引力的图片或静态画面来吸引客户观看视频。

（2）提供客户无法从图片或文字中获得的详情，例如在不利情况下仍正常发挥作用的产品或与你的品牌互动的人。

（3）使用明确清晰的卖点创建与品牌信息一致的视频。

3. 定时发布

这是为了让卖家提前安排季节性更新、发布和品牌更新。如果你曾经在 Facebook 上发布过你的内容，那么你就应该知道提前计划是多么方便。现在，此选项可在亚马逊上使用。即使是休息日，或者你已经外出度假，商店信息也会在预定日期上线。如图 7.64 所示。

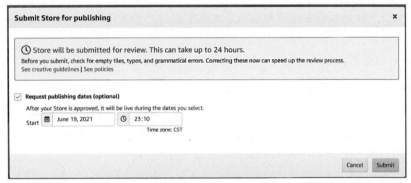

图 7.64　定时发布设置

可以设置自动取消，在新建页面后，提交发布，那么新页面会根据设置好的结束时间自动取消发布。

4. 为图片添加描述

卖家可以为自己销售的产品图片添加额外的描述，并将其放在图片的上方。这不仅可以让客户更了解你的产品，更是利于 SEO 搜索优化的 ALT 标记（类似 A+ 页面图片的属性），它提高了你的产品在搜索引擎中的可见性。

总结

随着亚马逊品牌旗舰店功能越来越完善，它变得越来越容易被发现，流量也会慢慢变得更多。这是亚马逊希望看到的，他们希望每个品牌卖家都可以在亚马逊上打造自己的品牌。

现在，不仅可以通过标题底部品牌名称链接到品牌旗舰店，诸如 "Brands related to your search（与你的搜索相关的品牌）" 和 "customers also viewed（客户也查看过）" 之类的标题也能吸引客户的注意力并帮助他们发现商店。

亚马逊品牌旗舰店将来可能不再是品牌卖家只关注准备购买的客户的地方。它的目标是转化更广泛的受众，在漏斗的每个阶段捕获潜在客户，并创造极致的用户体验。随着亚马逊平台的发展，卖家和品牌应该将亚马逊视为其业务发展战略不可或缺的一部分，而不仅仅是替代性的销售渠道。

7.4.5 设计商店的最佳方式

为了让客户更好地辨识你的品牌，认知你的品牌，你必须要创建一个有凝聚力、一致和令人印象深刻的外观设计，如：

- 坚持一致的颜色搭配
- 保持写作的语气和使用的语言类型一致（如果是轻松风格，就用轻松的语言，严肃风格，就用严肃的语言）
- 确保所有照片的风格和感觉都相同（这很难做到，但很重要，如亚马逊官方照片风格都带有黄灰蓝，就是其 Logo 的主色调）

还可以做得更仔细，如：

1. 使用许多高质量的视觉效果

提供优良的视觉体验，包括图片和视频。当客户登陆旗舰店页面时，他们应该立即对所看到的东西有兴趣，甚至是兴奋（终于找到自己满意的东西了）。这不仅需要专业品质的产品图片、高识别度的品牌图片，还需要令人印象深刻的视频。

你应该让每一个进入旗舰店的客户了解你的品牌故事以及产品是什么，而图片和视频在讲述故事方面起着关键作用。

2. 创建"About US（关于我们）"页面

按照上述思路，品牌旗舰店应包括"关于我们"部分或页面。你的品牌有什么故事？是什么让你的品牌与众不同？为什么客户应该信任你，并把订单给你？最成功的品牌是那些取悦客户的品牌，与他们建立融洽关系，获得他们的信任，这也是其中的关键部分。

3. 创建直观的导航菜单

优秀的旗舰店应该简单且容易阅读，从客户角度分类的导航就很重要，可以方便他们筛选产品，可以按年龄、类别、产品线或兴趣划分主页面和子页面。

例如，玩具、游戏和婴儿品牌可能会按年龄分类导航（3个月、6个月、1岁等），因为这是客户搜索这些类别产品的常用方式。一家体育用品公司可能会按产品类型（服装、补品、配饰）或按运动类型（跑步、登山、棒球、足球）来组织页面。

无论怎么分类，目的只有一个，使你的客户更容易浏览每个页面。亚马逊的成功植根于"客户至上"，你的品牌旗舰店也应该如此。

4. 利用品牌旗舰店进行营销

品牌旗舰店对于每一个品牌卖家来说都是一项非常宝贵的资产，但是却没有被较好地利用起来。它应该与其他营销工具配合使用，这样才能最大化地发挥它的用处。品牌推广、社交媒体广告和有影响力的站外营销都可以与品牌旗舰店配合得非常好，独立 URL 就是为了方便推广旗舰店。

7.4.6 品牌旗舰店报告分析

亚马逊对于品牌旗舰店提供了独立的网页分析数据面板——"Stores Insights（商店洞察）"，可以随时监控营销活动的有效性和绩效。洞察数据包括诸如每日访客、页面浏览量和商店产生的销售额等指标。

我们知道品牌旗舰店可以通过内部和外部获得更多流量。

- 内部流量：页面可用作品牌广告的着陆页。你可以将广告定向到任何页面。
- 外部流量：亚马逊品牌旗舰店鼓励来自谷歌等搜索引擎的外部流量。每个店铺都有自己的、可自定义的 URL，例如 amazon.com/stores/yourbrand，以直接将流量吸引到你的旗舰店。这些 URL 还可以用作外部活动（例如电子邮件活动）的登录页面。

品牌旗舰店洞察面板可让你更好地了解与品牌旗舰店相关的销售额、访问次数、页面浏览量以及在亚马逊网站内外的流量来源。

站内的数据，如图 7.65 所示，很容易看明白。

图 7.65 站内数据页面

基本的数据都可以分析清楚，这里就不赘述了。

我们主要讲讲外部流量的获取。

如果你想从亚马逊外部为你的商店吸引流量，例如通过电子邮件发送、社交媒体帖子或

Facebook 等付费广告引流，亚马逊可以创建带标签的 URL 来跟踪这些人群。

当你将该链接放入电子邮件中时，不管任何人点击它然后前往你的商店购买，亚马逊都可以向你显示所有数据。你可以清楚地知道哪些非亚马逊营销活动是最有效的。如图 7.66 所示。

图 7.66　创建数据标签

点击"Create source tag"即可创建独特的源标签，这些"源标签"基本上是带有亚马逊可以跟踪代码的 URL，卖家可以用这些 URL 去做营销活动，得到的数据非常方便卖家跟踪和分析。如图 7.67 所示。

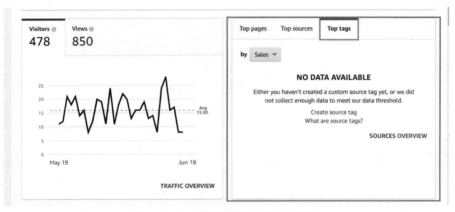

图 7.67　如果获得数据会显示在这里

外部 URL 的标签不受限制，没有到期日。但是，标签指标数据能否显示这个面板上取决于两个因素：

（1）因为这个数据是有排名的，只有在指定的时间范围内访问数量进入排名前 100 的标签才会被显示出来。

（2）标签必须满足最少访问次数才会被显示。

如果在外部营销活动使用亚马逊品牌旗舰店源标签，就有可能让其覆盖范围远远超出亚马逊。你可以使用电子邮件、简报、广告、社交媒体活动、博客文章、视频，甚至自己的独立站等。

使用源标签来跟踪这些活动，它是如何工作的？为你的营销活动创建自定义源标签，将其添加到你的商店页面 URL，然后在你的营销活动中使用此 URL。

URL 中的标签，将在亚马逊的"商店洞察"分析工具中跟踪访问与活动相关的任何重要 KPI，并用于你的报告。

7.5 帖子——简易版的 Facebook

上节我们讲到，如果你想不断追求新的业务增长，就必须探索不同的广告方式，包括付费的和免费的，并制定自己的策略。免费的最值得投资，而品牌旗舰店就是最好的选择之一。而另外一个，就是我们现在要讲的帖子（Amazon Posts），如图 7.68 所示。

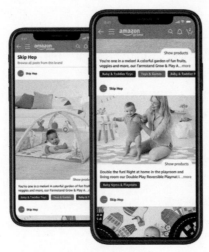

图 7.68　帖子样式

7.5.1　帖子概述

1. 什么是帖子？

亚马逊这样描述帖子：

"Posts is an opportunity to share your brand content on Amazon at no cost, as often as you'd like. Posts appear on Amazon in your brand's feed, on detail pages, in feeds for related products, and in category-based feeds.（帖子可以让你在亚马逊上免费分享品牌内容，且发帖频率不限。帖子在亚马逊上显示在你品牌的信息流、商品详情页面、相关商品信息流以及品类信息流中。）"

这是一种全新的浏览和发现体验，专注于品牌购物。亚马逊帖子是通过生活方式图片、描述性标题和指向相关产品页面的链接免费宣传你的品牌和产品的工具。它可以帮助客户通过浏览品牌策划的内容提要来发现新产品并了解品牌的新产品。

这种相对较新的解决方案允许亚马逊卖家以自然非侵入性的方式展示品牌策划的内容，就像在社交媒体上所做的那样。

如果你使用过 Facebook 发帖子，那么你对这个就不会陌生，因为这就是简易版的 Facebook，是用于积累粉丝和打造品牌产品知名度的工具。

帖子链接到商品详情页面，客户如果需要，可以直接购买。并且每个帖子都包含类别标签，以便客户继续浏览相关类别中的帖子。

2. 帖子的展示位置

帖子出现在亚马逊购物 App 里的各种位置，包括相关品牌、相关产品和类别，以及商品详情页面上。

帖子主要展示在移动端。帖子以轮播方式展示，根据相关性和客户参与度显示在提要和商品详情页面上（未来应该会更新更多的展示位置）。

（1）卖家自己产品的详情页面：显示在商品详情页面客户回答板块（Customer Questions）的上面，防止客户流失。

（2）竞争对手的商品详情页面：这是让你的产品显示在竞争对手页面上的好方法，有助于抢流量。当然，你的竞争对手的产品帖子也可以显示在你的页面上。

（3）相关品牌信息流（Brand feed）：点击帖子上的品牌标签，就可以看到该品牌的所有帖子。

（4）相关帖子信息流（Posts feed）：相关类别的也会被展示，类别是亚马逊标记的。

（5）帖子也可以直接通过链接登录，如：https://www.amazon.com/posts/brand。

（6）你不能决定帖子发布的位置，这由亚马逊决定。

（7）用户只能在轮播和相关帖子的提要中看到这些帖子，唯一的参与方式就是点击进入产品和点击"+follow"关注。

（8）帖子不提供评论、点赞、投票或表情符号表达意见，不能像其他社交媒体那样有更多的互动。从这个意义上说，帖子并不是我们所知道的真正社交媒体。

如果需要在桌面端查看，可以直接登录专门的链接或在品牌旗舰店的导航那里查看。

3. 帖子界面介绍

如图 7.69 所示。

如上图的标记所示：

（1）品牌 Logo 和品牌名称。在右侧，有一个"+Follow"关注选项，客户点击关注后，可以随时了解其他内容。

（2）自定义图片。主要显示产品场景或讲述品牌故事。

（3）自定义图片右下角的"Show Product"显示产品选项。如果客户感兴趣，就会点击这个选项了解你的产品。

（4）自定义标题。仅支持文本填写，建议使用精简有吸引力的语言。

（5）标记产品的类别。点击类别标签可跳转到类别相关的其他帖子。

图 7.69　帖子的几个要素

4. 帖子的使用条件

创建亚马逊帖子需要满足以下要求：

（1）亚马逊品牌备案。

（2）目前只开放给美国站的卖家。

创建了品牌旗舰店，根据亚马逊帖子指南，不可以为以下产品创建帖子：

- 酒精饮料
- 烟草制品及相关烟草制品
- 成人用品
- 纹身和身体品牌产品
- 紫外线晒黑服务和设备
- 武器
- 美妆用品和个护用品：禁止推广声称能够永久改变身体自然属性的商品

更多相关条件可以查看亚马逊帖子指南。

5. 亚马逊帖子如何运作

帖子运作主要有以下三个过程：

（1）发现：帖子是以轮播的方式展示，可以在其产品和相关产品的详情页面上找到。点击帖子会将浏览者带入信息流。

（2）浏览：客户可以继续浏览其他相关产品的帖子，也可以转而浏览相关类别产品的帖子。

（3）购物：在帖子中可立即购买，客户只需点击"展示产品"即可进入商品详情页面购买。

7.5.2 帖子的优缺点

从整体的运营角度看，帖子有什么优缺点呢？

1. 优点

（1）免费：与亚马逊广告不同，现在帖子没有点击费用。既然可以免费将流量吸引到产品详细信息页面，当然也就相当于免费推动了销售。要知道，要在竞争激烈的亚马逊平台上免费展示产品和品牌多么不容易。

（2）省事方便：你不需要重新创建新的 FB 或者 ins 账号，频繁切换账号来运营。直接通过亚马逊发布帖子可以节省不少运营时间。

（3）提升品牌知名度：帮助你的品牌脱颖而出，因为现在这个还是比较新的，用的人不多，尽早用起来，这也是更快打造品牌的方法之一。

（4）提供数据反馈：帖子控制面板界面有各种数据指标，包括视图、点击次数和点击率，方便你查看有效和无效帖子，并相应地做出内容和策略的调整。

（5）帖子会一直存在：你发布的任何内容都会一直存在，而且会一直有曝光，系统只要认为有机会，就让你的任何一个帖子曝光。

（6）不限量：目前为止，你可以发布无数帖子。发布越多，你的产品就能越多地展示在"相关产品（Related Products）"和"产品类别（Category feed）"中。

（7）抢流量：帖子会显示在竞争对手的商品详情页面上，这就有可能从他们那里获得更多流量。

（8）保护自己的产品：自己的帖子也会出现在自己的商品详情页面，也就可以阻止竞争对手获得流量。

（9）更自由：发布帖子不会像做商品详情页面那样有严格要求，你可以通过自己独特的语言来阐述产品优势，这对打造独立产品形象和构建品牌辨识度都很有帮助。

（10）建立粉丝忠诚度：跟 FB 和 ins 一样，喜欢你的产品或者品牌的客户可以"关注（follow）"你，而关注你的人，更容易看到你发的帖子。

2. 缺点

（1）无法查看转化率：亚马逊没有提供这个指标，因此，你能知道客户点击了你的页面，但你无法知道他们是否已经购买，这就是很多卖家不愿意使用帖子的原因。

（2）比较需要精力：发帖子不是随便做图片，随便写文案就可以了，必须要花时间去运营，而且亚马逊建议像在任何社交媒体上一样频繁地发布帖子。

（3）无法指定出现的位置：亚马逊系统会自动将帖子分配到相关产品和类别中展示，卖家无法指定。

Kris 认为，其实只要提供转化率指标，以上三个缺点基本不是什么问题。

7.5.3 上传帖子指南

（1）登录广告页面，点击"Posts（帖子）"进入该页面，如图 7.70 所示。

（2）如果你有多个品牌，需要选择其中一个品牌进行添加，如图 7.71 所示。

图 7.70　登录入口　　　　　　图 7.71　选择品牌

（3）点击创建 Posts 按钮，如图 7.72 所示。

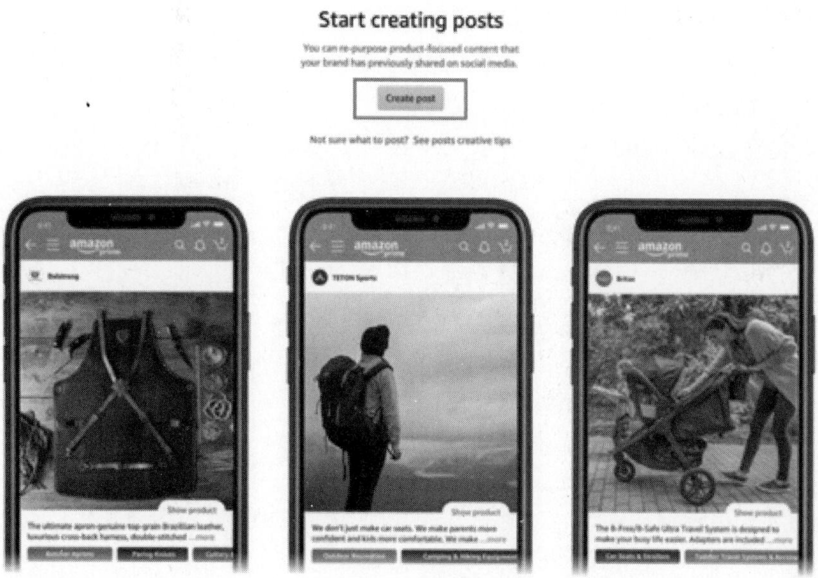

图 7.72 创建帖子

（4）如果你是首次创建帖子，一定要看相关 tips，点击下面红框内容，如图 7.73 所示。

图 7.73 编辑界面

（5）版面主要分两部分：左边是填写区域，右边是预览区域。只看左边需要填写的四个字段即可。如图 7.74 所示。

①上传图片：只接受 JPG 和 PNG 格式，不接受动图，颜色格式必须是 RGB。最大不能

超过 5MB。尺寸必须大于 640×320 像素。这里对图片尺寸一定要强调一下，很多卖家以为这个是 640∶320，是比例尺寸。不是！你可以设为 1080×1920，也可以设为 800×600，只要大于最小尺寸就好了。

②标题：写一些比较吸引人的话语，可以是产品特性，可以是品牌故事。内容可以在客户评论或者 QA 里参考，但是不能照搬，完全照抄评论，亚马逊审核不会通过。

③填写 ASIN：最多可以放 10 个 ASIN，如果你有父子产品，最好都放上去。但是不要放毫不相干的 ASIN。

④排期发布：如果你的帖子是为特殊日子，如情人节设计的，那么可以选定发布日期。而 kris 一般会做排期，就是一下子安排好几天的内容，到时候自动发布。

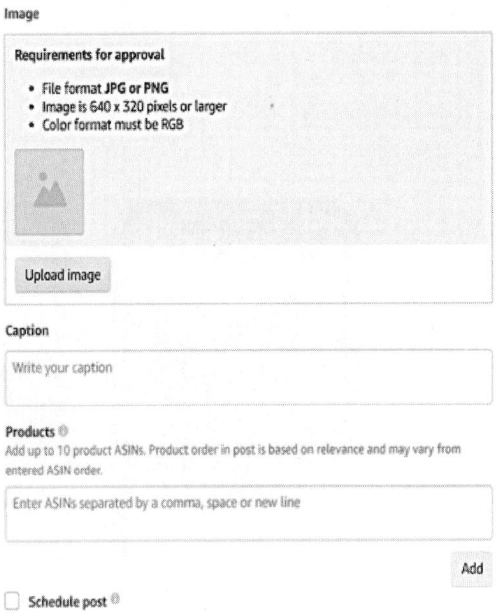

图 7.74　左侧需要填写字段

（6）提交审核帖子写完，点击"Submit for review"提交审核，如图 7.75 所示。

图 7.75　填写完成提交审核

（7）如果有帖子不被批准，点击查看详情，如图 7.76 和图 7.77 所示。

图 7.76　显示审核不通过

点击"Details",如图 7.77 所示。

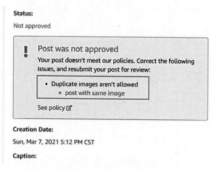

图 7.77　提示示例

该示例中,系统提示图片之前已经上传过了,修改新的图片即可。

(8)完成上传,上传成功后,"Posts Status"显示"Live",然后在控制面板界面就可以看到帖子和相关数据,你可以直接下载数据报表来分析。如图 7.78 所示。

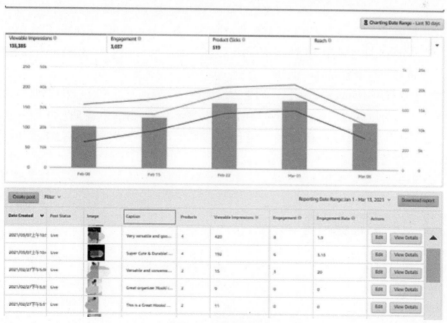

图 7.78　控制面板界面

到这里,上传就完成了!

7.5.4 帖子的使用策略

亚马逊帖子现在处于测试阶段，还算是新功能，到目前为止，用的人其实不多，所以网上有关它的信息还很少。以下建议或许能帮助卖家的帖子脱颖而出。

1. 亚马逊帖子的实质还是社交媒体，所以使用规范跟 Facebook 和 ins 差不多，并且都注重高质量的内容。所以请发布高质量的图片，优化你的内容，加强品牌宣传。

2. 坚持经常发帖，这也是亚马逊建议的，提高你的帖子的活跃度。因为你几乎可以无限量发帖，而现在用的人不多，所以在别人进来之前，就可以在"相关产品"和"产品类别"里推广更多自己的内容。

3. 数据很重要，尽管亚马逊没有提供转化数据，但是充分利用其他数据指标，也可以很好地优化图片和内容。

4. 实操建议：

（1）标题一定要精简，超过两行的内容（发布前，从右侧的预览可以看到内容是否超过两行）就会被折叠起来，对阅读体验不好。同时也要有吸引力，这样帖子的参与度才会更高。

（2）如果写标题时没有灵感，可以摘录自己或者竞争者评价的语录，包括 QA 的内容，但是不能照搬。

（3）图片也可以选用评价中的图片，前提是不侵权或者获得发布者同意。

（4）图片不是等比例的一定要设为 640：320，只要大于这个像素就可以。可以根据不同品类、品牌故事，选择合适的尺寸，但最好统一风格。例如你卖连衣裙或者落地灯，又或者户外伞、手机壳等，用竖屏图比较合适，如果你销售的是沙发、桌子等，则可以用横屏图或者正方图。

（5）同一个 ASIN 可以用不同风格的图片和内容来发布，通过 A/B 测试来确定哪种类型的图片和标题最适合每个品牌。

（6）帖子发布后还可以进行编辑，如果你发现该内容表现不好，可以及时修改。编辑功能没有任何限制，即可以修改任何内容，包括图片、标题，甚至 ASIN 和排期时间。

（7）如果觉得每天发帖很麻烦，可以利用排期功能，花一天时间安排好未来 30 天的内容排期发布，这样你每月只操作一次就行了。

（8）如果产品缺货，帖子不会被展示。

7.5.5 帖子的数据分析

帖子的数据目前还比较简单，但是这些数据也能让卖家有足够的信息做分析。如图 7.79 所示。

主要有以下四个参数。

（1）展示次数（Viewable Impressions）：至少一半帖子在屏幕上显示 1 秒或更长时间的次数。

（2）参与度（Engagement）：帖子获得的互动次数。

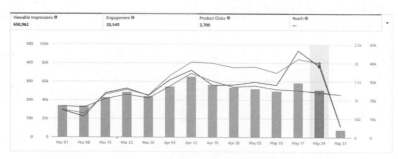

图 7.79　帖子的各项数据

（3）参与率（Engagement Rate）：参与次数除以展示次数。

（4）点击次数（Product Clicks）：商品详情页面、展示产品、展开标题、品牌信息流、相关信息流等的总点击次数（这些明细仅在可下载报告中提供）。如图 7.80 所示。

图 7.80　下载报告中有更多明细

7.5.6　总结：帖子能省多少钱

举一个帖子报告的例子：过去 30 天内，商品详情页面获得 3950 次点击，如图 7.81 所示。

Viewable impressions	Total engagement	Clicks to detail page	Clicks to brand feed	Clicks to related feed
8 300	1089	248	11	448
12 038	1017	221	15	353
24 829	1657	185	9	902
13 259	816	178	11	388
10 595	903	163	10	476
15 950	568	100	5	328
13 007	584	93	9	218
4 314	358	91	3	152
15 871	618	90	8	239
7 819	417	86	5	220
31 225	583	86	14	327
3 941	358	80	7	166
9 577	367	80	3	205
2 938	306	77	7	108
13 189	357	75	2	182
4 755	211	72	2	68
16 342	539	69	7	299
16 357	329	61	4	201
4 174	186	60	2	75
2 811	161	58	0	78
6 607	333	55	1	86
2 717	162	53	1	60
6 759	230	51	3	81
6 723	239	48	3	135
6 150	188	47	2	75
29 065	642	46	14	355
11 689	224	45	3	121
3 693	143	42	1	73
9 246	189	41	7	78
12 569	276	40	5	157
7 084	141	39	2	47
14 364	458	37	6	229
2 856	112	36	0	48
9 271	224	36	3	135

平均值: 17.73542601　计数: 224　求和: 3955

图 7.81　帖子报告表示例

如果通过广告获得同样多的点击，需要多少钱呢？可以这样对比，如图 7.82 所示。

图 7.82　广告数据

如上图所示，如果做广告，过去 30 天，平均每次点击的费用是 0.62 美元（具体多少，可以查看自己的后台数据进行比较），如果要获得上述帖子带来的 3 950 次点击，那么花费就是：0.62×3950=2 449（美元）。

也就是说，如果你通过付费广告的方式获得 3 950 次点击，那可是要花费 2 449 美元的代价啊！而使用帖子则不需要花一分钱。

再者，通过做帖子获得的点击不管有多少次，哪怕只成交一单，你的 ACOS 都是 0%，因为没有花费。单从这个角度看，做帖子有百利无一害。

亚马逊帖子作为 BETA（测试）版本已经试用很长时间了，虽然它还有很多不成熟的地方，但是亚马逊的目的很明显，就是坚持社交媒体与在线零售相结合。经过 Kris 的观察，帖子看起来非常有希望成为重要的引流方式之一。

再次强调的是，这可是免费的！对你的品牌和产品的曝光都是免费的！可能不会永远免费，但是现在，这就是巨大的机会！

现在大家不愿意使用，或者容易忽略，估计因为没有转化数据，大家看不到效果。不过相信亚马逊未来应该会完善这个内容，但是不知道是否会保持免费。

根据 Kris 的猜测，帖子工具出现，是为将来亚马逊打造私域流量提供基础，将来会开发更多的工具来用于客户营销，让客户对品牌保持忠诚度。

7.6　其他广告

除了前几节讲到的广告工具，亚马逊还为卖家提供比较少接触的广告营销工具，这里简单介绍一下。

7.6.1　亚马逊 DSP 广告

亚马逊这样描述 DSP：

"Amazon DSP allows advertisers to efficiently reach Amazon shoppers on Amazon sites, across the web, and in mobile apps.（亚马逊 DSP 使广告商能够在亚马逊网站、网络和移动应用程序中有效地吸引亚马逊购物者。）"

亚马逊 DSP 是一个需求方平台，英文全称是 Demand Side Platform。它通过程序化方式，在亚马逊网站和移动 APP 以及第三方交易平台上自动大规模购买广告位置，向亚马逊购物者显示展示广告、视频广告和音频广告。

这里需要注意两个名词：

- 程序化：广告使用数据程序（也可以说 AI 系统）来决定购买哪些数字广告位置，以及为它们支付多少费用（说直白点，就是尽量花完你的预算）。
- 亚马逊购物者：该广告不会展示给非亚马逊用户的受众。

借助亚马逊 DSP，可以实现各种广告目标。例如，对于已访问过你商品详情页面的受众，你可以在亚马逊上向他们进行再营销（类似展示型推广），因为他们很可能会在这里进行购买。又或者，如果你的目标是提升品牌认知度并扩大受众群体，那么你可以利用介绍品牌及商品的视频来触达站外的其他新客户。

1. 展示型推广和 DSP 的区别

虽然它们的小部分功能有一点点重合（例如再营销），但是二者有着显著的区别：

（1）展示型推广是按每次点击费用（PPC）付费的，而 DSP 广告则是根据格式和展示位置按曝光量付费的（CPM，每千次曝光计费）。

（2）展示型推广一旦生成就不能手动优化，而 DSP 广告可以持续修改和微调。

（3）卖家可以自行管理展示型推广广告，而 DSP 广告通常由专门的广告经理管理。

（4）展示型推广是半自动的，投放能力不强，而 DSP 拥有非常精细的定位选项，能带来很大的收获。

（5）展示型推广不需要启动资金，而 DSP 需要承诺至少 35 000 美元的活动预算才能使用它们。

相比之下，DSP 要强大得多，因为可以定位更多的细分人群，它还有较多广告类型，我们常说的 OTT 视频广告、音频广告都包含在其中。

2. 亚马逊 DSP 广告类型

DSP 可以使用的广告类型主要有以下四种。

（1）动态广告

由于 DSP 的数据量很大，亚马逊的 AI 系统就会变得很聪明，产品的展现效果一天天变得越来越好。动态广告会根据你的广告系列目标自动优化展示的广告。为了鼓励客户在亚马逊上查看产品，你还可以在广告中加入优惠券代码或客户评论。动态广告只能链接到商品详情页面。

通过 AI 系统，亚马逊可以提供以下服务：

如果发现客户在购买产品之前会阅读评论，那么系统将投放带有评论的动态广告展现给他们。

如果发现客户更可能是冲动型买家，那么系统会向他们展示带有购物按钮的动态广告。

（2）静态广告

静态广告没有任何动态元素，就一张图片，因此它需要特定的号召性用语，例如"Buy Now（立即购买）"。它一般用于上层漏斗策略，即用来吸引购物者并帮助卖家提高品牌知名度。这些广告会链接到亚马逊店面、商品详情页面或自定义登录页面。

（3）DSP视频广告

视频是讲述品牌故事并与观众建立情感联系的好方法。视频可以通过DSP的方式在视频内容（插播视频）内或作为展示广告（外播视频）的一部分投放。你可以通过DSP将你的视频广告链接到亚马逊上的商品详情页面或你自己的网站。通过DSP创建视频广告，你还可以利用亚马逊的受众来定位合适的购物者，以提升转化率。

（4）过顶视频广告（OTT）

OTT（Over-The-Top）广告也在DSP平台上运行。这些广告是不可跳过的（类似国内视频网站的广告），全屏广告通过联网电视资源（如Amazon Fire TV Stick）覆盖数百万人，你可以定位特定的亚马逊受众，它是打造品牌的绝佳方式。

但请记住，这些广告不可点击。

亚马逊DSP不同展示位置的制作要求：

以下是300×250像素、160×600像素和300×600像素的亚马逊广告的展示位置：

- 主页的顶部（不需要滚动页面就可以看到的部分）
- 主页的底部（需要滚动页面才可以看到的部分）
- 搜索结果侧面
- 买家评论页面
- 商品详情页面
- 感谢购买页面

以下是970×250像素和980×55像素的页面广告的展示位置，仅适用于产品图片：

- 主页的底部（需要滚动页面才可以看到）
- 商品详情页面的底部（需要滚动页面才可以看到）
- 秒杀页面
- 优惠页面

仅适用于美国站的广告，采用650×130像素和245×250像素的产品图片和商店变体广告展示位置。

所有320×50像素、414×125像素和300×250像素展示位置，适用于智能手机亚马逊移动App和网站，如图7.83和图7.84所示。

图 7.83　DSP 在亚马逊站内的展示位置

图 7.84　DSP 在亚马逊站外的展示位置

3. DSP 的定位投放选项

DSP 提供了非常详细的定位选项，包括最近浏览过你的产品但尚未购买的客户。DSP 主要通过六个独特的定位选项来细分受众（如果需要更详细的，可以联系你的广告经理）。

（1）行为细分（Behavioral segments）：包括在过去 30 天内表现出特定行为的受众，例如在特定亚马逊子类别中有购买意图的群体。

（2）生活方式细分（Lifestyle segments）：包括进行过与普通生活方式相关的搜索和购买行为的受众，例如素食者、户外运动者和环保主义者。

（3）情景细分（Contextual segments）：根据受众实时浏览的内容定位受众，以展示与该情景相关的广告。

（4）再营销细分（Re-marketing segments）：重新吸引搜索过、查看过和/或购买过你的产品或类似产品的购物者。

（5）类似受众细分（Audience Lookalike segments）：包括与其他特定受众（例如你的当前客户）具有相似购物行为的受众。

（6）广告客户受众细分（Advertiser Audiences segments）：利用品牌数据进行细分，例如来自 CRM 数据库、电子邮件列表或带有跟踪标签的网站页面的信息（前提是你已经拥有大量有关客户和潜在客户的数据）。

使用细分定位，你还可以找到这样一个群体：如果有人查看了你的亚马逊页面，但没有在你的品牌旗舰店上购买或查看过你的产品，甚至没有查看过你的竞争对手的页面。那么你可以向他们展示一个广告，将他们再次带回你的亚马逊 Listing 以完成他们的购买（再次唤醒购买意愿）。

4. 亚马逊 DSP 是否值得使用

对于大多数中小卖家来说，面对最少预算的要求（承诺至少花费 35000 美元），大家就可以谨慎考虑了。

而亚马逊 DSP 更适合希望为其品牌产品创造更多需求，并通过新客户获取持续逐年增长的卖家。它对于想要获得长远的投资回报的公司非常有价值。

据亚马逊称，搜索广告和 DSP 展示广告一起投放，品牌产品的需求增加了 100% 以上，总销售额增加了 30%，ROAS 增加了 160%。另外，同时使用 DSP 展示广告和视频广告的，商品详情页浏览量平均提升了 320%，购买率平均提升了 150%。

如果你的公司业绩增长比较缓慢，站内运营出现了瓶颈，需要保持持续增长，或者想更快速地提升你的业务，甩开竞争对手，占领更大市场，增加品牌影响力，那么 DSP 是比较好的选择。

7.6.2 亚马逊直播

亚马逊直播（Amazon Live）这一两年才出现，代表了美国电子商务市场的一个新趋势，而直播在中国电子商务平台上已经开始好几年了。所以亚马逊推出直播，也是紧跟中国同行的步伐。

1. 什么是亚马逊直播

亚马逊直播是一项免费的直播服务，提供交互式实时视频，让亚马逊上的个人直播者和品牌卖家能够实时与购物者互动，并以交互方式展示/演示产品，以达到促销的目的。

这些视频可以在亚马逊首页的主菜单中找到，图 7.85 所示。

第7章 | 广告篇：亚马逊广告工具介绍 415

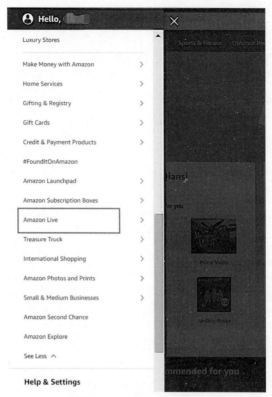

图 7.85 找到亚马逊直播

一旦点击进入，客户就可以选择观看正在直播的视频或最近直播的回放。

通过这两种选择，客户都可以购买视频中展示的产品。在观看直播时，他们也可以实时提问和与主持人聊天。他们还可以选择"关注"，从而能够及时了解他们在亚马逊上关心的直播者、品牌和产品。如图 7.86 所示。

图 7.86 直播视频默认是静音状态

当客户关注你时，他们还可以收到你的品牌频道下一次直播的通知，并且在 Amazon Live Creator 软件进行直播时也会通知他们。这样你会获得更多直播观看量。

据亚马逊宣称，亚马逊上的直播可以推动销售，增加产品的可见性。有卖家表示，直播帮助他们将商品详情页面的每日访问量提高了 5 倍，并显著增加了销售额。

目前亚马逊直播还是蓝海市场，对于很多卖家来说是很大的机会，但是你需要一个英语口语比较流利的直播者，当然也可以请亚马逊官方帮你做直播。

2. 使用亚马逊直播的要求

目前亚马逊直播仅在美国市场开放，它既不会在其他亚马逊市场上播放，也不会供其他市场的买家观看。

所以首先你得有美国站卖家账户，并且是品牌已经在亚马逊注册且拥有品牌旗舰店的专业卖家。卖家可以使用 Amazon Live Creator 应用直播，而因为这个应用只在 IOS 系统使用，所以你还得有苹果的设备，如笔记本或者手机。

你可以通过下载 Amazon Live Creator 应用免费创建自己的亚马逊直播，也可以与亚马逊合作，让亚马逊来制作直播——这就不免费了。如果使用亚马逊制作的直播，你通常最低需要支付 35 000 美元。

另外，亚马逊影响者计划（Amazon Influencers）里的拥有活跃的网红店面的卖家也可以使用直播。

亚马逊影响者计划是亚马逊联合计划的延伸，Instagram、YouTube、Twitter、Facebook 等上面的意见领袖可以借此向受众推广、分享和销售他们喜爱的产品。如果有人从他们的商店购买产品，意见领袖会赚取佣金。相比之下，让他们来托管直播，可以大大提高卖家产品的可见性和销售额。

3. 解锁直播等级获得更多展示机会

亚马逊客户可以在 Amazon.com 网站和亚马逊移动端 APP 的多个位置找到直播。直播可以出现在属于直播品牌的产品的商品详情页面上，也可以出现在亚马逊购物者浏览的各个位置。直播也可以配置为在卖家的亚马逊品牌旗舰店中显示。如图 7.87 和图 7.88 所示。

亚马逊直播分为三个级别，等级越高，获得直播展示的机会就越多，可帮助你获得更多的销售机会和实现经营目标。一旦达到每个级别的最低要求，你就要申请升级，以获得更多福利。

级别 1：新星（Rising Star）

（1）有资格使用 Amazon Live Creator 应用进行直播。

（2）从 Amazon Live Creator 应用分享指向你的直播的链接。

（3）当你上线时，你的亚马逊关注者都可以收到来自亚马逊购物 APP 的通知。

图 7.87　亚马逊移动端显示

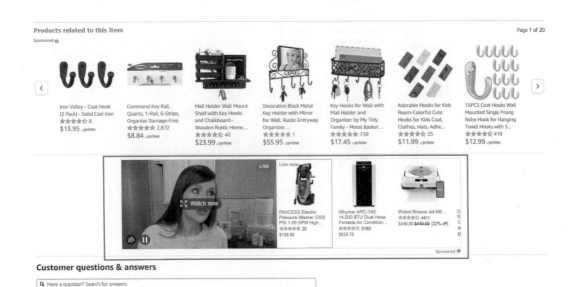

图 7.88　桌面端商品详情页面显示

（4）你的直播有资格自动出现在：亚马逊直播网站，在相关产品类别行和"立即直播"行中；你品牌产品的商品详情页面。

级别 2：内部人员（Insider）

（1）所有新星福利。

（2）必须在 30 天内直播至少 90 分钟才能达到此级别。

（3）你的直播有资格自动出现在：所有新星位置；Amazon Live 网站页面顶部位置。

级别 3：A-List

（1）所有新星和内部人员福利。

（2）必须在 30 天内直播 1 000 分钟，并获得 5 000 美元销售，或在 30 天内销售 100 单。

（3）获得更多访问亚马逊直播活动曝光的机会。

（4）Amazon Live Creator 团队的优先支持。

（5）你的直播有资格自动出现在：所有新星和内部人员位置；Amazon.com 主页。

每个卖家都是从亚马逊直播的新星开始的。

对于意见领袖，新星直播有资格出现在他的店面上。

对于品牌卖家，新星直播有资格出现在他品牌的商品详情页面上。

4. 如何开启亚马逊直播

首先需要下载 Amazon Live Creator 应用 App，如图 7.89 所示。目前，该应用仅适用于 iOS（苹果操作系统），因此你需要拥有一台苹果设备。

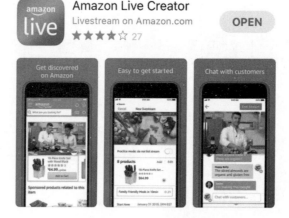

图 7.89　Amazon Live Creator 应用 App

下载并打开应用程序后，就可以注册登录，如图 7.90 所示。

第三方卖家选择"Seller"，亚马逊会要求你输入你的卖家账户用户名和密码，以便它可以连接到你的账户并确切知道哪些产品与你的品牌关联。

然后就进入以下这个页面，如图 7.91 所示。

当你准备好一切时，只需点击加号按钮，会进入以下页面，如图 7.92 所示。

图 7.90　注册页面

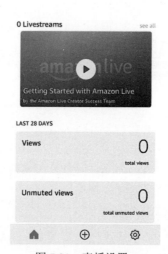

图 7.91　直播设置

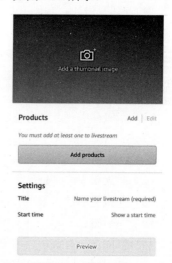

图 7.92　添加产品

按要求给直播视频命名，并选择开始时间。然后添加直播需要推广的产品。点击黄色的"Add products（添加产品）"按钮时，必须至少选择一个产品才能继续。

点击保存，进入以下页面，如图 7.93 所示。

现在有几个新选项：提升直播（Boost your livestream）和与观众互动（Engage with viewers）。

提升直播就是提升曝光，你可以付费扩展直播的覆盖面。与观众互动则为你提供了一个链接，你可以分享这个链接,包括发电子邮件给社交媒体关注者,以便他们随时随地观看。

如果你需要提升直播,就要付费,如图 7.94 所示。

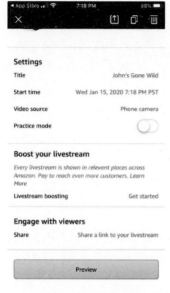 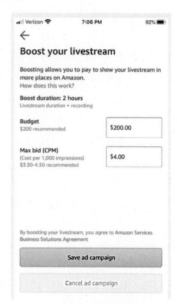

图 7.93　直播预览　　　　图 7.94　预算设置

如果不需要,返回上个页面,直接点击"Preview",就可以开始直播啦。

5. 如何提升直播效果

想让亚马逊直播效果更好并提高销售额,可以参考以下建议。

(1)给观众设置获得优惠的门槛,仅限观看直播时参加优惠活动,为那些花时间观看你直播的人们提供价值。这会让这些观众以后想要再次观看。

(2)每次直播至少 30 分钟,最好超过一个小时。可以推广多种产品并与你的观众互动以增加直播时间。

(3)鼓励观众关注亚马逊品牌旗舰店,以获取直播上线的更新和通知。

(4)尽量不要错过客户的留言,尽可能现场回答他们。这确实有助于产品销售。

(5)分享你的直播链接。创建一个可以与观众共享的链接,分享出去,提示你将在直播时提供只有观看者才能享受的特殊优惠。

(6)使用直播作为你的品牌推出全新产品的一种方式,并为观众提供特别优惠。

(7)展示你的产品,不要只是称赞,要让观众详细了解它的外观、工作原理、主要好处等。

(8)在直播之前最好先预演!这有助于主播在镜头前表现更加自然。

(9)在大型活动(Prime 会员日、黑色星期五/网络星期一、圣诞节、节假日等)流量大期间尽量使用直播。

(10)使用号召性用语,记住要不断重复关键信息(如优惠或者产品特性),因为不断有新的购物者在你的直播中进进出出。如果你添加了多个产品，突出关键产品的特性和优势。

（11）若条件允许，考虑使用更好的直播设备，更好地控制音频和视频质量、使用多个摄像头、图形和叠加层，让直播信息更丰富。

摄影小贴士：
- 确保直播时拥有高质量的视频和音频。可以使用外部摄像机和麦克风。
- 确保视频在自然光或明亮的摄影灯光下录制，光线充足，以便观众清楚地看到主播和你的产品。
- 说话清晰、简洁、自信。熟能生巧，所以一定要练习在镜头前说话！
- 创建独特且高质量的缩略图以吸引观众的注意力。
- 使用清晰的背景，或使用与产品相关的背景。例如，你要推广厨房用具，背景就可以是厨房。
- 不要使用美颜功能，国外观众不喜欢，同时也会认为视频不清晰。

结论：

国内淘宝等在线直播购物有了巨大发展，亚马逊不会坐视不管，因此未来亚马逊一定会在直播领域有更多工具助推。鉴于亚马逊直播现在是免费的，而且相对较新，竞争度较低，任何希望建立品牌的卖家都应该尝试一下。

如果你在社交媒体上有自己的粉丝或电子邮件数据，那么可以通过这些来扩大直播的覆盖范围。如果你没有任何粉丝或者数据，你可以采用影响者计划或者请亚马逊官方帮助你直播，甚至跟销售与你的产品相关的品牌方合作（该品牌已经拥有受众）。

7.6.3 亚马逊引流洞察

随着业务增长，很多卖家都会使用其他工具吸引外部流量来保持销售的增长。但是跟踪你的 Off-Amazon-To-Amazon（非亚马逊）营销活动的最大问题是，除了来自亚马逊的 PPC 广告，卖家无法知道剩下的订单来自哪里。

例如，你获得了 200 个订单，并且知道 75 个来自亚马逊 PPC，那么剩下的 125 个订单，有些可能来自自然搜索，有些来自谷歌搜索，或来自 Facebook，有些甚至来自客户的测评博客，但是你无法知道确切的来源。

哪怕你在不同的平台获得了相关流量数据，但是分析起来比较麻烦。而亚马逊销售归因就是很好的工具，它可以把所有的非亚马逊的营销活动全部归因到这个工具里，统筹起来，这样就更方便卖家使用了。

1. 什么是亚马逊引流洞察

也叫亚马逊归因（Amazon Attribution）是一种衡量解决方案，是第一个官方认可的亚马逊销售归因工具。它允许品牌卖家跨平台跟踪其非亚马逊的营销（搜索广告、社交广告、展示广告、视频广告和电子邮件等）和广告指标。使用此分析控制工具，你可以获得跟 PPC 广告相同级别的洞察力和数据,有效地最大化提升投资回报(ROI)和销售。目前还在测试阶段。

假设你正在使用 Facebook 广告推广,通过使用亚马逊引流洞察专有链接,你可以查看从此次广告中获得的商品详情页面浏览量、添加到购物车量和销售量。

用亚马逊的话说,此功能旨在帮助卖家:
- 衡量不同平台或渠道的有效性
- 优化广告系列以获得最大效果
- 计划:基于归因数据,帮助卖家优化未来的营销策略和业务目标

目前,亚马逊引流洞察可以跟踪以下指标:
- 曝光量/展示量(Impressions)
- 点击次数(Clicks)
- 商品详情页面浏览量(Detail page views)
- 添加到购物车量(Add to carts)
- 购买率(Purchase rate)
- 销售额(Sales)

这些指标都可以从归因仪表板中查看,也可以通过可下载报告查看。

所有指标都以 14 天的最后一次接触归因为窗口,意思是任何操作发生在 14 天内,都会归因在跟踪标签里。

2. 亚马逊引流洞察的使用条件

亚马逊引流洞察目前只对特定市场开放——北美的亚马逊美国和加拿大,以及欧洲的德国、西班牙、法国、意大利和英国市场。该计划目前处于测试阶段,未来可能会向更多市场开放。卖家只要是以上市场的专业卖家,拥有品牌注册,就可以使用此工具进行准确的销售影响分析,并评估社交媒体、展示广告、搜索广告和其他非亚马逊媒体上的广告支出的投资回报率。

3. 为什么要使用亚马逊引流洞察

使用亚马逊引流洞察有以下几个好处。

(1)可以接触到更多潜在客户:利用亚马逊以外的渠道为你的亚马逊产品页面增加流量,扩大潜在客户群。

(2)获得竞争优势:通过将外部流量吸引到亚马逊,你可以获得竞争优势。你不必在亚马逊搜索结果页面上与其他产品竞争;可将流量直接引导到你的 Listing 或品牌旗舰店。

(4)亚马逊可能会奖励你:许多卖家还认为,亚马逊会给予卖家更多流量来奖励卖家为亚马逊网站带来外部流量。虽然还没有被证实,但这确实是有道理的。当卖家将外部流量引导至亚马逊时,他们可以帮助亚马逊获得更多客户并赚取更多收入。

(5)提高关键词排名:如上所说,亚马逊很喜欢为亚马逊带来外部流量的页面。因此,只要你的外部营销活动为亚马逊带来的流量能提高转化率,你的产品的自然关键词排名就会获得提升。

4. 亚马逊引流洞察的工作方式

如果你做过独立站，或者 Facebook 和 Google Shopping 等平台，你会更容易理解，它们都是使用像素代码来跟踪潜在客户的。将此代码放在你的网站上，平台可以通过你的网站上的广告跟踪它们，并向你报告客户的每一个行动指标。

但这只有在你拥有独立站时才有效。亚马逊不会让你检测他的网站，以保证数据不泄露，却又想帮助卖家完成上述这些事情，于是亚马逊归因就出现了。

亚马逊归因的工作方式跟 Facebook 等比较类似，只是他给你的是亚马逊所谓的"归因标签"，而不是给你一个像素代码。

5. 什么是归因标签

用亚马逊的话来说，"归因标签是参数化的 URL，用于衡量点击率并归因于其产品在亚马逊上的转化和销售"。说白了就是，归因标签本质上是指向亚马逊可以跟踪的产品页面的链接。

你可以在你的亚马逊归因账户中生成该标签（或 URL），然后，你需将带有该标签的链接放置在你的广告、博客文章、电子邮件或其他任何内容中，就像放置常规链接以吸引人们点击访问你的产品页面一样。

当客户点击链接时，亚马逊会跟踪并告诉你客户采取了什么操作（浏览、点击还是购买），亚马逊可以跟踪他们并让你知道他们采取的一些行动。

唯一要做的就是将跟踪 URL 粘贴到你的外部营销活动中。例如，你正在投放 Facebook 广告，就把亚马逊归因链接在粘贴"URL 参数"选项里。该代码将开始生成你需要的数据，以便你根据客户行为做出明智的广告决策。

6. 如何创建归因标签

如果你是品牌注册卖家，你可以登陆店铺后台，可以在品牌分析页面进入，如图 7.95 所示。

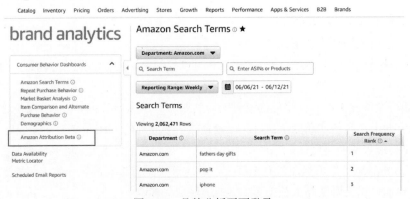

图 7.95　品牌分析页面登录

登录后，可以非常轻松地创建归因标签。

（1）选择广告客户名称（没有的话，创建一个），如图 7.96 所示。

图 7.96　创建名称

(2)点击"New Order（新订单）"按钮，如图 7.97 所示。

图 7.97　创建订单

(3)如果你打算为 Google 或 Facebook/Instagram 广告创建标签，请选择"Upload file to Create order and taps"上传订单并按照给定的说明进行操作，如图 7.98 所示。

图 7.98　批量上传订单

(4)如果你想在 Google 或 Facebook/Instagram 之外的任何地方创建链接，可以选择"Manually Create order and tags"设置订单，如图 7.99 所示。

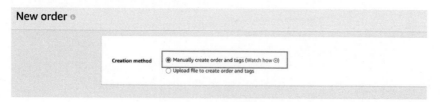

图 7.99　手动上传订单

（5）从你的店铺中选择你的产品，然后点击"Add"添加它，如图7.100所示。

图7.100　选择产品

（6）在"Order setting"订单设置部分，提供相关名称（或属性标签）和ID，然后点击继续，如图7.101所示。

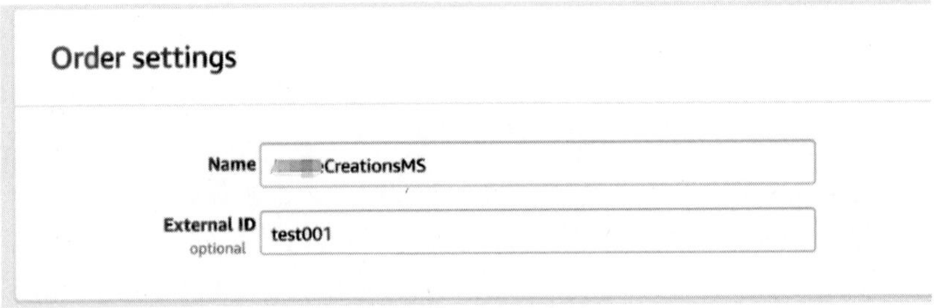

图7.101　订单设置

（7）从"Publisher（发布者）"下拉菜单中，从可用选项列表中选择要将链接发布到的位置，例如选择"Facebook"，在"Click-through URL"下，提供你的产品页面URL，然后点击"Create"，如图7.102所示。

图7.102　选择链接发布位置

（8）现在已经创建成功一个亚马逊归因标签了，如图7.103所示。

图 7.103　标签示例

只需将该链接复制并粘贴到你的 Facebook 广告（或是你从下拉菜单中选择的任何位置）中，就可以跟踪点击该链接的任何人的行为。

7. 亚马逊归因生成策略

以下是我们推荐的一些最佳做法，包括：

（1）至少为每个流量渠道设置唯一的订单。如果多个流量渠道都在一定订单里，数据就可能影响分析。

（2）在订单中包含所有产品以获取最大曝光率。

每个订单最多只能跟踪 1 000 件产品，因此如果你的目录产品较大，可以使用包含整个目录的"总"购买指标。或者只是使用此指标作为开始，因为它不需要你一直添加或减少产品。

（3）使用订单项对你的跟踪进行细分，以反映你的广告活动和定位方式（即按渠道、定位策略等）。

7.7　亚马逊广告工具的区别

本章我们讲述了很多亚马逊的广告工具，其中占篇幅最多就是卖家后台可以直接使用的付费类广告：商品推广、品牌推广和展示型推广。这些广告几乎适用于所有卖家，即你无需具备任何广告经验就能成功制作广告。通过后台的控制面板，你可以轻松安排和优化广告，包括调整竞价策略，优化预算等。如图 7.104 所示。

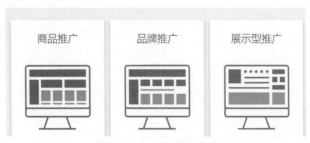

图 7.104　三大广告类型

它们其实有一个统一的名字，叫搜索广告/赞助广告（Sponsored ads）。搜索广告针对的是客户搜索的内容或商品，并展示在亚马逊上显眼的广告位（例如，搜索结果的首页和商品详情页面）和亚马逊网站外。

为了让大家对比这三类广告，我们做了以下对比图，如图 7.105 所示。

	商品推广	品牌推广	展示型推广
卖家是否可用	是的	是的，需要在亚马逊注册品牌	是的，需要在亚马逊注册品牌
是否支持广告组	是的	是的	是的
广告操作性	不可定制	可定制（包括品牌标志、品牌名称、简短的广告文字、大约三种产品）	可定制（包括品牌标志、品牌名称、简短的广告文字、大约三种产品）
展示位置	搜索结果页面顶部、中部和底部；商品详情页面上	电脑端和移动端搜索结果页面顶部和底部；商品详情页面上；视频广告在电脑端和移动端的中部（未来可能也会在顶部和底部）	1. 中型矩形 2. （宽幅）摩天大楼 3. 页首横幅 4. 亚马逊顶部条形区域 5. 亚马逊商品详情页面右侧 6. 亚马逊商品详情页面中间 7. 广告牌 8. 大型矩形 9. 亚马逊移动矩形 10. 移动设备页首横幅
是否可预览	不可预览	可预览	可预览
相对优势	转化比较好	点击比较好（视频广告转化和点击都比较好）	曝光展示比较好
使用条件	没有	品牌注册	品牌注册
广告编辑	发布广告后不能复制草稿但允许随时修改	可以将广告系列复制到草稿中；目前部分允许编辑：图片可替换，广告产品和口号可以更改和修改；视频广告目前不可修改（目前不完善，应该很快就可以了）	发布广告后不能复制草稿；目前还不可以修改编辑
是否需要审批	无需审批（约 1 小时后上线）	等待亚马逊员工的批准（24 小时）	等待亚马逊员工的批准（24 小时）
广告目的	营业额利润增加，促进快速销售，测试新产品创意，增加自然销售	提高品牌知名度，提高产品知名度，增加销售额	提高产品知名度，增加销售额，客户再营销，增加站外流量

图 7.105　三大类型广告对比

在展示位置方面，在搜索结果页面首页和商品详情页面上，都可以看到它们的身影。具体位置可以参考下图，如图 7.106 和图 7.107 所示。

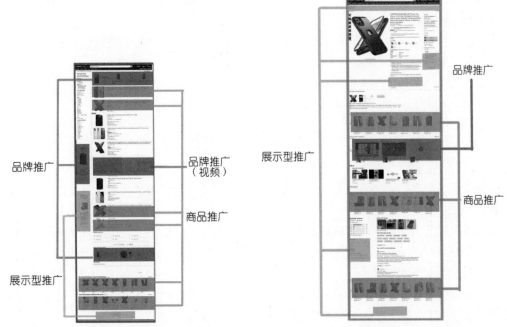

图 7.106　搜索结果页面首页广告位置　　　图 7.107　商品详情页面广告位置

关于搜索广告的使用策略，卖家过去可能都把主要精力放在搜索结果的首页，但是来自 Perpetua Labs 的报告，可能会颠覆卖家的认知：

报告认为："从 2021 年 1 月 1 日到 3 月 31 日，42% 的商品推广点击和 30% 的商品推广销售额来自商品详情页面，而同期只有 29% 的点击和 22% 的销售额来自搜索结果页面顶部。"

也就是说，关键词投放和商品投放两种类型相比，商品投放可能效果会更好。

还有以下一组亚马逊数据，说明它们应该配合使用，更有助于提升广告的效果。

商品推广 + 品牌推广：

（1）展示次数增长 30%。

（2）商品推广 ROAS 平均增长 13.3%，3 个月后，增长平均达到 17.1%。

（3）品牌推广 ROAS 平均增长 12.2%，3 个月后，增长平均达到 16.5%。

品牌推广 + 品牌旗舰店：

ROAS 增长 28%，与链接到商品详情页面相比，将品牌推广广告链接到品牌旗舰店页面可以显著提高广告支出的平均回报。

另外，与付费的广告相比，其实免费的广告系列，如品牌旗舰店和帖子也是非常值得卖家投入的，因为免费，基本不用投入太多的成本，但是能带来的回报相当可观。当然如果资源充足，也要考虑 DSP 和亚马逊直播，而当你需要跟踪外部流量的时候，亚马逊归因是你最好的工具。

亚马逊广告的结构：

需要提醒一下，亚马逊广告有三个名词，广告分组（Portfolio），广告活动（Campaign）和广告组（Ad group）。

广告活动里可以有多个广告组，广告组里可以有一个或者多个需要投放的产品，而广告分组可以包含多个广告活动。

所以它们的关系是：广告分组 > 广告活动 > 广告组，即包含和被包含的关系。

7.8 总　　结

当你理解了自动广告的四个类型的匹配逻辑，你就真正理解为什么自动广告的表现有时候会比手动效果好了。

因为每次打开自动广告，系统就把四个匹配方式都打开，覆盖了几乎所有相关群体。而手动广告，你必须自己分别开启广泛匹配、词组匹配和精准匹配，还有商品定位和品类定位，操作烦琐。

如果你是新手，自动投放是最简单、最快捷、最有效的选项。但是，这四个匹配方式未必都要全部开启，后期还要观察，表现不好的匹配方式要关闭。

不是所有产品都适合全部开启的。例如你卖的是 SD 卡，这类产品关键词很少，开启同类商品和关联商品，效果可能会好点。因为 SD 卡可以用在相机上，当客户搜索"相机"的时候，就会通过关联商品匹配，显示 SD 卡的广告，买相机的人也有可能购买它。

同时，如果是新品，自动广告前期花费会比较高，因为系统需要不断试错来了解你的产品和合适的人群画像。

最后，提一个小建议，当你看亚马逊帮助页面的时候，最好中英文版本都看一次。

要以英文版为主，因为翻译中文的人员未必是经验丰富的运营者，所以有些理解或者专业术语的翻译是有点出入的。

7.9 常见问题解答

为什么有时候自动广告会比手动广告效果好？

答：这就要深入了解下匹配的逻辑了。

我们都知道，手动广告有广泛匹配、词组匹配和精准匹配等方式，加上其他功能设置，应该更精准，效果更好才对，但为什么其效果有时还没有自动广告好呢？

其实，设置越精准，意味着竞价会更高，ACOS 也可能会更高。如果竞价一样，那么自动广告会更具有优势。为什么？

因为自动广告有四种匹配方式，几乎覆盖了与产品相关的所有人群，如图 7.108 所示。

这也是大多数卖家忽略的地方，很多卖家设置完就不会再点进去看。

这个位置有点隐蔽，所以大家容易忽略。

自动广告有四种匹配方式（也叫自动定位组）：
- 紧密匹配
- 宽泛匹配
- 同类商品
- 关联商品

我们讲一下它们跟手动匹配的关系。

图 7.108　自动广告的四种匹配方式

1. 紧密匹配

英文：Close match，这个类似手动广告里的精准匹配。Kris 的理解是，系统会最先精准匹配你的标题（所以一个清晰的标题是有助于提升广告效果的）。

例子：如果你的产品标题是：Doppler 400-count Cotton Sheets（Doppler 这个品牌的 400 针工艺的棉质床单），那么，只有客户搜索"cotton sheets"和"400-count sheets"等匹配标题的关键词时才会展示该产品广告。

2. 宽泛匹配

英文：Loose match，这个类似手动广告里的广泛匹配和词组匹配。Kris 的理解是，系统会匹配你 Listing 里面的所有相关信息，包括标题、五要点描述、A+ 页面、关键词和品类等。

例子：如果你的产品标题是：Doppler 400-count Cotton Sheets（Doppler 这个品牌的 400 针工艺的棉质床单），那么，只要客户搜索"bed sheets（床单）""bath sheets（浴单）"和"bath towels（浴巾）"等相关关键词就会展示该产品广告。

3. 同类商品

英文：Substitutes，类似商品投放广告。这个中文翻译不是很恰当，其实翻译成替代商品比较恰当。Kris 的理解是，当客户搜索该产品的替代产品的时候，系统会推送该产品广告。

比如你卖的是黑人牙膏，而当客户搜索"白人牙膏"的时候，系统也会推送你的产品。意思是，如果觉得白人牙膏不好，要不要试试替代品黑人牙膏？

例子：如果你的产品标题是：Doppler 400-count Cotton Sheets（Doppler 这个品牌的 400 针工艺的棉质床单），那么，只要客户搜索"300-count Cotton sheets"（你要的 300 针工艺的没有，要不要 400 针的呢）和"queen 400-count Sheets"（你搜的 queen 品牌不够好的时候，要不要试试 Doppler 品牌的）等关键词时就会展示该产品广告。

请注意，这个广告是在商品详情页面显示的，跟商品投放一样。

4. 关联商品

英文：Complements，这个类似品类定位广告。这个中文 Kris 也认为翻译不恰当，翻译为互补商品会更容易理解。Kris 的理解是，系统会匹配你产品的互补产品来做广告。

互补商品是什么意思，就是如果客户搜索"苹果 X 手机壳"，系统会出现"苹果 X 手机膜"，既然你都需要手机壳了，要不要也买个钢化膜呢？

例子：如果你的产品标题是：Doppler 400-count Cotton Sheets（Doppler 这个品牌的 400 针工艺的棉质床单），那么，只要客户搜索"queen quilt"（要不要被子，配齐床上用品一套）和"feather pillows"（要不要枕头，配齐床上用品一套）等关键词时就会展示该产品广告。

请注意，这个广告也是在商品详情页面显示的。

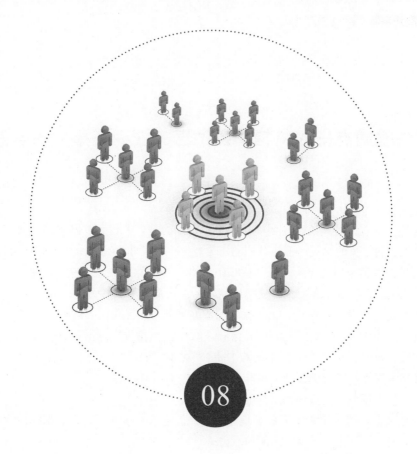

第 8 章　广告篇：亚马逊广告解决方案

　　学完前三章广告知识，Kris 相信各位应该可以独自解决一些广告上的问题了。而本章将会提供一些案例或者细节的信息，让解决广告问题的思维有更多的扩展空间，从而衍生出更多解决问题的策略。本章一些信息可能颠覆你的认知，如：

- 亚马逊点击的真相并没有你想象的那么多
- 同样关键词是否会相互竞争
- 自动投放一些新的广告结构

8.1 关键词点击的真相：是扩展关键词还是主攻某些词

如果你参加过市场上的亚马逊广告运营培训，一定会获得这样的建议：广告组一定要大量使用关键词，尽量覆盖使用不同词搜索的客户。

同时，亚马逊上现在特别流行使用能带来丰厚利润的搜索关键词（流量高的大词），都想争取到搜索结果页面首页的位置，但这些词的广告竞价往往也非常高，最终有可能无利可图。

这就导致了很多卖家都这样做：在产品 Listing 和广告中添加大量关键词，将广告预算押宝在搜索结果首页位置上，以便在搜索时获得最高排名，并希望从中得到超高的回报。

但是上一章说过，来自 Perpetua Labs 报告的数据可能会颠覆我们的认知：

报告认为，从 2021 年 1 月 1 日到 3 月 31 日，42% 的商品推广点击和 30% 的商品推广销售额来自商品详情页面，而同期只有 29% 的点击和 22% 的销售额来自搜索结果首页顶部。

也就是说押宝搜索结果首页顶部，可能获得的回报不是最好的。

那么在广告里大量使用关键词，这样真的有用吗？

实际上亚马逊上可能的搜索字词数量是无限的，但是有分析表明，在当前出价水平下，大多数字词平均每天可能只会得到少于一次的点击。

在整个亚马逊平台，不到 1% 的搜索字词平均每天产生 3 次或更多点击。

该数据来自 Teikametrics 的首席研究员 Alin Constandache，他通过选择关键词和点击数据的随机样本来测试和训练新模型，然后将其随机分为训练集和保留集，以进行样本外测试。

深入研究后，他分析了 2019 年前四个月的所有关键词和相关效果数据：大约有 6 000 个广告客户使用了 650 万个关键词。结果很明显，如图 8.1 所示。

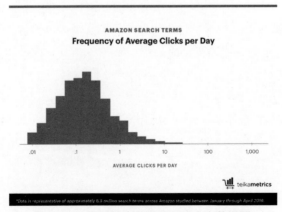

图 8.1 亚马逊搜索关键词平均点击数据图

数据显示，在这四个月中，测试的 650 万个亚马逊搜索关键词中，大约有 60% 的关键词完全没有点击。

而另外 40% 有点击数的词中，在过去 30 天或更长的有效广告系列时间里，有 97% 的关键词平均每日点击次数少于一次，如图 8.2 所示。

图 8.2　亚马逊搜索关键词 30 天平均点击数据图

仅当关键词每天平均获得至少 3 次点击时，它才能带来足够的回报，而这些是卖家应重点关注的关键词。

但是，数据显示，每天总共 31 714 次点击中，单个关键词点击超过 3 次的，仅占研究关键词总数的 0.5%。

因此，在你的广告系列里，你可以删除 30 天内每天平均点击次数少于 0.1 次的产品相关的关键词（即一个月只有 3 点击）。这对广告总收入的影响可忽略不计，但可让你将预算和时间集中在可带来有意义的销售的关键词上。

基于上面的数据，运营广告的时候，应该参考以下建议：

（1）大量的关键词作用不大：如果你仔细分析你的含大量关键词的广告，其实产生流量的并不会太多。

（2）大量的关键词只会分散预算：会将预算分散到太多关键词上，但是可以转化为有意义的销售的关键词几乎没有。

（3）否定无用关键词：30 天内每天平均点击次数少于 0.1 次的产品相关的关键词应该否定掉。

如果你的预算是无限的，可以把所有关键词竞价适当调高，直到每个关键词都获得足够点击为止。这个是目前淘宝系喜欢的广告做法，简称"烧广告"。

但是这样的方式对于大多数中小卖家来说很难办到。把预算花在有意义的关键词上才是最好的选择。

另外，数据表明，当关键词在约两个半月里获得 80 次点击，它的表现才是最真实的，也就能判定这个关键词能不能给你的产品带来足够的回报。因此投放广告的时候，要有长期思维，让它维持的时间足够长。

8.2 关键词分组策略：如何合理利用关键词

第 6 章讲过如何获得关键词，建立"关键词库"，但是这仅仅是开始，还需要对关键词进行处理，分组分类。

1. 关键词分组为什么重要

关键词分组，或将关键词分为有密切相关关系的组的过程，是针对自然和付费搜索的营销活动的重要组成部分。

这在 PPC 广告中很重要，因为组织良好的广告组有助于建立强大的 PPC 账户结构并帮助你编写高性能的广告文案。更有效的广告组会产生更多相关的广告，从而以更低的成本为你赢得更好的广告排名。

关键词分组对于 Listing 优化也很重要，因为它可以帮助你创建针对相关关键词集群优化的内容（即描述插入关键词）。这有助于你的内容在搜索结果中排名更高，并让客户更容易理解。

2. 如何对关键词进行分组

首先，收集到大量的关键词后，要了解每个关键词的意思，才可以开始对关键词进行分组，即将不同类别归类在一起。

不同的类别可能会有不同的归类，这里列举给大家参考：

如果你收集到的关于切菜板的关键词如下：

cutting chopping board butcher block bamboo wood wooden large hybrid polypropylene food grade plastic non slip kitchen dual sided surface anti-microbial natural bpa stain scar resistant eco-friendly drip groove

那么就可以分为以下几类。

（1）同义词组：cutting chopping board，butcher block（切菜板，切肉板）（中文翻译有重复，但是英文没有重复）

（2）材质词组：bamboo wood wooden（竹，木）（两个不同的表达木的词），plastic（塑料），large hybrid polypropylene food grade（大型混合聚丙烯 食品级）

（3）使用场景词组：kitchen（厨房）

（4）制作工序词组：natural bpa stain（天然 BPA 染色）

（5）功能/优势词组：non slip（防滑），dual sided surface anti-microbial（双面抗菌），scar resistant（抗划痕），eco friendly（环保的），drip groove（滴水槽）

当然以上只是分类，要使用的时候，还得加主关键词，例如使用场景词组 kitchen，设置广告的时候，可以写成 kitchen butcher block。

再比如，狗粮，可以分零食、粗磨食品和罐头食品三组来进行词组归类，也可以分为小狗类、老年狗类词组。

掌握这些信息很有用，这样你就可以了解每个关键词的价值和可行性。在启动广告的时候，应该把不同的关键词组分配到不同的广告组里。例如一个广告组是同义词组，另外一个广告组是材质词组。

3. 关键词组和广告组

将主题相关的关键词用在一个广告组对广告系列的健康至关重要。

举个例子，卖宠物食品的公司正在运行广告系列：狗粮。正确做法是把分类好的关键词分为三个广告组（零食、粗磨食品和罐头食品）。那么，把所有词都放在一个广告组会发生什么？

由于狗粮广告系列只有一个广告组，因此为推广狗粮产品而出价的所有关键词都集中在一起，里面包括从"小狗的营养零食"到"老年狗的粗磨食物"等所有词。尽管看起来这些关键词有足够的相关性，但是广告用词要更精准才能获得高回报。

需要记住的是，在广告组中，客户搜索词与关键词相关联。当有人搜索与你关键词匹配的词，与该关键词最相关的广告会展示他。

如果你的竞争对手进行了分类，当客户搜索"小狗的营养零食"，而竞争对手分组为"零食"组的会被展示出来，因为该组里面全都是与营养零食高度相关的词。而你的广告组因为太过宽泛而不会被展示（竞价和广告表现相同的情况下）。

除了相关性，分组可以帮助卖家进行更好的对比分析，例如零食类和罐头类哪个更受欢迎，从而对未来的产品更新做出决策，如罐头类的词组表现更好，可以开发更多罐头类产品。

4. 每个广告组的关键词应该是多少个？

上一节讲到，不应该大量使用关键词，指的就是一个广告组里不要放太多关键词。而标题可以利用关键词分组，再分配到不同的广告组里，那么应该在每个广告组中包含多少个关键词？

很多国外的第三方软件，比如 WordStream 的客户数据显示：

（1）每个广告组 10 到 15 个关键词是最佳的。
（2）80% 的表现最佳的广告平均每个广告组的关键词少于 17 个。
（3）60% 的最佳表现者平均每个广告组的关键词少于 10 个。
（4）表现最好的广告没有少于 5 个关键词的广告组。

所以建议，每个广告组应包含 10 到 15 个关键词，并且 1 个广告组中的广告不超过 5 个。

但是亚马逊建议设置 30 个以上关键词，也许亚马逊的数据更精准，但是以 Kris 的经验来看，比较相信上述数据。

5. 关键词分组和 Listing 优化

关键词分组不仅适用于 PPC 广告，对 Listing 优化也有好处，为什么？因为一个页面可以为多个关键词排名。如何嵌入关键词，在商品详情页面优化篇已经讲过了。

现在我们讲其他方式，商品通过用关键词写博客（也可以请专业的人写）或者在独立站里使用，为 Listing 引流。

假设你销售的是园艺用品。你可以通过撰写与园艺相关主题的以关键词为目标的博客文章，将自然流量引导至你的 Listing。有一天，你注意到"如何在你的后院种西红柿"这个关键词的点击数量相当可观，你就可以写一篇关于它的博客文章。

需要注意的是：当你寻找关键词以进行描述优化的时候，请确保将语义相关的关键词组合在一起。这样做将使你能够编写具有更高关键词密度的内容，同时也要易于客户理解和阅读，这样在自然搜索结果中更容易被注意到，并进一步提高你的页面流量。

8.3 关于同样关键词的广告是否会相互竞争的争论

这节内容为什么会出现在广告"解决方案"的板块，为什么很重要？

因为在实际操作中，确实会遇到使用相同关键词的情况，特别是销售特定品类产品时。例如你的店铺只是专注销售耳机产品，而店铺里有多个 SKU，有低端和高端的差异，只是不同功能、不同颜色的差异而已，那么很明显，你的广告活动肯定离不开"耳机"这个关键词。

不同位置的广告肯定不会相互竞争。也就是说商品推广、品牌推广和展示型推广，因为它们的展示位置没有冲突，因此不产生相互竞争。如果你的广告很优秀，一个页面上这三个类型广告的位置都可能出现你的产品。

但是我们几乎不会看到，商品推广的位置会出现两个同样产品的广告。那么如果建立两个相同类型的关键词，甚至相同关键词，它们会相互竞争吗？

亚马逊这样回应关键词相互竞争的问题：

"Keywords don't compete against each other……If you advertise the same product with the same keywords across multiple campaigns, your ads won't perform better or worse.（关键词不会相互竞争……如果你在多个广告系列中使用相同的关键词宣传同一产品，你的广告效果也不会因此不好或更差。）"

但是他们却没有说，投放两个关键词完全相同的广告，有必要吗？另外，他们会根据什么来展示两者呢？

这里我摘录了以下卖家的想法，分享给各位。

1. 卖家 A

我的理解是，亚马逊将首先以最低出价投放广告，然后如果它们的关键词相同，则投放更高出价的词。

我不知道那是不是真实的逻辑。

我最后会出价相同，希望它们能均匀交替。

最终，算法将决定哪些广告效果更好，并开始比另一个更频繁地投放这些广告，直到预算用完为止。

2. 卖家 B

我的理解是亚马逊按照销售权重 × 出价排序，谁得分高就谁排在前排。

如果你拥有相同的产品并且两个广告的出价相同，则存在竞争关系。

如果你有相同的产品，两个广告出价不同，也存在竞争关系，高出价、高预算的会优先获得展示。

3. 卖家 C

如果你的品牌有两个或多个广告系列在同一个关键词竞价中竞争，系统不会让你的出价相互竞争。相反，系统将仅选择你的一个关键词参加竞价，从而帮助你与其他广告客户展开竞争。为此，系统按照估算的每次点击费用对你的关键词进行排名，然后在出现平局的情况下，按照出价金额对你的关键词进行排名。如果你的关键词具有相同的排名和出价金额，系统将随机选择其中之一。

4. 卖家 D

我有同样的问题。

我有 3 种产品，我想针对一个特定关键词进行宣传。

但是，我希望首先显示产品 1，然后是产品 2 和产品 3。

现在，我制作了 3 个广告系列，即产品 1、产品 2 和产品 3，并以 2 美元、1.8 美元、1.6 美元的价格为相同的关键词出价。

通过这样做，我是否通过运行相同的关键词广告系列为每次点击费用支付了更高的价格？

5. 卖家 E

关于 D 卖家的问题，我已经多次测试过。

你的广告系列不会相互竞争，也不会蚕食另一个同一产品的广告。

我已经用多个关键词和多个广告系列（三层系统）对此进行了测试，我会说我永远无法出价超过自己。

为了进行测试，我选择了一个平均每次点击费用较低的类别，并启动了 3 个单独的广告系列。然后我为它们 3 个选择了相同的关键词。

我对这 3 个活动的出价分别为 1.00 美元、1.01 美元和 1.25 美元，每天的预算为 100 美元，以确保它们不会用完。

无论如何，出价最低的广告系列总是获得所有展示次数，而其他 2 个广告系列的展示次数始终为零。

我可以确认卖家不能在同一产品的同一关键词上与自己竞价。

卖家们可以用多种不同的方式去测试竞价同样关键词的对比状况，可能会有不同的结果。但是官方一直没有正面回应，因此我们也无法 100% 确定什么才是正确的。

Kris 只能相信官方的说法，不会相互竞争。至于两个关键词相同的广告会如何展现，为什么同类型的广告位置不会展示同样卖家的产品？我们不知道。

附加提示：

没有必要投放两个关键词完全相同的广告，如果需要对比广告效果，例如竞价，则直接在原来的广告上修改也可以，对比前后数据的变化。

不要将相同的关键词放在具有相同出价的同一广告系列中的三种不同匹配类型中，应该错开出价，即对不同的匹配类型使用不同的出价，且分开不同的广告组。

8.4 如何给广告系列的命名——貌似无关紧要的事情

我敢打赌，绝大部分卖家在创建广告的时候取名都是"随缘"的，除了写上产品名称，其他想到什么就写什么。

其实，如果你的广告超过 50 个，管理起来就非常困难了。广告超过 100 个，估计要专门团队来管理了。如图 8.3 所示。

图 8.3 广告总数

另外，如果你创建的广告足够多，你很容易碰到这样的情况，如图 8.4 所示。

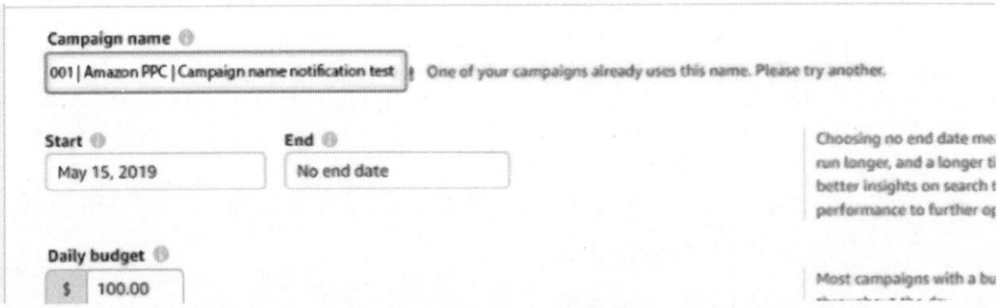

图 8.4 命名重复提示

系统会提示你，你的命名重复了，而你却忘了跟之前哪个广告重复，于是你只能在后面添加 123 来区分。

所以，给广告组命名的时候，应该做到两点：

- 方便搜索和管理
- 避免重复

优秀的广告系列命名，对于筛选和操作效率是有很大提升的。

1. 如何给广告系列命名

广告的命名应该包含以下几个元素。

（1）唯一的编码序号

为广告加上如 001、002 之类的序号，这将帮助你轻松找到广告，无论是在广告后台还是在下载报告中都可以轻松找到，只要做一个简单的筛选排序即可。使用添加 001 之类序号的方法，还可以看出建立广告的先后顺序。

当然你也可以自己设计公司独有的编码。

（2）日期/季度

虽然你能够在广告后台界面中看到启动广告系列的日期，在下载报告时，你也会在其他列中看到此信息，但是，以 Kris 的经验来看，为了提高效率，应把主要信息都放到一列，这样，你只要看一列的信息就行，而不需要左右看好几列的信息（你可能认为有点小题大做，但是如果你真的要运行很多广告，你就明白这样做的好处了）。

这是为了帮助你一目了然地启动广告系列，所以最好在广告系列名称中添加日期或季度。如：001 | 07/21Q3，21 是 2021 年，Q3 就是第三季度（可要可不要）。

（3）产品或产品类别

在广告名称中包含产品或产品类别（或两者都有）将有助于你更轻松地识别广告系列，对其进行排序，并在下载的 Excel 报表中对其进行过滤、分组等。

添加通用且容易辨识的名称。这是添加广告系列标题中非常重要的一项，因为当你查看广告系列以优化广告系列或查看广告系列的效果时，它将为你节省大量时间。

如：001 | 07/21 | 男士手表黑

注意：广告活动的名称不能包含"｜"等特殊符号。

（4）广告活动类型

随着广告类型越来越多，添加这个很必要。

使用广告系列的名称可以帮助你节省管理广告系列和优化它们的时间（无论是在界面中还是在报告中）。

使用首字母缩写词：SP（商品推广）、SB（品牌推广）、PD（展示型推广）。

如：001 | 05/20 | 男士手表 | SP

（5）广告系列设置

要添加你认为可以帮助你的任何类型的广告系列设置：如定位类型（自动或手动，关键词或产品定位），出价策略等。通过添加此选项，你仅需查看广告系列的名称即可识别它及其设置。

重要提示：请确保广告系列名称中的详细信息与广告系列中的实际设置匹配，不要乱写。

如果添加了以上所有项目，则你的广告名称将显示以下内容：

001 | 05/20 | 男士手表黑 | SP | 手动定位

需要注意：广告系列名称的长度不能超过 128 个字符。

2. Kris 自己的命名方式

如果认为这样的名称有点长，你也可以简化，只要包含以上信息可以了。你也可以根据上面 5 个要素编写独特代码，例如你可以用 ABCD 代替数字或者月份。

Kris 独创了自己的命名方式，也分享给读者：

亚马逊广告类型有三种：商品推广、品牌推广和展示型推广，分别给它们设代号 A、B、C；而商品推广有手动和自动，设代号 01 和 02；品牌推广里有商品集、旗舰店焦点和视频广告，也设代号 01、02 和 03。

关键词投放代号 KW，商品投放代号 PT。

那么当我看到"B03 手机壳 KW0720"，就知道在 7 月 20 日，手机壳产品做了一个品牌推广的视频广告，用的是关键词匹配。如果后面使用的是宽泛匹配，可以在后面再加一个 B，代表 board（宽泛）。

这样就非常简洁了，也一目了然。

3. 总结

广告系列命名这个事情看起来无关紧要，以至于大家都不会重视，因为它无法帮助你在广告系列中直接销售更多产品。

但是如果你足够重视，那真的对你后期的操作有极大的帮助，可以帮助你节省分析和优化广告的时间，毕竟时间也是成本啊。

还有一个建议，一定要运用好广告组合的分类功能（但是系统目前不支持展示型广告的组合），对广告查看和操作都有很大帮助。

8.5 自动投放广告的匹配结构

为什么我们要讲自动投放广告的匹配结构，因为这是所有广告的开端，是任何卖家都会开启的广告系列，而理解了自动投放广告匹配结构，做其他广告时也可以按照这个思维去建立自己的匹配结构。

在讲匹配结构前，先简单重温一下自动投放广告的匹配类型、展示位置和出价之间的关系（尽管前几章已经详细介绍了）。

以下主要内容来自 omnitail.net 的分析，总结整理后分享给大家。

1. 匹配类型、展示位置和出价之间的关系

自动投放广告的匹配类型有以下四种。

- 紧密匹配：如果你销售耐克鞋，就可能包括"耐克男式跑鞋"或类似词语。
- 宽泛匹配：如果你销售美甲套装，被匹配的词可能会包括"亚克力指甲"、"紫外线指甲灯"和"指甲锉"。

- 补充商品：搜索网球鞋，你可能会看到运动袜或跑步装备的页面。
- 替代商品：通常是不同品牌销售的相同类型的产品。

自动投放广告有三个展示位置，如图 8.5 所示。

图 8.5　三个展示位置

- 搜索结果顶部（首页）（Top of Search），是指在搜索结果页面第一页第一行列出的广告。
- 搜索结果其余位置（Rest of Search），是出现在搜索结果页面第一页中部和下方的广告，以及出现在其他搜索结果页面上的广告。
- 商品页面（Product Pages），包括商品详情页面和搜索结果外的广告展示位置。

需要注意的是，有些匹配类型仅出现在某个位置，例如补充商品类型仅出现在商品详情页面上。

自动投放竞价有两种方式：

- 可以针对四种匹配类型统一出价，也可以单独对某一种匹配类型出价。
- 也可以按展示位置出价，但是只能将默认出价提高一定的百分比，不能降低出价。只能针对搜索结果顶部和商品页面展示位置出价。

所以，自动投放广告就是这三个功能的结合：匹配类型、展示位置和竞价。

2. 广告组匹配结构

一般情况下，广告活动结构按产品细分市场划分。例如，你是销售鞋子的，可以把男鞋分一组，女鞋分一组，也可以红色分一组，白色分一组。每个广告组对应于该细分市场中的一个或多个产品。这些广告组可以用于任何匹配类型。

而在自动投放广告里，还需要根据每种匹配类型将每个产品细分为四个独立的广告系列。例如，销售 Nike Air Max 的鞋子，通常会把这个鞋款系列按人群分为：Nike Air Max Men's、Nike Air Max Women's、Nike Air Max Youth。

然后做三个广告组，如图 8.6 所示。

而我们的建议是，使用以下方式，直接设 Nike Air Max Men's、Nike Air Max Women's、Nike Air Max Youth 三类产品，每类产品开四个广告组，一个广告组只有一种匹配类型，关闭每个广告组中除这一个之外的所有定位选项，以确保该广告组仅提供预期的匹配类型。例如，紧密匹配营销活动排除了宽松匹配、补充商品和替代商品。每个广告组的表现仅受该特定匹配类型的影响。如图 8.7 所示。

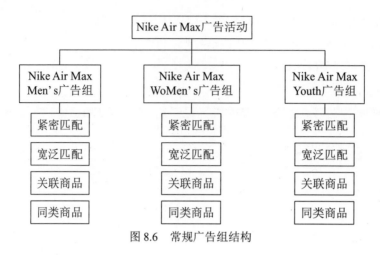

图 8.6 常规广告组结构

图 8.7 新的广告组结构

Nike Air Max Men's 做了四个广告活动,每个活动只有一组匹配类型。

与常规广告结构相比,新广告结构具有很多优势。我们还发现了有关亚马逊展示位置和匹配类型的新洞察,并发现了一些更有效地管理活动的新方法。

(1)紧密匹配:显示在搜索结果首页顶部展示位置时转化率更高。不过,这个展示位置在总展示次数中所占的百分比并不大。

(2)宽泛匹配:与紧密匹配相比,宽泛匹配的点击率和转化率较低,但它是所有匹配类型中每次点击费用 CPC 最低的。

(3)关联商品:流量最少,主要在商品详情页面上展示。

(4)同类商品:搜索词通常是 ASIN,而不是实际的关键词。

除了这些发现,新的广告结构还有哪些好处呢?

3. 新广告结构的好处

（1）设置基于精确数据的出价和预算

如果是设置出价，那么在常规结构里也可以做到，但是不能做到以如此精准的数据去分析。另外，在常规结构里，也不能单独给每个匹配类型设置预算。

而在这个新结构里，可以根据每种匹配类型的转化率为其单独出价和设置预算。在数据不好的广告组里，降低出价，限制预算。在比较好的广告组则做相反的设置。

可以在不牺牲其他匹配类型的更高转化率的情况下，首先减少效果不佳的匹配类型的广告的支出组。

如果得到如下的转化率数据：

- 紧密匹配：15% 转化率
- 宽泛匹配：2% 转化率
- 关联商品：5% 转化率
- 同类商品：10% 转化率

可以根据转化率调整出价。如，紧密匹配和替代商品具有良好的转化率，因此提高出价（具体增加多少、减少多少，要考虑预算和展示位置的关系）。

（2）使用建议竞价

建议竞价其实是很好的出价参考，因为系统知道其他竞争对手的出价，因而会根据他们的竞价，给你一个建议的竞价，让你的广告更有可能获得展示，如图 8.8 所示。

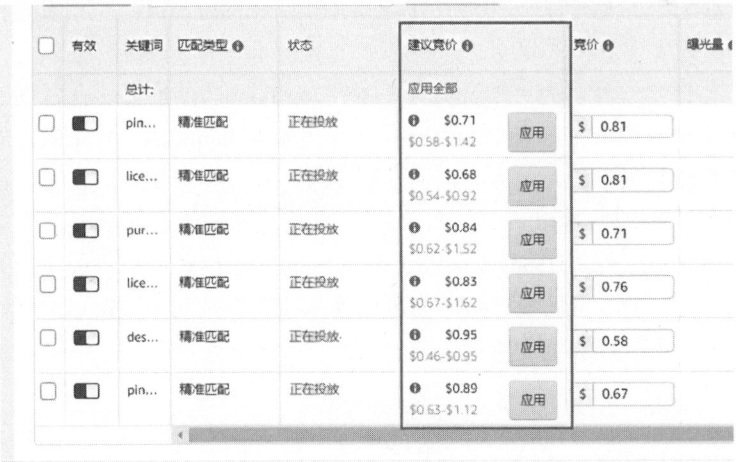

	有效	关键词	匹配类型	状态	建议竞价		竞价	曝光量
		总计:			应用全部			
		pin...	精准匹配	正在投放	$0.71 $0.58-$1.42	应用	$ 0.81	
		lice...	精准匹配	正在投放	$0.68 $0.54-$0.92	应用	$ 0.81	
		pur...	精准匹配	正在投放	$0.84 $0.62-$1.52	应用	$ 0.71	
		lice...	精准匹配	正在投放	$0.83 $0.67-$1.62	应用	$ 0.76	
		des...	精准匹配	正在投放	$0.95 $0.46-$0.95	应用	$ 0.58	
		pin...	精准匹配	正在投放	$0.89 $0.63-$1.12	应用	$ 0.67	

图 8.8 建议竞价

如果四种匹配方式都在一个广告活动里，它们共用一个预算，那么这些建议竞价是基于你的有限预算给你的分配建议。

而在新的广告结构中，建议竞价仅是一种匹配类型，而这个建议仅基于一个预算，相对于四个不同的建议要简单得多，同时修改也方便！如图 8.9 所示。

（3）更好地优化展示位置

上面提到，每种匹配类型在不同展示位置的表现也不同。（如：搜索结果首页顶部展示位置对于紧密匹配广告的效果最好！）

使用新结构，可以根据展示位置的效果变化进行修改。例如，可以提高对紧密匹配广告的出价，为搜索结果首页顶部展示位置加 5% 的出价，以获得更多点击，也能提高转化率。

图 8.9 常规结构和新结构对比

4. 获得更好的搜索词数据

细分匹配类型的广告系列可以获得更好的搜索词数据。以前，在搜索词报告中看到了所有匹配类型的混合，需要自己去筛选分析，数据量大的时候就比较烦琐。将广告系列分开后，就可以准确了解每种匹配类型的效果。

5. 更好地应用否定关键词

一般情况下，如果一个广告组里有四个匹配类型，若将某些字词添加为否定关键词，则所有匹配类型都会否定这些词。但是有些词在这个匹配类型表现不好，在另外一个匹配类型里表现却比较好。使用新结构，就可以灵活设置这类词，在这个广告里否定，而另外一个广告不受影响。

这对于紧密匹配广告尤其有效，因为可以否定任何不相关的条款，同时其他匹配不受影响，以便通过不同的匹配实现盈利。

举个例子，你销售一种名为"Happy Dog Dry Dog Food"的产品。在常规的匹配结构中，四种匹配类型都出现在同一个广告组。而一些词，例如"Happy Dog Wet Dog Food"在紧密匹配的广告系列中可能效果不佳，因为它们还不够一致，从而损失销售。但是，在宽泛匹配或替代商品中，该词组可能表现良好！

使用新结构，可以了解"Happy Dog Wet Dog Food"等搜索词在每种匹配类型中的表现。如果这个词的表现不适合紧密匹配广告，你可以仅从该广告系列中否定这个词，仍然可以在其他三种匹配类型中投放。如图 8.10 所示。

图 8.10 在常规结构中，如果使用否定投放，其他四种匹配类型也会应用此否定

6. 结论

新的广告投放结构根据亚马逊的匹配类型对其进行细分：紧密匹配、宽泛匹配、补充商品和替代商品。以前的匹配数据是杂乱无章的，用新结构就可以更好地分析每种类型广告的真实表现。

使用新广告结构，你可以设置数据驱动的预算和出价，真正反映广告对你的业务的效用。你还可以更有效地利用建议的出价指标对展示位置进行优化，使你的广告系列更具竞争力。

最后，这种结构非常适合强大的否定关键词策略，这对于限制浪费的广告支出至关重要！

8.6 利用 ACOS 公式分析法——让广告盈利

我们在广告篇的核心指标的部分详细介绍过 ACOS，但是它不仅仅是广告的一个指标，还能帮助你分析广告的问题所在，并优化提升广告策略。

卖家遇到最多的问题就是"ACOS 总是很高，怎么办"。

首先，要看你的产品状态，如果是新品，那么高是正常的，因为亚马逊系统需要不断地通过推荐来认识你的产品，也就是说，它还不知道什么跟你的产品最相关，那么系统只能撒大网，各种推荐，当然就会关联一些浪费钱的词。另外，新品的评价不够，也会影响转化率，就会影响到 ACOS。

如果已经是一个成熟产品了，如果你的目的是打造品牌知名度，ACOS 高也是可以接受的，因为目的就是获得更多的曝光和点击。而且你还要引入 TACOS 来分析，是否对自然流量有帮助（广告篇核心指标讲到过）。

如果你就是为了销量和利润，这时候 ACOS 很高怎么办？那么，就要用 ACOS 公式分析法来分析了。

我们知道，ACOS= 广告支出 ÷ 广告销售额

其实没有那么简单，我们可以展开来计算：

广告支出 =CPC 点击费用 × 点击量

广告销售额 = 订单量 × 平均单价 =（点击量 × 广告转化率）× 平均单价

ACOS=CPC 点击费用 × 点击量 ÷[（点击量 × 广告转化率）× 平均单价]

分子和分母的"点击量"可以相互抵消。

最终：

ACOS=CPC 点击费用 ÷（广告转化率 × 平均单价）

CPC 点击费用：不一定是你的竞价，因为这是个拍卖系统，如果你出价 2 美元，获得了展示，但是可能只要支付 1.5 美元。1.5 美元才是你的 CPC 点击费用。

广告转化率：计算 ACOS 是仅计算广告的转化率，但是真正影响转化的是你的页面。如果你所选的关键词不精准，就导致广告转化率不高，如果关键词获得精准点击，但是没有销量，

就是商品详情页面转化率不好。

平均单价：为什么是"平均"，不是产品售价？因为如果你做了促销，ACOS 计算的仅是促销后的价格。

假设你要宣传的商品价格为 100 美元。如果出售，亚马逊报出了 100 美元的销售额。

假设你的 COUPON 优惠券（结账前折扣）优惠了 15 美元，客户点击了它。在这种情况下，亚马逊计算销售额为 85 美元，亚马逊报告就显示出了 85 美元的销售额。

但是假设你启动了 15 美元的促销代码（也叫折扣代码），然后客户使用了该代码。在这种情况下，亚马逊计算销售额为 100 美元，亚马逊报告则显示的是 100 美元的销售额。

那么现在就非常清楚了，ACOS 只跟 CPC 点击费用、广告转化率和平均单价有关。

因为 ROAS 是 ACOS 的倒数，所以要提升 ROAS，也是从这几个方面入手。

但是这三个变量中，有一个是基本无法改变的，那就是平均单价，你无法提高价格，定价基本确定，唯一能做的就是少做促销。

所以只能对 CPC 点击费用和广告转化率做优化。

1. CPC 点击费用优化

CPC 点击费用就是调节竞价，而竞价方式有动态竞价，有按匹配方式竞价，有按展示位置竞价，要选择出广告转化率最高的位置，才能针对不同的位置调整竞价。如采用自动投放，选紧密匹配，在搜索结果页面顶部的转化率比较高。

那么把紧密匹配的竞价适当调高，然后在搜索结果页面顶部再增加合适百分比（详细请查阅竞价策略），确保广告能展示在搜索结果页面顶部。

2. 广告转化率优化

它涉及两方面的转化，一个是广告本身的转化，一个是页面的转化。

广告本身的转化，要看你的关键词的相关程度，如果投放的关键词与你推广的产品高度相关，那么转化率就高，否则就很低。例如，客户搜索"红色手机壳"，但是展示你的产品却是黑色的手机壳，客户的购买意愿就大大降低了。这就需要做关键词研究和分组投放（前文有介绍）。

另外一个就是页面转化，客户对你的产品感兴趣了，点击进去，但是发现评论很差、图片不够，或描述里没有吸引人的地方，那么他也不会购买。因此优化页面就很重要（前文有介绍）。

有些产品的 ACOS 你不可能做到 10% 以下。

比如价格很低的产品。如果你的产品售价只有 9.99 美元，亚马逊的平均转化率是 10%，我们认为你做到 20% 已经非常了不起了。亚马逊的平均 CPC 是 0.97 美元，我们也认为你做得非常好，0.5 美元就有大量曝光了。

那么，你的 ACOS=CPC÷ 转化率 × 平均单价 =0.5÷（20%×9.99）=25%

可以看到，你如此努力，ACOS 也只能做到 25%。

所以你不能要求 ACOS 必须越来越低。

8.7　8个广告建议让你提高销量

据第三方软件数据显示，三大互联网公司的平均 CPC 点击费用如下。
- Google 广告平均点击费用：2.87 美元
- Facebook 广告平均点击费用：1.78 美元
- 亚马逊广告平均点击费用：0.97 美元

虽然数据不是官方公布的，但是也有一定的参考意义。这说明，即使你没有大量预算，亚马逊广告也是相比其他平台最值得投资的，因为亚马逊是购物平台，客户购买意愿也足够高，所以也最能提高销售额。

为了获得更好的广告效果，我们提供以下 8 个建议。即使是零基础的卖家，也可以通过此方式提高广告支出投资回报率和品牌知名度，并最终带来更多销售额。

1. 使用长尾关键词寻找具有强烈购买意愿的客户

找到合适的关键词是亚马逊广告策略的重要手段。而长尾关键词，是客户购买意愿最高的词，越是精准，越是长尾，转化率就越高。但你需要确保它是长尾关键词。

可以利用搜索框找出长尾词，如图 8.11 所示。

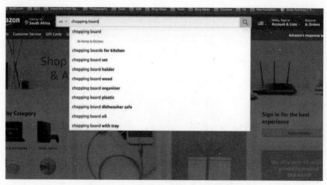

图 8.11　在搜索框找长尾关键词

下拉显示的黑色字体部分，就是长尾词。

打个比方：搜索"wooden chopping board with compartments（带隔间的木制砧板）"之类的特定物品的客户，会比使用"chopping board（砧板）"之类的模糊短语的人更有可能进行购买。

另外一个原因就是长尾关键词竞争没有那么大，像"candle（蜡烛）"这样的通用词竞争要激烈得多，竞价也可能要贵得多。

长尾词对新卖家特别有用，因为新品很难在大词中获得排名并让客户点击。利用竞争低且购买意向高的词组，你可以提高品牌知名度和销售额，并慢慢改善亚马逊自然搜索排名。

2. 使用品牌推广提高品牌知名度

很多卖家都只使用品牌推广来推销他们的产品。为什么不考虑提高品牌知名度？大部分卖家认为品牌知名度没有产生直接效果。但是，如果你不做，你的竞争对手就会在做，那么你就错失了机会。

在 Search Engine Land 的一项研究中，用于建立品牌知名度的广告支出在不到 12 个月内从 26% 跃升至 60%。如果你没有使用，那就证明你的竞争对手开始使用了。

品牌推广广告出现在搜索结果页面顶部，它是在亚马逊上建立品牌最有用的工具之一，而且点击率非常惊人！我们看看以下真实示例，如图 8.12 所示。

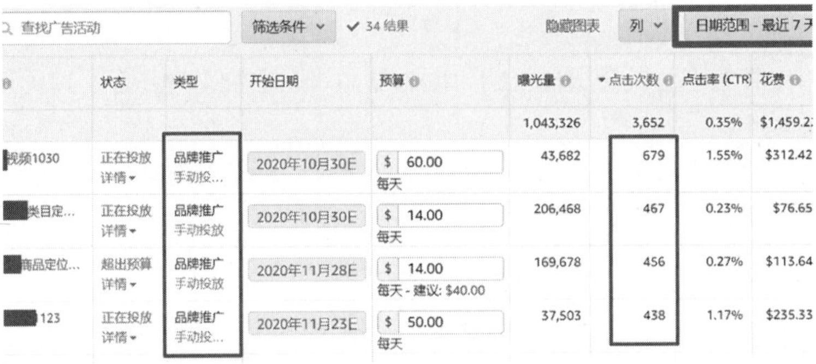

图 8.12 品牌推广的点击数据

按点击排序，点击率最高的前四位都是品牌广告，分别是视频广告、品类定位、商品定位和视频的广告。

过去 7 天，总的点击数是 3 652，而前四名的品牌广告点击总和就是 2 040，占了所有广告（开了 34 个广告）的 56%。品牌广告的点击率非常高。

使用品牌推广还可以通过使用自定义标题、添加创意素材和你的品牌，最大限度地吸引客户注意力并产生点击，还可以将流量发送到你的店面和商品详情页面。

虽然提高品牌知名度在短期内也许看不到效果，但是在未来回报是丰厚的，会随着时间的推移增加销售额。

3. 分析产品的盈利能力以提高利润率

在开启广告之前，你要查看产品的盈利能力，以确定哪些产品能在广告中获益最多。

产品盈利能力指的是，从产品中扣除各种成本，还有广告支出后，依然有利润，就是前面说过的盈亏平衡（ACOS）。上一节也讲到 ACOS 的公式分析法。有些产品你是很难获利的，例如低单价的产品。

了解你的产品盈利能力，确定哪些产品的利润率最高，并将广告支出集中在这些产品上，增加打造爆款的概率。把钱花在刀刃上，能帮助你停止在低利润或低销量的产品上浪费金钱，然后在利润高的产品上赚更多的钱。

4. 使用三个亚马逊广告报告来调整你的广告活动

亚马逊为卖家提供超过 10 种不同类型的表格报告，每个表格都能在某一个方面帮助卖家做广告分析。有三个报告是你一定要仔细分析的。

（1）展示位置报告（Placement）

广告展示位置报告是提供给你的最有力的报告之一，它会准确地告诉你哪些广告展示位置可以让客户找到你的产品，以及哪些广告系列需要进行一些调整。

例如，你可能会发现页面中部的广告展示位置比页面顶部的广告展示位置消耗的预算少且展示次数多。

该报告还可以帮助你确定哪些关键词效果最好。你可以查看哪些搜索词给你带来了更高的投资回报率，哪些搜索词不理想。

（2）搜索词展示量份额报告（Search Term Impression Share）

这是一份新增的数据报告，也是比较重要的报告。此报告统计的是你的广告的每个关键词的展示份额，和相对于其他广告竞争对手的排名。基本上，此报告就是将你的广告与竞争对手的广告进行比较。这样就可以清楚知道自己广告的情况。

它还告诉你更高的出价是否会获得更多的展示次数。例如，如果你的某个关键词的 ACOS 还不错，并且展示次数份额为 100% 或接近该值，则不需要提高出价。

（3）品牌类别基准报告（Category benchmark）

这是针对品牌推广的广告，如果你按照上述建议意见使用了品牌推广，那么应该下载此报告。这份报告中有一些非常有用的数据。它提供了关于如何与竞争对手竞争的一些新思路。

品牌类别基准报告按百分位区分。每个类别分三段：25% 的竞争对手的数据、50% 的竞争对手的数据、75% 竞争对手的数据。如果你的曝光数据大于 75% 竞争对手的数据，那么证明你的品牌展现量战胜了 75% 的竞争对手。

所以该报告非常有用，因为它可以确定你的广告是否处于给定类别的良好位置。例如，你可能认为你的 ROAS 太低，但如果它高于你所在类别的 ROAS 的 75% 的竞争者，那么你的广告的表现就非常好。另一方面，如果你的转化率等指标低于 25% 的竞争者，那么这些可能是需要改进的。

这三份报告是你寻找亚马逊销售技巧及策略必须要研读的。

5. 使用其他站外营销渠道为你的产品增加流量

如果有资源，就一定要做站外引流，不要把所有的鸡蛋放在一个篮子里。在亚马逊已经是竞争白热化的产品，在站外还会有很多机会。

作为一个新品牌，可以将流量定向到你的亚马逊品牌旗舰店，这要比引流到你的独立站更容易获得订单，因为有亚马逊背书，客户更信任亚马逊。

可以使用 Facebook、Pinterest、Instagram 和 Google Ads 战略性地为你的亚马逊商品详情页面或品牌旗舰店提供流量，从而为你带来高投资回报率。

你也可以付费给有影响力的人（网红），通过销售佣金将流量定向到你的亚马逊品牌舰店旗。

你不需要深入研究每个平台，直接使用就行。

6. 精准定位受众以减少广告支出并增加销售额

精准关键词对亚马逊卖家很重要。但是，它们并不是广告策略中最关键的部分。你需要掌握更重要的东西：你的目标受众。

如果你不知道你的产品卖给谁，那么你就不会知道要定位的关键词

你可以通过品牌分析的人数统计了解你的受众。然后你就会知道他们会使用哪些词来描述他们的问题，知道如何制作引人注目的广告以获得点击和转化。

例如，如果你的目标是全职父母，那么在白天投放广告更有意义。但是，如果你的客户是全职员工，他们很可能会在下班后的晚上或午休时间使用亚马逊。（一些第三方软件可以实现不同时段的竞价调整。）

当你了解这些细微差别并将自己置于目标受众的位置时，创建可转化的广告活动就变得容易十倍。

7. 创建一个引人入胜的亚马逊品牌旗舰店着陆页面

任何品牌卖家都可以在亚马逊创建品牌旗舰店着陆页面，但你怎么确定它能带来转化呢？虽然没有公式可循，但有一些标准的经验法则可以增加你建立客户信任和提升销售的机会。

你可以采取以下措施来优化你的亚马逊着陆页面。

（1）优化折叠上方

优化折叠上方（Above the Fold，页面打开无需滚动就能看到的部分），这是点击进入页面第一眼可见的页面部分，是最重要的部分之一。因为你需要在有限的时间里吸引客户留下来，并引导他们向下滚动，了解有关你产品的更多信息。如图 8.13 所示。

图 8.13　折叠上方示例

（2）使用稀缺特性

"害怕错过"是一种强大的营销策略。它为买家设置了交易时间限制，可以将转化率提高 33%。在优惠到期之前使用倒数计时器为你的着陆页添加稀缺性。

使用"立即购买"等明确的指示，以阻止客户离开你的页面。如"SHOP ALL"，如图 8.14 所示。

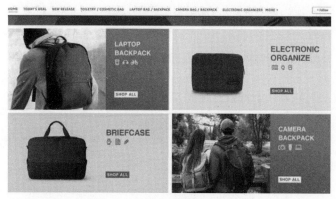

图 8.14　使用 SHOP ALL 等指示

（3）优化你的品牌

你在亚马逊上的页面是一个展示品牌个性并从其他卖家中脱颖而出的空间。不要让你的页面看起来像其他人的。将你的品牌添加到标题中，链接到你的旗舰店，让客户可以轻松地与你的品牌建立联系。这是让你的商店令人难忘并建立品牌知名度的简单方法。

（4）使用高质量图片和视频

有人喜欢看图片，有人喜欢看视频。在你的页面上混合不同类型的内容以吸引不同的客户。如图 8.15 所示。

图 8.15　高质量视频示例

（5）利用社会证明（背书）

客户都更喜欢从有评论记录的品牌那里购买，这就是影响者营销在过去十年中爆炸式增长的原因。在着陆页面上使用产品评论和推荐，向潜在客户展示你不是骗子，并且你销售的是优质产品。

（6）统一设计和保持简单

如果你的着陆页面太复杂，人们会离开。他们注意力持续时间很短，你需要确保不会让客户收到过多的信息。保持你的文案简短而中肯，使用简短的句子，用标题分解文本，并添加项目符号以使你的页面可浏览。如图 8.16 所示。

图 8.16　统一设计的示例

请注意：如果你的着陆页面过于平淡无奇（没有号召性用语，几乎没有文字），你将无法吸引人们的注意力。

8. 删减无用的关键词

否定无用的关键词是减少浪费的广告支出最好的方式。否定关键词会排除与你的产品不匹配的字词或词组。这样做可以帮助你节省大量资金。

例如，你销售紧身裤，你可能希望对以下关键词进行投入：

- 女士紧身裤
- 带口袋的紧身裤
- 女士高腰紧身裤

但你不会希望对"Lululemon 品牌的紧身裤"这样的关键词进行投入。使用带品牌的搜索词，客户的意图已经很明显，投资这个词会给你带来较低的投资回报率（但如果你的品牌影响力比它大，也可以常用竞争对手的品牌）。

可以根据搜索词报告来筛选，找到花费高但是没有回报的词，然后添加到该广告的否定词组里面。

8.8　视频广告使用指南

视频广告是亚马逊 2019 年底推出，2020 年试用，2021 年之后大力推广的广告功能。它无论在提高点击率还是转化率上，都是非常有优势的。视频广告也是购物平台的未来趋势，所以必须要好好了解和利用此功能。

8.8.1 什么是视频广告

视频广告（Sponsored Brand Video，SBV），属于品牌推广下的一个广告形式。这种新广告形式是提高点击率和转化率的绝佳方式。当客户开始搜索时，这些视频会嵌入搜索结果的相关产品中，可以吸引客户浏览搜索结果时的注意力。具有高购买意向的客户就会更愿意点击和购买。如图 8.17 所示。

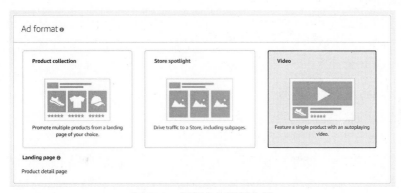

图 8.17 视频广告设置位置

当客户搜索到视频广告的时候，他们看到的是什么？我们用移动端举例，搜索结果包括以下这四个要素，如图 8.18 所示。

图 8.18 视频广告展示要素

A. 产品的详细信息：包括品牌的产品图片、标题、星级、评论数、价格和 Prime 标识。

B. 视频：一旦超过 50% 的屏幕出现在屏幕上，视频就会自动播放。

C. 广告标签：此标签显示在产品标题或视频的右上角。

D. 静音切换按钮：视频默认静音播放，但客户单击静音按钮可以启用音频。

2021年6月，亚马逊扩大了品牌推广视频广告展示位置。在移动端和桌面端都可以在浏览搜索结果时看到品牌推广视频（中部和底部，未来可能会在顶部），同时在商品详情页面也会展示。

8.8.2 视频广告有什么好处

1. 停止滚动的能力

即非常吸引人眼球。与标准产品列表展示的视觉效果不同，亚马逊品牌视频广告包含引人注目的运动和效果。只要在平静的画面上有一点是动的，就能吸引人的注意力。因此，当看到视频广告时，亚马逊客户就会停下来观看视频。

2. 展示更多的信息

在有限时间内（因为每个客户专注某个产品的时间都不会太长），视频能够比单个图片更好地展示产品的信息。图片很棒，但视频更能给人留下深刻印象。在购买之前，客户希望确保产品能够满足他们的需求。在亚马逊视频广告中展示商品的功能可以帮助客户做出更有信心的购买行为，仅靠图片和文字无法做到如此好的效果。

3. 巨大的广告投资回报率

目前数据显示，使用品牌视频的广告比任何广告类型中 ACOS 都要低。这是因为视频广告转化率大大提高。

4. 提升产品和品牌的知名度

虽然不是所有看到视频的客户都会购买你的产品，但是几乎他们每个人都会看到你的视频，哪怕前面的几秒。通过视频广告，他们就会对你的品牌产生印象，并且他们很可能在未来成为你产品的首次购买者。

8.8.3 视频为什么重要

这个在介绍品牌推广的时候已经讲过了，这里添加几组数据：

- 50%的互联网用户在访问商店之前，会先观看与产品或服务相关的视频（数据来源：Google）。
- 观看视频客户的购买可能性，是不观看视频客户的3.6倍（数据来源：亚马逊）。
- 90%的客户表示产品视频可帮助他们做出购买决定（数据来源：HubSpot）。

人类处理视觉效果的速度比处理文本的速度快 60 000 倍，这就让视频成为一种非常有效的交流工具。

另外，视频解决了图片无法做到的两点：

（1）场景/现场感：场景很重要，例如宣传说，这个产品可以承受一吨的重量，一吨是多重呢？不知道。但是视频中拉一头大象压在产品上，那么就直观多了。厨房刀有多锋利，视频可以展示如何轻松切肉切骨，还有玻璃有多坚固，东西有多好吃，复杂的东西如何安装等，视频都可以更直观地把你带入场景。

（2）增强记忆：你可以回想一下，你记得的很多广告，是不是都是动态的画面？人类社会都是动态的，人们与生俱来就对动态视觉有强烈的捕捉能力和记忆能力。因此，视频对建立品牌知名度很重要。如果客户认为你的视频很有趣，很有共鸣，他们也愿意分享和传播有趣有价值的东西，这样传播效果也会更好。

总之一句话，视频是大势所趋，顺势而为就是了。

8.8.4 如何制作高质量的视频

相信这是很多卖家很关注的地方，有的卖家一看到制作视频，就觉得门槛很高，其实不然。按照以下四步骤制作。

1. 寻找适合自己产品的类型，一般的视频类型分为以下几类：

（1）Vlog（合适户外，如帐篷、背包类等）

（2）介绍（产品介绍类，全品类都适合）

（3）产品测评（适合暴力测试，如汽车碾压、高空坠落等）

（4）教程 / 方法（如多功能电饭锅、化妆品等）

（5）品牌电影（适合有独特故事的品牌）

2. 寻找参考资源，给视频制作提供灵感。这里推荐几类网站：

（1）ISPOT、TV 视频网站，这里播的是美国本土电视广告，学习人家如何做到在十几秒内吸引客户的。

（2）Pixels，有免费高清图片视频网站，图片和视频素材可以免费下载，例如一些高质量的片头片尾就不用自己制作了，直接使用。

（3）YouTube，有免费的背景音乐（搜 #VlogMusic #NoCopyrightMusic #Copyright-safe）。做视频少不了背景音乐，这个网站就有很多没有版权的音乐，各种各类都有。

3. 视频一定要是高清版本，高清版本对加深品牌印象非常重要。

（1）像素要高（1280×720，30fps），如果是手机拍摄，设置 4K，30fps 模式。

（2）MP4 格式（储存空间小，方便上传）。

（3）要清晰（1.5M 比特率 /1500K 比特率）。

（4）产品要打足光，背景尽量单一。

（5）视频时间控制在 20 秒左右，太长画质会被压缩。

（6）拒绝美颜，哪怕出现模特，外国人不太喜欢美颜，会觉得视频不清晰。

（7）千万不要用微信、QQ 等平台相互传视频，会被压缩，会导致视频不清晰。可以用电子邮件或者数据线、网盘等。

(8) 有条件的要做渲染。

4. 掌握制作视频技巧

(1) 工具的准备,一般需要的工具分为硬件和软件

- 硬件工具:相机或者手机(高清防抖),三脚架/防抖云台,滑轨,灯光组(或自然光)。如果你有预算,最好有专业的摄像设备,如果是中小卖家,普通防抖手机就行。
- 软件工具:主要是剪辑工具,PS,3Dmax,剪映(Kris自己就是用这个)等,有简单的切换画面的剪辑技巧就行,不需要特效。

这里提醒一下:很多人都以为视频一定要高大上,所以制作费就很高。但是如果预算有限,制作产品视频不用要求太高。Kris就是用手机拍摄,广告效果一样很好,因为客户需要的是真实,所以开箱视频、评论视频和测评视频反而更受欢迎。

(2) 镜头拍摄技巧

其实给产品拍摄视频,学会几个镜头使用方式就可以了,主要是固定镜头和运动镜头:

- 固定镜头:固定角度、焦点,开机后镜头就不动,只有产品动,适合做开箱视频、直播等。时间不能太长,7~10秒。
- 运动镜头:也叫移动镜头,常用的有四种:

  推镜头:画面接近产品,相机推进,或者焦距推进;

  拉镜头:画面远离产品,相机后拉,或者焦距后拉;

  摇镜头:机位不变,借助三脚架或者滑轨,移动角度,电视画面一般都用这个,可进行左右提高和降低;

  移镜头:借助滑轨,左右平移,或上下平移。

在拍摄视频的时候,可以把这几个镜头都拍一遍,在剪辑的时候,选取几个好的镜头,就可以组合成一个完整的视频了。

好的灯光能让视频产品更有质感,画面更清晰,但是如果不会打灯,用自然光也能完成任务,下午4~5点时阴天的光线比较好。

(3) 拍摄人员

如果能力很强的,自己一个人用手机拍,自己剪辑就可以了。如果想得做更好,建议至少三个人:

分工:一个负责摄影,一个负责协助(产品摆设、灯光、道具等),一个是导演(负责方案流程和后期)。导演的工作很重要,一定要先有一个简单的画面构想,怎么表现产品的特性等,后期还要跟踪制作效果。

视频制作其实没有想象的那么难,只要开始行动了,一切都会迎刃而解。多看看竞争对手的视频,多了解销售市场的审美方式,就可以做出更受欢迎的视频。

如果你什么都不会,那么也简单,可以外包给摄影团队,让他们去做就行了,但是一样会花费很多沟通成本。

如果你只会剪辑,也可以采用混剪的办法。混剪,就是把各种好的片段剪成自己的片子,

有些难度很高的片段（例如高空拍摄，水底拍摄，跟车拍摄等），自己拍不了，就用人家的，但是一定要注意防止侵权。

8.8.5 如何验证视频广告的效果

前面讲过，视频广告的点击率和转化率都比其他广告好，那么验证方式就从点击率和转化率两个方面入手。

我们的经验是：

一般情况下，视频广告点击率是商品推广广告的 2 ～ 7 倍，如图 8.19 所示。

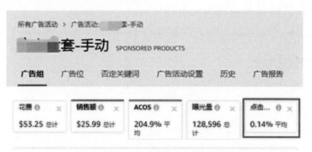

图 8.19 商品推广广告和视频推广的点击率对比

转化率可以提升 30% ～ 150%，如图 8.20 和图 8.21 所示。

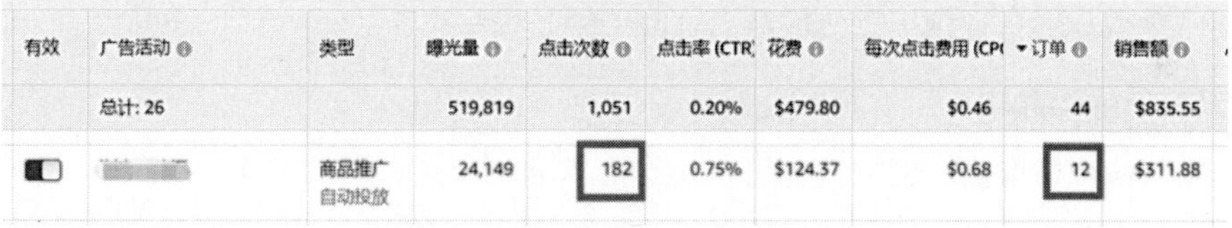

有效	广告活动	类型	曝光量	点击次数	点击率 (CTR)	花费	每次点击费用 (CPC)	订单	销售额
	总计: 26		519,819	1,051	0.20%	$479.80	$0.46	44	$835.55
		商品推广 自动投放	24,149	182	0.75%	$124.37	$0.68	12	$311.88

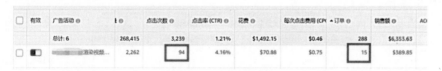

图 8.20 自动投放的商品推广广告

转化率 =12÷128=9.3%

有效	广告活动	曝光量	点击次数	点击率 (CTR)	花费	每次点击费用 (CPC)	订单	销售额
	总计: 6	268,415	3,239	1.21%	$1,492.15	$0.46	288	$6,353.63
	消染视频...	2,262	94	4.16%	$70.88	$0.75	15	$389.85

图 8.21 视频广告

转化率 =15÷94=15.9%

此示例中，视频广告比自动投放的商品推广广告的转化率增长了 70%。

也就是说，如果视频点击率没有比同样产品的商品推广广告提升 2 倍以上，转化率没有提升 30% 以上，那么你就需要优化你的视频广告活动。

如何优化？

我们之前讲过，视频广告就是可以展示视频的手动商品推广广告而已。所以，要优化，就先优化手动广告的关键词，包括竞价、匹配方式等，如果是商品投放，则需要优化定位的产品等。

另外需要重做视频，因为目前在已设定的广告系列里是无法更换视频的，所以需要重新建立新的广告，才可以上传新的视频。

所以先优化广告设置、关键词、竞价等，如果效果不明显，那么就是视频的问题，需要更换视频了。

8.8.6 视频广告的内容政策要求

广告的格式要求在品牌推广章节已经介绍了，现在讲讲还有什么要求需要注意的（这里是节选部分，更详细的请阅读亚马逊后台相关政策指南）。

1. 主要是视频内容政策

（1）整个视频必须使用销售市场的官方语言和文字，例如在美国站就用英文的，在墨西哥站就用西班牙语的。

（2）所有明示和暗示的陈述都必须得到证明或支持。

（3）你可以提供你的个人意见，并需要对其进行合理、准确的解释。

（4）产品特性，如安全特性、性能、技术规格、尺寸、重量等，必须真实。

（5）任何提及或代表的奖项（例如"2021 年度产品"）必须真实。

（6）你必须是你在视频中宣传的所有 ASIN 的品牌所有者。

2. 提及竞争对手的对比

（1）比较应严格准确。例如，你可以说产品 X 的 RAM 比产品 Y 多 8 GB。

（2）不能说诽谤或贬义的话。例如，你不能说 X 产品比 Y 产品好很多，Y 是垃圾。

（3）不能展示你的公司称为卖家或经销商的任何联系信息。

3. 价格和促销

（1）不得包含价格或任何折扣或促销信息，例如便宜、实惠、打折或时效性信息等。

（2）但可以说"圣诞节最好的礼物"之类的宣传语。

4. 产品保修

你可以只提供制造商的保修，但你不得对其进行任何创建或修改。不要说如果你从我们这里购买我们将延长保修期。

5. 客户评论

（1）如果你想提及客户评论，则必须提供准确的信息。你不能添加客户的声明"这款面霜是我最喜欢的，可以让我的面部痕迹完全消失"之类太夸张的评论，因为无法证实。

（2）你可以要求客户留下评论，但不能直接发表正面评论。

（3）你提到的评论的发表时间必须少于一年。

（4）如果任何评论按名称将产品与竞争产品进行比较，则它必须符合"提及竞争对手的对比"部分的规定。

（5）不要修改或改变客户评论的含义。

6. 违规惩罚

亚马逊宣称：亚马逊将保护客户体验，这反映内容政策的精神，而不仅仅是文字。亚马逊保留暂停或终止你的账户或暂停或删除平台认为会对客户体验产生负面影响的任何内容的权利，无论该行为是否已被内容政策明确禁止。内容政策并未全面列出亚马逊可能限制或阻止的所有内容类型，也未全面列出亚马逊可能限制或阻止内容的所有依据。

一句话，最严重的后果就是封店。

7. 关于视频广告的最后一些提示

（1）你的视频内容应该具有教育性、示范性和产品导向性。

（2）直接展示你的产品，研究表明，在第一秒内突出展示产品的视频通常比没有展示产品的视频效果更好。不要通过从黑色淡入淡出或从各种特效的方式开始来浪费吸引客户的机会。

（3）保持简短和明了，我们建议使用 15～30 秒的最佳视频长度来传达你的信息并吸引客户的注意力。将你的内容限制在少数几个关键卖点上，以确保客户不会收到太多杂乱的信息。

（4）优化格式和添加字幕，此视频默认无声播放，并在搜索结果中内嵌运行，也无法全屏显示。你视频应该不会有声音。你需要确保可以在移动设备上轻松阅读屏幕上的文本，字体要够大，并且文字不会影响观看产品。

（5）添加结束标记，一旦该视频结束，它将自动循环。考虑添加一个结束标记，如展示你的品牌 Logo，以留出一些喘息空间，你也可以发挥创意并使循环无缝。

8.9　总结：解决方案只是冰山一角

本章主要讲了所有广告的可以解决的一些问题，这些基本都是可以落地实施的方案。但是建议各位还是要根据自己的情况来配合决策。

讲到关键词真相的时候，我们知道每天高于一次的广告点击是很少的，那么如何做才可以获得更多的总点击呢？是广撒网还是专注某些主要关键词？对于一些关键词少的产品，你用很不相关的词来广撒网，往往收效甚微。

讲到了广告活动命名，这是一个看起来不起眼，但是很重要的工作，不应该忽视。命名有很多方式，文中只是讲一个方式和思路，卖家可以根据自己的情况编码。基本要素要包含产品名、匹配方式、广告类型、时间等。Kris 分享了自己的方式。你们也可以有自己独特的命名方式。

讲到了自动投放广告的匹配结构，这是一个思维方式，也可以用在手动投放广告里。对于广泛匹配、精准匹配和词组匹配可以单独建立广告组，以方便后期分析和管理。

讲到 ACOS 公式分析法，其影响因素就是 CPC、转化率和平均单价。对于一些单价低的产品，你怎么分析、怎么优化都很难达到降低 ACOS 的效果，这就需要引入 TACOS 的计算公式来一起查看你整个业务的销售。而对于高单价的产品，很容易得到 ACOS 很低的效果，但是不意味着你的广告就做得有多好。

哪怕看似"最合适"的落地方案，也不能完全套用，方案是解决问题的一种方式，而问题有千千万万种。而本书讲的几个解决方案也仅仅是冰山一角，更多还是需要根据各自的广告表现去分析，然后得出优化策略。

最后一章就没有"常见问题"，希望大家看完本书后能解决大部分疑惑。

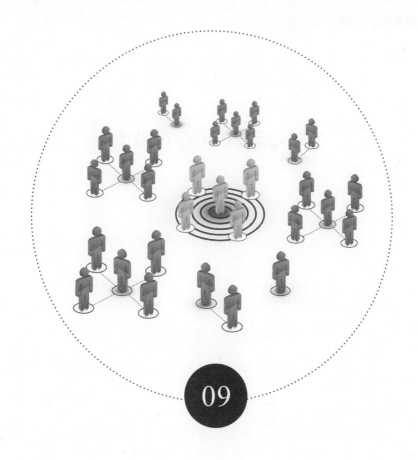

第 9 章　运营心得分享

　　Kris 在亚马逊从事了近 8 年运营工作了,称不上专家,但是 Kris 还是愿意分享一下在过去 8 年里自己的一些经验和感悟。

9.1 运营的 90 个贴士

1. 运营篇

（1）获得更多评论

不管你现在有多少，仍要获取更多。人们会在亚马逊上购买好评度高的产品。更多评论＝更有信心。

（2）关键词很关键

必须找到 / 预见潜在客户会搜索的最重要的关键词。客户在亚马逊上用关键词搜索产品。亚马逊既是搜索引擎，也是市场。掌握了关键词，就掌握了市场。

（3）打造优质的产品图片

第一印象至关重要，图片则是最能吸引客户的眼球的，高质量的视觉效果可以带来高质量的第一印象。

（4）优化商品详情页面

在亚马逊上取得成功的关键是对其搜索算法进行优化。高质量的商品详情页面就是最重要的。适当的标题、五要点描述和出色的图片可以大大改善你的销售。

（5）标题中使用的关键词要是最相关的

例如，销售"切菜板"并希望对该关键词进行排名，请确保在标题前面包含"切菜板"。

（6）A+ 页面要做

这也能提升页面的转化率，而且自定义很强，可以发挥你的创意打造不一样的页面。

（7）商品详情页面要符合规则

具体规则请参阅亚马逊后台帮助页面，违反相关规定，产品有被下架的风险。

（8）一定要使用管理实验工具

这是优化你的 Listing 的重要工具。在这里，你可以使用 A/B 测试（或拆分测试），查看哪些有效哪些无效。可以针对标题、主图和 A+ 页面进行测试，更好地优化页面，提升转化率。

（9）了解竞争对手

查看其他卖家的亚马逊店面和产品清单，了解他们提供的产品。

（10）建立品牌

如果你想脱颖而出，你想长期经营，应当投资建立自己的品牌，这样不仅可以提高辨识度，享受各种品牌保护政策，还可以帮助增加搜索量。

（11）完善你的 Logo、设计和包装

如果不擅长平面设计，可以找到专业且价格低廉的平面设计师，为你的产品设计引人注目的品牌 Logo 和包装。

（12）尽量做好包装

好的包装确实会改善客户体验。此外，你还可以将品牌的网站 URL、有用信息等放在包装上，从而改善你的营销工作。

（13）不要只是成为亚马逊上的品牌

仅仅在亚马逊上销售并不能建立真正的品牌，而成为一个真正的品牌后，你就可以进行内容促销，用有影响力的广告活动来促销产品，甚至可以在各种媒体渠道上展示你的产品。例如在各种社交网站和社交媒体渠道上建立强大的影响力，甚至可以每天吸引数百名访客访问你的亚马逊品牌旗舰店或商品详情页面。

（14）不要在价格上竞争

通过战略定价保护自己，使用价格竞争是最低级的竞争。当然如果你有工具去跟踪对手，而自己有强大的供应链降低成本，也是可以做的。

（15）时刻查看你的店铺绩效

缺货和延迟交货、侵权等都可能导致不良客户评论或亚马逊账户被暂停。库存管理系统可以帮助防止断货或者滞销。买家之声可以帮助提升产品质量。对于各种店铺绩效都应该认真查看。

（16）建立运营团队

亚马逊运营慢慢就会精细化分工，团队很必要。亚马逊平台上的销售竞争已经越发激烈，除非你在该渠道上拥有一支专业的团队，否则你就无法在亚马逊上取得长期成功。

（17）专注于减少库存错误，例如，错货和缺货

亚马逊奖励那些可以快速准确地发货的卖家。卖家提供快速的履行能力，避免了超额销售或取消订单的情况，因此，亚马逊会奖励他们。当然，这是针对自发货的卖家的，如果你用的是 FBA，基本没有这方面的问题。

（18）专注于购买按钮（Buy Box）

除非你销售真正独特的产品，否则不得不一直与其他卖家竞争"添加到购物车"。利用 FBA 配送服务是最好的解决办法，由亚马逊及其配送服务来存储和运送订单。如果你有本地仓优势，也可以快速出货，也可以加入卖家自配送的会员。

（19）选择亚马逊配送（FBA）

FBA 优势很明显，这不仅减少了处理订单的工作，而且 FBA 产品将出现在 Prime 过滤的搜索中。符合 Prime 要求的产品的转化率要高于不符合 Prime 要求的产品。最重要的是，拥有 FBA 产品将使你能够利用亚马逊服务提升你建立品牌的成功率，并使你的业务与品牌都得到良好的声誉。

（20）注意你的 IPI 分数和库容

它们是限制你的发货数量的重要指标，了解如何提升你的 IPI 分数，尽快提升你的库容。

（21）建立专有的客户信息数据

虽然亚马逊屏蔽了客户邮件和地址，但是聪明的卖家总有办法获得。这是进行站外营销很

重要的一步。

　　（22）使用产品视频

　　好的视频可以提升客户的购买信心，有利于提高转化率。

　　（23）视频可以使用手机拍摄

　　不需要很高超的技艺，使用 4K 防抖手机就可以把产品拍清晰，配合多镜头拍摄，简单剪辑即可。

　　（24）评论类视频更受欢迎

　　简单评价产品，展示一下使用场景或者开箱拍摄，都能给客户以购买信心。

　　（25）不要忘了品牌 Logo

　　视频是展示品牌和提高知名度的好方式，可以在适当时候展示你的品牌 Logo，视频最后也要展示。

　　（26）视频配乐能提升档次

　　根据产品特性，选用相搭配的音乐格调，如儿童用品应该用温馨幸福的音乐效果。

　　（27）视频文字让产品特点更突出

　　适当配合文字，可以让产品特点更令人印象深刻。搭配适当的字号大小，让客户更容易阅读。

　　（28）运营金字塔理论很重要

　　这是指导你整个亚马逊运营生涯的重要指标，它告诉你什么才是最应该重视的运营内容。

　　（29）相关性是贯穿整个运营生涯的基石

　　主要有关键词相关、产品相关、品类相关、品牌相关、人群相关等。相当于淘宝系常说的标签。相关性决定了搜索排名的位置。

　　（30）了解你的客户——人群画像

　　不了解你的受众，你就无法针对该群体写出高质量的描述，页面转化率也无法提高，图片和视频也不能有足够的吸引力。

2. 选品篇

　　（1）独特的产品

　　你不一定要自己设计或自己开模制造一个独特的产品。你可以有价格优势，可以有评论优势，也可以有包装优势。

　　（2）体积小、重量轻更合适初级卖家

　　FBA 的运费是非常昂贵的，体积小、质量轻的产品，在头程和尾程都可以省下一大笔的运费。

　　（3）零售价 25～50 美元的产品最受欢迎

　　很好理解，美国站是消费超过 25 美元就免邮。所以这个价格以上的产品会比较受欢迎，而且这个价格区间可以帮助你覆盖一些直接成本，例如所售商品的成本、广告成本和亚马逊卖家费用。

　　（4）销售易于制造生产的产品

　　易于生产，那么就不会产生制造和质量控制方面的问题，起码会大大减少生产瑕疵。因此，可以容易地制造并且不易碎的产品比较适合初级卖家。

（5）销售非季节性的产品

永远不要选择季节性的产品，这是对于新手的忠告（不过如果你入职的公司就是做比基尼的，那就好好做吧）。因为它们只会在那个特定的季节带给你一些销售。采购可以全年销售的产品。举例来说，不要做万圣节服装、圣诞节礼物等（当然你有主产品是全年销售的，适当增加季节性产品也是可以的）。

（6）拒绝无法改进的产品

你可以分析你和竞争对手所销售的同一产品的差评，进而升级改造。但是，如果选择的产品制造难度高，修改门槛高，而你不能做出任何改善，那么你在销售方面的效率不会太高。请避免选择升级改造难的产品。

（7）避免在大品牌已经占主导的产品类别上竞争

最关键的是检查是否有新的卖家进入该领域。如果一直没有，证明这个品牌无法被超越，已经被大牌占据，应该避免介入。

（8）必须销售有利润的产品

不要求你成为很专业的分析者后才在亚马逊上出售一些最赚钱的产品，亚马逊也会提供所有基本数据来分析市场趋势以及有可能带来高销售额的商品。

（9）选择小众品类比较合适新手卖家

新手或者创业者一般是没有什么销售经验的，避开竞争激烈的市场，可以先慢慢磨炼自己的运营能力，未来再运营市场大的产品。

（10）选择从何处采购产品

一旦决定在亚马逊上卖什么，就要开始寻找供应商。良好的供应链对销售至关重要，如果销售好，但供应商倒闭了，或者他们不生产该产品了，那就很麻烦。

（11）不要销售质量太差的产品

因为这样你的店铺可能会因为太多客户投诉而面临被封店的风险。

3. 绩效篇

（1）永远不要侵权

亚马逊上有几千万的产品，如果你稍不注意，就容易侵权。包括产品设计、品牌，甚至是图片和描述，都不允许侵权。

（2）不要违规合并变体

不要为了合并评论而乱合并变体，这属于操纵评论，会被封店的。

（3）Feedback 买家反馈只针对店铺和服务

也就是说，如果你收到的负面的买家反馈是针对产品评价，或者针对亚马逊物流的评价，是可以删除的。

（4）关注买家之声

这是很好的工具，可以查看哪些 ASIN 处在风险阶段，还可以根据风险提示优化改进，避免产品下架。

（5）自发货单号一定要可跟踪

提供的单号一定是可以网上跟踪的，否则可能会被亚马逊判定为无效订单，这会严重影响店铺绩效。

（6）不用主动取消客户订单

除非客户申请，卖家主动取消会被记录为不良绩效。

（7）注意真实性描述

如果为了获得订单而夸大产品描述，如果有客户投诉，会带来严重的后果——封店。

（8）买家消息要及时回复

多次有超过 24 个未回复邮件，也会被记录不良行为。

（9）注意查询的 Listing 有没有被下架

如果你的 FBA 库存产品被审核，可能没有任何通知就直接显示"不可售"，必须及时发现，及时处理。

（10）千万不要违反评论政策

违反＝封店。

4. 广告篇

（1）使用 PPC 广告活动

这是将更多流量吸引到你的页面并提高销售的好方法。

（2）寻找更多长尾关键词

使用亚马逊的关键词工具围绕竞争力较弱的长尾关键词优化你的广告。

（3）ACOS 不是越低越好

需要看总利润，合适的 ACOS 可以使你的总利润最大化。

（4）ACOS 的公式帮助你分析广告

ACOS＝CPC 点击费用 ÷ 转化率 × 平均单价，所以这三者才是影响 ACOS 的关键因素。

（5）TACOS 也是一个重要指标

不要只抓着 ACOS，因为有些产品无法做到低于 20% 的 ACOS。而 TACOS 包含了自然订单指标，这对公司运营策略很重要。

（6）一定要理解广告基本逻辑

竞价是排名系统，是密封第二价拍卖方式。最高价获得展示位，但是只需要付第二高的费用。还有排名逻辑也要明白。

（7）有些广告技巧不能完全套用

不是所有技巧都合适你的产品，例如高单价和低单价的产品的广告方式就很不一样。

（8）使用动态竞价可能效果会更好

毕竟亚马逊系统能知道竞争对手的竞价，也能知道产生转化率的可能性，所以交给 AI 处理，可能会更好。

（9）不同展示位置效果不一样

甚至会有很大的差别，例如搜索结果首页顶部的点击率就是其他位置的好几倍。但是转化率未必，不同的产品情况不一样。

（10）合理利用匹配方式

虽然自动投放的匹配方式与手动投放有点不一样，但是原理是一样的，匹配类型也相似，明白每个匹配的方式，对于改进广告方式很重要。

（11）使用合适的广告结构有助于提升效果

例如自动投放广告，每个匹配类型单独设一组广告，有效排除干扰项，也能提高优化的效率。

（12）不要忘了给广告命名

给广告系列命名要有规律，代码可以自己编写，但是要包含必要的元素，这样一看广告名称就知道广告的具体细节。

（13）相同的关键词不会相互竞争

这是亚马逊宣称的，但是我们也没有必要做两个相同的广告，测试对比只要在已有广告中调整就可以了，这是有历史记录的，一样可以对比效果。

（14）关键词的点击是有限的

也许大量投放关键词并不奏效，反而集中预算投放到有效果的关键词可能会更有效。

（15）一个广告组不需要太多关键词

多个第三方广告软件数据建议，一般设 10～15 个关键词效果比较理想，而亚马逊的建议是 30 个以上。

（16）关键词要分组管理

如果你找到了大量关键词，一定要分组管理，按照不同主题或者性质分类，然后分组投放。

（17）合理分配预算

70%～75% 用于商品推广，20%～25% 用于品牌推广，5% 用于展示型推广。根据不同的广告效果可以适当分配。

（18）商品推广是最受欢迎的广告类型

它没有门槛，任何类型的卖家都可以使用，广告位置也多，点击率和转化率都不错，是卖家启动广告的首选。

（19）自动投放益处多

不仅容易操作，自动化程度高，匹配方式也有多种操作。还可以通过自动投放捕获更多的相关关键词。

（20）手动投放能大大提升广告效果

通过精准匹配、词组匹配和广泛匹配，你会有更多的自主权去控制广告，合适的匹配方式能大大提升广告效果。

（21）词组匹配对于某些特定产品效果会很好

对于"wine glasses"这样的词，如果使用广泛匹配，有可能会得到"drinking glasses"或者

"eye glasses"等不相关的词，锁定它们，让它们成为有效的词。

（22）别忘了"+"符号的使用

使用"+"表示搜索必须有这个词才会展示，例如男士T恤，你要锁定男士，就用"+Men"的方式。

（23）品牌推广的点击效果最好

品牌推广的展示位置有优势，自定义内容较丰富，可以最大化发挥创意，提升点击效果也最好。

（24）使用高质量的着陆页

高质量的着陆页可以有效提高销售额。着陆页要简洁明了，且有行动号召，如"立即购买"等，还要有搭配完美的设计，提高视觉体验。

（25）视频广告是未来趋势

强烈建议使用视频广告，它是目前点击率和转化率都最高的广告方式，一定要好好利用。

（26）视频广告就是手动投放的加强版

除了增加了一个上传视频的对话框，其他跟手动投放一样，所以设置难度不高。重要的是视频制作。

（27）制作高质量且清晰的视频

拒绝美颜，灯光要足够，视频要清晰，上传的时候注意方式，否则会被压缩而导致模糊。有预算可以做渲染视频。

（28）对视频的几个关键建议

前2秒最重要，请直接展示产品；长度10～15秒的视频比较好；适当添加简明扼要的字幕；最后添加品牌信息。

（29）展示型推广将会占据重要位置

展示型推广是目前展示最多、曝光最广泛的类型。虽然很多功能还在完善，但并不影响它未来的影响力。

（30）使用两种不同的优化方式

展示型推广新增的两种优化方式：针对页面访问次数进行优化和针对转化率进行优化，请根据自己的广告目标选择合适的优化方式。

（31）使用亚马逊消费者细分功能

这个可以精准到具体的人群，例如"刚刚当了父母"的人群，你售卖纸尿裤，就很适合投放这类人群。

（32）DSP是突破销售瓶颈最好的方式

DSP就是增强版的展示型广告，在站内站外都有大量的曝光机会，而且有很多细分的受众定义方式。如果站内销售遇到了瓶颈且预算足够多，可以尝试这个。

（33）不要忘了否定关键词/商品

对于效果不好的关键词和商品定位，请使用否定功能，忽视这个重要的策略，会是在亚马逊运营所犯的最大的错误之一。

（34）品牌旗舰店是免费的独立站

利用高质量的视觉效果建立高质量的第一印象，建立自己的品牌以帮助增加搜索量。

（35）导航分类要人性化

最好以客户为中心，想想他们的搜索方式。如，专业售卖鞋子的店铺，可以按性别、年龄和适用场景来分类，如男鞋、女鞋、儿童鞋、户外跑鞋等。

（36）专注移动端优化

随着移动客户的增加，用手机浏览页面的次数就会增多，专注移动端优化，有助于提升客户的浏览体验，留住客户。

（37）灵活应用号召性语言（Call to Action）

如果客户进入了页面，卖家没有给他们下一步的指示，没有一些引导性的文字，那么他们可能很快就会关闭离开。除了"立即购买"，还可以使用"送给你的爱人"之类的话。

（38）帖子是免费获得点击最好的方式

帖子目前也能获得大量的曝光和点击，重要的是免费。这是给自己的页面增加流量最好的免费方式。

（39）可以使用定期发布帖子功能

如果觉得每天发布帖子很麻烦，可以使用定期发布功能，一天可以计划未来一周，甚至一个月的发布安排，然后就可以自动发布了。

9.2 与大卖家竞争的最佳方式是什么

先问大家一个问题，如果让你和巅峰时期的姚明单挑，你觉得你赢得了他吗？

姚明，中国无人不知的篮球巨人，NBA最成功的中国篮球运动员，身材高大，技术高超，巅峰时期的姚明，更是NBA数一数二的中锋。那么请问，你跟他单挑，你有可能赢他吗？

有可能，而且非常有可能赢得了他！

因为我们从头到尾没有讲要跟他比什么？有的人潜意识就认为跟他比篮球了。但如果比赛长跑，估计身材高大的姚明坚持不了多久。

这就是思维问题了。思维限制了竞争的方式，总是按人家的规则走。

回到亚马逊运营上，我们如何与大卖家竞争？

最佳的方式就是：换赛道。

大卖家之所以成为大卖家，是因为人家已经在某一个领域站稳脚，已经是领头羊了，如果主攻他们的领域，那是不可能赢了他们的。

当然不是说其他卖家都要换品类，不是说人家做充电宝领头羊了，其他卖家就不做充电宝了。

应该是在细分市场上再深耕。

你可以开发一个针对女性的充电宝,轻薄,设计时尚漂亮,跟女士的包包搭配也非常好看。可能这就是一个细分市场的机会。

赛道有很多种,对于产品来说,材质、尺寸、颜色、包装、品牌,甚至价格都可能是新赛道。当年苹果、三星等高端手机独步天下的时候,小米横空出世,就是靠着性价比开辟了新的赛道,华为不得不新设立更具性价比的品牌——荣耀,跟小米竞争。

就市场来说,受众也可以是新的赛道。跑步鞋,现在市场的主流是年轻人的市场,但是随着老龄化的增大,老人跑步鞋就是一个新的赛道,谁能在新赛道领先,就看谁能占着先机。

中国为什么要大力发展电动车?环保是其一,重要的是不被卡脖子。发动机99%的专利都在国外,如果哪一天不给你用了,你什么办法都没有。那自己开发一套自己的发动机不可以吗?不可以。人家花了100年建立起来的专利和技术,你想绕开技术来自己做,得再花至少50年吧。

另外,中国70%的石油依赖进口,世界普遍共识是超过50%的石油依赖度,就说明这个国家严重依赖石油。而汽车需要大量的石油燃料,所以这也极容易被卡脖子。

因此,换赛道是最好的选择,大力发展电动车,什么技术都是新的,没有专利,如果先跑赢了,那么所有专利技术就掌握在自己手中。这是一个大好的机会啊!

同样是卖车,同样的群体,我换一条路,一样卖给客户,一样可以跟你抢占市场,这就是迂回战术。在亚马逊平台上,如果不得不与大卖家竞争,那么不要直接去竞争,采用迂回战术。

我们不是对所有行业都很熟悉,无法给你一一举例说明什么产品应该如何迂回,但使用这种思维,能让你在激烈的市场中脱颖而出。

9.3 阿米巴模式合适亚马逊团队吗

如果你做亚马逊运营有几年了,一定听说过阿米巴。只要亚马逊卖家发展到一定规模,都会想打破瓶颈,对公司进行改革,把利润和风险都分摊出去,这时他们就会想到阿米巴模式。而这几年一些服务商也开启了各种阿米巴的培训,号称能解决亚马逊卖家的所有问题。

如图9.1和图9.2所示。

看起来阿米巴真的很神啊,解决了亚马逊卖家遇到的所有难题了。事实真是这样吗?

究竟什么是阿米巴?

阿米巴,在生物学上是指一种单细胞的变形虫。著名经营之神稻盛和夫创造的公司运营模式,运用阿米巴这个概念把公司打散,拆成一个个独立财务核算的经营体,每个阿米巴之间从原来的部门合作关系变成了交易关系。

自从稻盛和夫的阿米巴模式成功以后,就引起了大家的注意。管理课中有一个叫作 profit responsibility center(利润责任中心)。利润中心和阿米巴,是不一样的概念。

举个例子,我们开个便利连锁店,很多地方都有便利店,卖的货一样,店面的设计什么的都一样,连店里面的布置都完全一样,但有的也许地理位置好,员工勤奋点,就卖得多点。所以就有的赚得多，有的赚得少，那赚得多的便利店就多分点奖金，赚得少的就少分点奖金，这个就叫利润中心。

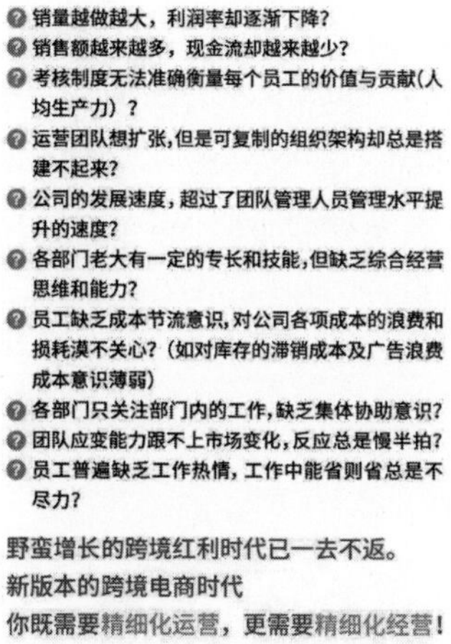

图 9.1　培训宣传 1

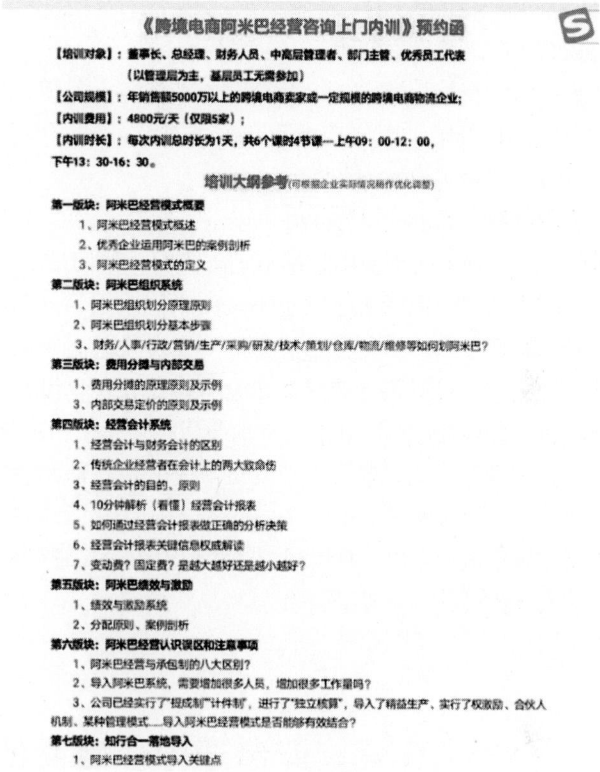

《跨境电商阿米巴经营咨询上门内训》预约函

【培训对象】：董事长、总经理、财务人员、中高层管理者、部门主管、优秀员工代表（以管理层为主，基层员工无需参加）

【公司规模】：年销售额5000万以上的跨境电商卖家或一定规模的跨境电商物流企业;

【内训费用】：4800元/天（仅限5家）；

【内训时长】：每次内训总时长为1天，共6个课时4节课—上午09：00-12：00，下午13：30-16：30。

培训大纲参考(可根据企业实际情况稍作优化调整)

第一版块：阿米巴经营模式概要

1、阿米巴经营模式概述
2、优秀企业运用阿米巴的案例剖析
3、阿米巴经营模式的定义

第二版块：阿米巴组织系统

1、阿米巴组织划分原理原则
2、阿米巴组织划分基本步骤
3、财务/人事/行政/营销/生产/采购/研发/技术/策划/仓库/物流/维修等如何划阿米巴?

第三版块：费用分摊与内部交易

1、费用分摊的原理原则及示例
3、内部交易定价的原则及示例

第四版块：经营会计系统

1、经营会计与财务会计的区别
2、传统企业经营者在会计上的两大致命伤
3、经营会计的目的、原则
4、10分钟解析（看懂）经营会计报表
5、如何通过经营会计报表做正确的分析决策
6、经营会计报表关键信息权威解读
7、变动费？固定费？是越大越好还是越小越好？

第五版块：阿米巴绩效与激励

1、绩效与激励系统
2、分配原则、案例剖析

第六版块：阿米巴经营认识误区和注意事项

1、阿米巴经营与承包制的八大区别？
2、导入阿米巴系统，需要增加很多人员，增加很多工作量吗？
3、公司已经实行了"提成制""计件制"，进行了"独立核算"，导入了精益生产、实行了权激励、合伙人机制、某种管理模式……导入阿米巴经营模式是否能够有效结合？

第七版块：知行合一落地导入

1、阿米巴经营模式导入关键点

图 9.2　培训宣传 2

阿米巴则不同，它是指公司下面所有部门都独立。这个公司旗下如果有好几个不同领域业务板块，比如物流、金融、电脑、电视、手机等，每个业务板块都有各自的预算，自己搞战略，自己搞产品，自己搞定位，自己搞团队，自己搞促销，谁赚钱谁就多分，谁没赚谁就少分，如果亏了，就直接关闭。各自独立生存，这个就是阿米巴。

亚马逊卖家为什么会喜欢阿米巴呢？

主要原因有两个：

（1）公司大了不好管；

（2）利润下降。

他们想通过阿米巴"自负盈亏"的方式来激励员工自己管自己。

于是，上述的培训班就很受欢迎，简直是"神丹妙药"了。但是可惜，目前没有一个卖家真正做好了阿米巴模式，因为这里不是日本，日本员工的工作理念和态度跟中国员工完全不一样。日本的终身雇佣制、年功序列制和内部工会制，会让员工之间竞争较少，各部门容易彼此合作；员工会忠于一家企业，老板也很愿意培养、栽培员工。这也是稻盛和夫的阿米巴在日本取得成

功的原因。

而中国正处于一个高速发展的时期,人们充满了激情和创新精神,他们不会甘于在像日本企业那样老式的制度里工作。

阿米巴还有两个基本条件:

公平:A组挣的钱,不能养活B组,A组资源不能倾向于B组。否则员工的心态会很不平衡。

防火墙:你倒了,不要牵涉我,不能拿我的钱,拿我的资源。各自建立防火墙,大家各自独立,各自拼命。

但是,你看有哪个公司这样做可以做得好?

实际上,亚马逊的头部卖家都不是阿米巴,他们最多是小组制或者承包制。

小组制不是阿米巴,承包制也不是阿米巴,因为各部门不能完全独立自主。产品是采购部给的,给什么卖什么,不是自己决定的。发货是共用一个仓库,几个小组就会抢数量。招聘人员也是公司分配,自己不能选择。也没有决策权,也没有定价权,也做不到利润独立,某个小组挣的利润,会被强迫补贴到新建立的小组,但是公司本身的利润不能变。

所以,阿米巴模式真的合适亚马逊卖家吗?目前来看,参加培训的企业很多,但是貌似还没有成功的,希望未来有。

你要完全学透阿米巴,并运用到公司运营上,很难很难。如果你要做,从公司一开始就做,做大了再改革就很难,会有很多阻力。

三思慎行。

9.4 最合适中小电商的分钱制度

如果你是电商公司的老板或者创业者,你一定很关心如何给员工发工资和提成,既能让员工满意,又能激励他们。那么以下这个方式一定能帮助你。

在实际的运作中,基本会遇到这样的问题:

公司有多个运营人员,每个人负责不同的店铺,每个店铺的任务量不同。那么问题来了,奖金怎么发比较能体现个人的贡献?

你最初的想法可能是,给每个人都制定好各自店铺的任务量,让他们PK完成率,完成率最佳的拿最高的奖金,其他人依次奖金变少;但是,会出现一个问题,那些任务量大的运营人员,完成率常常低于那些任务量小的运营人员,拿的奖金少,任务量大的运营人员心理就不平衡了:明明我给公司贡献了更大的销售啊。这样就没有人愿意接受大账号,甚至会引起离职。

所以最终的问题是,大家负责不同店铺,店铺的任务也不同,完成任务后,奖金怎么发才能体现公平性和激励性?

我们有这样的解决思路:底薪+奖金。

不同的任务量,是需要相应的能力支撑的。因此,扛大任务的运营人员的底薪应该相对高一些；而他的奖金，应该跟他的底薪相关联，而不是跟别人比拼，因为大家扛的任务不是同一个量级，不可以类比。

为了体现公平性，每个人的奖金跟自己的底薪的相关联比例应该是一样的。比如，奖金都是底薪的50%，这样，同样完成了任务，扛大任务量的运营人员，就可以提到同比更高的奖金，这就体现公平性了。

1. 底薪

管理任务量大、难度高的账号，底薪高一些，因为他为公司贡献了更多的销售和利润。

相反，管理任务量小、难度低的账号，拿相对低的底薪，因为他为公司贡献的销售小。

2. 奖金

奖金应该根据工资设定一个固定的比例，比如50%；完成任务（可阶梯），拿基于自己底薪的相应比例的奖金。奖金只跟自己有关，才是公平的。

比如：运营A负责店铺A，月任务500万元，那么底薪为10 000元；运营负责店铺B，月任务100万元，那么底薪为2 000元；规定完成任务，奖金的提成为底薪的50%。

假设，次月都完成任务，则运营A的奖金为：底薪1万×50%=5 000元；运营B的奖金为：底薪2000元×50%=1000元；

这个举例比较简单，大家还可以设定阶梯提成，但思路是一样的（如完成80%的目标，有20%的奖金；完成70%目标，有10%的奖金等），相同的档位，提成比例是一样的，且都是跟自己的底薪相关联。

分钱的公平性，主要体现多劳多得。比如扛大任务的运营人员，其功劳是比扛小任务的运营人员大得多的。但是很多事情老板分辨不出来，表面上看他好像无所事事，也没有见跑来跑去，忙东忙西的样子，就认为人家劳动少了。运营最重要的是思维能力和运营技巧，这些东西表面看不出来，应当从最直接的业绩来看（当然也不能只看业绩）。

电商企业里存在这样的现象：新人接手一个新店铺时，因为前人有了基础，所以新人扛着相应的任务，老板会认为这是前人打下的江山，就会给这个新人比较低的底薪。看似合理，其实不合理，因为要守住一个账号不下滑，真的也很考验能力。有经验的电商老板都知道，单量冲上去简单，要守得住就难得多了。因此，这种情况完全可以给同等的底薪，让他有激情去守住这个账号。

3. 总结

最合适中小电商的分钱制度，无论是国内电商还是跨境电商，都是底薪+奖金的方式。

（1）底薪按运营难度来定，不管是不是新人接手，只要他接这个账号，就按这个账号的难度来定。

（2）奖金按底薪的比例来定，最好配合阶梯方式。老板订立目标的时候，基本不会低，往往把任务定太高，员工无法达到，总是拿不到奖金，那么他们可能会怠慢。设置阶梯式奖金，让他们多少都能得到激励。

（3）当然，如果你也可以使用配股份和分红制度，那这样就比较复杂了，不合适中小电商。

9.5 全书收尾

看完了本书，你是否感觉你懂了很多，但是又有很多不懂，很多无法运用到自己的实际操作上？

这就对了，因为这本书不是操作书，是工具书，是运营思维工具书，这里面给的是解题思路，不是答案。没有人能给答案，因为每个卖家的情况不一样，产品不一样，资源不一样，竞争环境不一样。

本书就是给思维，卖家实际运用自己的工作中，然后根据思维来得出解决方案。

对本书抱有很大希望的卖家，可能会让你失望了，Kris 本人也是有点失望，我尝试多讲点可以直接落地实施的方式，但是发现很难，这个方法放到我这里成功，到你那里未必成功，也就是说成功是不可复制的，但是模式和思维是可以的。

所以本书更多讲的是思维模式，从不同的角度分析不同事情，然后由你根据自己的实际情况"看着办"，这样成功的概率比直接抄袭大得多，因为没有人比你更了解自己，没有人比你更清楚自己想要什么。

请记住，亚马逊不是一个"一劳永逸"的平台，你的成功方式也将不断变化。你需要在你的销售量下降之前，掌握更多的分析数据以调整策略。

如何在亚马逊上获得更大成功？

需要做到基本的两点：构建自己的知识体系和凭良心做事。

1. 构建自己的知识体系

知识构建是逻辑性和关联性的，很多时候，我们都认为自己懂得很多了，殊不知我们接收到的只是信息，碎片化信息，而只有经过自己整理编辑，可以为自己所用，才是自己的知识。

看以下的图你就明白了，如图 9.3 所示。

- 你知道如何获得评价
- 你知道如何获得排名
- 你知道如何提升销量
- 你知道如何获取好品类
- 你知道如何设置关键词

但是你未必了解它们存在什么逻辑性和关联性，它们相互是如何影响的，每个点都应该和另外四个点有相互联系和影响，它们不是独立的。

如果买了很多书，大量阅读，但是还是无法运用到实际操作中，那就是没有把碎片化的知识转化为自己的知识体系。

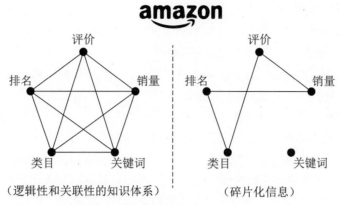

图9.3 知识提示与碎片化信息对比

那么，有知识体系就行了吗？不，还得实践。

如果你是好学的人，一定会找到很多所谓的"方法论"，比如：

- "如何三个月打造爆款"
- "如何一年赚三千万"
- "如何旺季让销量翻倍"
- "亚马逊的绝密操作黑科技"
- "在亚马逊提升销量的十个技巧"

这样也有自己的知识体系，那么你就成功了吗？

刚刚开始做亚马逊运营时，Kris 也看了很多论坛和公众号，也觉得亚马逊很容易做，但是开始实践了，却不是那么回事。有些错必须要犯，有些坑还得踩，才能有进步。

因此，我们认为亚马逊经验知识绝大部分都来自于自身的操作实践。

有卖家朋友问 Kris：亚马逊好做吗？

我问：你做了多久了？

他说：还没有开账号。

就算我说好做或者说不好做，你都未必相信的。先开始做吧。

又有人说：我觉得我不合适做亚马逊。

我问：为什么？

他说：因为一个月都出不了单。

我问：Listing 写好了吗？

他说：觉得写得很好了，不知道如何改了。

我一看，果然写得不错。但是马上意识到问题，问他：是抄的吧？

他说：是的。

各位，先构建知识体系，真正了解了再去做，这才是实践！

2. 凭良心做事

Kris 不提倡刷单等不正当竞争，因为这是违背大道的，做人就要时刻顺应天理，凭良心，尽自己最大的努力，就会"自天佑之，吉无不利"。

孔子说"尽人事，听天命"，把人该做的事情做好，做到极致，然后其他交给上天安排，安排什么？安排时机，我们需要的就是合适的时机。

大白话翻译就是，你尽了最大努力了，其他就顺其自然了。

举个例子，我们店铺有个 SKU，上架一年多了，平时出单很少，一个月就一两千这样。今年 3 月前都这样。后来我叫同事把图片做好，A+ 页面做好，旗舰店也做好，慢慢优化 Listing。

6 月时改好了，我就让同事做其他事情了，这个 SKU 就这样先放在那里。我们没有刷单，没有给竞争对手刷差评，凭良心做事。结果 7 月会员日后，订单慢慢比较明显地递增（不是暴增），而且我们没有参加任何会员日的促销活动。到了 10 月份，三个月时间里，这个 SKU 已经有 5 000 多单了，预计 11 月底可以达到 6 000 单，翻了三倍。

3. 总结

做任何一个行业，知识很重要，而构建属于自己的知识体系，充分利用自己的知识运用于自己的行业内，凭良心努力达成自己的目标，这需要智慧。

智慧是什么？《基度山伯爵》里很好地回答了这个问题：

"永远不要忘记，在上帝揭露人的未来以前，人类的一切智慧是包含在这两个词里面的：'等待'和'希望'。"

请时刻保有"等待"和"希望"，这个世界不会辜负任何努力的人！

参 考 文 献

[1] 刘润. 五分钟商学院 07- 拍卖博弈：让时间最不值钱的旅客下飞机, 得到 APP 付费文章.

[2] 刘润. 润总，现在哪个行业有红利？公众号"刘润".

[3] 余世维. 写给创业者的一些话：万一你失败了，你能否可以从头再来, 公众号"余世维说"付费文章.

[4] Angela Yuan.Amazon PPC Strategy: Profit v.s. ACoS Optimization. https://sellics.com/blog-amazon-ppc-strategy-profit-acos-optimization.

[5] Rael Cline.Amazon TACoS: A Total ACoS Strategy Guide. https://insights.nozzle.ai/amazon-tacos-strategy.

[6] Chris Dunne.What is Amazon TACoS? https://www.repricerexpress.com/amazon-tacos.

[7] Robbie Hill.You're Probably Calculating Your Amazon Advertising ROI Wrong. Here's Why. https://www.payability.com/blog/youre-probably-calculating-your-amazon-advertising-roi-wrong-heres-why.

[8] Lauren Toney.TACoS and Amazon: The Metric That Considers Your Organic Sales. https://www.roirevolution.com/blog/2019/05/tacos-amazon-organic-sales.

[9] Tara Johnson.Amazon TACoS: What Is It and Why It Matters To Advertisers. https://tinuiti.com/blog/amazon/amazon-tacos.

[10] Andrew Waber .Don't fall for the 'magic keyword' trap on Amazon. https://marketingland.com/dont-fall-for-the-magic-keyword-trap-on-amazon-264856.

[11] omitail.net .A New Amazon Campaign Structure.https://omnitail.net/resource/new-amazon-campaign-structure-segmenting-targeting-types.

[12] wordstream.com. What Is Google Ads? How the Google Ads Auction Works. https://www.wordstream.com/articles/what-is-google-adwords.

[13] Yasser Sakan.Amazon Bid: The Ultimate Guide to Dynamic Bidding Strategies and 'Adjust Bids by Placement' (with examples). https://sellics.com/blog-strategies-dynamic-bidding-adjust-bids-placement.

[14] Martin Saunders.Amazon PPC: The Ultimate Guide (2021 Update).https://sellics.com/blog-amazon-ppc-guide.

[15] Savannah St. John.Amazon Match Types: Close Match, Loose Match, Complements, and Substitutes. https://omnitail.net/amazon-match-types.

[16] Christina DiSomma.What's the Best Amazon Campaign Bidding Strategy? https://omnitail.net/amazon-campaign-bidding-strategy.

[17] Christina DiSomma.How to Build a Keyword List for Amazon. https://omnitail.net/how-to-build-a-keyword-list-for-amazon.

[18] 亚马逊平台：Amazon.com

[19] 亚马逊广告平台：advertising.amazon.com

[20] Viral Launch: blog.viral-launch.com

[21] Sellics: sellics.com

[22] Feedvisor: feedvisor.com

[23] Seelerapp: www.sellerapp.com

[24] Omnitail: omnitail.net

[25] Wordsteam: www.wordstream.com

[26] Portent: www.portent.com

[27] Bobsled Marketing: blog.bobsledmarketing.com

[28] JungleScout: www.junglescout.com

[29] Edominic: edominic.com

[30] Sponsored Profit: sponsoredprofit.com

[31] Statista: www.statista.com

[32] seller Metrics: sellermetrics.app

[33] Adbadger: www.adbadger.com

[34] PPC Ninja: www.ppcninja.com

[35] Nozzle: insights.nozzle.ai

[36] Perpetua Labs: www.globenewswire.com

[37] Tinuiti: tinuiti.com

[38] Leanedge Marketing: www.leanedgemarketing.com

[39] Seller labs: www.sellerlabs.com

[40] Kaspien: www.kaspien.com

[41] Ecomcrew: www.ecomcrew.com

[42] Amplio digital: www.ampliodigital.com

[43] Landing Cube: landingcube.com

[44] Martech: martech.org

[45] Neil Patel: neilpatel.com

[46] Adlucent: www.adlucent.com